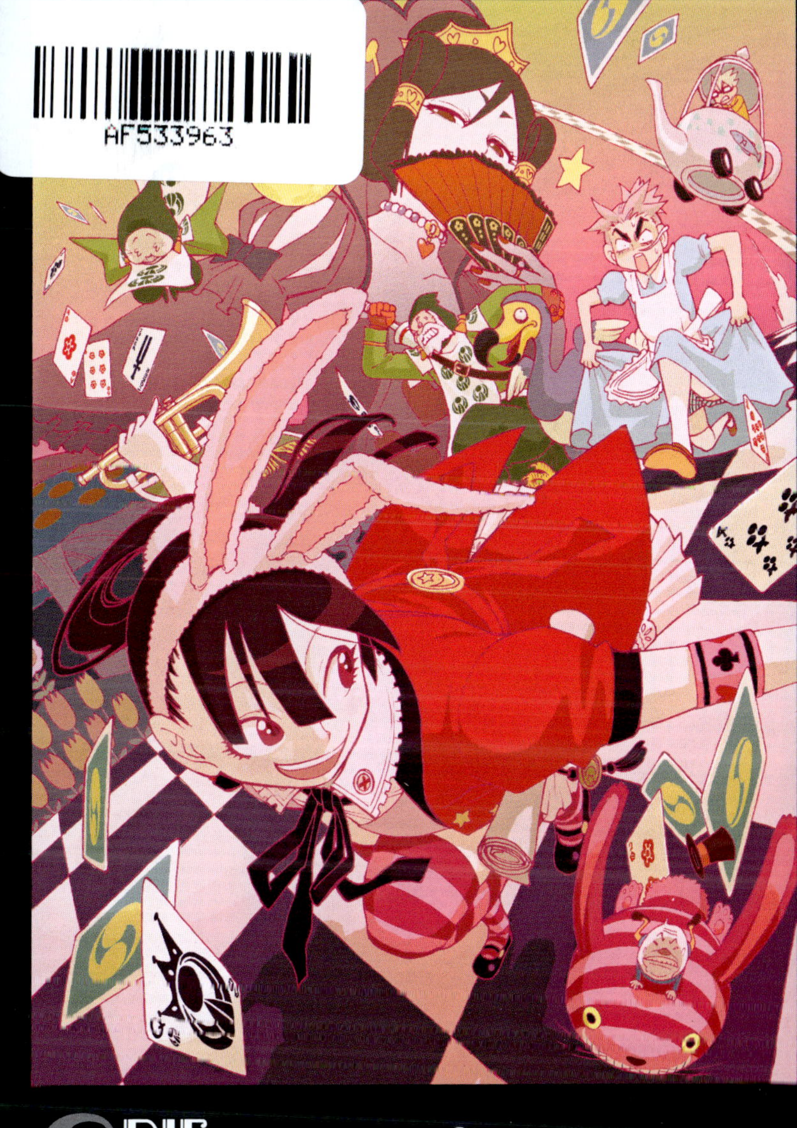

# DIE SILBERPRINZESSIN

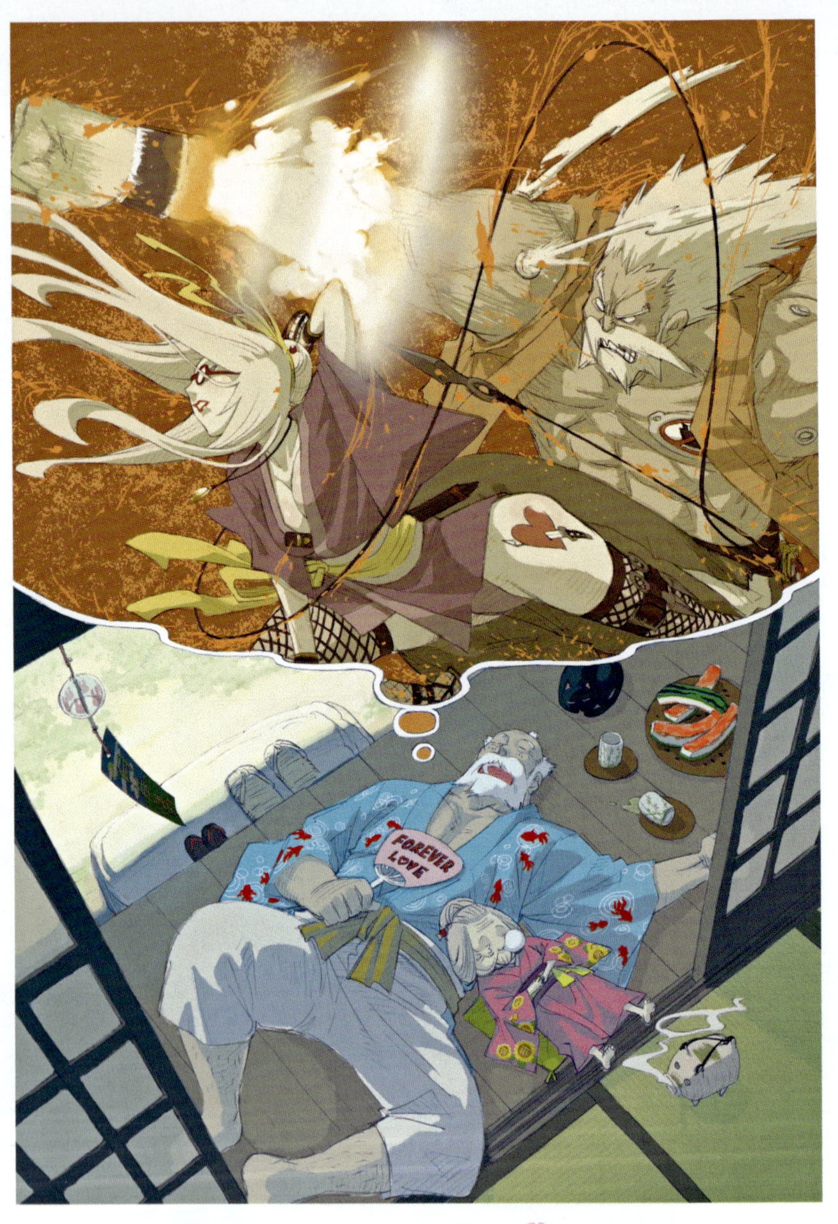


# Opa und Oma

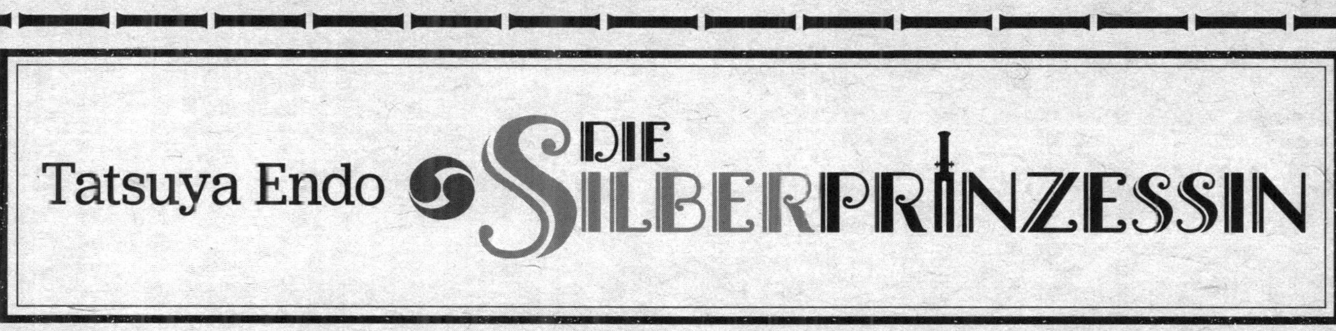

3

Tatsuya Endo

# Die Silberprinzessin

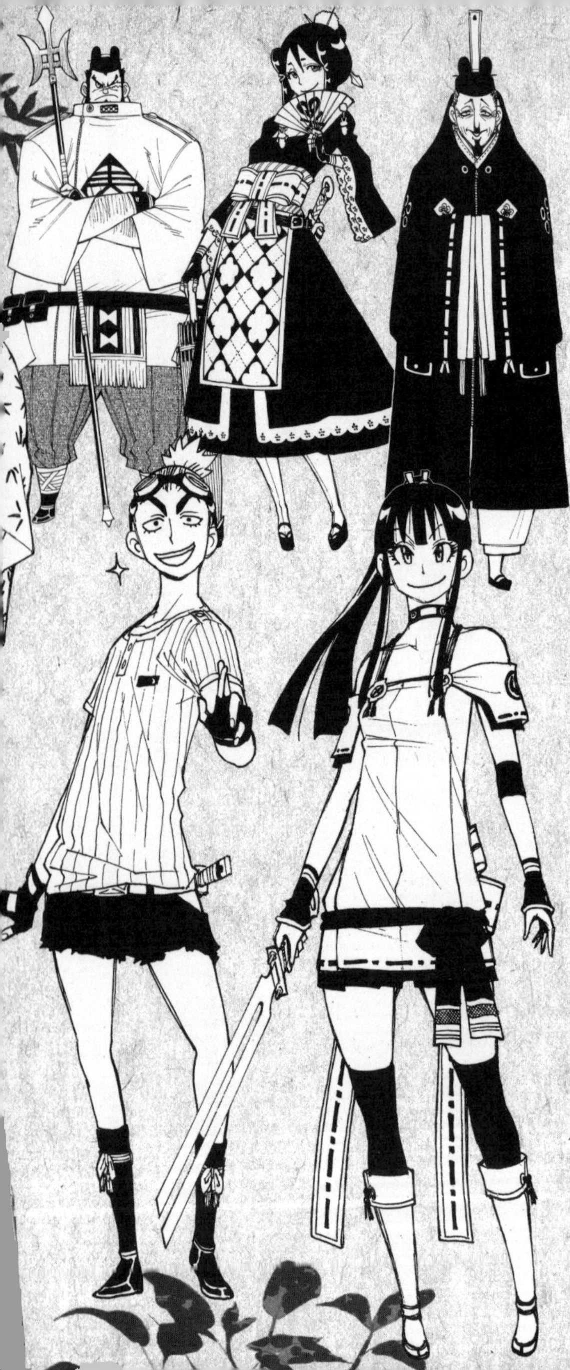

# Charaktere

# Was bisher geschah

Diese Geschichte spielt im Jahr 1502 der kaiserlichen Ära. Kaguya Takenouchi ist die Tochter der Silberkaiserin Fujiya, die das Mondreich regiert. Kaguya ist volljährig und nimmt an der Zeremonie teil, bei der sie in ihr Amt als offizielle Thronfolgerin eingeführt wird. Doch wegen eines Anschlags, der von der kaiserlichen Nebenlinie der Umenouchis, auch Ume-Klan genannt, initiiert wurde, muss die Zeremonie unterbrochen werden. Kaiserin Fujiya verleiht Kaguya während des Anschlags das heilige Schwert Futsunushi und schickt sie ins Exil auf den unreinen Planeten Erde, von den Mondbewohnern Eboshi genannt, um sie vor den Terroristen zu beschützen.
Auf dem unreinen Planeten angekommen, wird sie von den Vasallen des Ume-Klans überfallen! Und obendrein ist sie auch noch gesundheitlich angeschlagen, seit sie im Ume-Stützpunkt ein seltsames Geschoss in den Bauch bekommen hat!

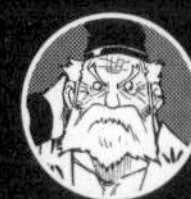

**MIYATSUKOMARO SANUKI**

Leiter des Amtes der kaiserlichen Leibgarde a. D., die derzeit als Verteidigungsstreitkraft auf dem Eboshi stationiert ist. Seine Aufgabe ist es, Kaguya vor den Meuchelmördern zu schützen.

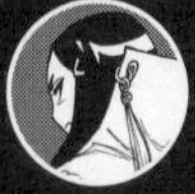

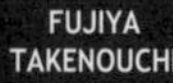

**FUJIYA TAKENOUCHI**

Die 44. Silberkaiserin und Herrscherin des Mondreichs, die in der Bevölkerung einen außerordentlich guten Ruf genießt. Sie rettet ihre Tochter vor den Anschlagsplänen des Ume-Klans. Aktuell kennt niemand ihren Aufenthaltsort.

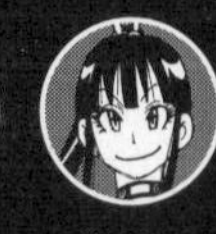

**KAGUYA TAKENOUCHI**

Prinzessin des Mondreichs. Wegen ihrer Starrköpfigkeit ist sie als Problemkind bekannt. Nun ist sie aber fest entschlossen, es ihrer Mutter gleichzutun und eine Kaiserin zu werden, die von der Bevölkerung geliebt und geachtet wird. Sie will unbedingt zum Mond zurückkehren.

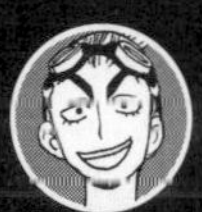

**MIKUNI TAKANO**

Fähnrich der kaiserlichen Leibgarde, die auf dem Eboshi stationiert ist. Kaguya rettete sein Leben. Er schwor sich, Kaguya stets zu beschützen.

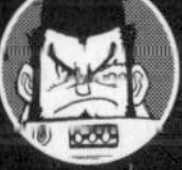

**SHISHIMARO SANUKI**

Kommandant der kaiserlichen Leibgarde und Kaguyas Vertrauter. Er erzieht und behütet sie seit ihrer Kindheit.

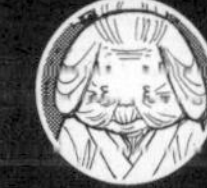

**SUZUME SANUKI**

Miyatsukomaros Ehefrau. Sie wirkt gebrechlich wie eine Oma, ist aber durchaus kampferprobt.

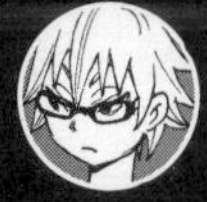

**ABIKO AMANOBE**

Ein junger, extrem guter Hacker, der auf den Eboshi verbannt wurde. Er begleitet Kaguya, um die Unschuld seines Vaters zu beweisen.

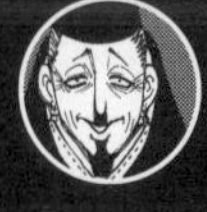

**FUYUHITO UMENOUCHI**

Ehemann von Kamadoya, dem Familienoberhaupt des Ume-Klans. Mittels Intrigen versucht er unentwegt, das Takenouchi-Regime zu stürzen.

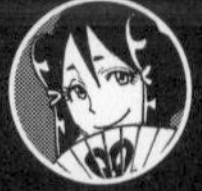

**IZUMIYA UMENOUCHI**

Tochter von Fuyuhito und Kamadoya Umenouchi. Im Gegensatz zu ihrer niedlichen äußeren Erscheinung ist sie ein kaltblütiger, grausamer Mensch. Sie hat es auf den Thron der Silberkaiserin abgesehen.

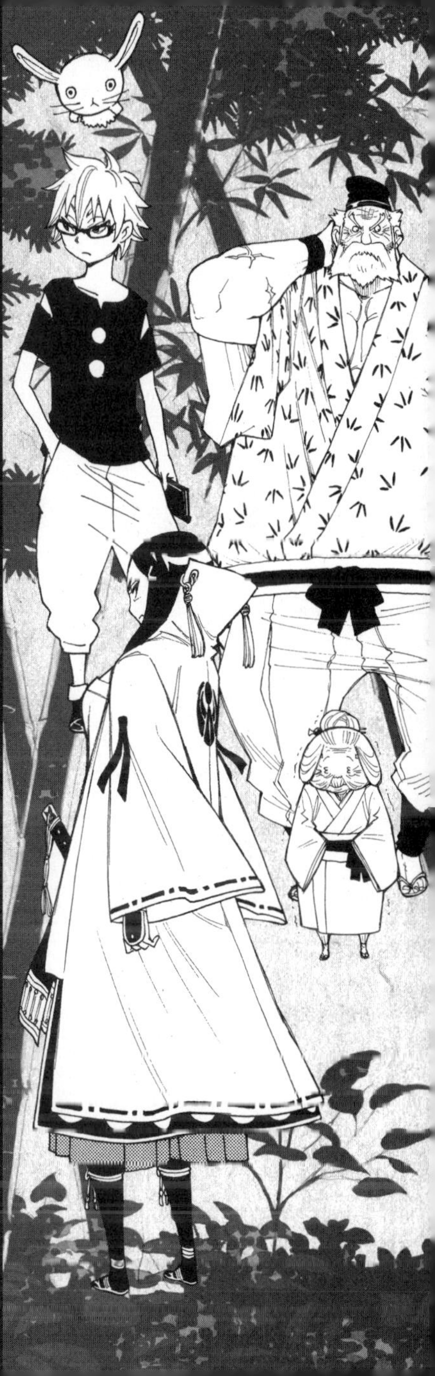

# DIE SILBERPRINZESSIN

Tatsuya Endo

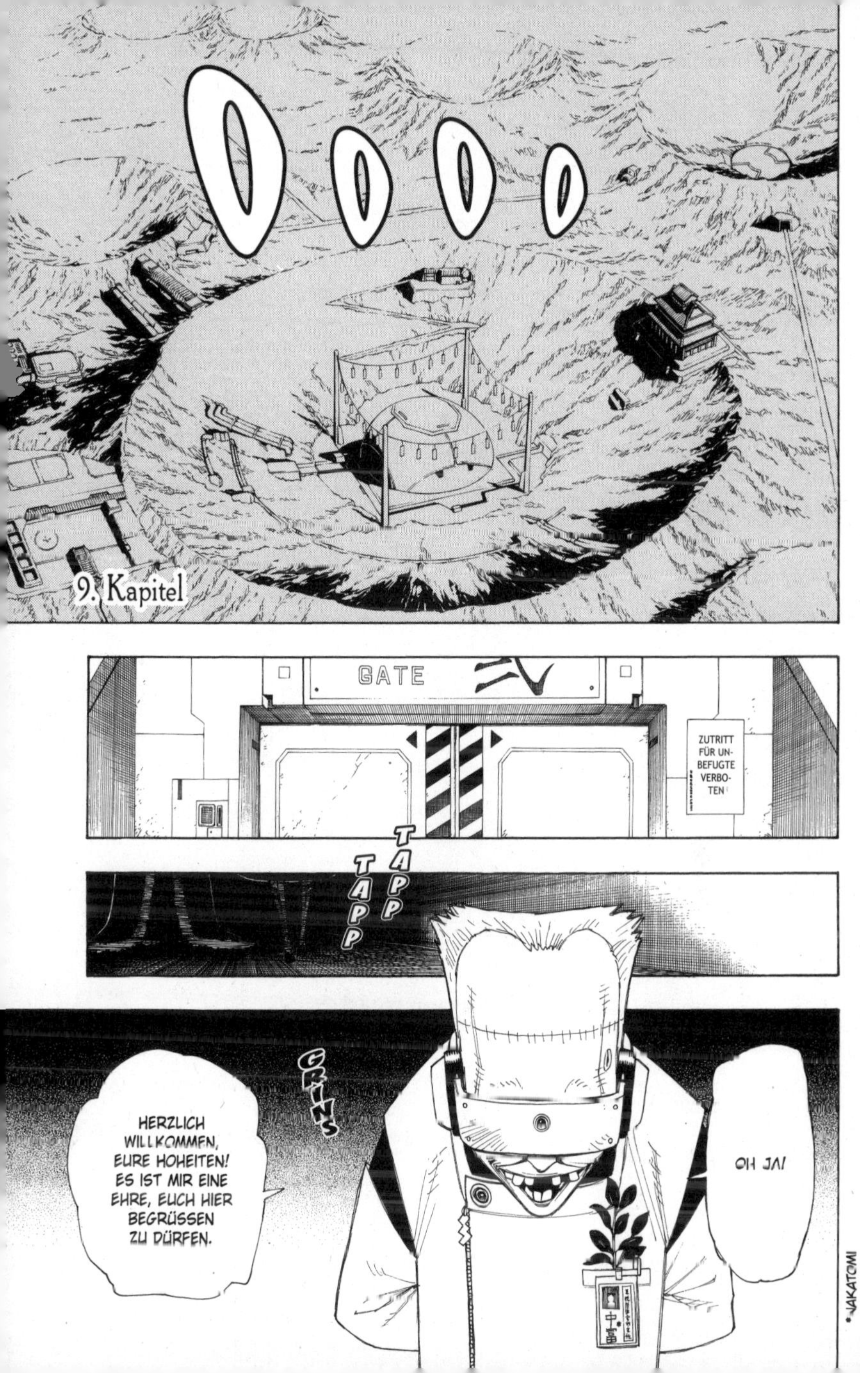

## 9. Kapitel

GATE

ZUTRITT FÜR UNBEFUGTE VERBOTEN

TAPP TAPP

GRINS

HERZLICH WILLKOMMEN, EURE HOHEITEN! ES IST MIR EINE EHRE, EUCH HIER BEGRÜSSEN ZU DÜRFEN.

OH JA!

*JAKATOMI

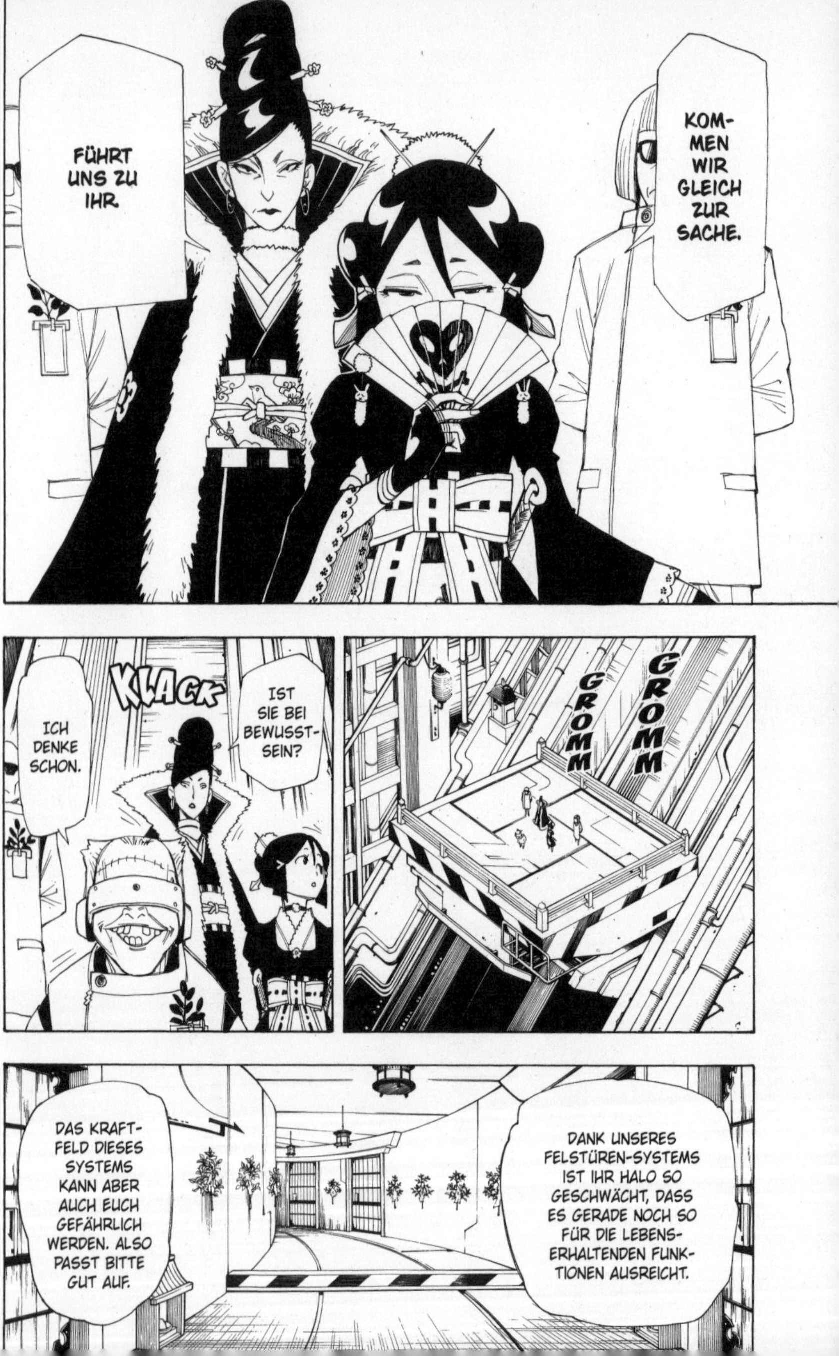

KOMMEN WIR GLEICH ZUR SACHE.

FÜHRT UNS ZU IHR.

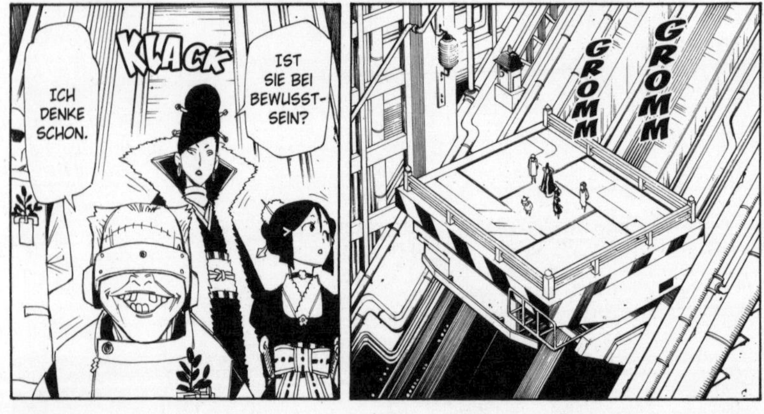


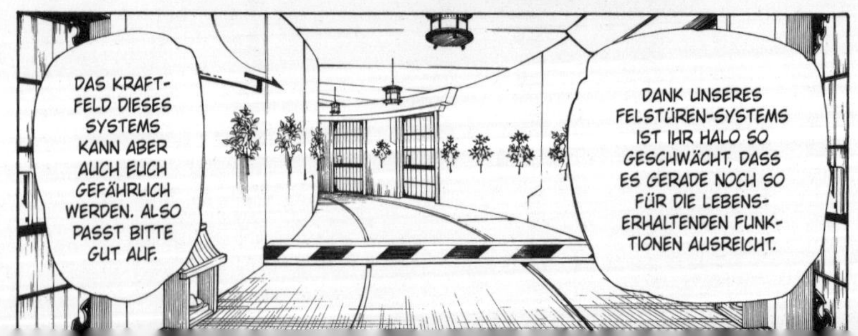

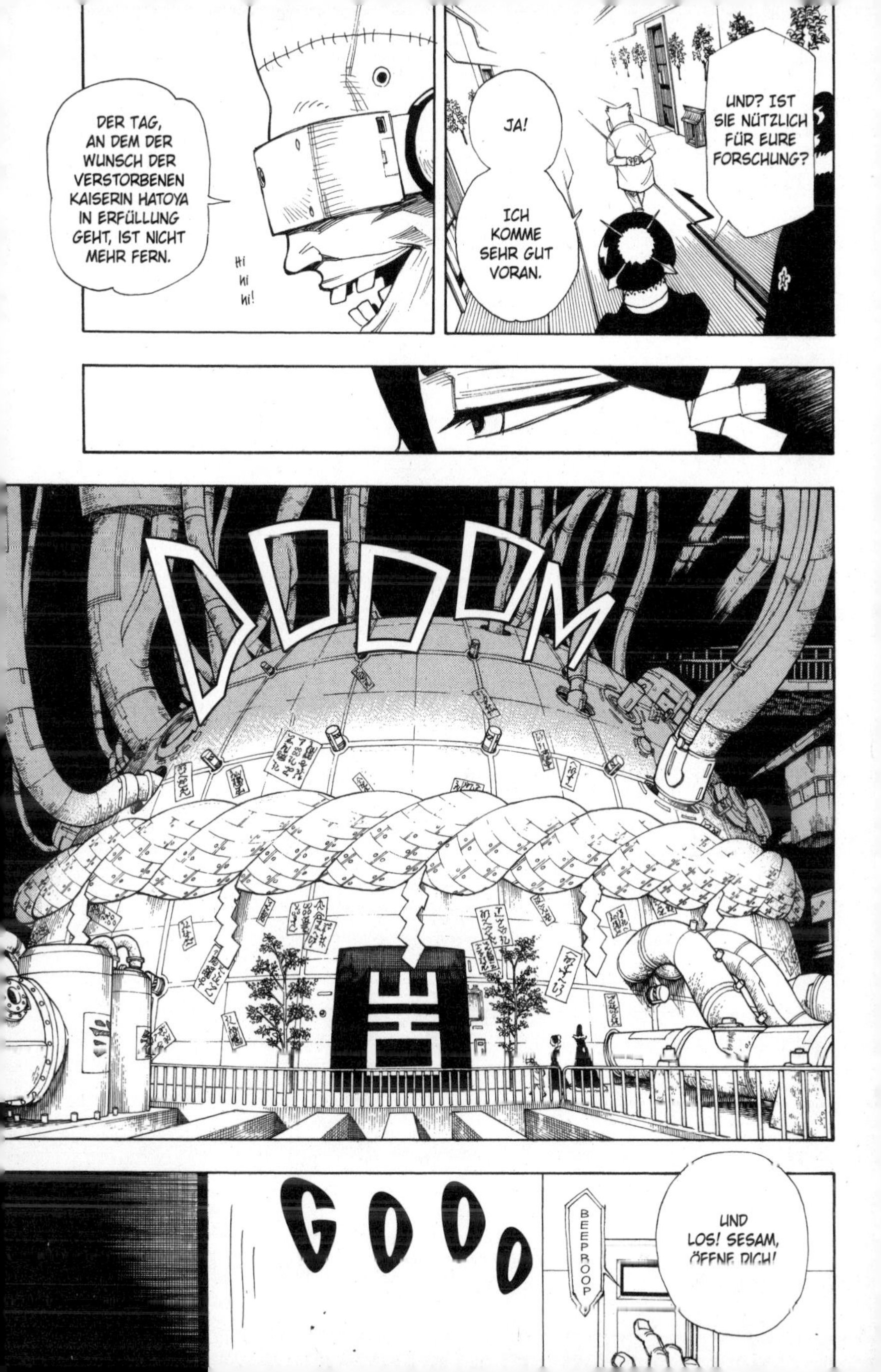

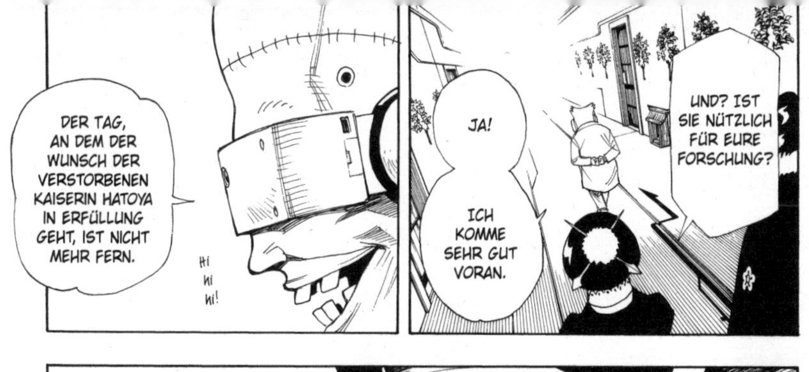
UND? IST SIE NÜTZLICH FÜR EURE FORSCHUNG?
JA!
ICH KOMME SEHR GUT VORAN.
DER TAG, AN DEM DER WUNSCH DER VERSTORBENEN KAISERIN HATOYA IN ERFÜLLUNG GEHT, IST NICHT MEHR FERN.
Hi hi hi!

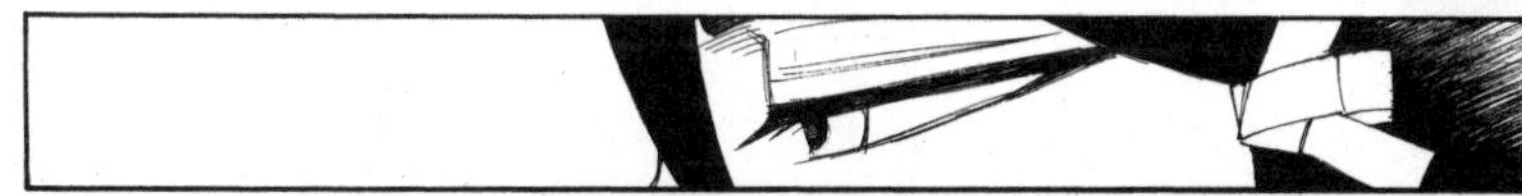

DOOOM

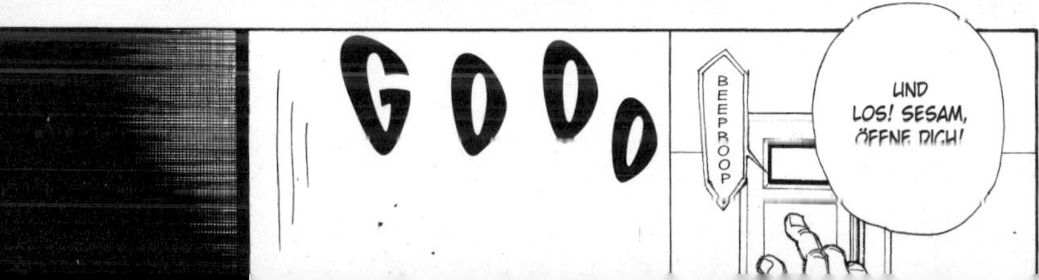
UND LOS! SESAM, ÖFFNE DICH!
BEEPROOP
GOOOO

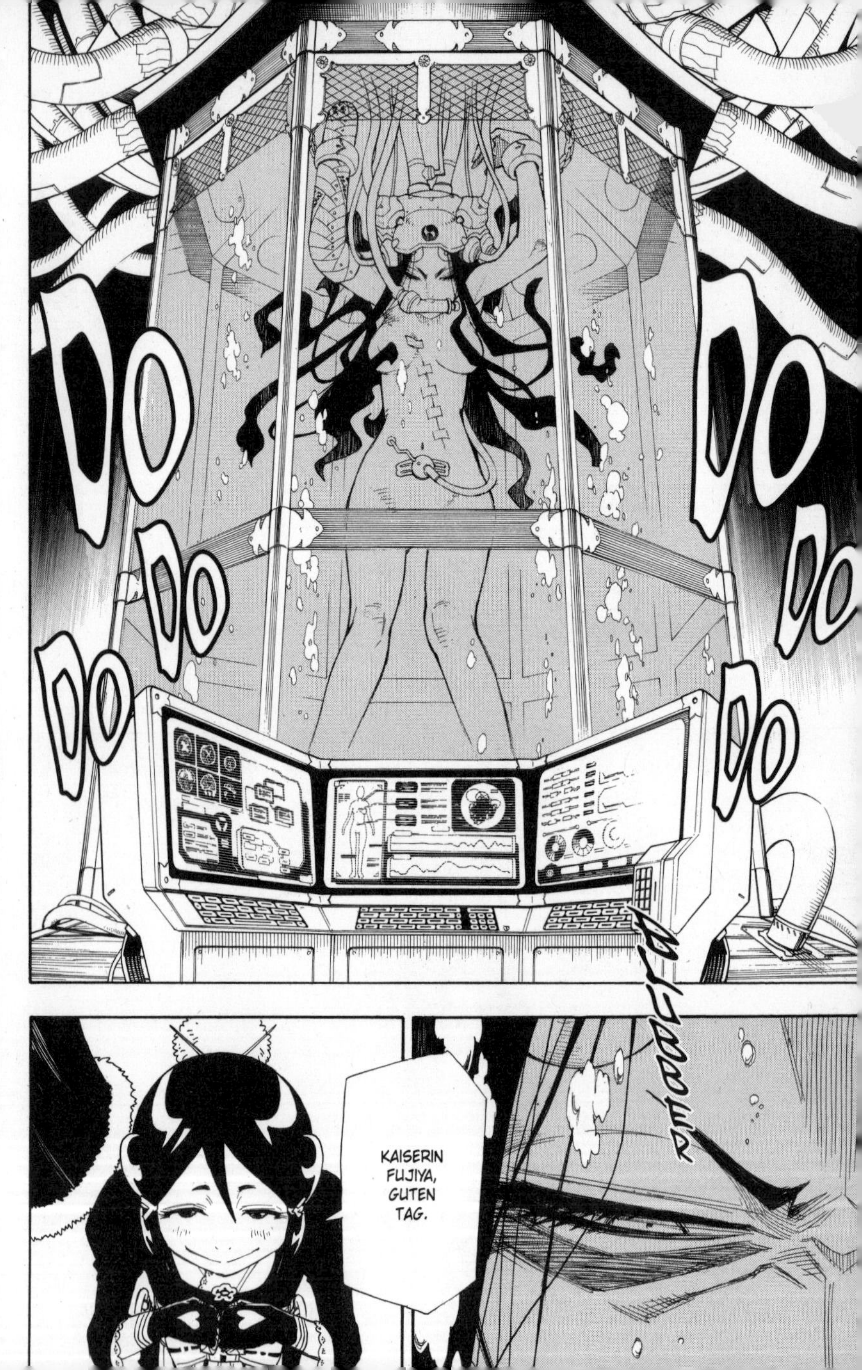
DO
DO
DO
DO
DO
DO
DO
DO
KAISERIN FUJIYA, GUTEN TAG.

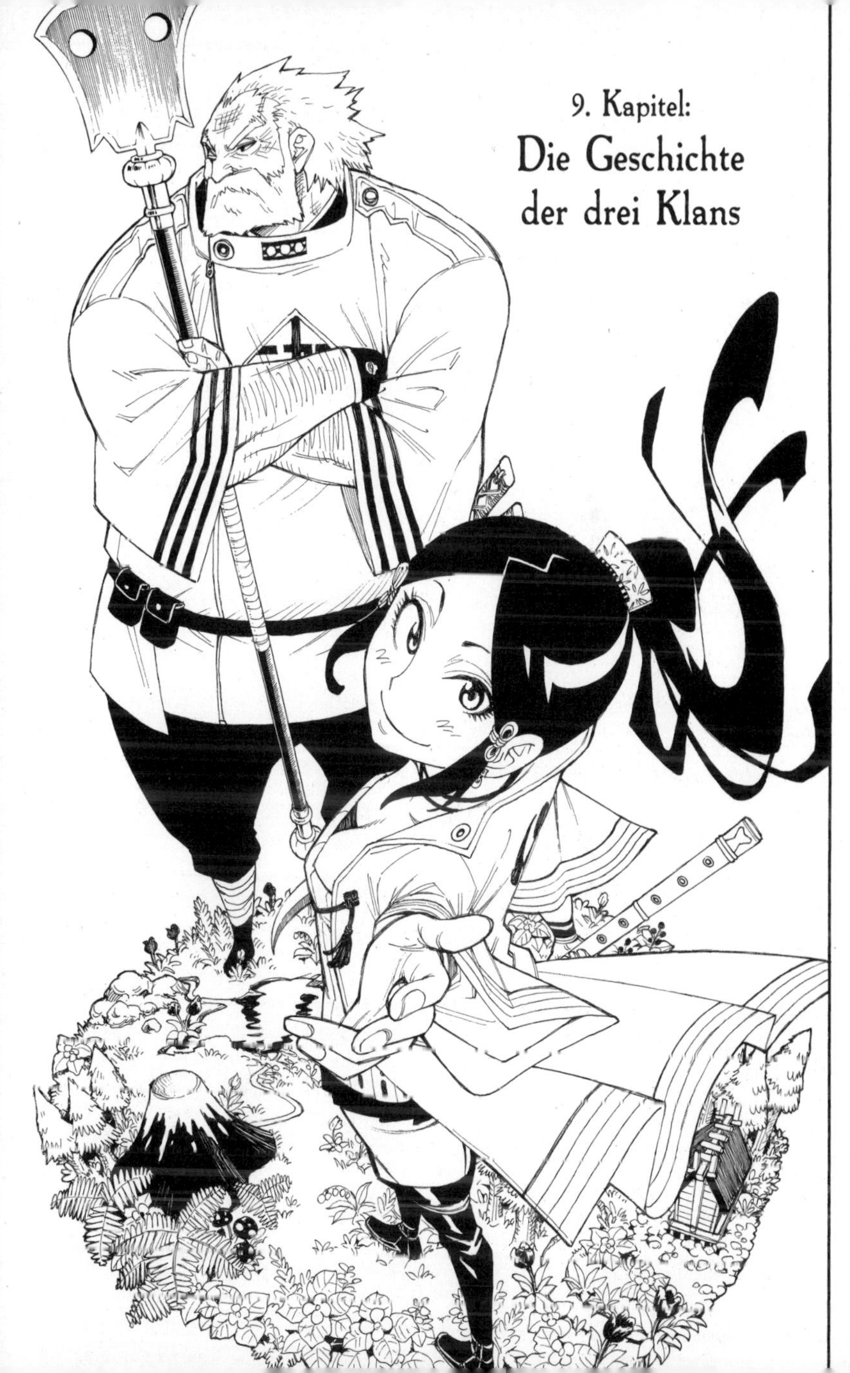
9. Kapitel:
Die Geschichte der drei Klans

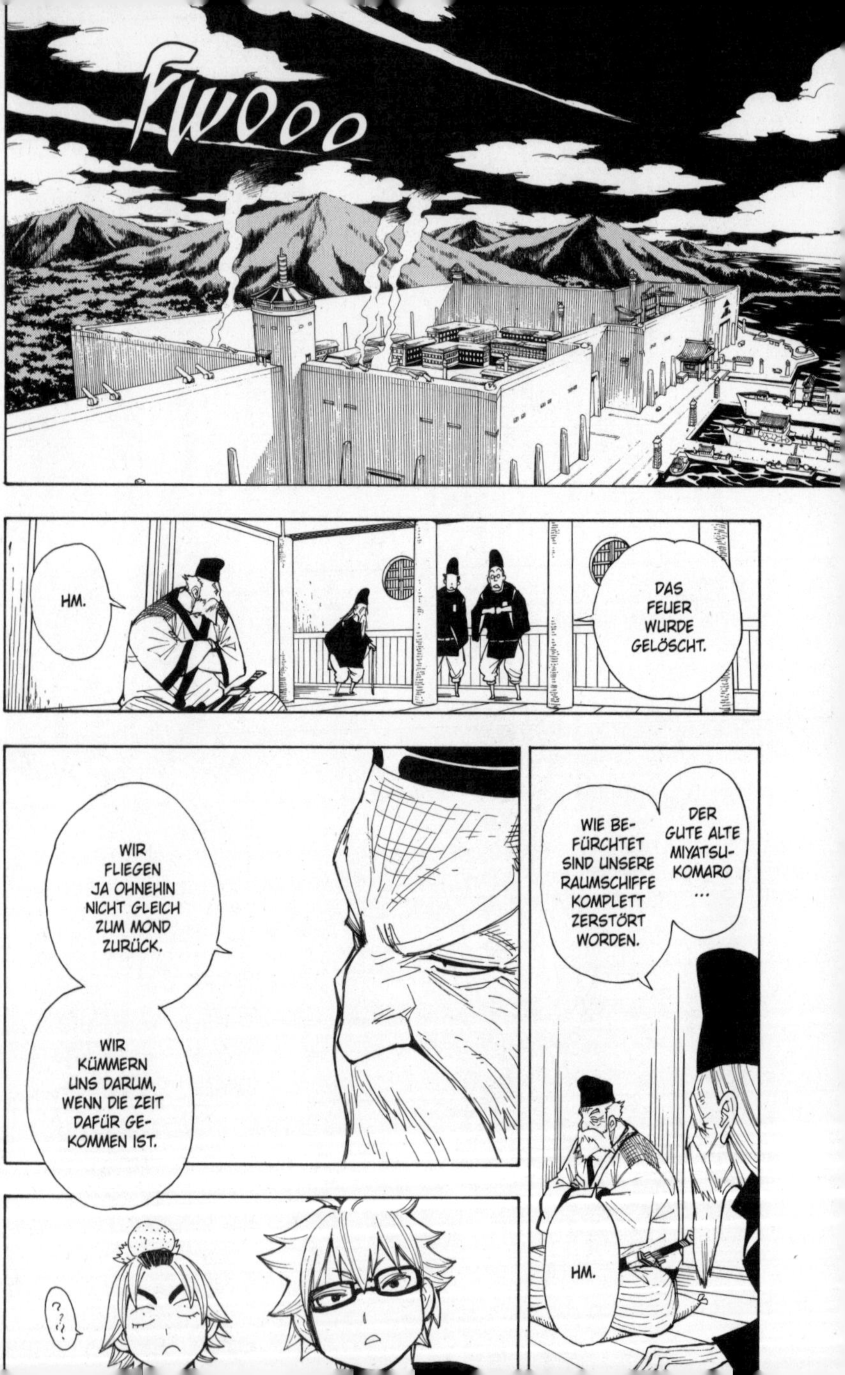

FWOOO

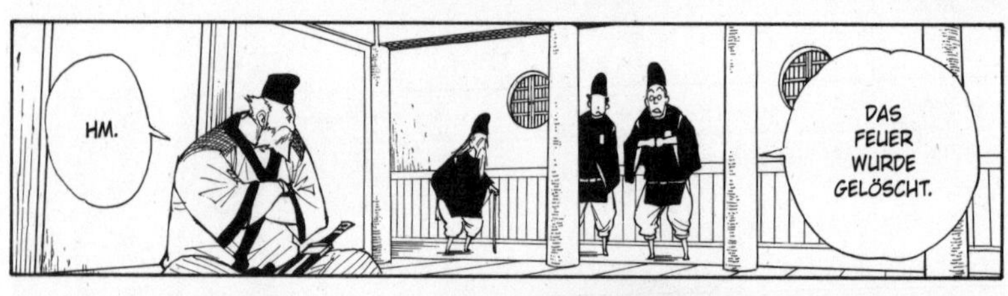


DER GUTE ALTE MIYATSUKOMARO ...

WIE BEFÜRCHTET SIND UNSERE RAUMSCHIFFE KOMPLETT ZERSTÖRT WORDEN.

HM.

WIR FLIEGEN JA OHNEHIN NICHT GLEICH ZUM MOND ZURÜCK.

WIR KÜMMERN UNS DARUM, WENN DIE ZEIT DAFÜR GEKOMMEN IST.

???

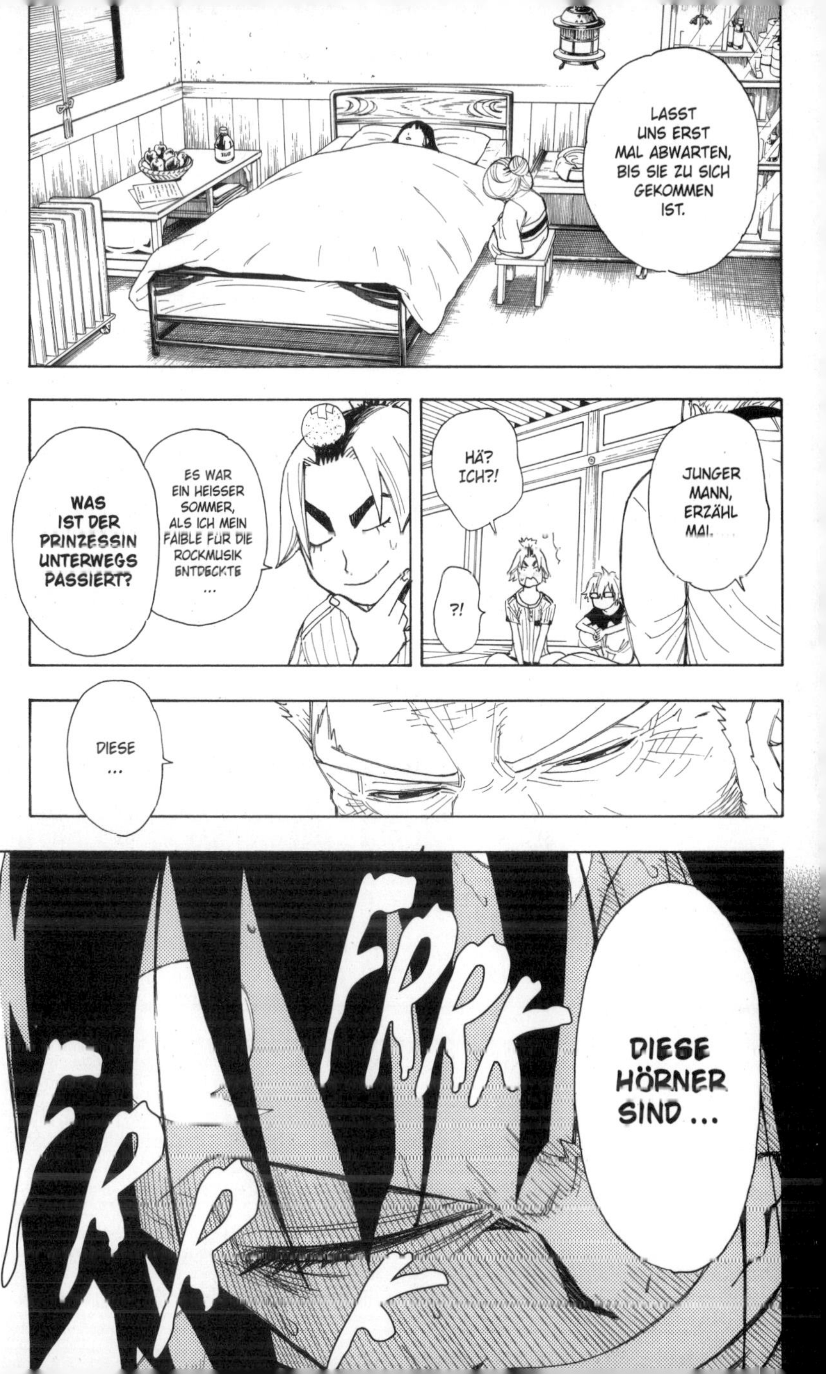

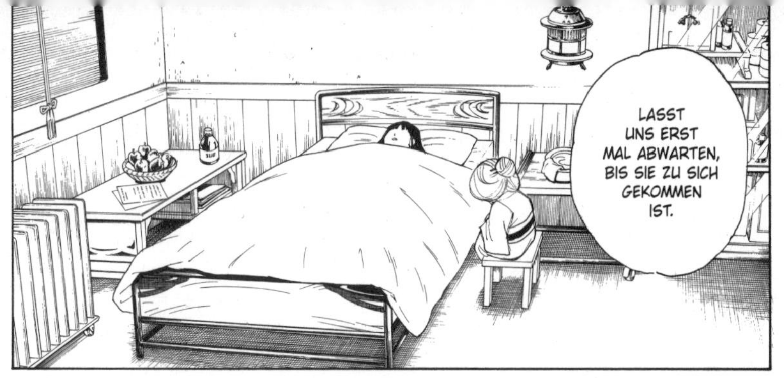
LASST UNS ERST MAL ABWARTEN, BIS SIE ZU SICH GEKOMMEN IST.

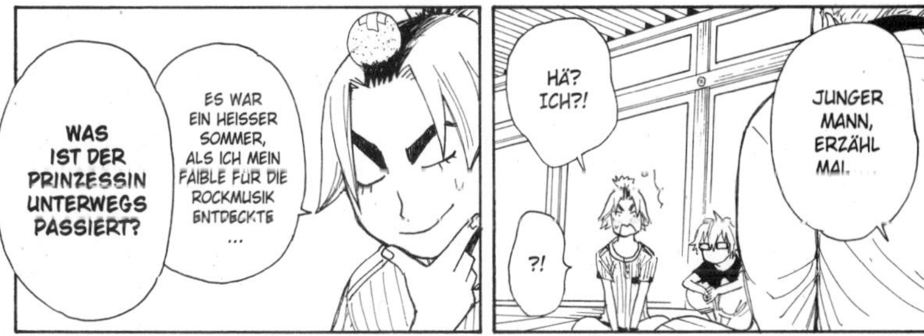
JUNGER MANN, ERZÄHL MAL ...
HÄ? ICH?!
?!
ES WAR EIN HEISSER SOMMER, ALS ICH MEIN FAIBLE FÜR DIE ROCKMUSIK ENTDECKTE ...
WAS IST DER PRINZESSIN UNTERWEGS PASSIERT?

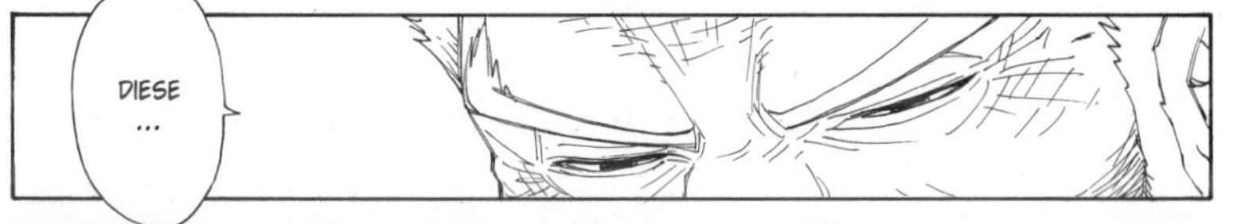
DIESE ...

DIESE HÖRNER SIND ...
FRRK
FRRK

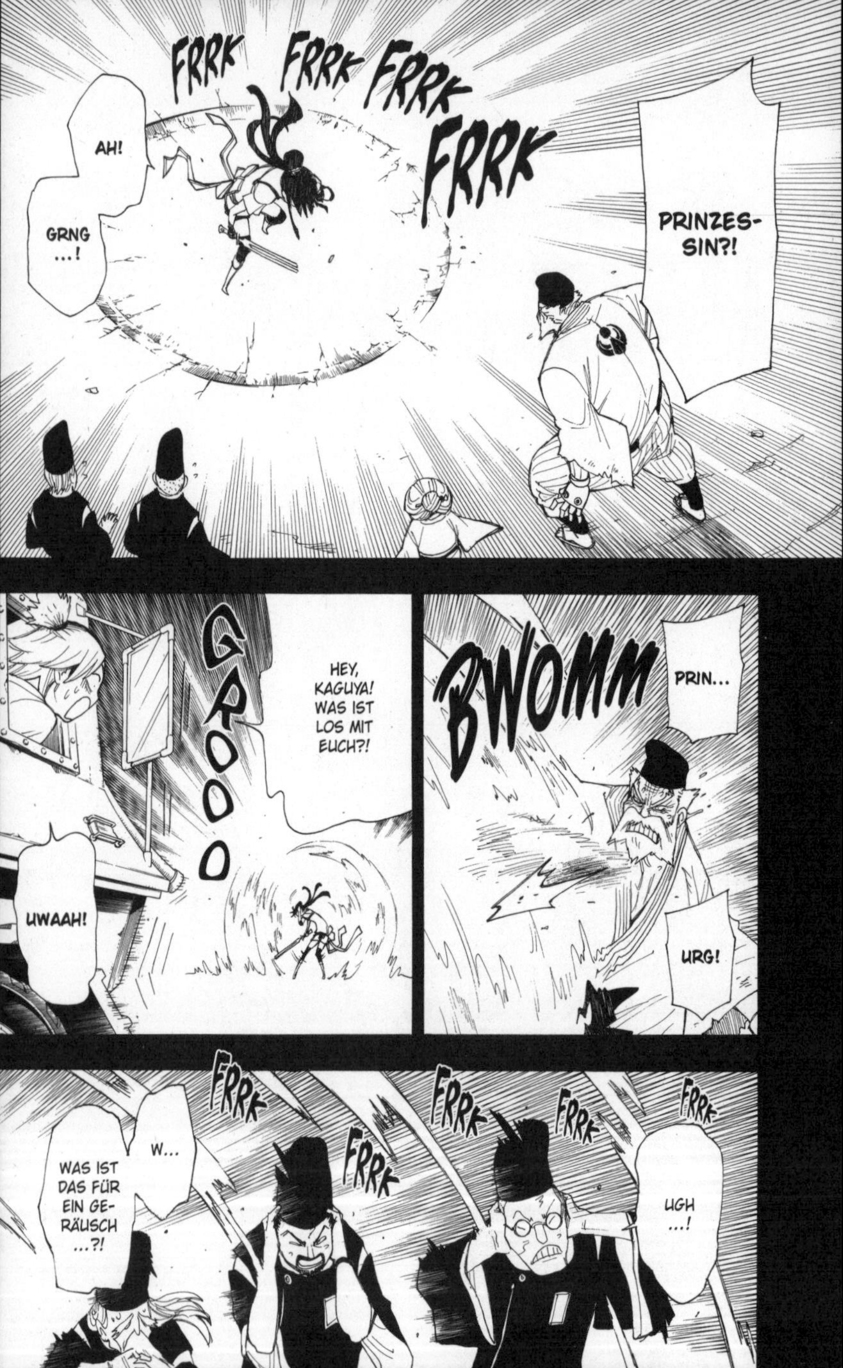
FRRK FRRK FRRK FRRK
PRINZES-SIN?!
AH!
GRNG ...!
BWOMM
PRIN...
URG!
GROOOO
HEY, KAGUYA! WAS IST LOS MIT EUCH?!
UWAAH!
FRRK FRRK FRRK FRRK
UGH ...!
W...
WAS IST DAS FÜR EIN GE-RÄUSCH ...?!

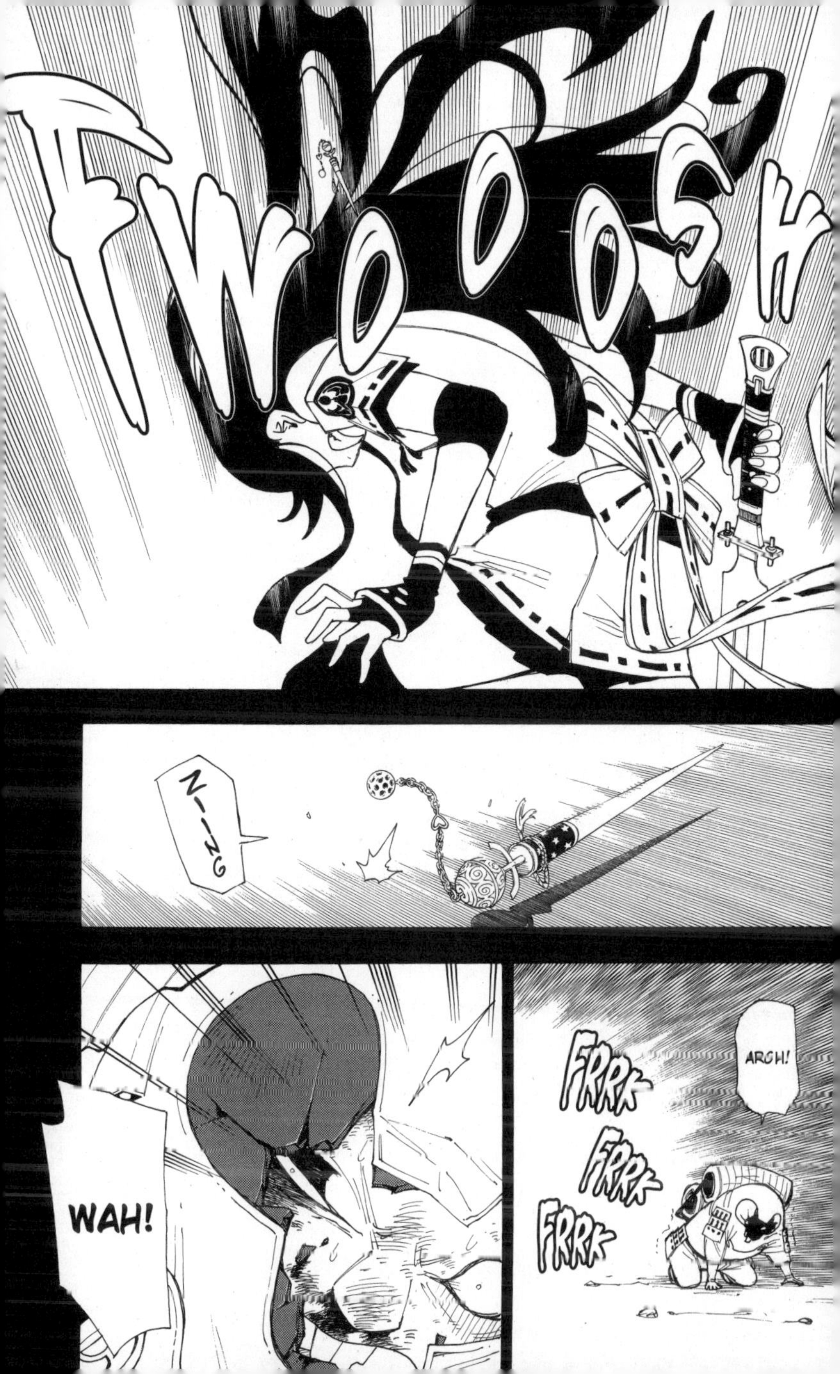
FWOOOSH
ZIING
ARGH!
FRRK
FRRK
FRRK
WAH!

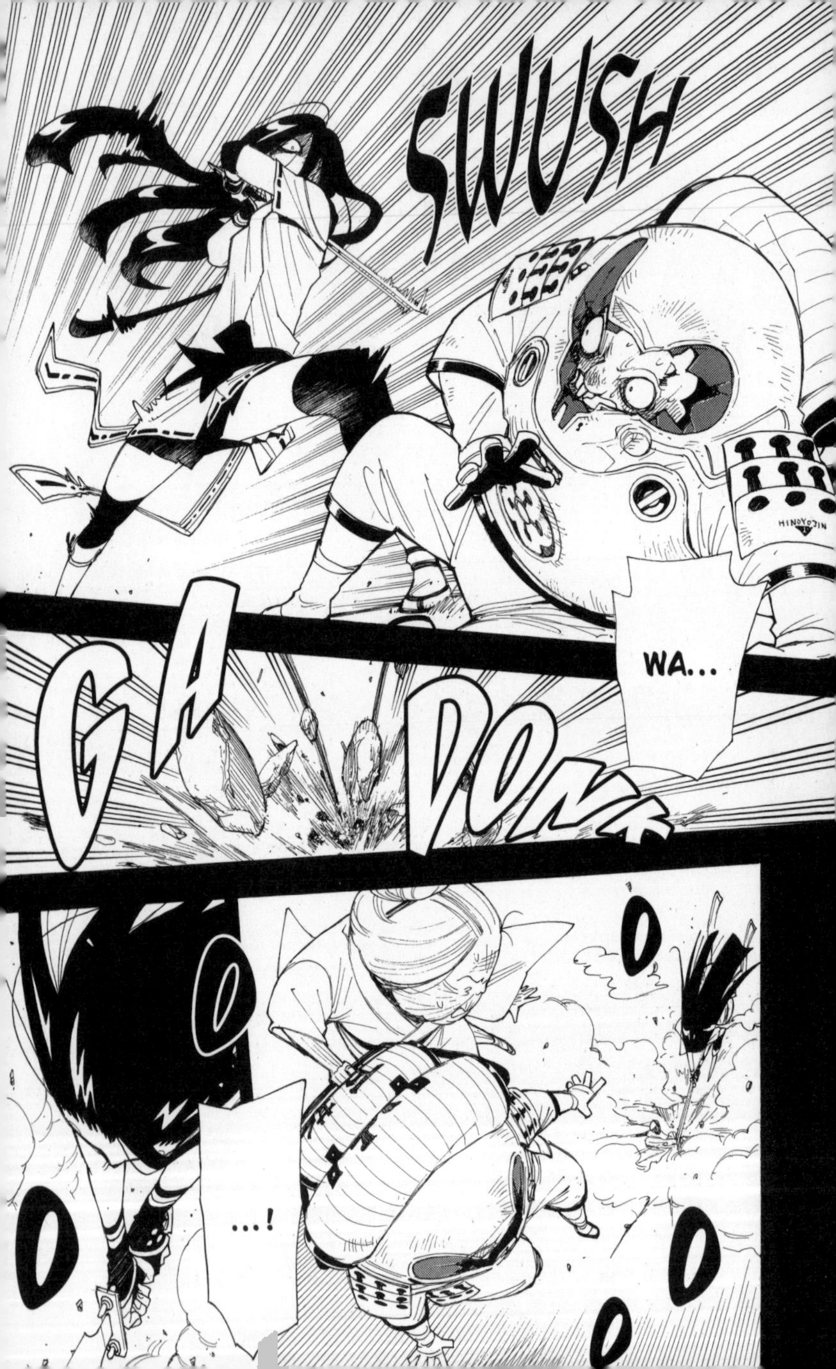
SWUSH
HINOYOJIN
WA...
GA
DONK
...!
OOOO

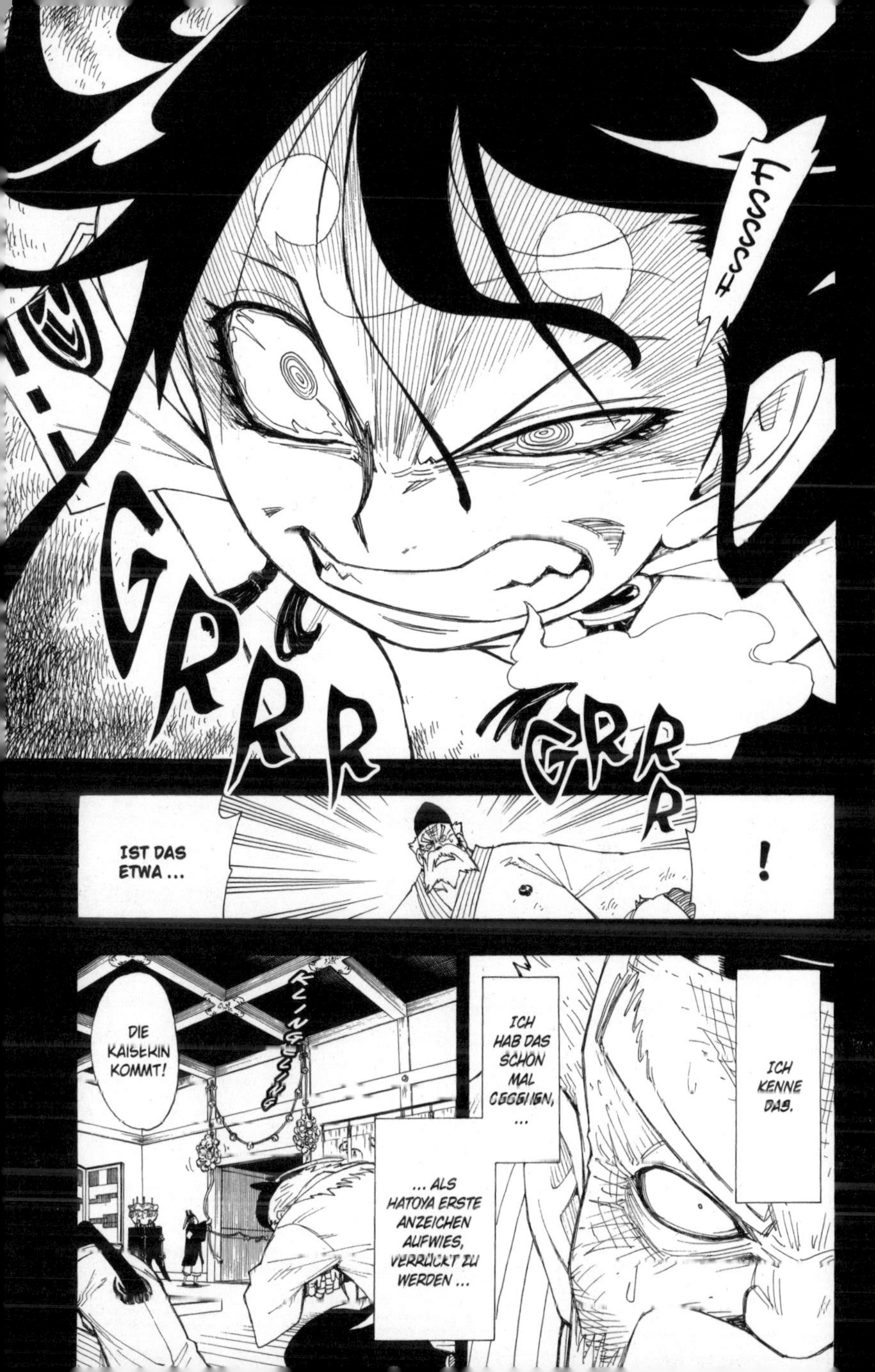
FSSSH
GRRR
GRRR
!
IST DAS ETWA …
ICH KENNE DAS.
ICH HAB DAS SCHON MAL GESEHEN, …
… ALS HATOYA ERSTE ANZEICHEN AUFWIES, VERRÜCKT ZU WERDEN …
KLINGELING
DIE KAISERIN KOMMT!

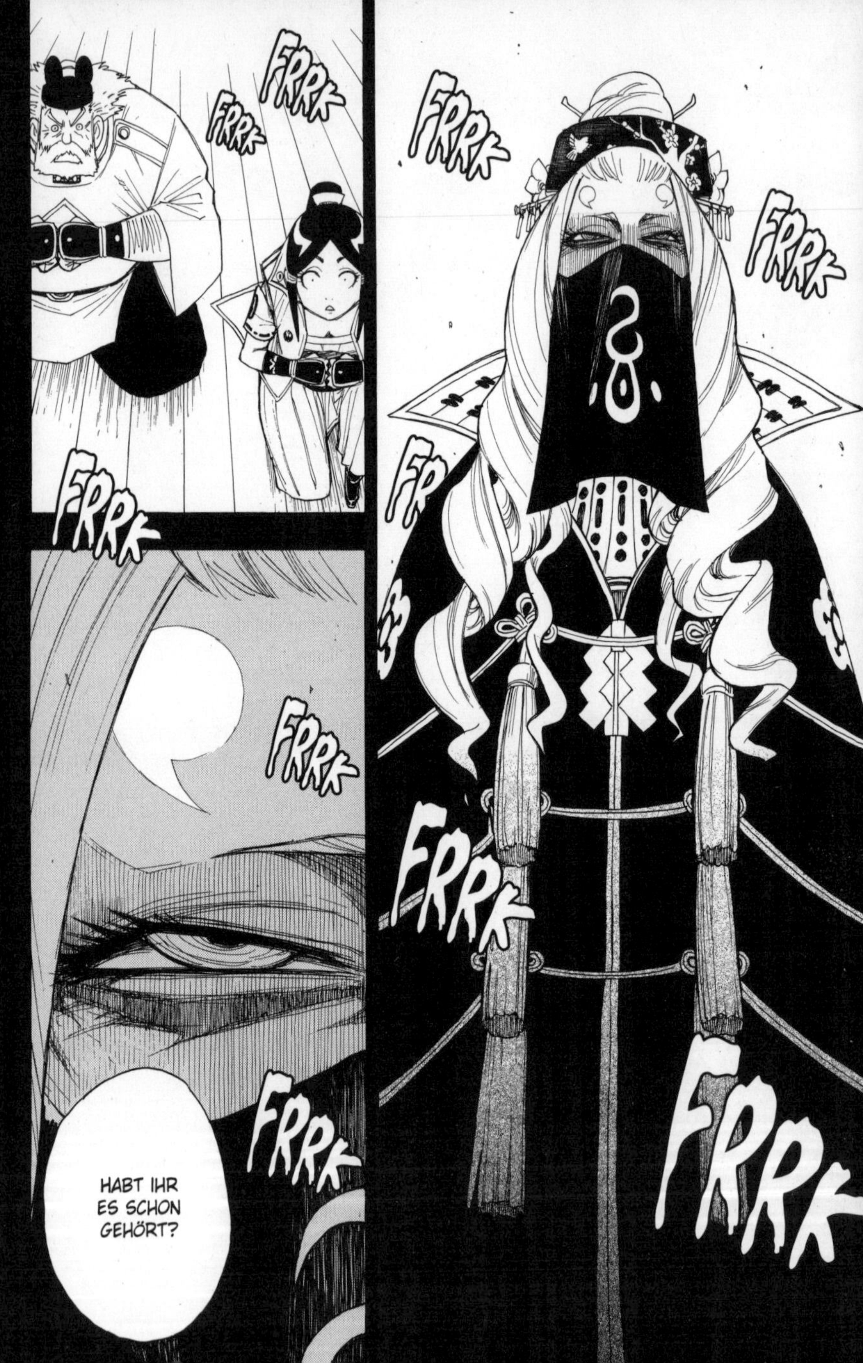
FRRK
FRRK
FRRK
FRRK
FRRK
FR
FRRK
FRRK
FRRK
HABT IHR ES SCHON GEHÖRT?
FRRK

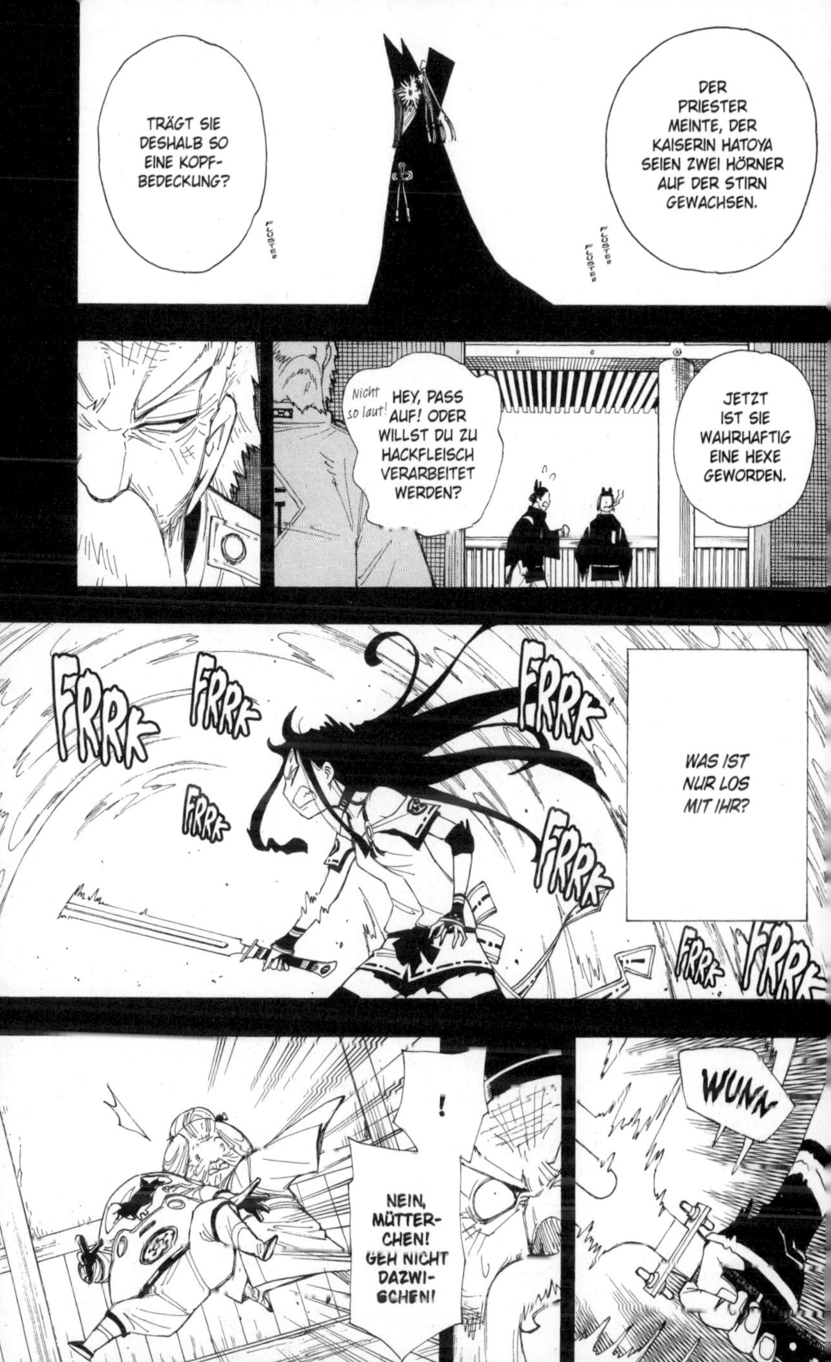
DER PRIESTER MEINTE, DER KAISERIN HATOYA SEIEN ZWEI HÖRNER AUF DER STIRN GEWACHSEN.
TRÄGT SIE DESHALB SO EINE KOPF-BEDECKUNG?
JETZT IST SIE WAHRHAFTIG EINE HEXE GEWORDEN.
HEY, PASS AUF! ODER WILLST DU ZU HACKFLEISCH VERARBEITET WERDEN?
Nicht so laut!
WAS IST NUR LOS MIT IHR?
FRRK
FRRK
FRRK
FRRK
FRRK
FRRK
FRRK
WUNN
!
NEIN, MÜTTERCHEN! GEH NICHT DAZWISCHEN!

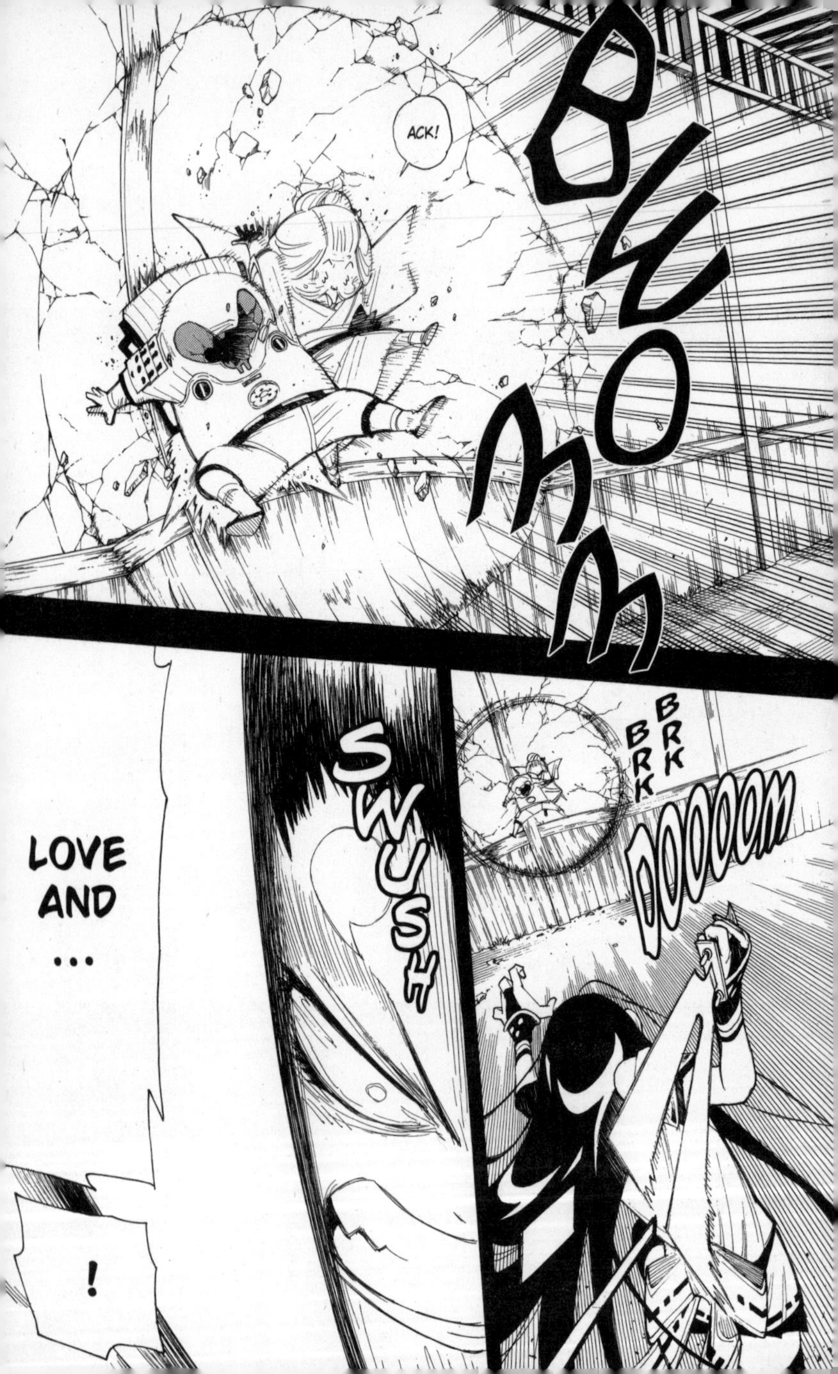

BWUOMM
ACK!
BRK BRK
DOOOOM
SWUSH
LOVE AND ...
!

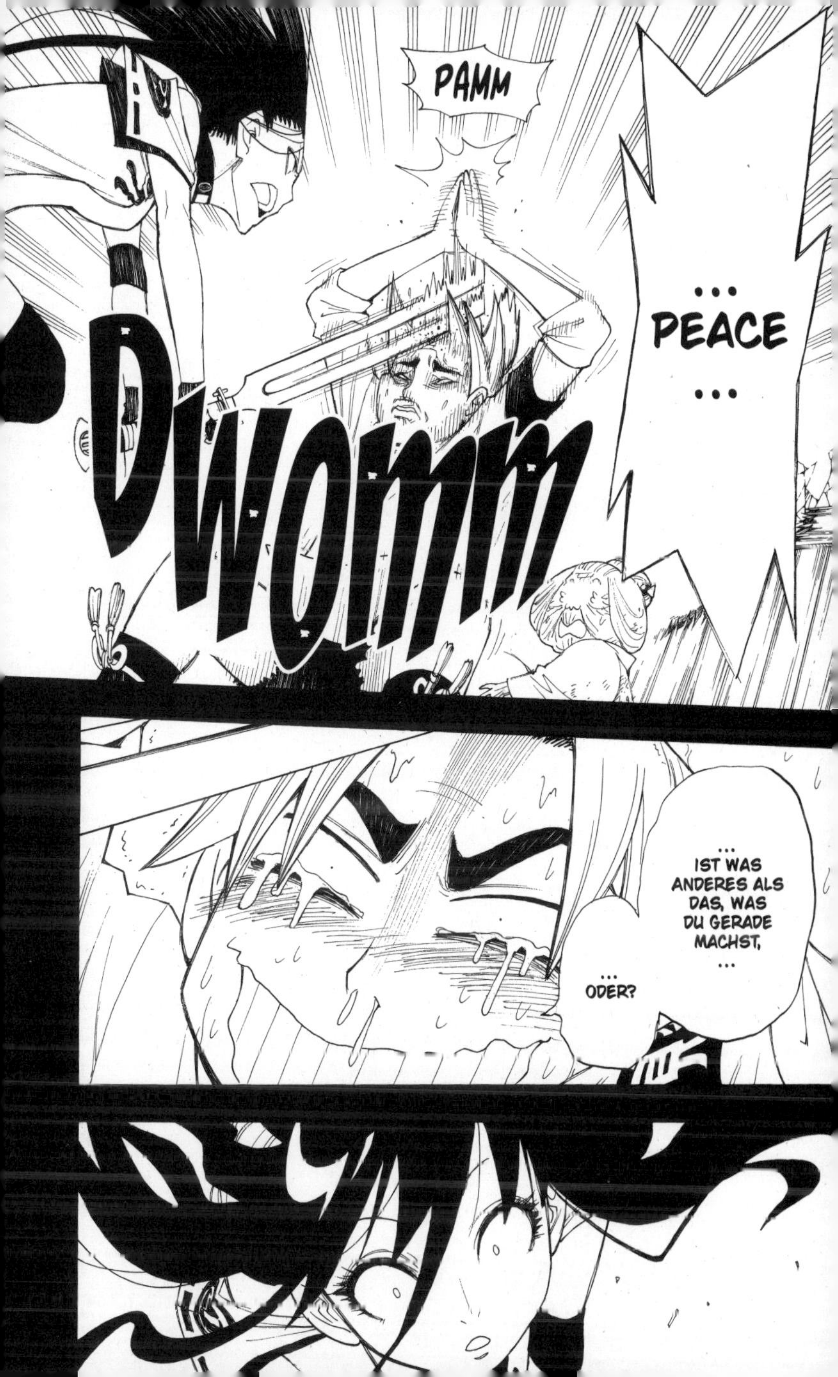
PAMM
... PEACE ...
DWOMM
... IST WAS ANDERES ALS DAS, WAS DU GERADE MACHST, ...
... ODER?

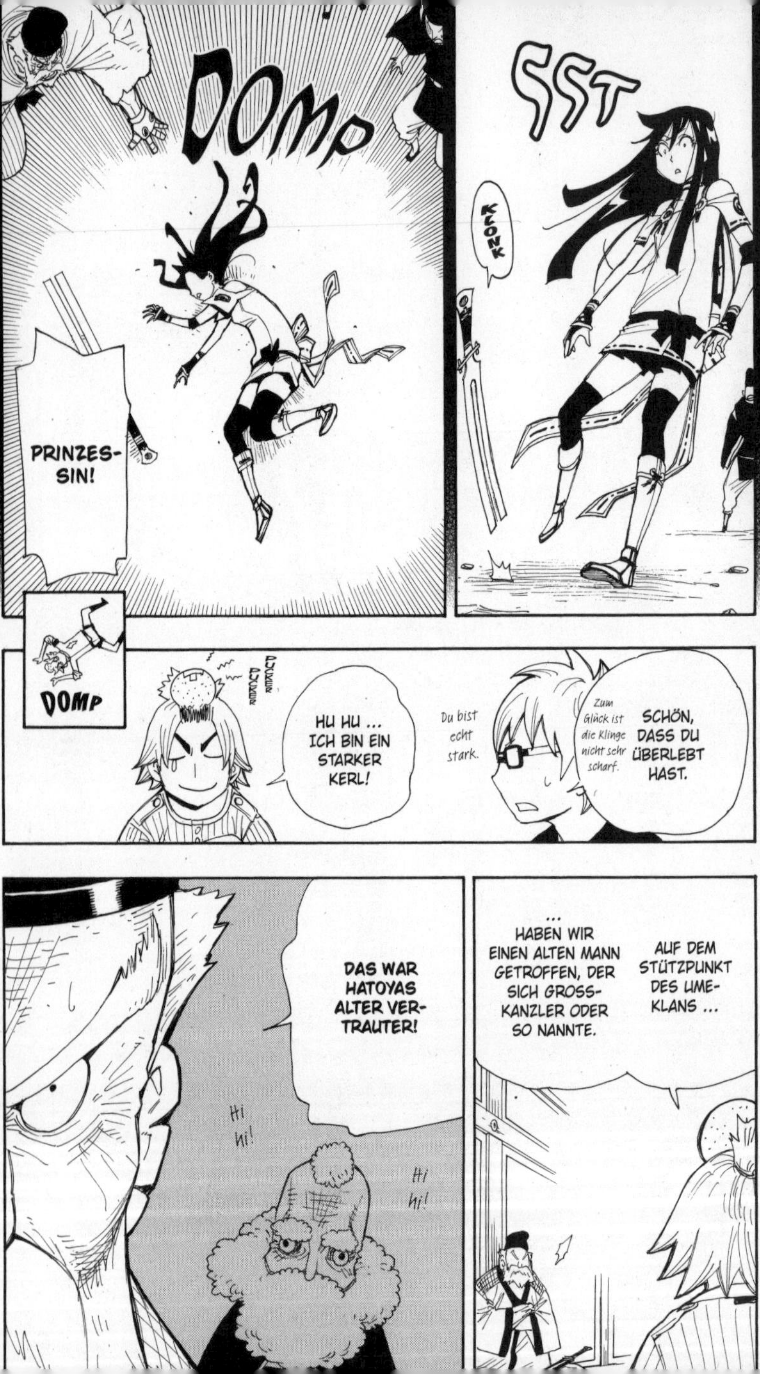

SST

KLONK

DOMP

PRINZES-
SIN!

DOMP

Zum Glück ist die Klinge nicht sehr scharf.

SCHÖN, DASS DU ÜBERLEBT HAST.

Du bist echt stark.

HU HU ... ICH BIN EIN STARKER KERL!

PUCKER PUCKER

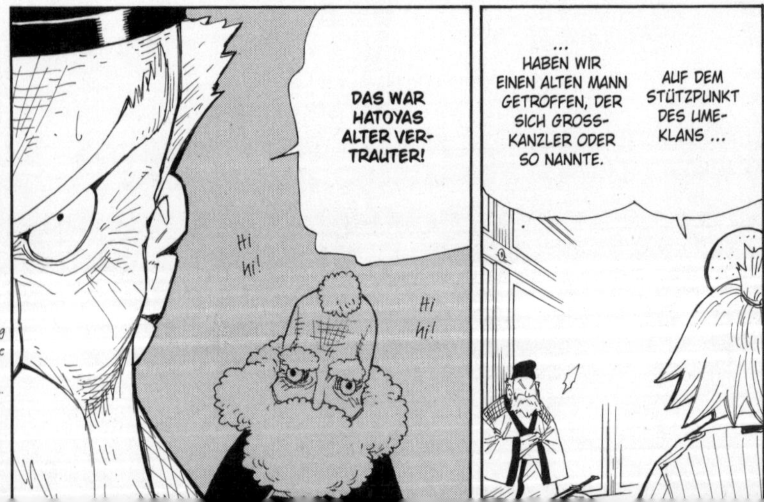


tändig
eichne
ich
pas ...

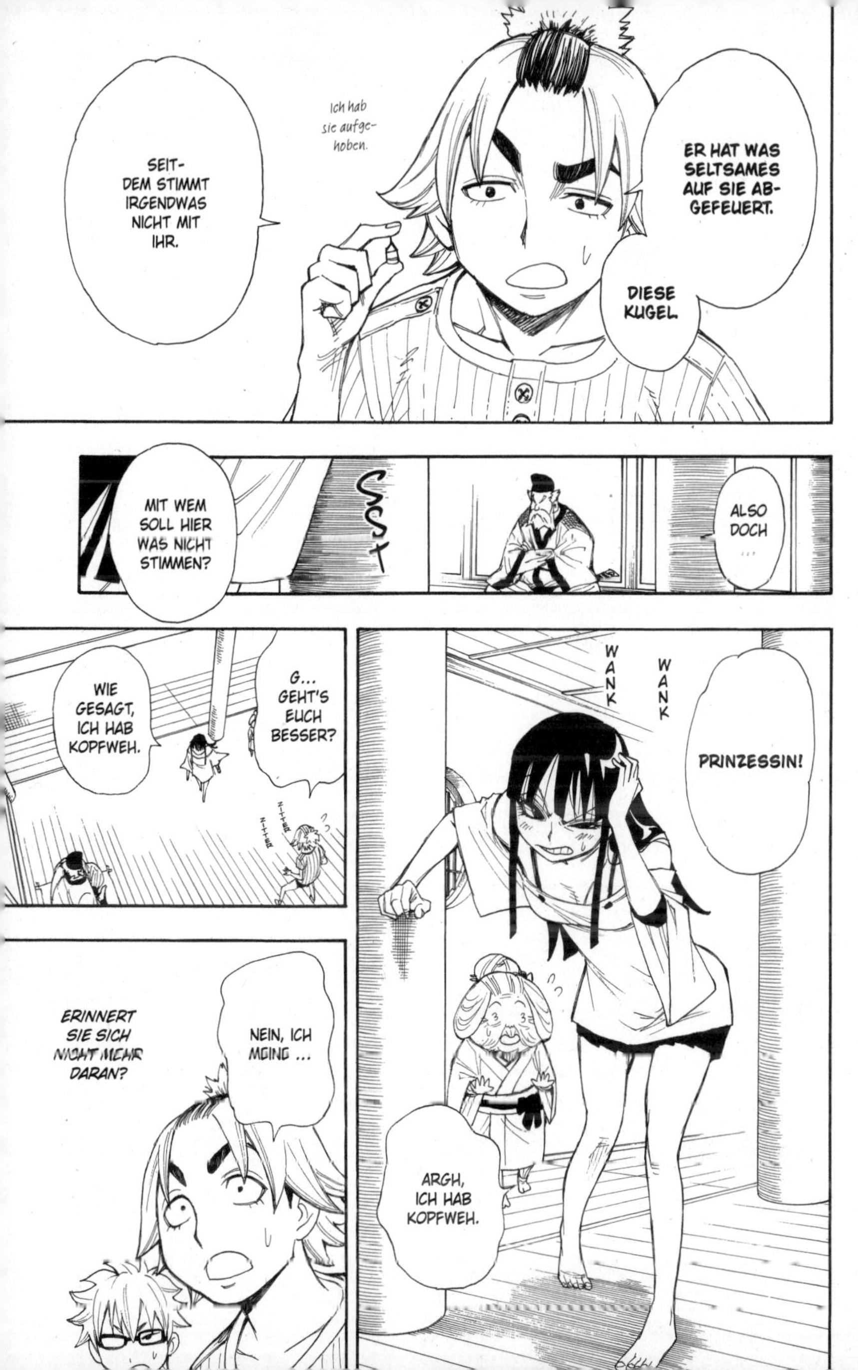
ER HAT WAS SELTSAMES AUF SIE ABGEFEUERT.
DIESE KUGEL.
Ich hab sie aufgehoben.
SEITDEM STIMMT IRGENDWAS NICHT MIT IHR.
ALSO DOCH ...
SST
MIT WEM SOLL HIER WAS NICHT STIMMEN?
PRINZESSIN!
WANK WANK
ARGH, ICH HAB KOPFWEH.
G... GEHT'S EUCH BESSER?
ZITTER ZITTER
WIE GESAGT, ICH HAB KOPFWEH.
NEIN, ICH MEINE ...
ERINNERT SIE SICH NICHT MEHR DARAN?

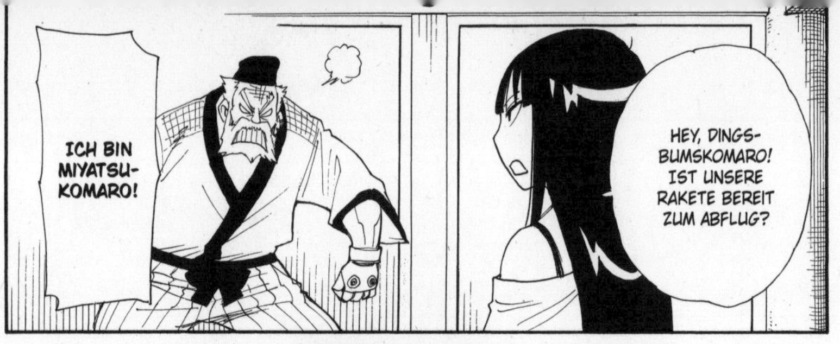
HEY, DINGS-BUMSKOMARO! IST UNSERE RAKETE BEREIT ZUM ABFLUG?
ICH BIN MIYATSUKOMARO!

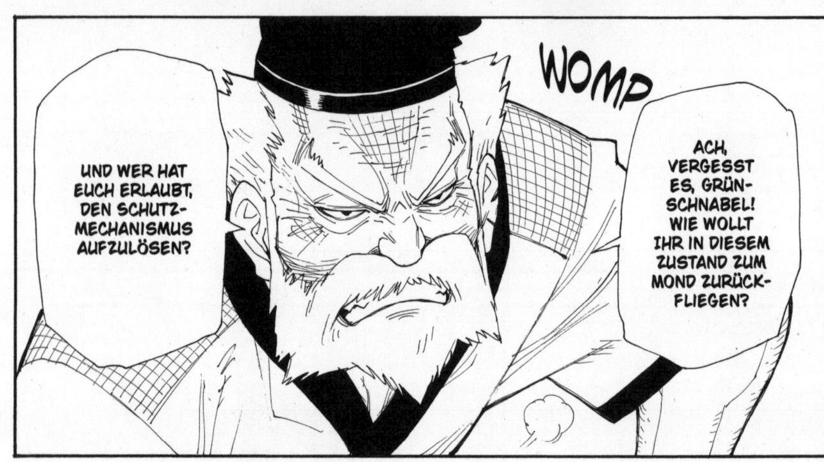
ACH, VERGESST ES, GRÜNSCHNABEL! WIE WOLLT IHR IN DIESEM ZUSTAND ZUM MOND ZURÜCKFLIEGEN?
WOMP
UND WER HAT EUCH ERLAUBT, DEN SCHUTZMECHANISMUS AUFZULÖSEN?

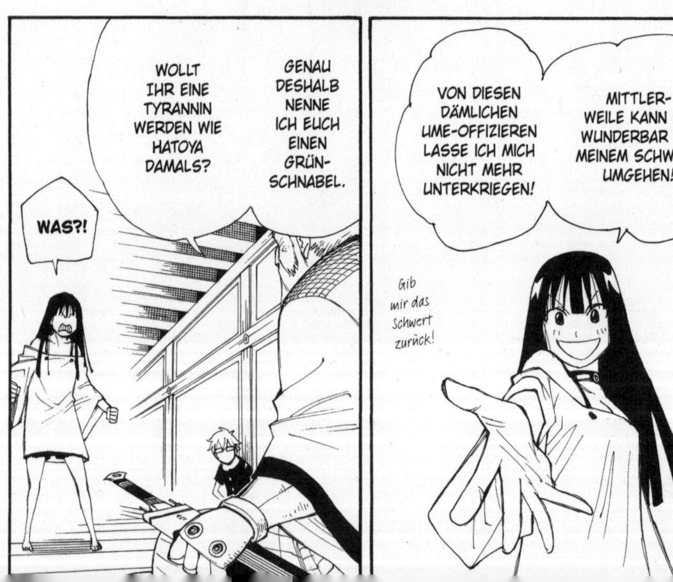
MITTLERWEILE KANN ICH WUNDERBAR MIT MEINEM SCHWERT UMGEHEN!
VON DIESEN DÄMLICHEN UME-OFFIZIEREN LASSE ICH MICH NICHT MEHR UNTERKRIEGEN!
Gib mir das Schwert zurück!
GENAU DESHALB NENNE ICH EUCH EINEN GRÜNSCHNABEL.
WOLLT IHR EINE TYRANNIN WERDEN WIE HATOYA DAMALS?
WAS?!

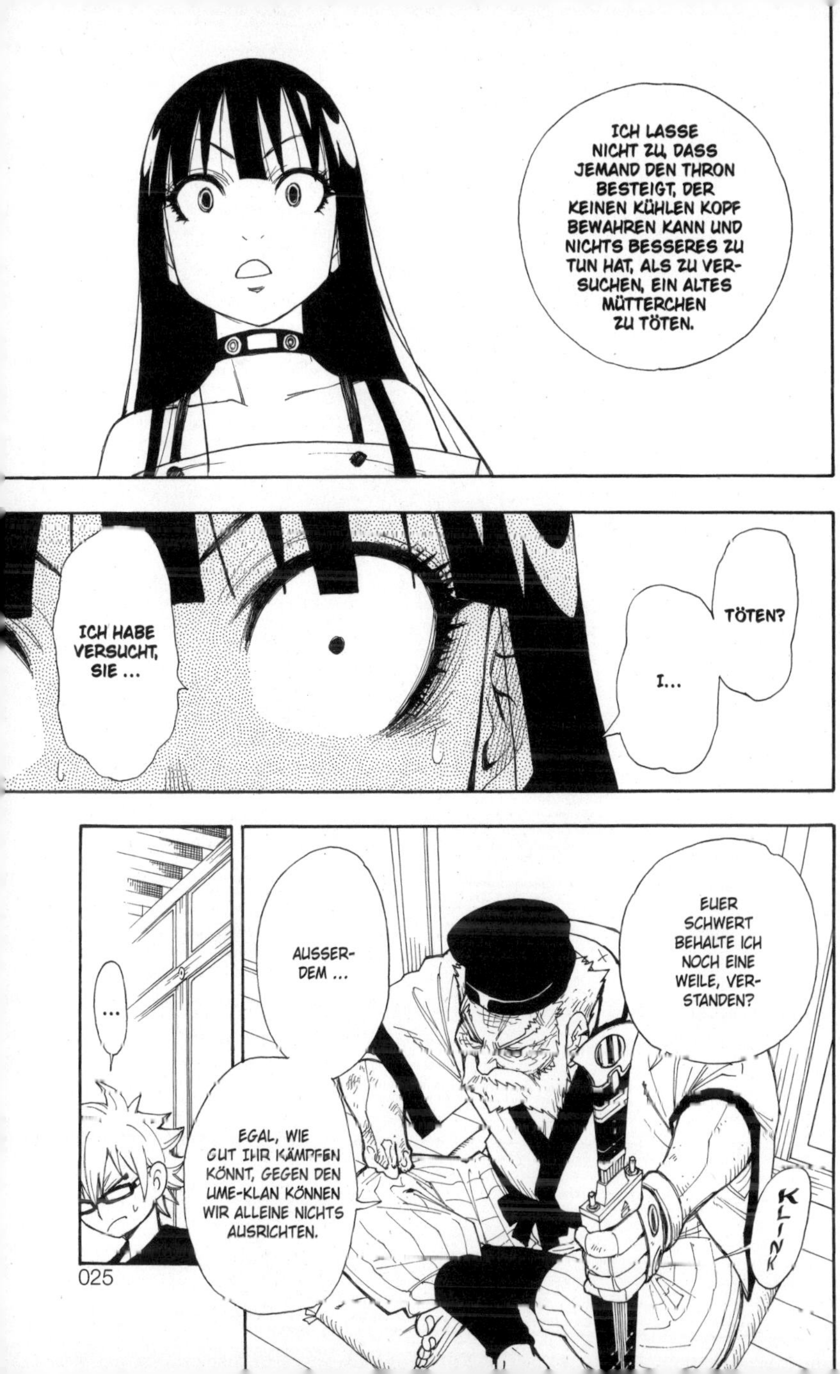

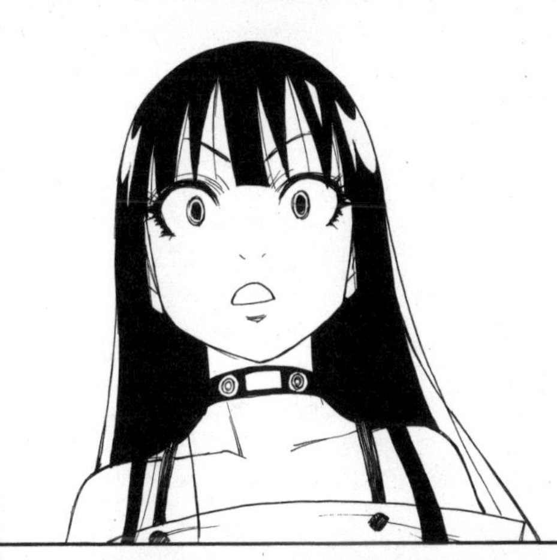


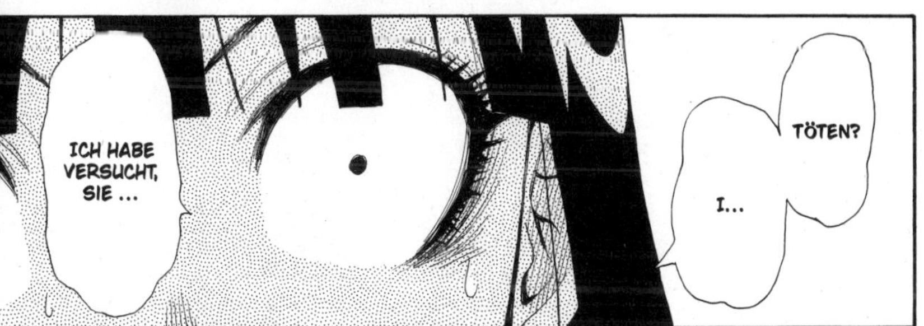


EUER SCHWERT BEHALTE ICH NOCH EINE WEILE, VERSTANDEN?

KLINK

AUSSERDEM …

EGAL, WIE GUT IHR KÄMPFEN KÖNNT, GEGEN DEN UME-KLAN KÖNNEN WIR ALLEINE NICHTS AUSRICHTEN.

…

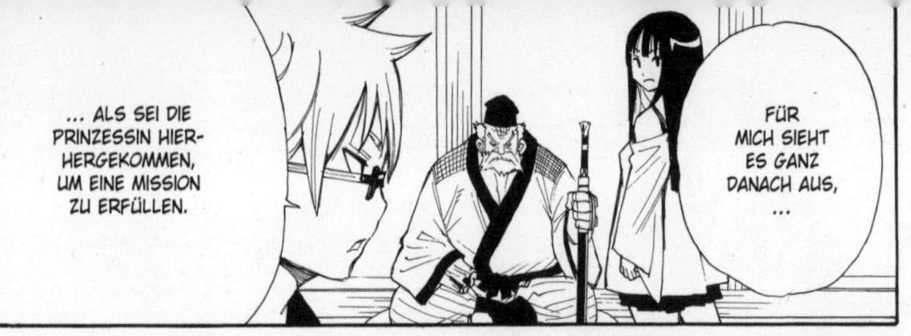


ICH WEISS, DASS ES EINE NOTWENDIGE MASSNAHME WAR. TROTZDEM IST ES SCHWER ZU GLAUBEN, DASS DIE KAISERIN EUCH OHNE TRIFTIGEN GRUND AN SO EINEN ORT SCHICKT, WO EUCH JEGLICHE UNTERSTÜTZUNG FEHLT.

EIGENTLICH SOLLTE ES HIER LEIBGARDEN DES TAKE-KLANS GEBEN.

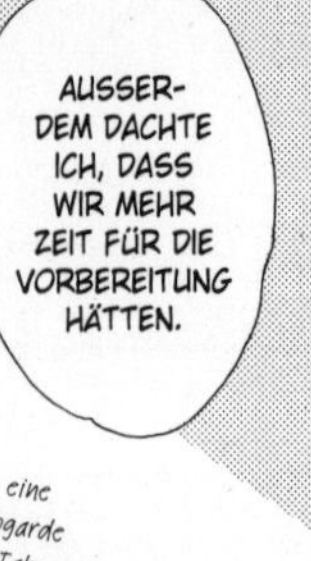


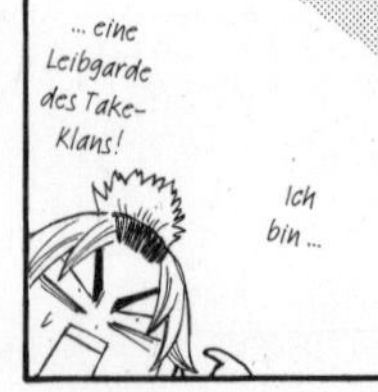


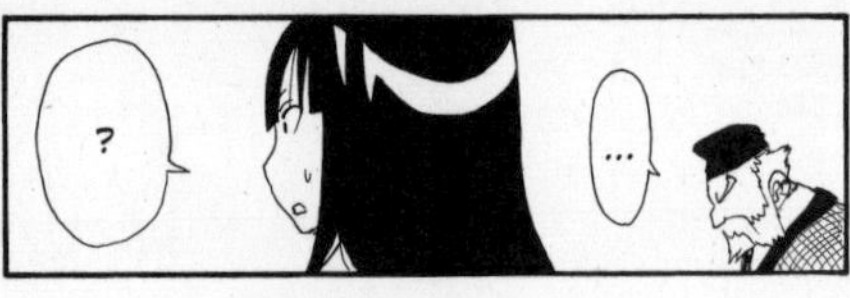


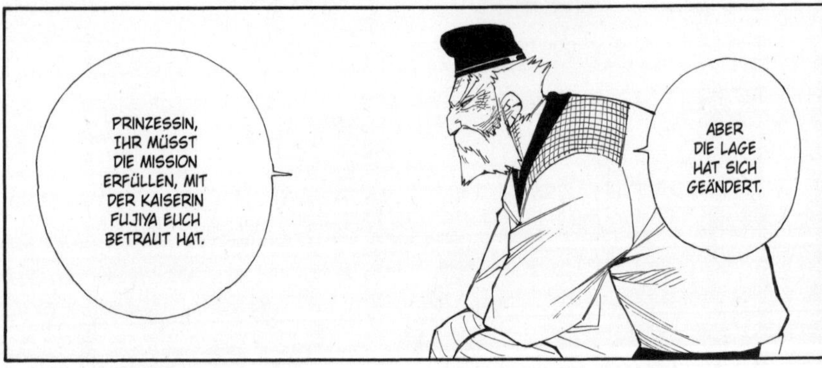


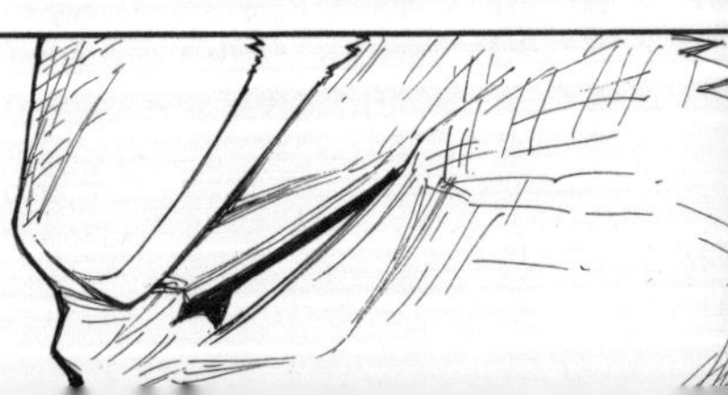

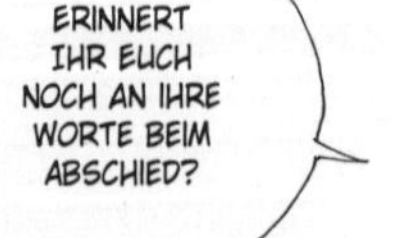

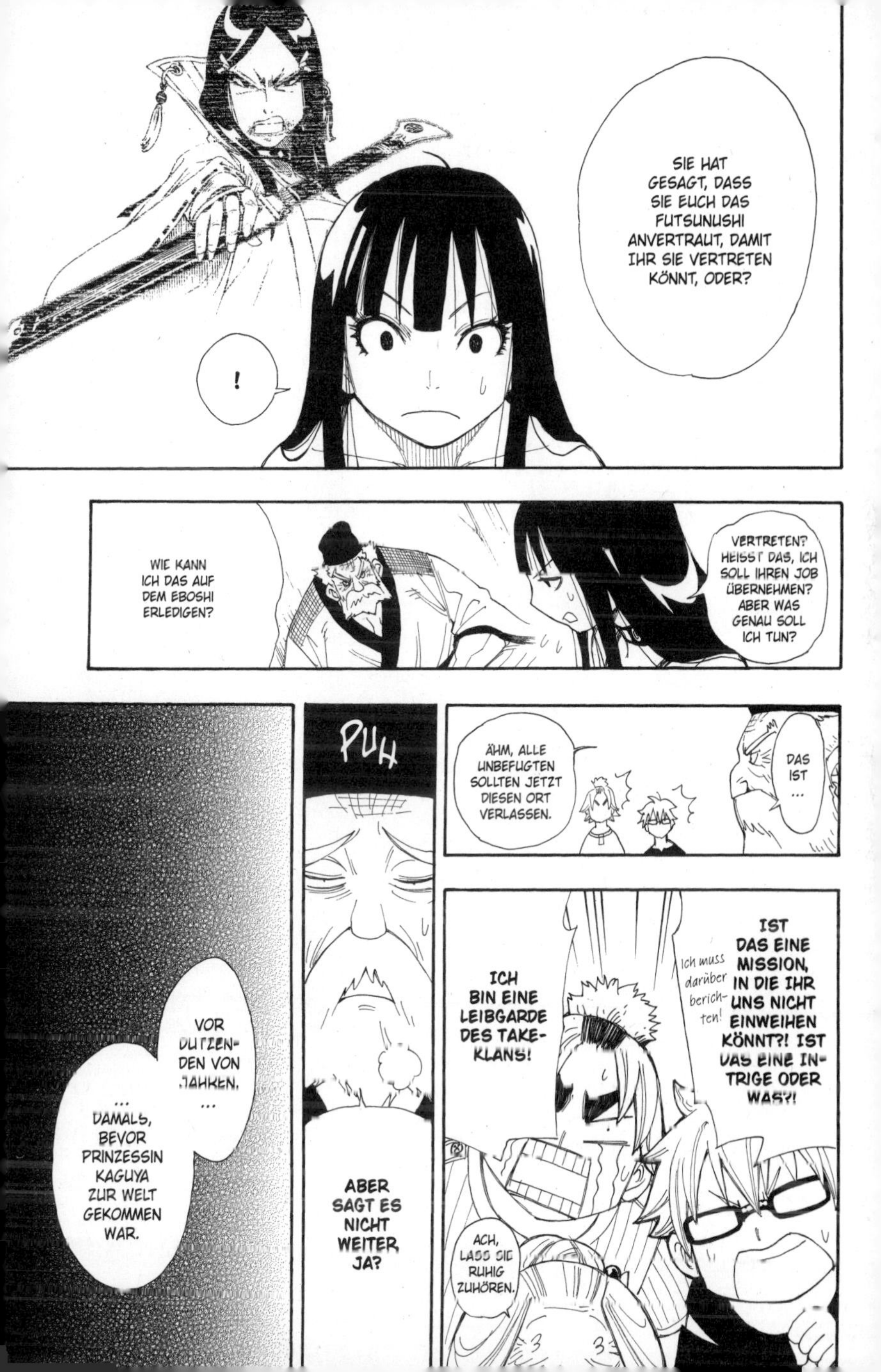

SIE HAT GESAGT, DASS SIE EUCH DAS FUTSUNUSHI ANVERTRAUT, DAMIT IHR SIE VERTRETEN KÖNNT, ODER?

!

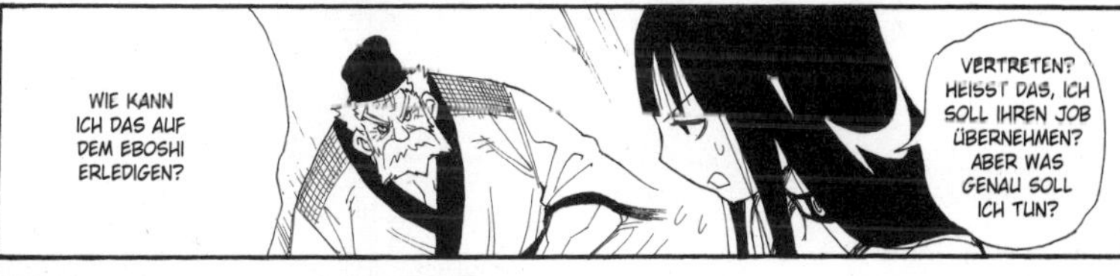


DAS IST ...

ÄHM, ALLE UNBEFUGTEN SOLLTEN JETZT DIESEN ORT VERLASSEN.

IST DAS EINE MISSION, IN DIE IHR UNS NICHT EINWEIHEN KÖNNT?! IST DAS EINE INTRIGE ODER WAS?!

Ich muss darüber berichten!

ICH BIN EINE LEIBGARDE DES TAKE-KLANS!

ACH, LASS SIE RUHIG ZUHÖREN.

PUH

ABER SAGT ES NICHT WEITER, JA?

VOR DUTZENDEN VON JAHREN. ...

... DAMALS, BEVOR PRINZESSIN KAGUYA ZUR WELT GEKOMMEN WAR.

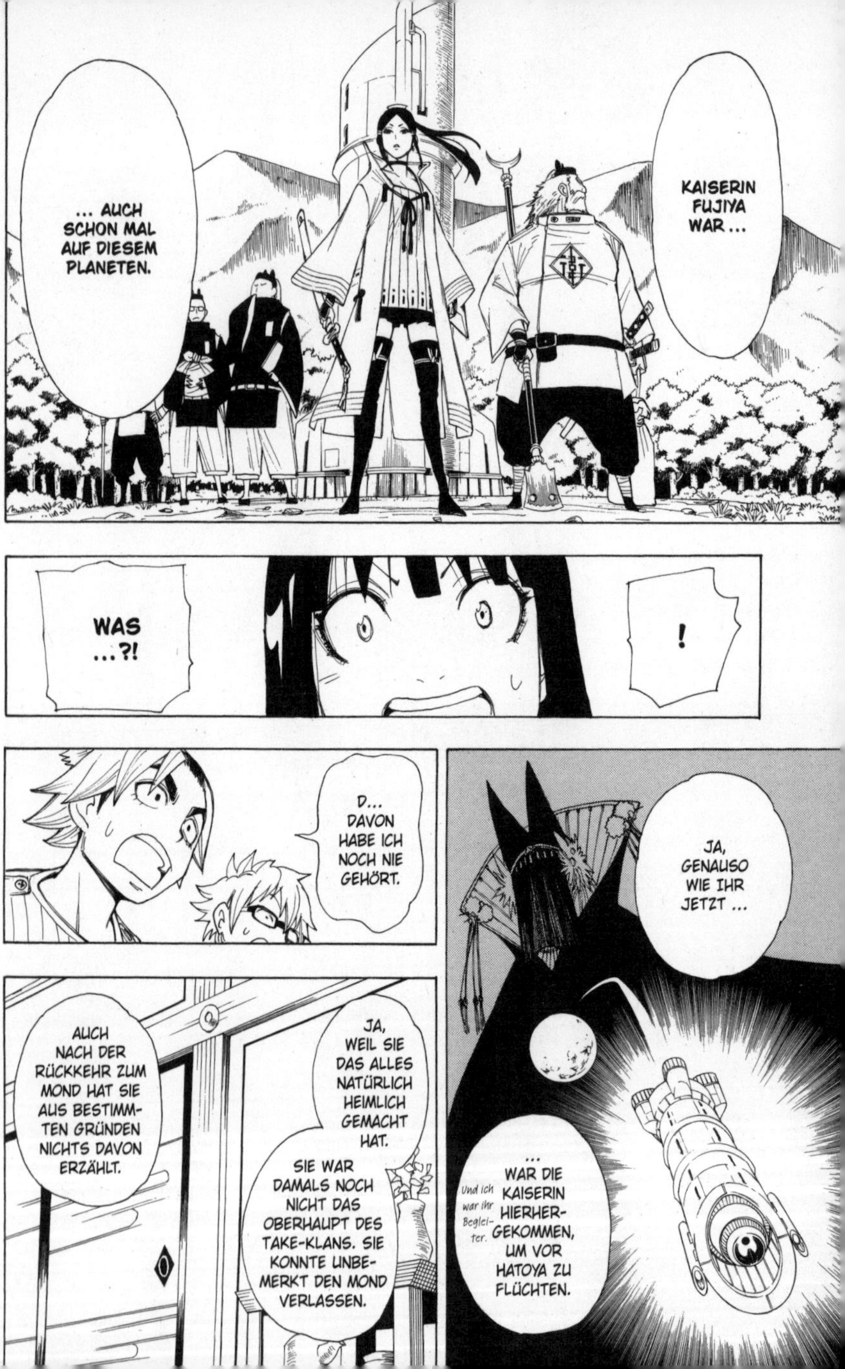

KAISERIN FUJIYA WAR …
… AUCH SCHON MAL AUF DIESEM PLANETEN.

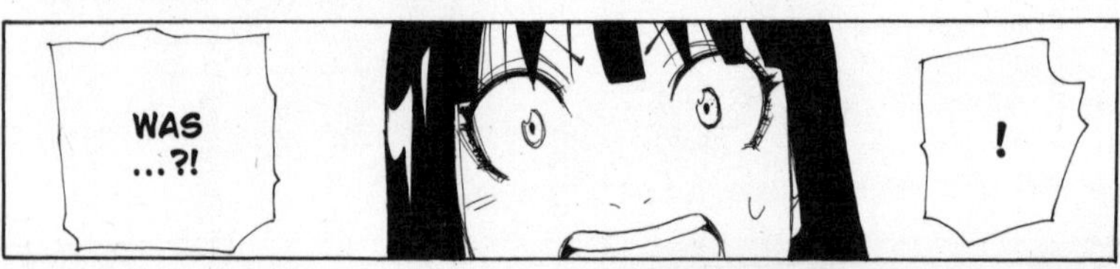


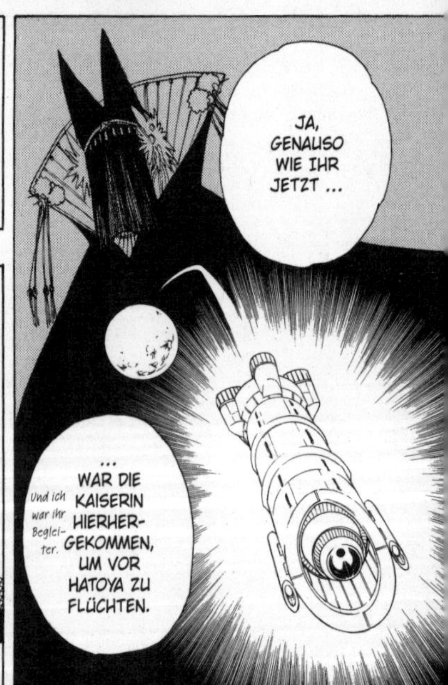


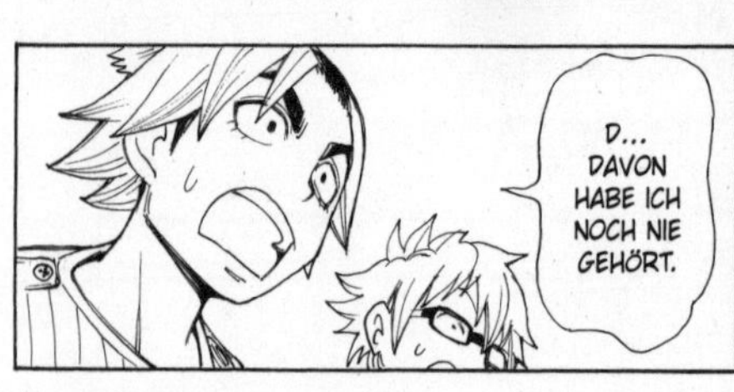


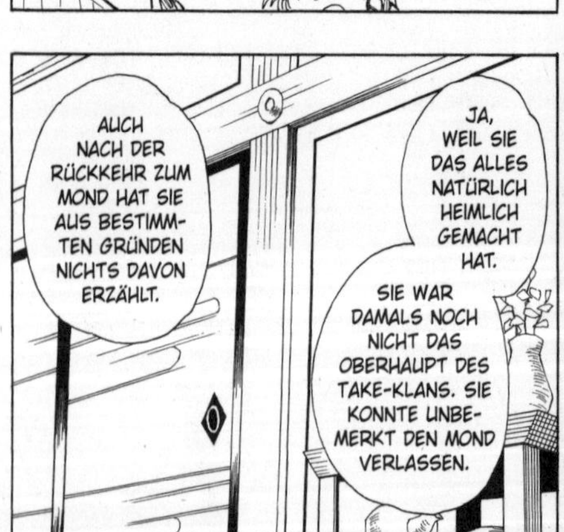

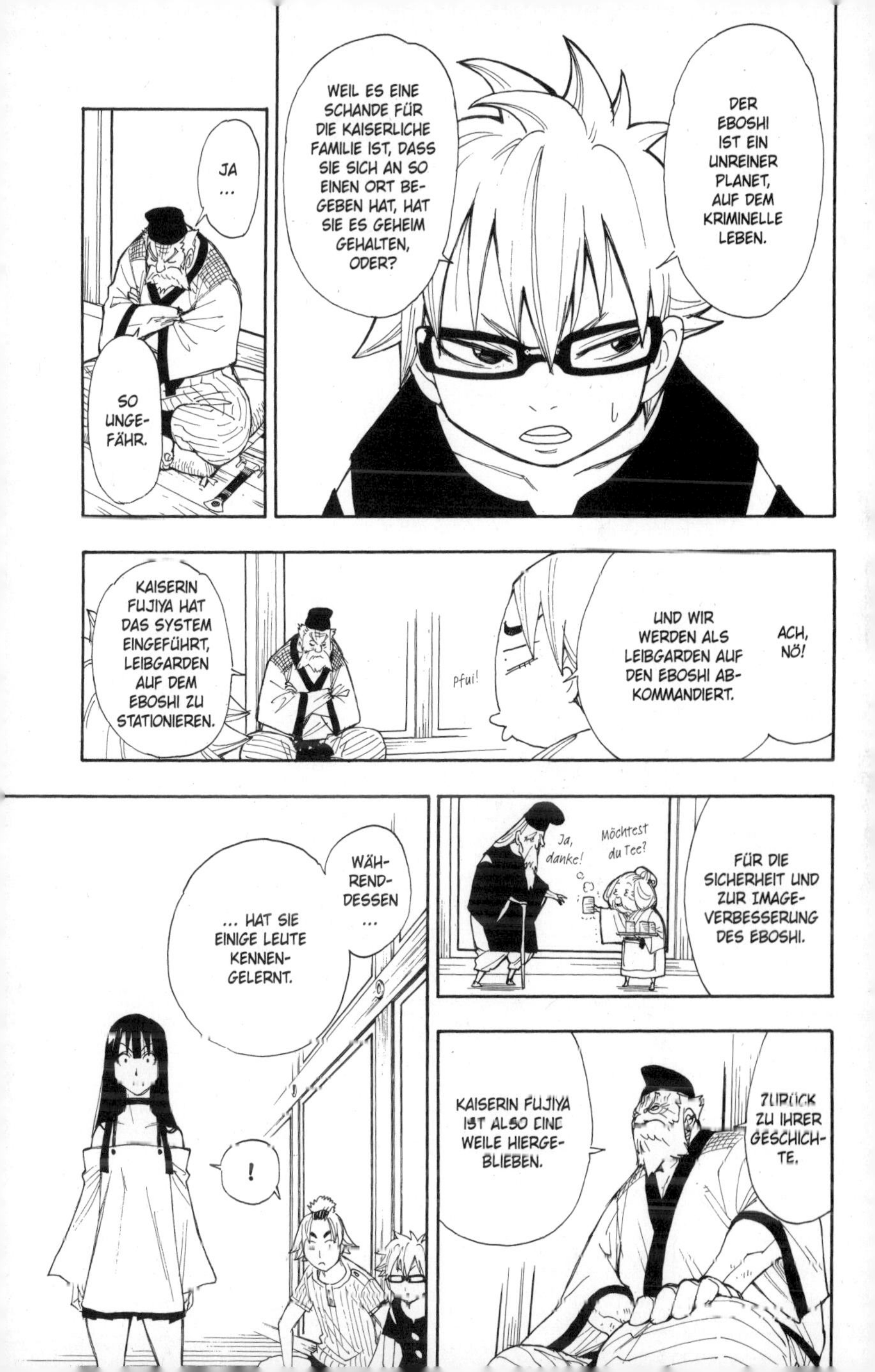

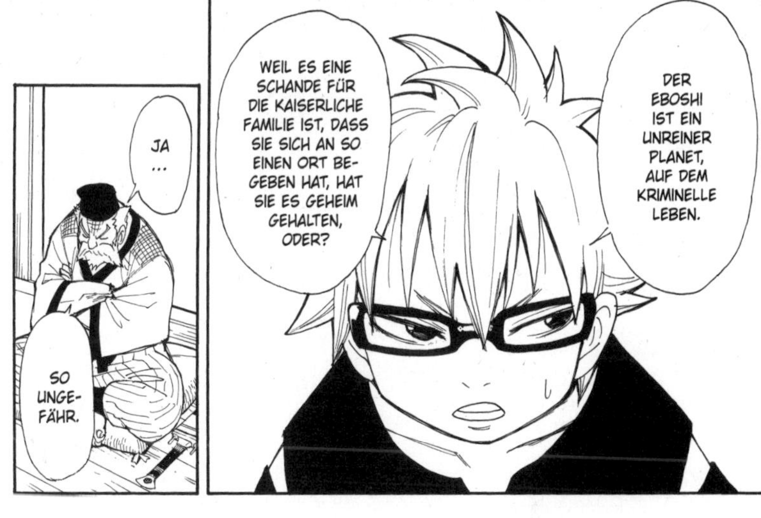
DER EBOSHI IST EIN UNREINER PLANET, AUF DEM KRIMINELLE LEBEN.
WEIL ES EINE SCHANDE FÜR DIE KAISERLICHE FAMILIE IST, DASS SIE SICH AN SO EINEN ORT BEGEBEN HAT, HAT SIE ES GEHEIM GEHALTEN, ODER?
JA ...
SO UNGEFÄHR.

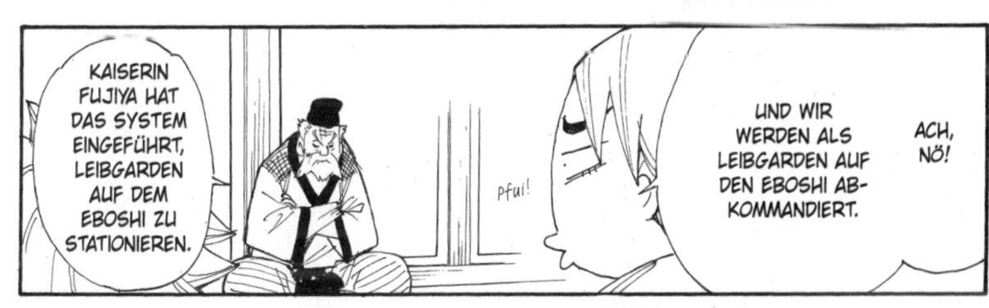
KAISERIN FUJIYA HAT DAS SYSTEM EINGEFÜHRT, LEIBGARDEN AUF DEM EBOSHI ZU STATIONIEREN.
UND WIR WERDEN ALS LEIBGARDEN AUF DEN EBOSHI ABKOMMANDIERT.
ACH, NÖ!
Pfui!

FÜR DIE SICHERHEIT UND ZUR IMAGEVERBESSERUNG DES EBOSHI.
Möchtest du Tee?
Ja, danke!
ZURÜCK ZU IHRER GESCHICHTE.
KAISERIN FUJIYA IST ALSO EINE WEILE HIERGEBLIEBEN.
WÄHREND-DESSEN ...
... HAT SIE EINIGE LEUTE KENNENGELERNT.
!

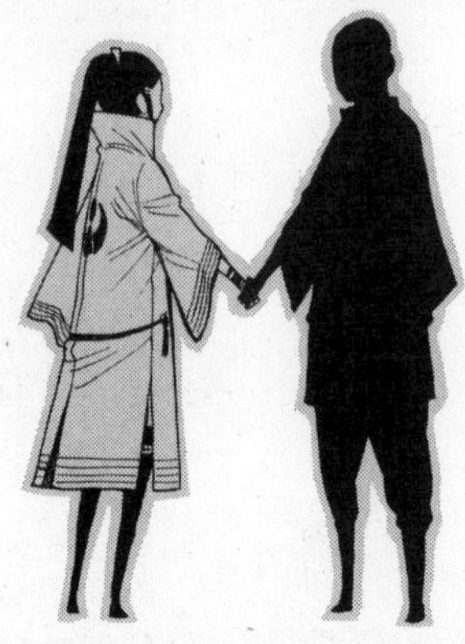
SIE HAT SICH MIT JEMANDEM ANGE-FREUNDET …
… UND GESCHWO-REN, IHN IRGENDWANN WIEDER-ZUSEHEN, EHE SIE AUF DEN MOND ZURÜCK-KEHRTE.

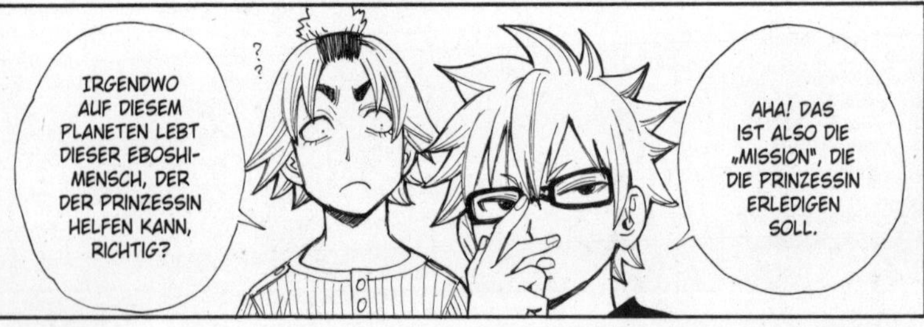
AHA! DAS IST ALSO DIE „MISSION", DIE DIE PRINZESSIN ERLEDIGEN SOLL.
IRGENDWO AUF DIESEM PLANETEN LEBT DIESER EBOSHI-MENSCH, DER DER PRINZESSIN HELFEN KANN, RICHTIG?
??

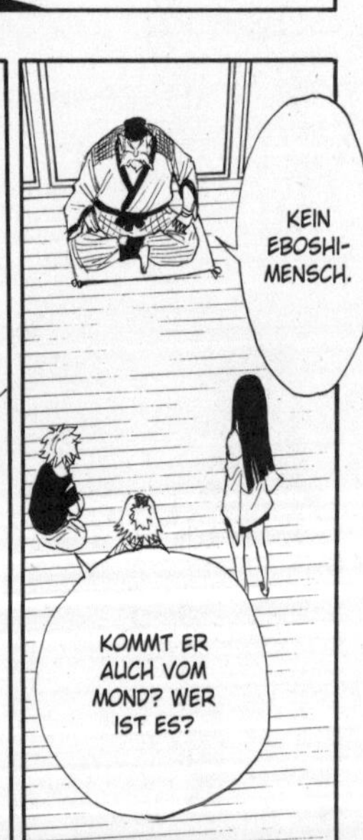
KEIN EBOSHI-MENSCH.
KOMMT ER AUCH VOM MOND? WER IST ES?

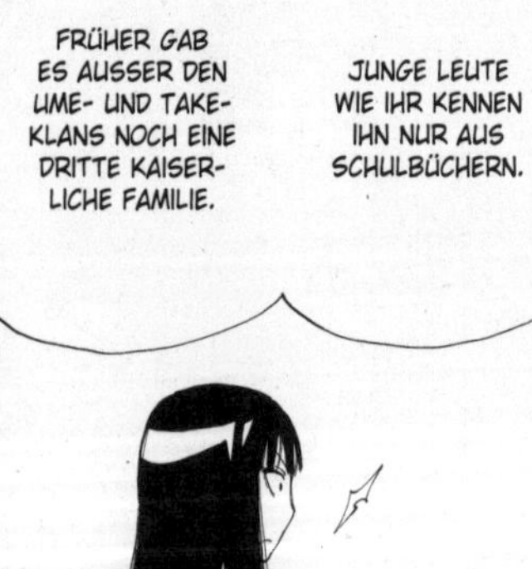
FRÜHER GAB ES AUSSER DEN UME- UND TAKE-KLANS NOCH EINE DRITTE KAISER-LICHE FAMILIE.
JUNGE LEUTE WIE IHR KENNEN IHN NUR AUS SCHULBÜCHERN.

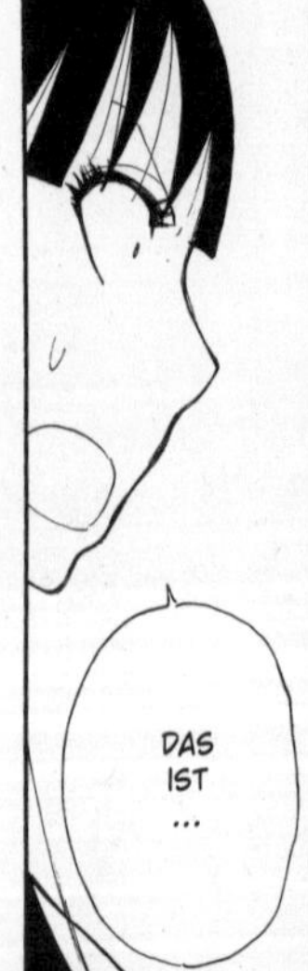
DAS IST …

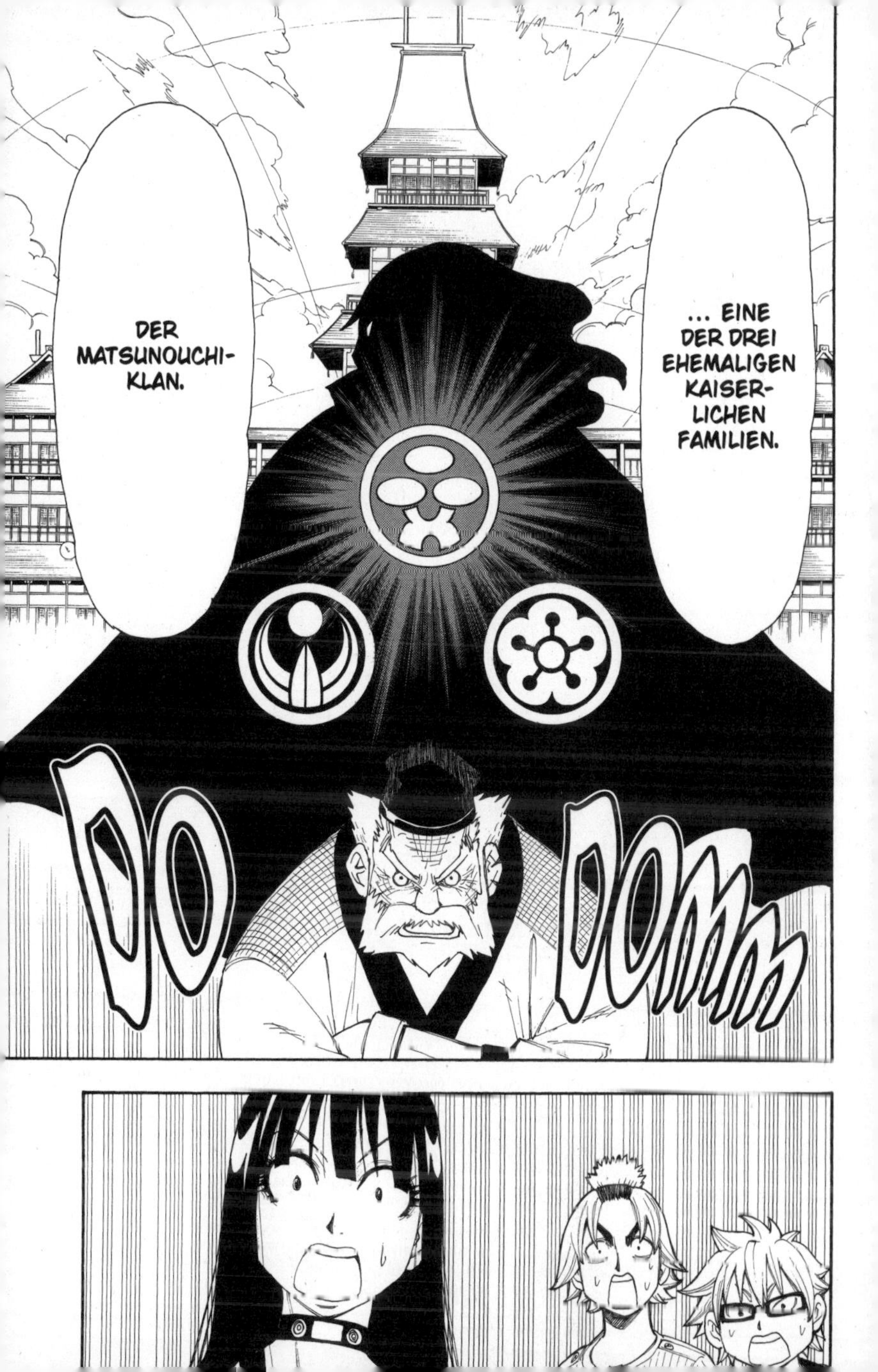

DER MATSUNOUCHI-KLAN.

... EINE DER DREI EHEMALIGEN KAISERLICHEN FAMILIEN.

DO DOMM

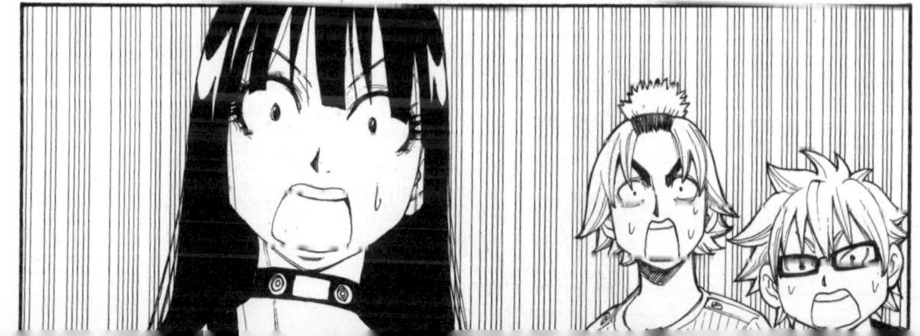

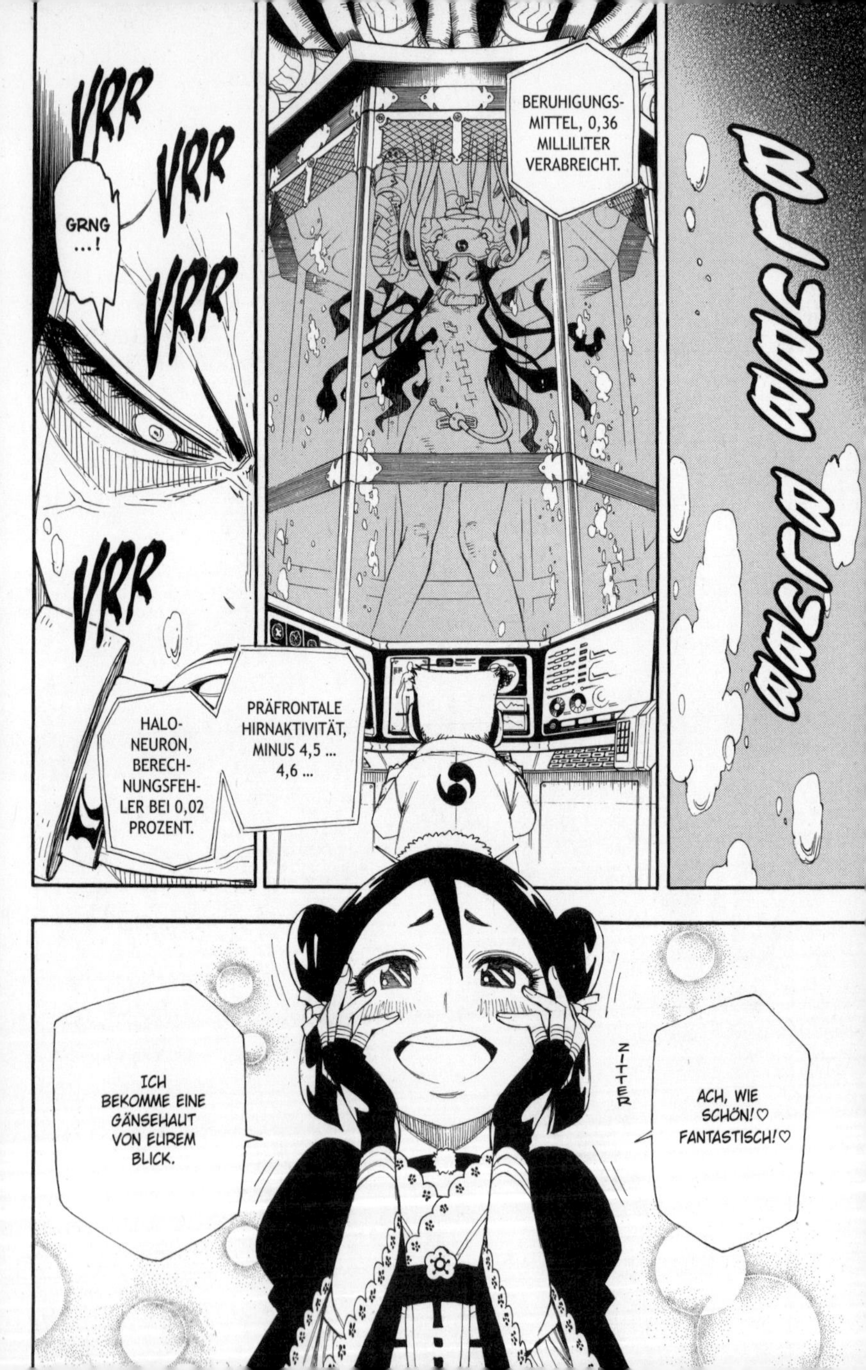
BLUBB BLUBB
BERUHIGUNGS-MITTEL, 0,36 MILLILITER VERABREICHT.
PRÄFRONTALE HIRNAKTIVITÄT, MINUS 4,5 ... 4,6 ...
HALO-NEURON, BERECH-NUNGSFEH-LER BEI 0,02 PROZENT.
VRR
VRR
GRNG ...!
VRR
VRR
ZITTER
ACH, WIE SCHÖN!♡ FANTASTISCH!♡
ICH BEKOMME EINE GÄNSEHAUT VON EUREM BLICK.

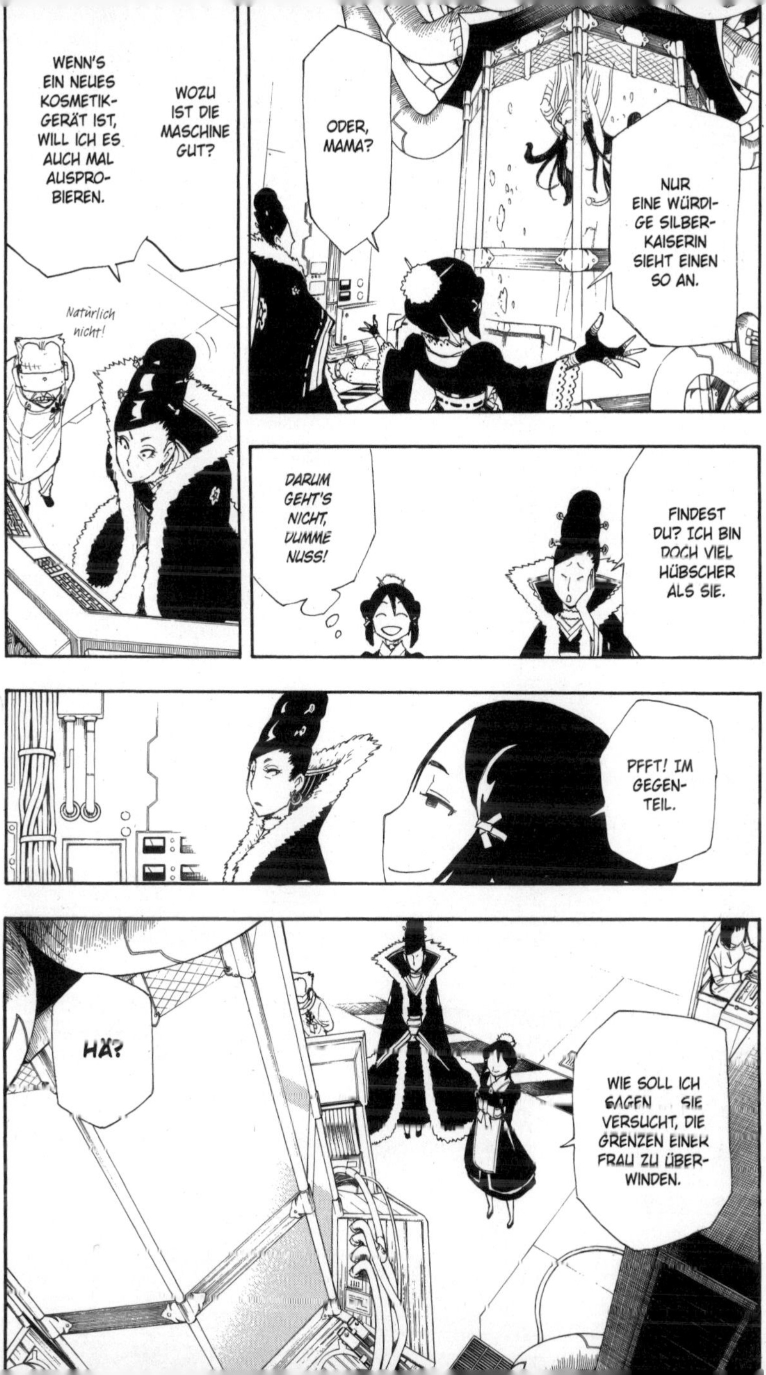

NUR EINE WÜRDIGE SILBERKAISERIN SIEHT EINEN SO AN.
ODER, MAMA?
WOZU IST DIE MASCHINE GUT?
WENN'S EIN NEUES KOSMETIKGERÄT IST, WILL ICH ES AUCH MAL AUSPROBIEREN.
Natürlich nicht!
FINDEST DU? ICH BIN DOCH VIEL HÜBSCHER ALS SIE.
DARUM GEHT'S NICHT, DUMME NUSS!

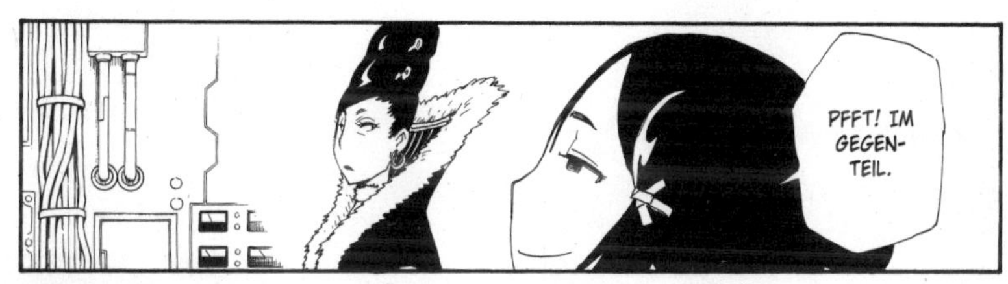


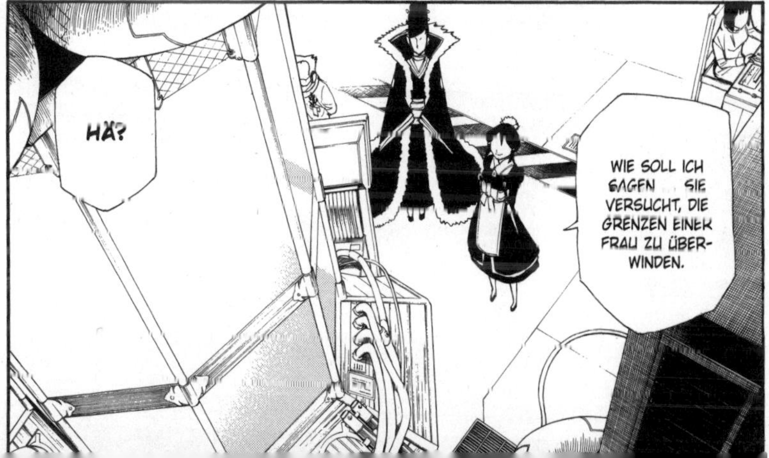

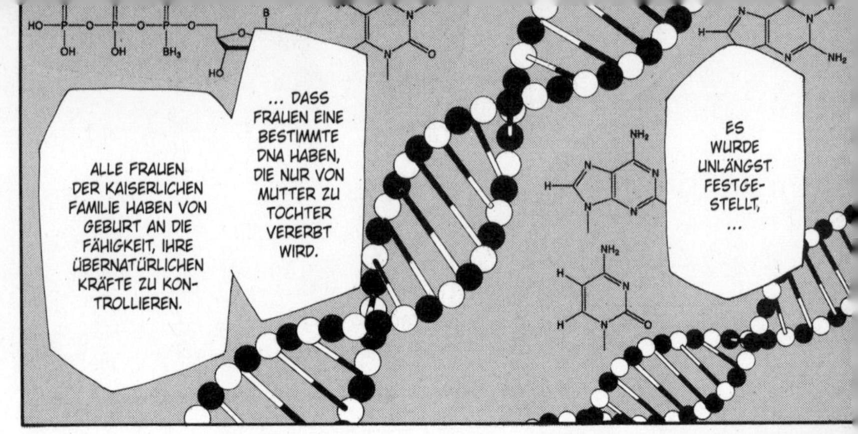
ES WURDE UNLÄNGST FESTGE-STELLT, ...
... DASS FRAUEN EINE BESTIMMTE DNA HABEN, DIE NUR VON MUTTER ZU TOCHTER VERERBT WIRD.
ALLE FRAUEN DER KAISERLICHEN FAMILIE HABEN VON GEBURT AN DIE FÄHIGKEIT, IHRE ÜBERNATÜRLICHEN KRÄFTE ZU KON-TROLLIEREN.

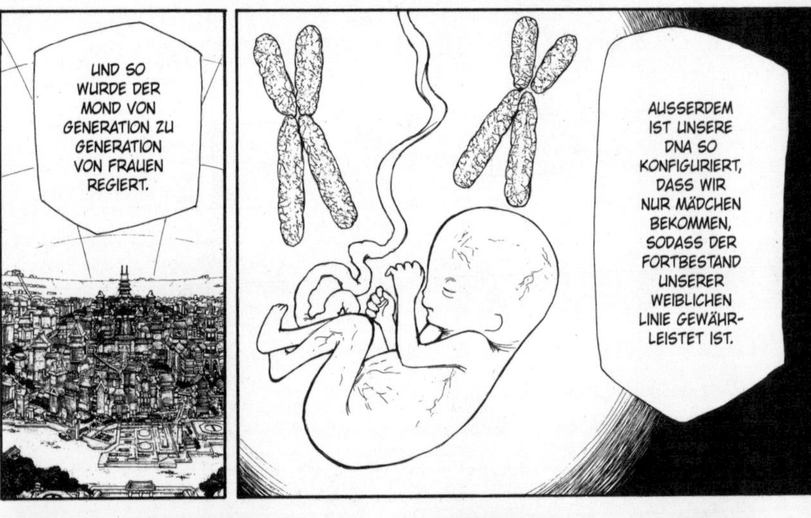
AUSSERDEM IST UNSERE DNA SO KONFIGURIERT, DASS WIR NUR MÄDCHEN BEKOMMEN, SODASS DER FORTBESTAND UNSERER WEIBLICHEN LINIE GEWÄHR-LEISTET IST.
UND SO WURDE DER MOND VON GENERATION ZU GENERATION VON FRAUEN REGIERT.

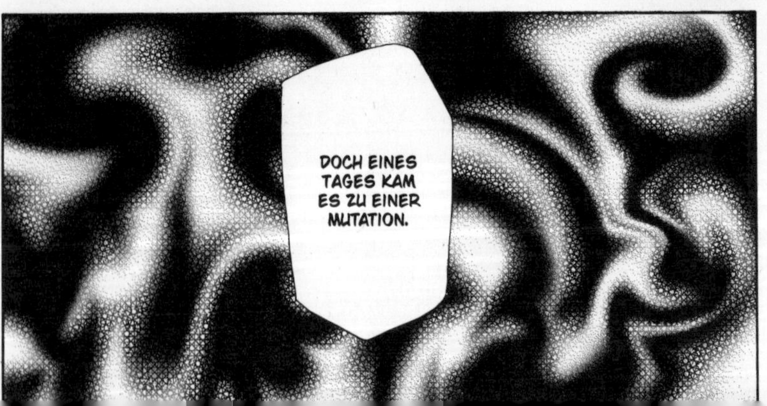
DOCH EINES TAGES KAM ES ZU EINER MUTATION.

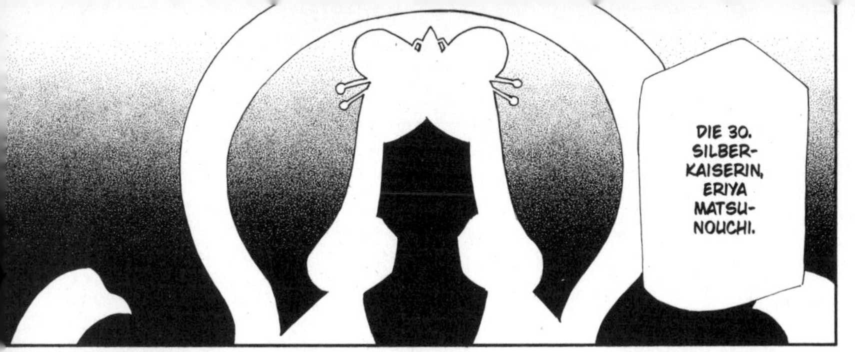

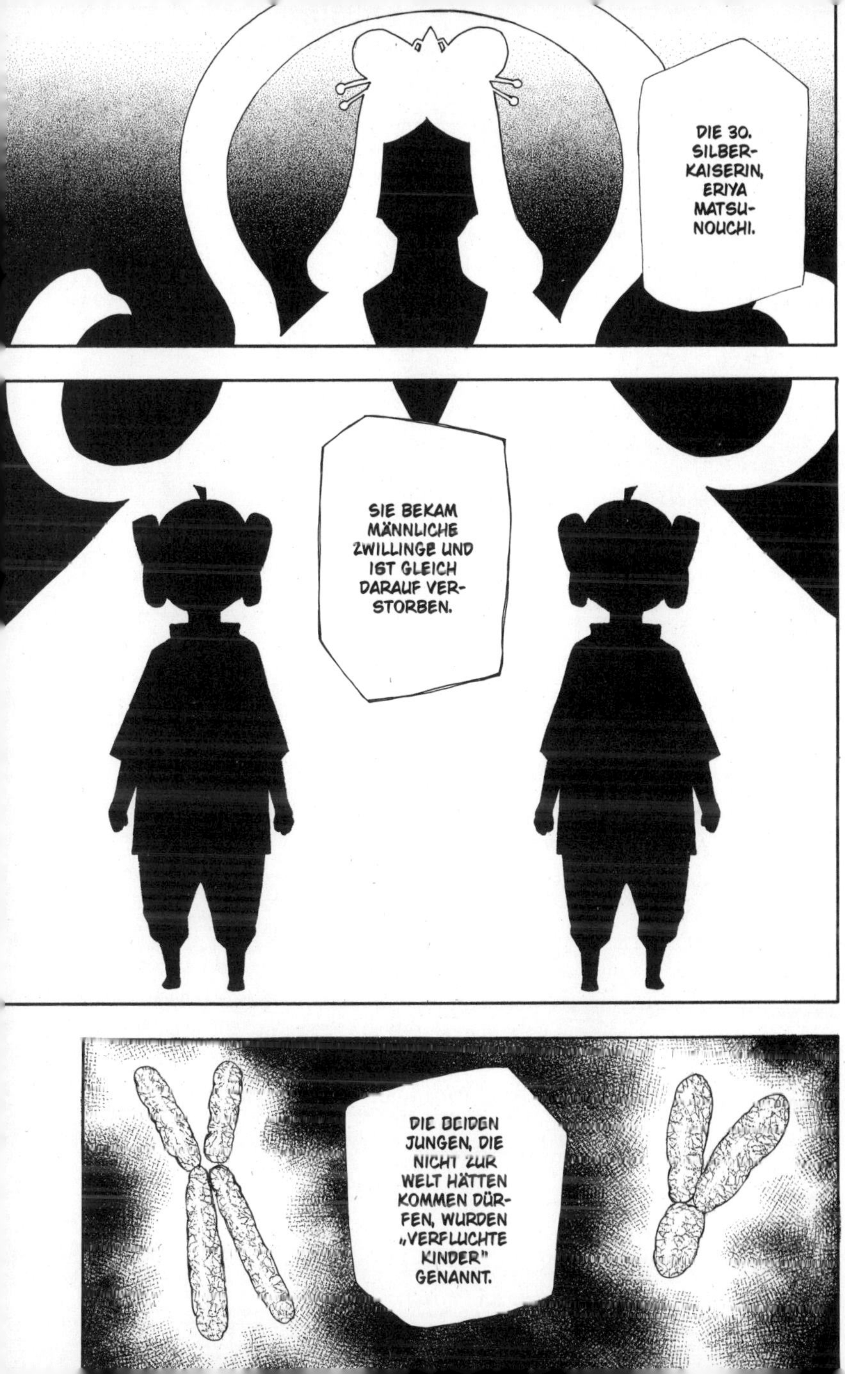

SIE BEKAM MÄNNLICHE ZWILLINGE UND IST GLEICH DARAUF VER-STORBEN.

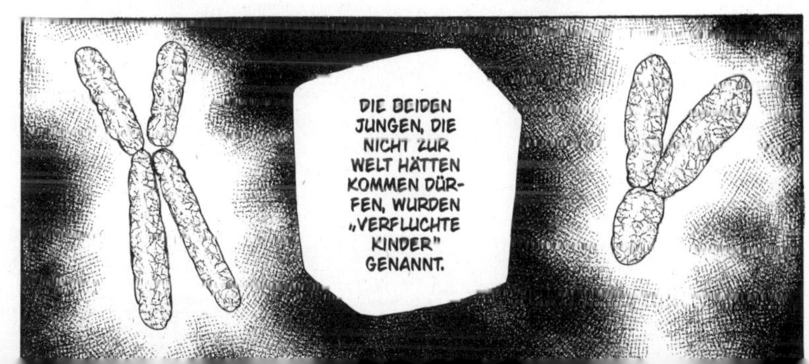

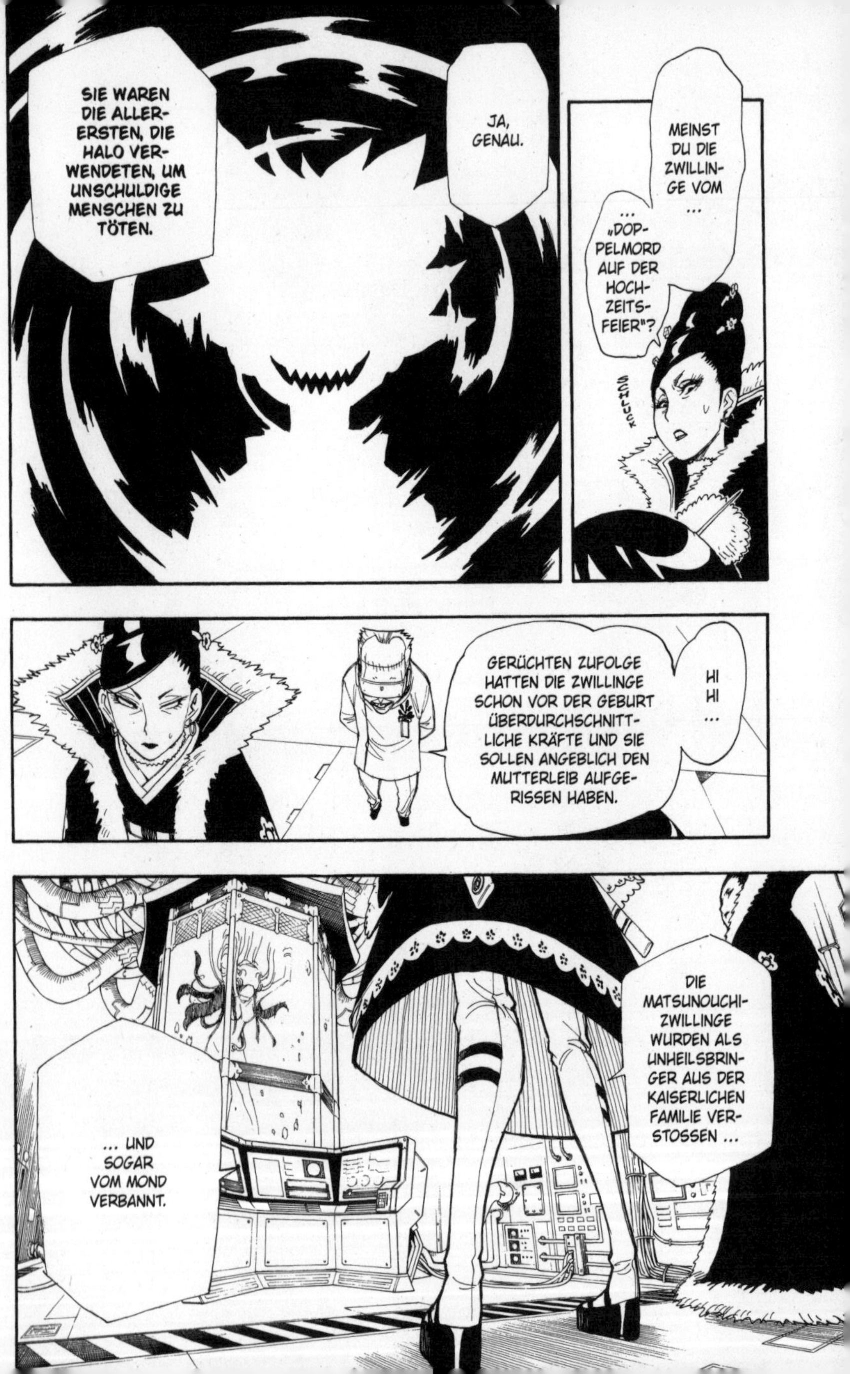

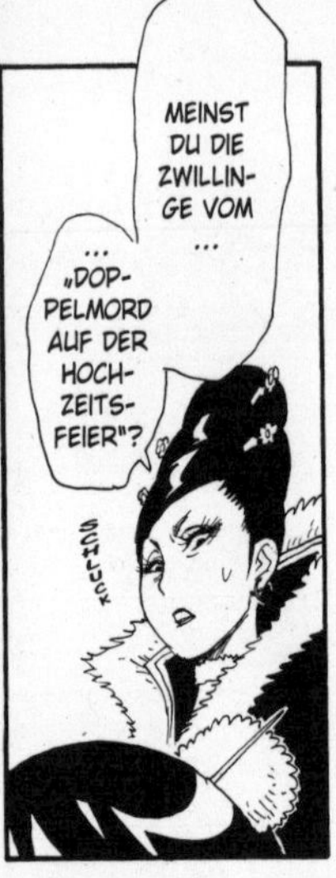


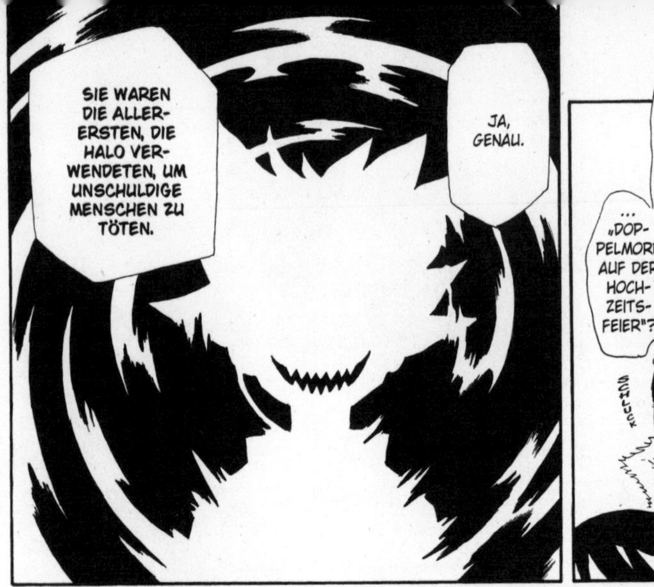


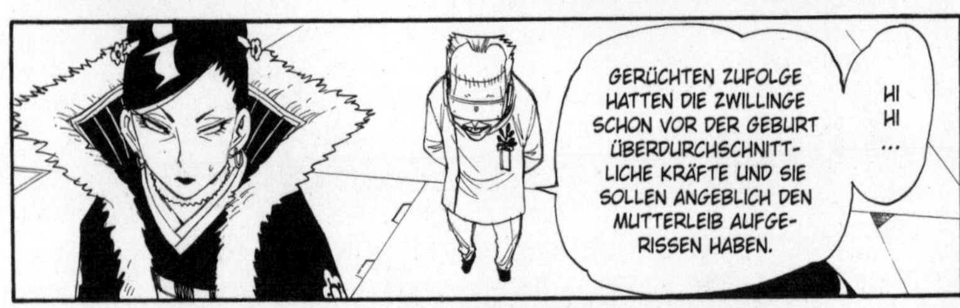


DIE MATSUNOUCHI-ZWILLINGE WURDEN ALS UNHEILSBRINGER AUS DER KAISERLICHEN FAMILIE VERSTOSSEN …

… UND SOGAR VOM MOND VERBANNT.

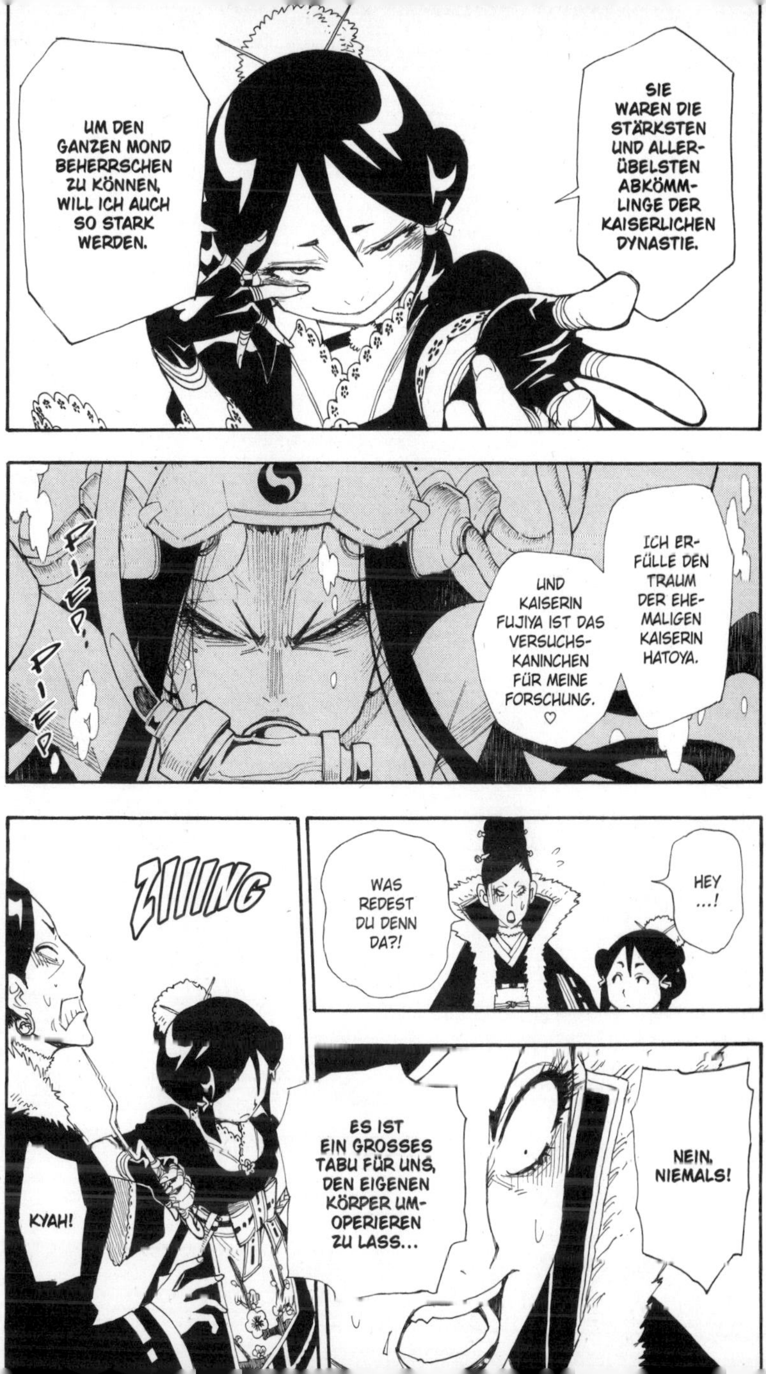

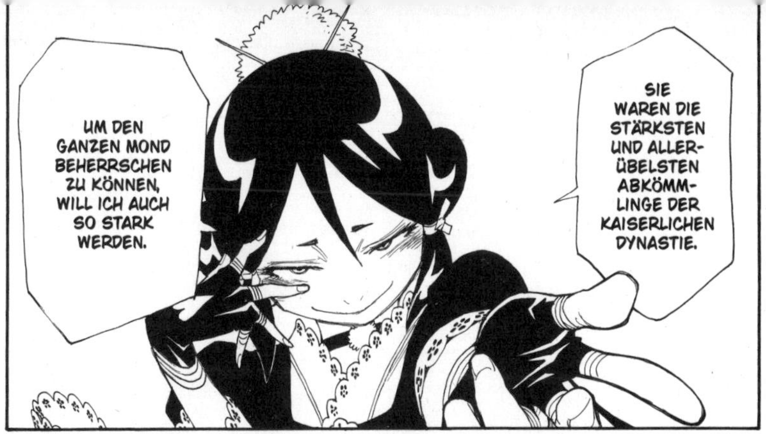
SIE WAREN DIE STÄRKSTEN UND ALLER-ÜBELSTEN ABKÖMMLINGE DER KAISERLICHEN DYNASTIE.
UM DEN GANZEN MOND BEHERRSCHEN ZU KÖNNEN, WILL ICH AUCH SO STARK WERDEN.

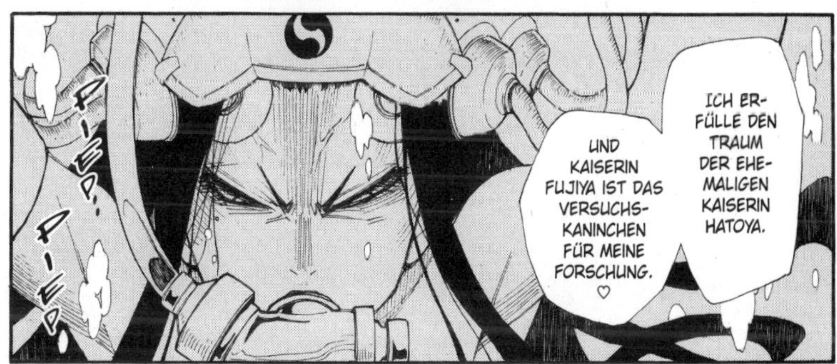
ICH ERFÜLLE DEN TRAUM DER EHEMALIGEN KAISERIN HATOYA.
UND KAISERIN FUJIYA IST DAS VERSUCHS-KANINCHEN FÜR MEINE FORSCHUNG. ♡
PIEP, PIEP

HEY ...!
WAS REDEST DU DENN DA?!
NEIN, NIEMALS!
ES IST EIN GROSSES TABU FÜR UNS, DEN EIGENEN KÖRPER UM-OPERIEREN ZU LASS...
ZIIING
KYAH!

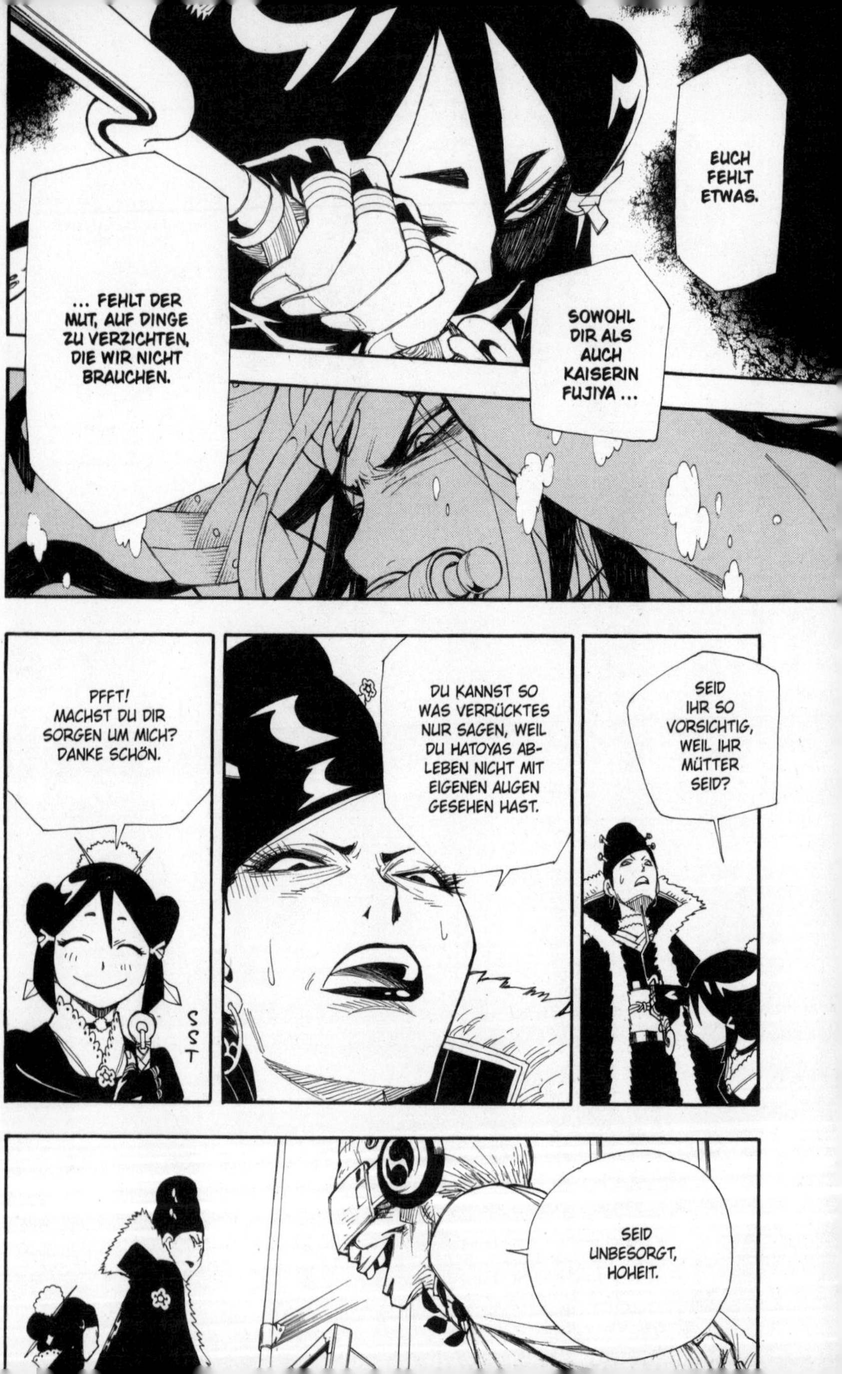

EUCH FEHLT ETWAS.

SOWOHL DIR ALS AUCH KAISERIN FUJIYA ...

... FEHLT DER MUT, AUF DINGE ZU VERZICHTEN, DIE WIR NICHT BRAUCHEN.

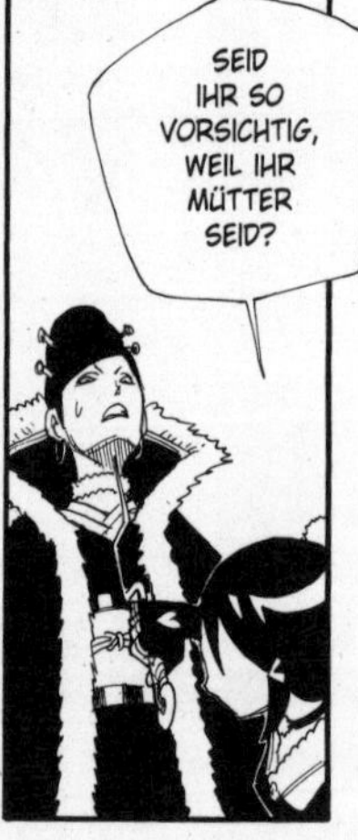


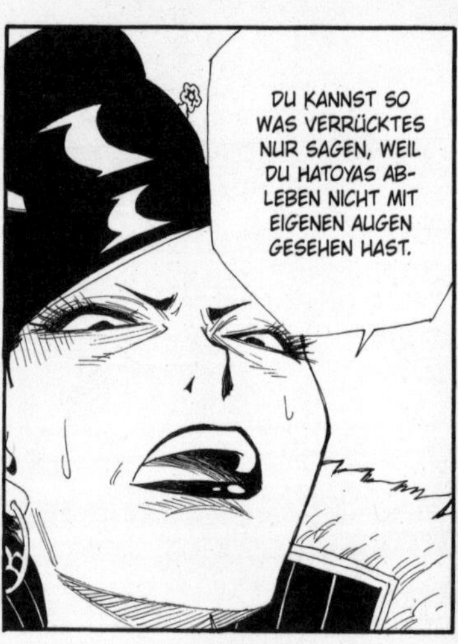


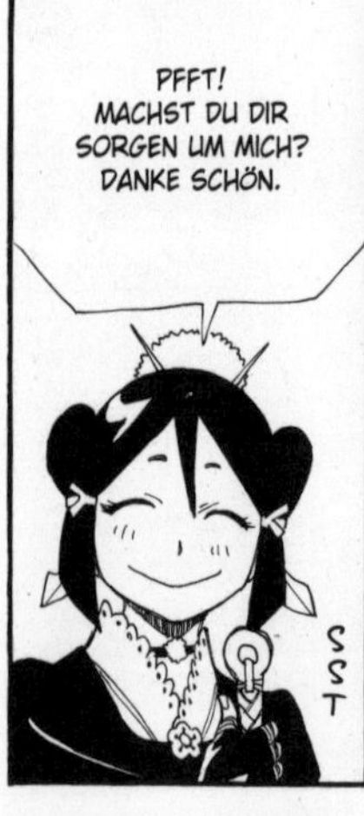


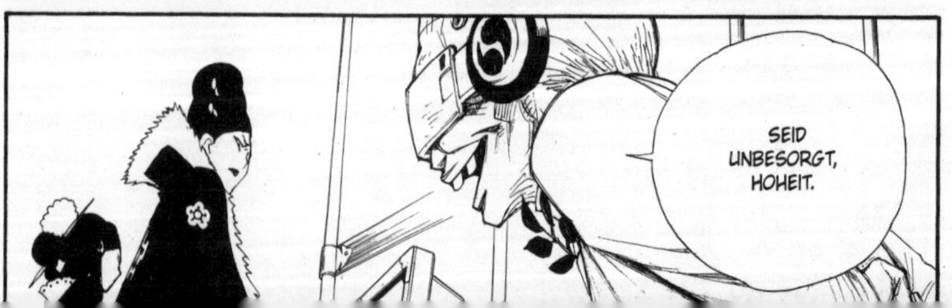

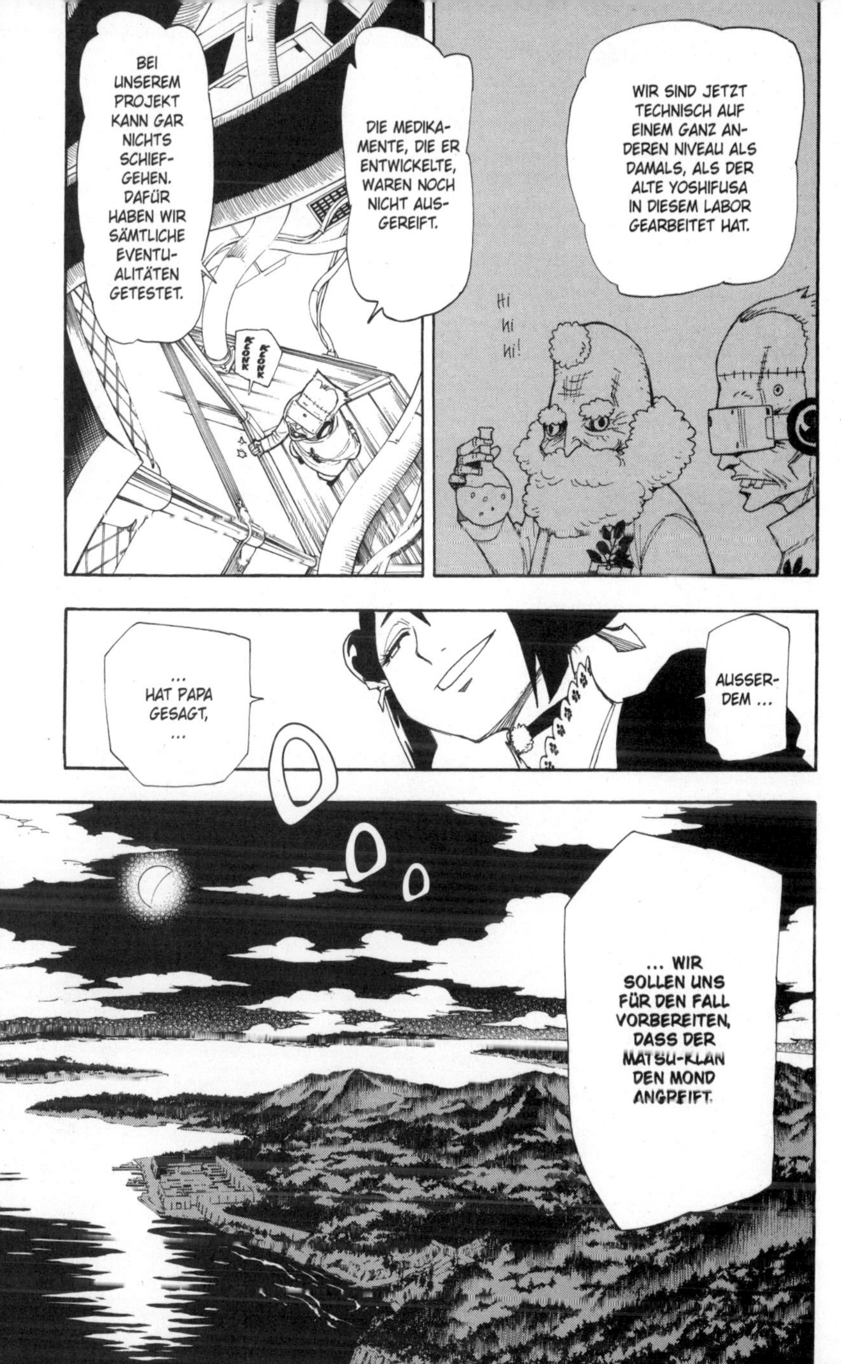
WIR SIND JETZT TECHNISCH AUF EINEM GANZ ANDEREN NIVEAU ALS DAMALS, ALS DER ALTE YOSHIFUSA IN DIESEM LABOR GEARBEITET HAT.
Hi hi hi!
DIE MEDIKAMENTE, DIE ER ENTWICKELTE, WAREN NOCH NICHT AUSGEREIFT.
BEI UNSEREM PROJEKT KANN GAR NICHTS SCHIEFGEHEN. DAFÜR HABEN WIR SÄMTLICHE EVENTUALITÄTEN GETESTET.
AUSSERDEM ...
... HAT PAPA GESAGT, ...
... WIR SOLLEN UNS FÜR DEN FALL VORBEREITEN, DASS DER MATSU-KLAN DEN MOND ANGREIFT.

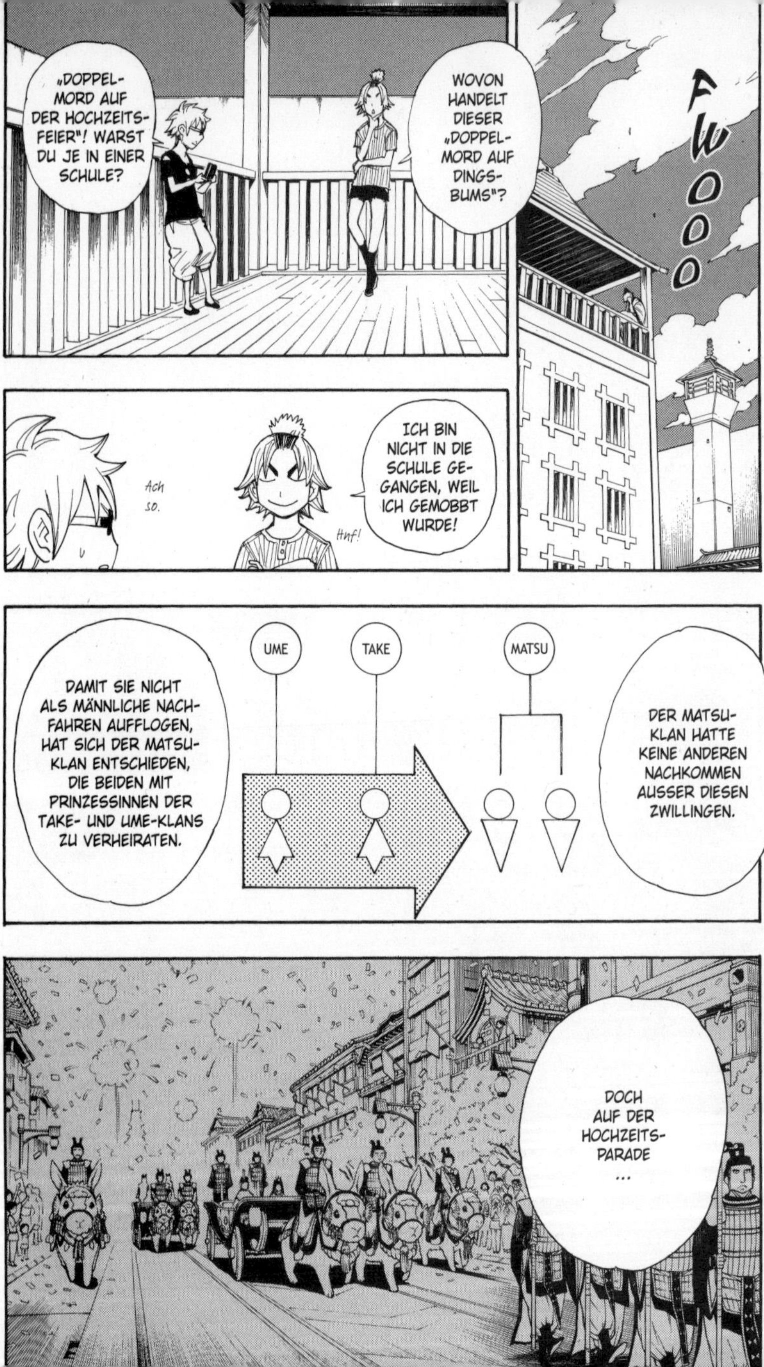

FWOOO

WOVON HANDELT DIESER „DOPPELMORD AUF DINGSBUMS"?

„DOPPELMORD AUF DER HOCHZEITSFEIER"! WARST DU JE IN EINER SCHULE?

ICH BIN NICHT IN DIE SCHULE GEGANGEN, WEIL ICH GEMOBBT WURDE!

Hnf!

Ach so.

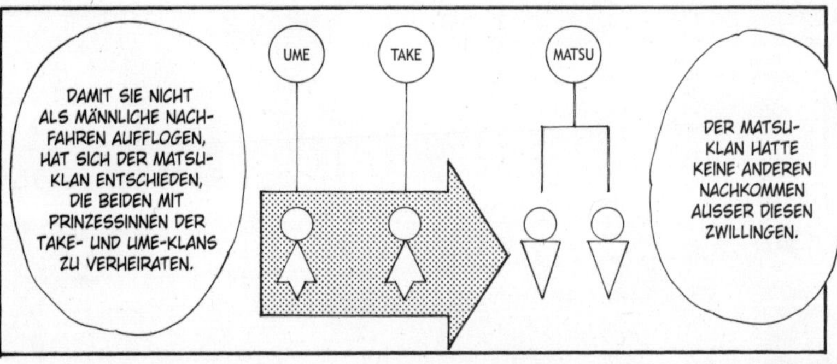


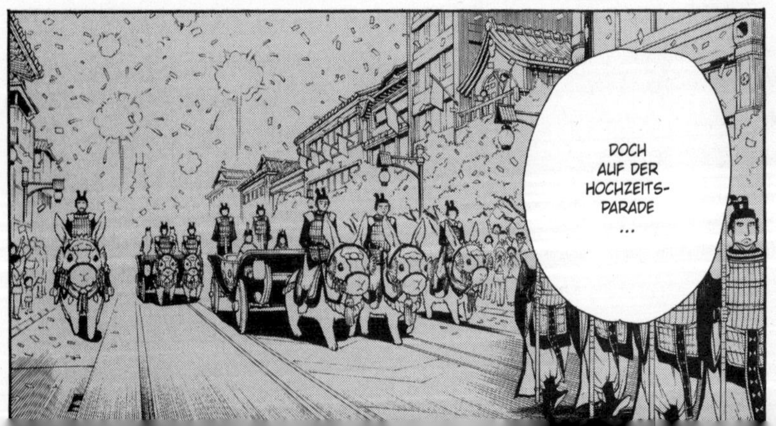

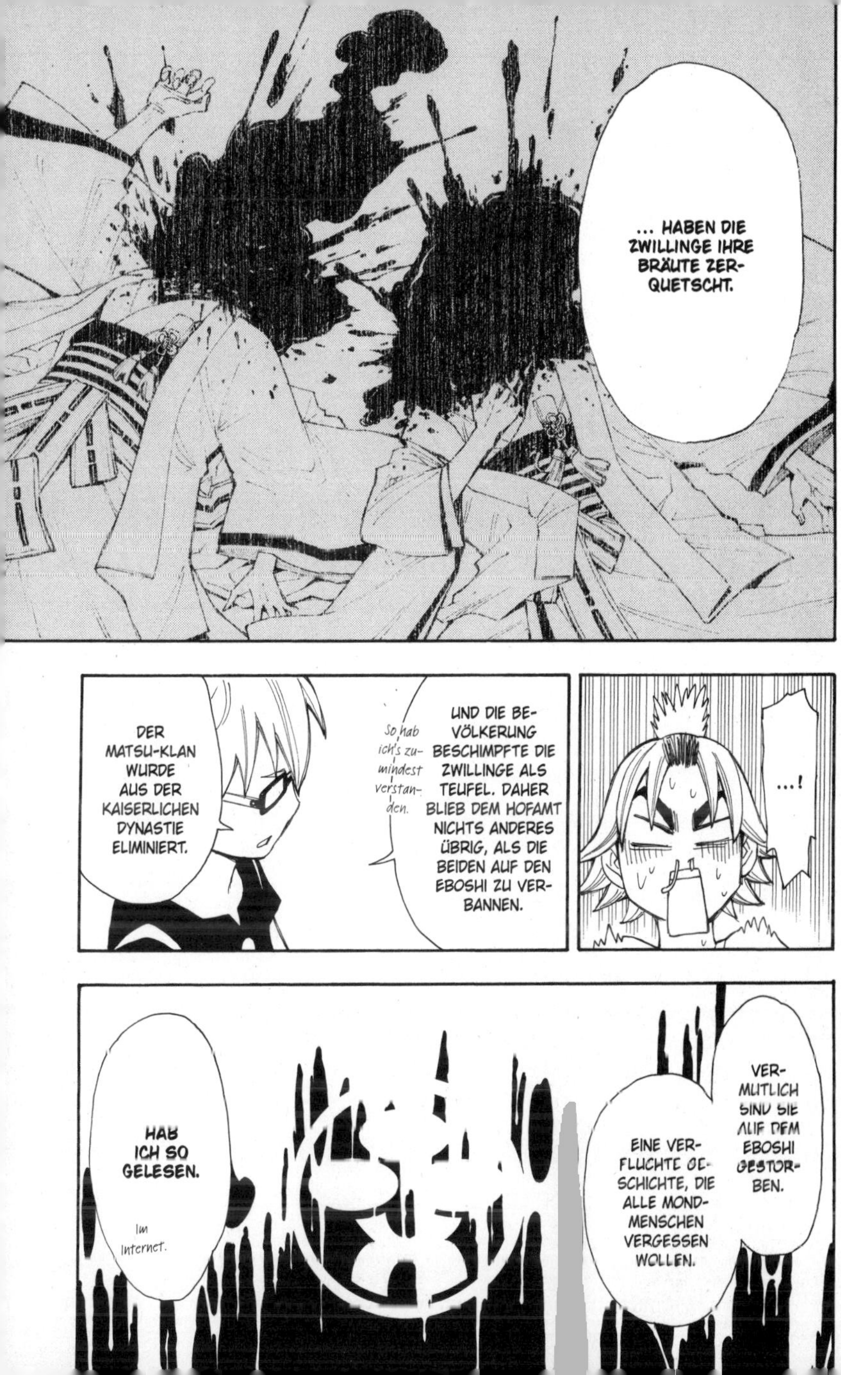

… HABEN DIE ZWILLINGE IHRE BRÄUTE ZERQUETSCHT.

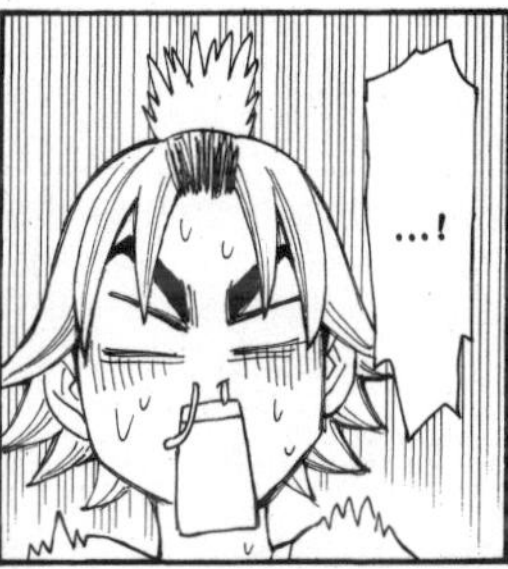


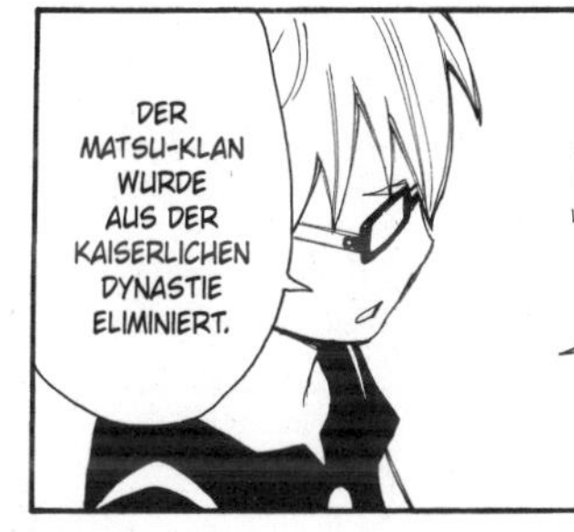


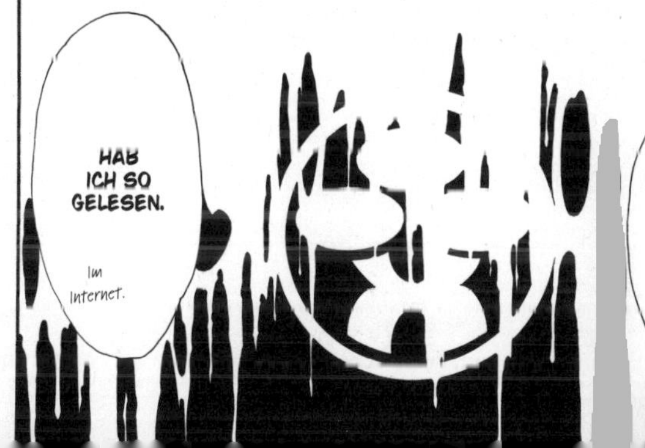

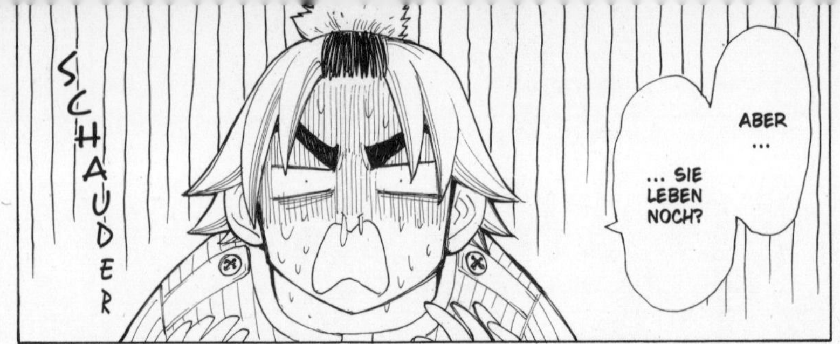
ABER …
… SIE LEBEN NOCH?
SCHAUDER

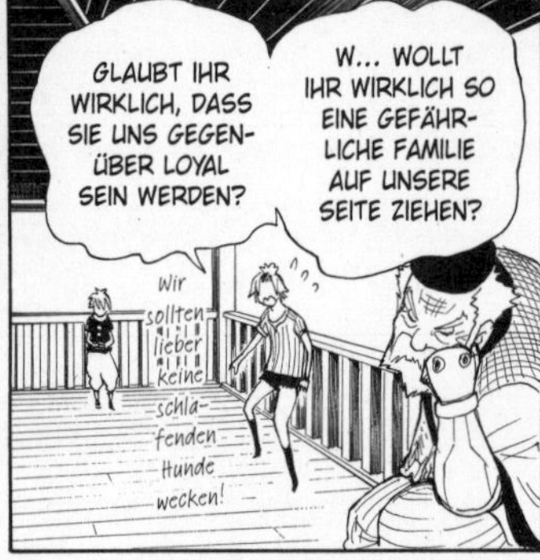
W… WOLLT IHR WIRKLICH SO EINE GEFÄHR-LICHE FAMILIE AUF UNSERE SEITE ZIEHEN?
GLAUBT IHR WIRKLICH, DASS SIE UNS GEGEN-ÜBER LOYAL SEIN WERDEN?
Wir sollten lieber keine schla-fenden Hunde wecken!

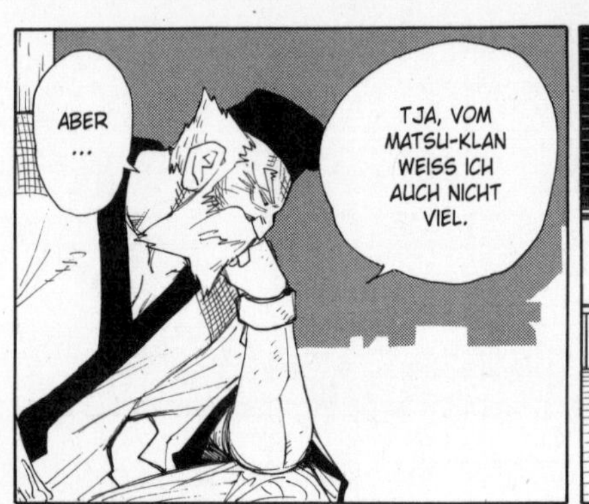
TJA, VOM MATSU-KLAN WEISS ICH AUCH NICHT VIEL.
ABER …

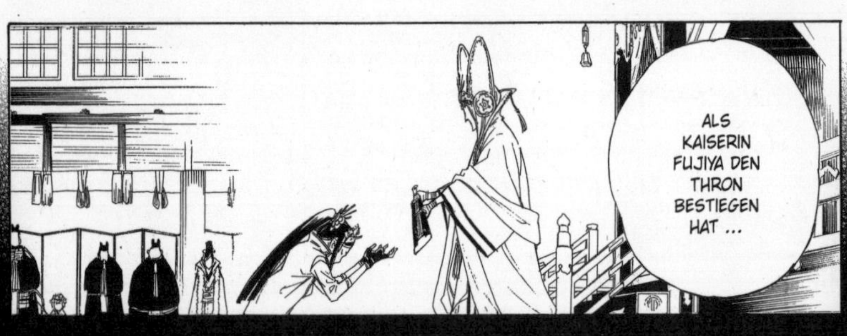
ALS KAISERIN FUJIYA DEN THRON BESTIEGEN HAT …

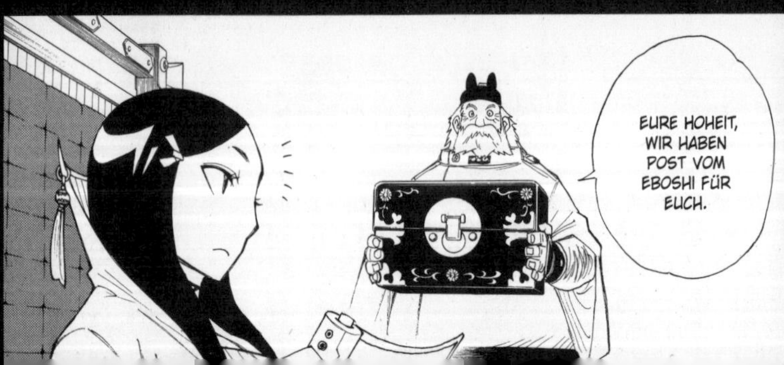
EURE HOHEIT, WIR HABEN POST VOM EBOSHI FÜR EUCH.

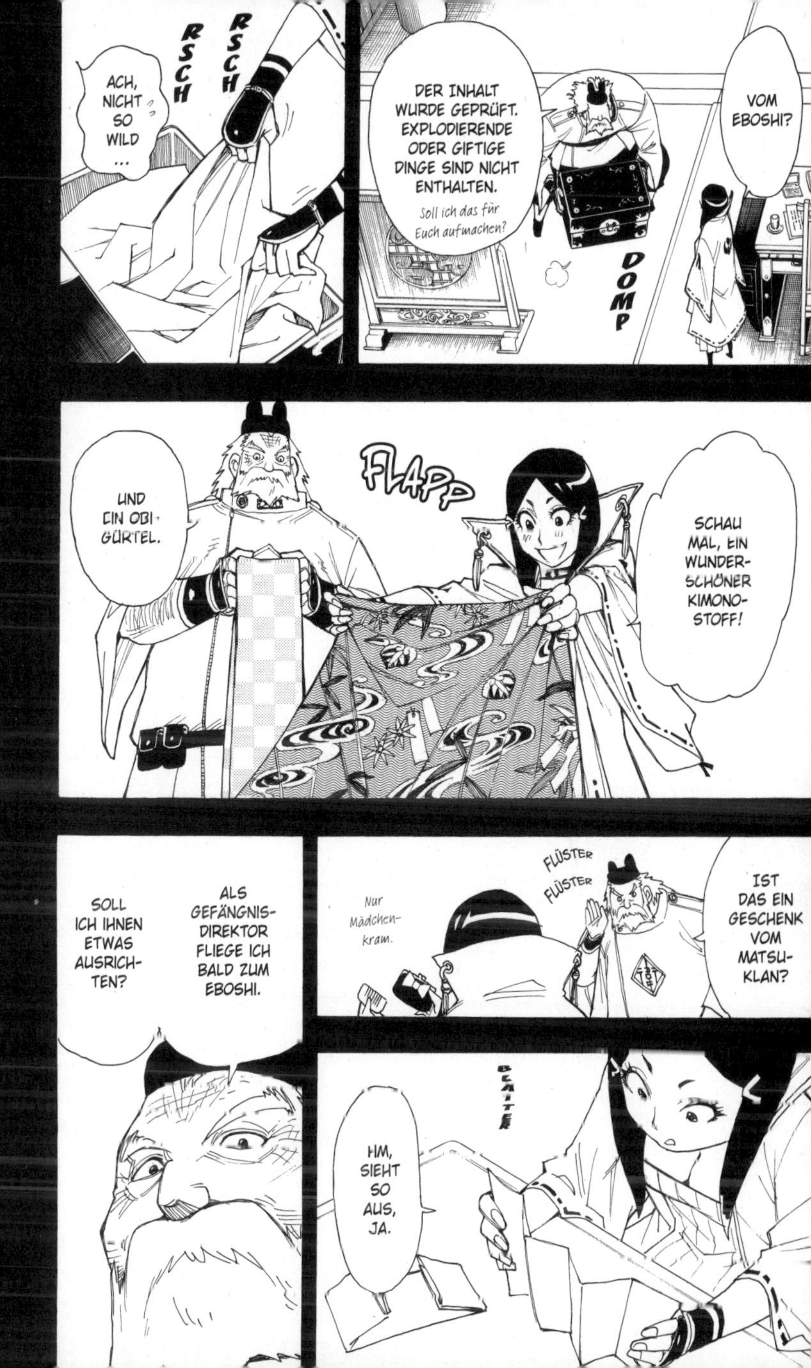
VOM EBOSHI?
DER INHALT WURDE GEPRÜFT. EXPLODIERENDE ODER GIFTIGE DINGE SIND NICHT ENTHALTEN.
Soll ich das für Euch aufmachen?
DOMP
RSCH RSCH
ACH, NICHT SO WILD ...
SCHAU MAL, EIN WUNDERSCHÖNER KIMONOSTOFF!
FLAPP
UND EIN OBI-GÜRTEL.
IST DAS EIN GESCHENK VOM MATSU-KLAN?
FLÜSTER FLÜSTER
Nur Mädchenkram.
ALS GEFÄNGNIS-DIREKTOR FLIEGE ICH BALD ZUM EBOSHI.
SOLL ICH IHNEN ETWAS AUSRICHTEN?
BLÄTTER
HM, SIEHT SO AUS, JA.

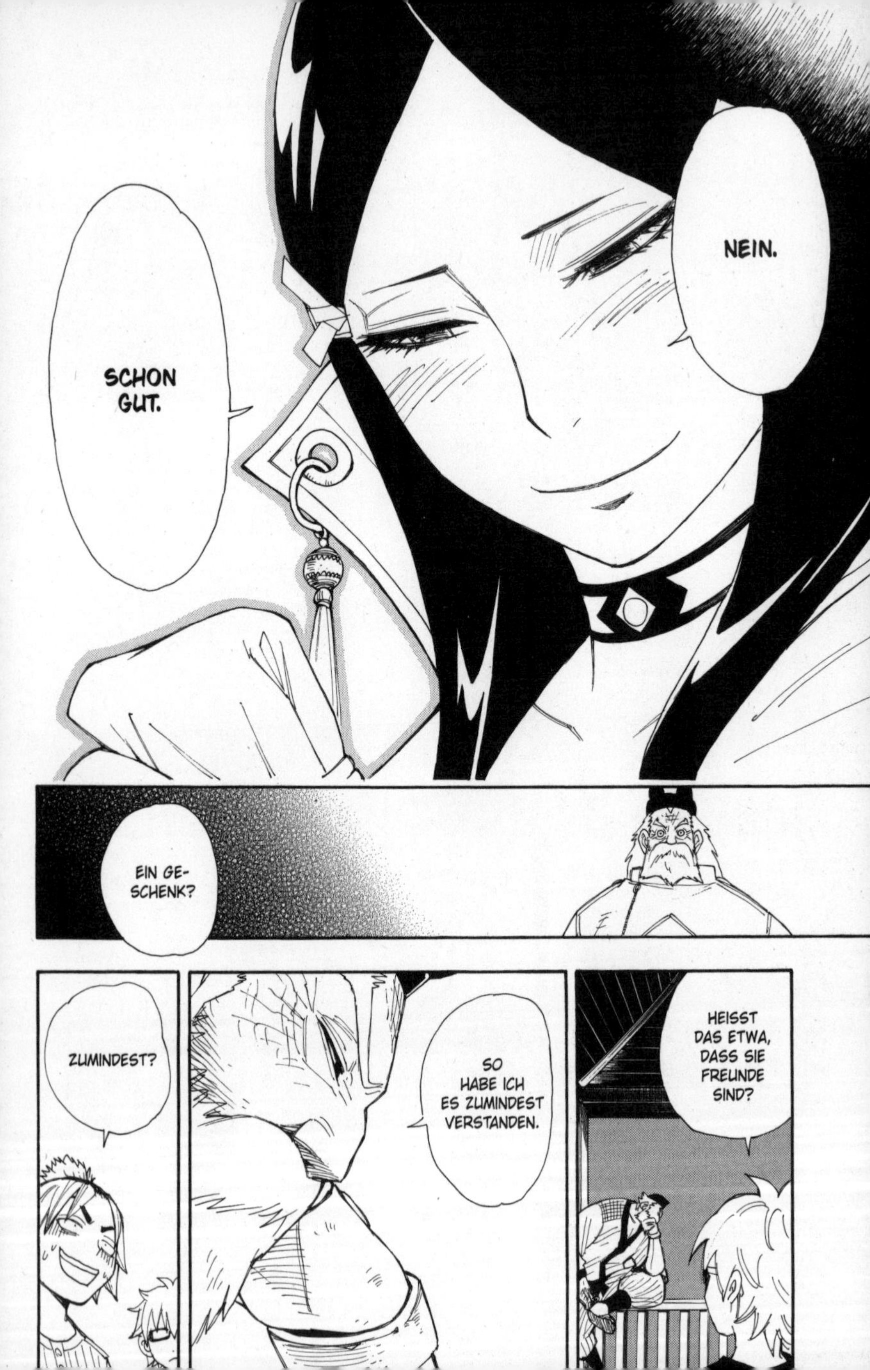
NEIN.
SCHON GUT.
EIN GE-SCHENK?
HEISST DAS ETWA, DASS SIE FREUNDE SIND?
SO HABE ICH ES ZUMINDEST VERSTANDEN.
ZUMINDEST?

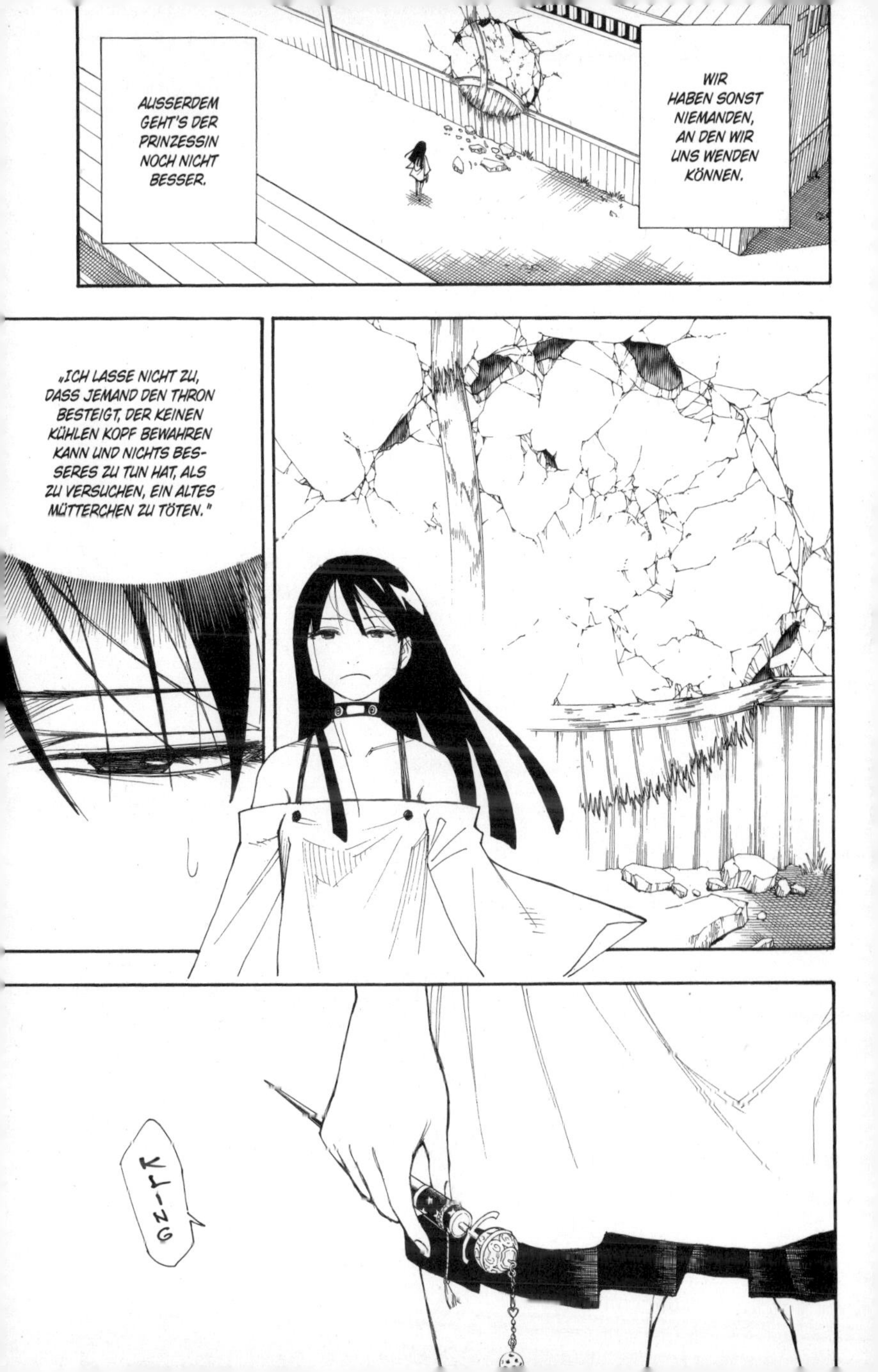

AUSSERDEM GEHT'S DER PRINZESSIN NOCH NICHT BESSER.
WIR HABEN SONST NIEMANDEN, AN DEN WIR UNS WENDEN KÖNNEN.
„ICH LASSE NICHT ZU, DASS JEMAND DEN THRON BESTEIGT, DER KEINEN KÜHLEN KOPF BEWAHREN KANN UND NICHTS BESSERES ZU TUN HAT, ALS ZU VERSUCHEN, EIN ALTES MÜTTERCHEN ZU TÖTEN."
KLING

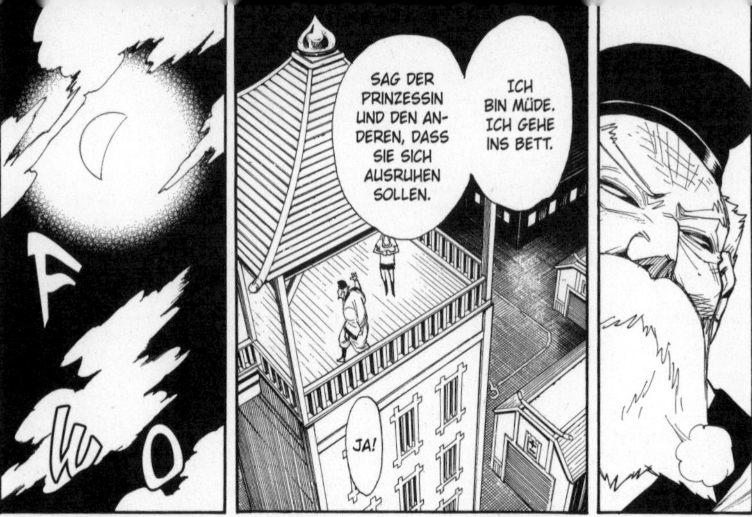
ICH BIN MÜDE. ICH GEHE INS BETT.
SAG DER PRINZESSIN UND DEN ANDEREN, DASS SIE SICH AUSRUHEN SOLLEN.
JA!

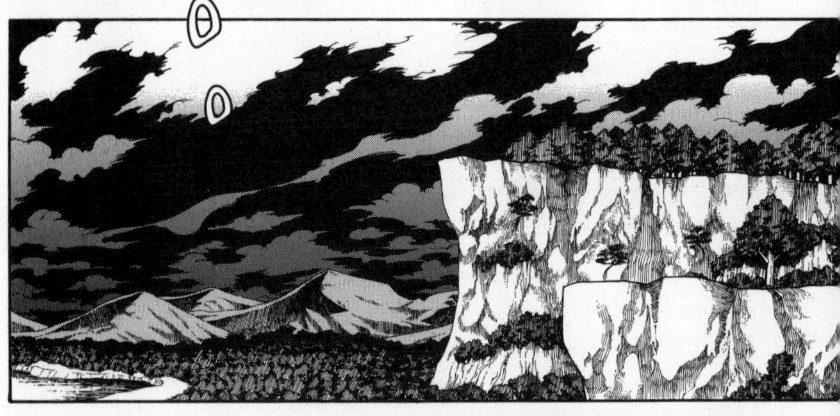

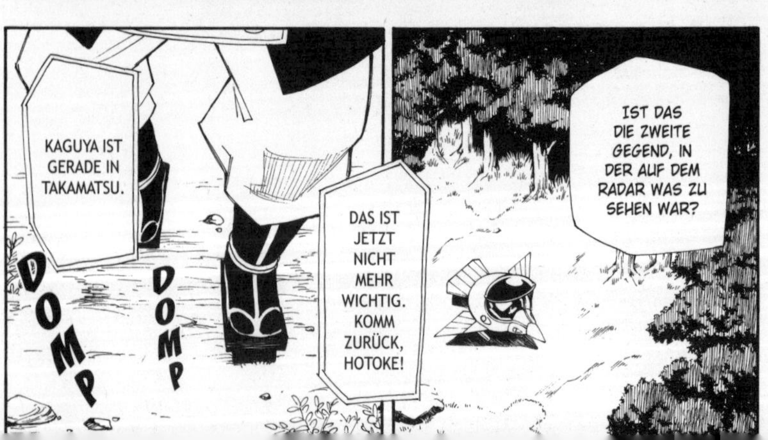
IST DAS DIE ZWEITE GEGEND, IN DER AUF DEM RADAR WAS ZU SEHEN WAR?
DAS IST JETZT NICHT MEHR WICHTIG. KOMM ZURÜCK, HOTOKE!
KAGUYA IST GERADE IN TAKAMATSU.
DOMP
DOMP

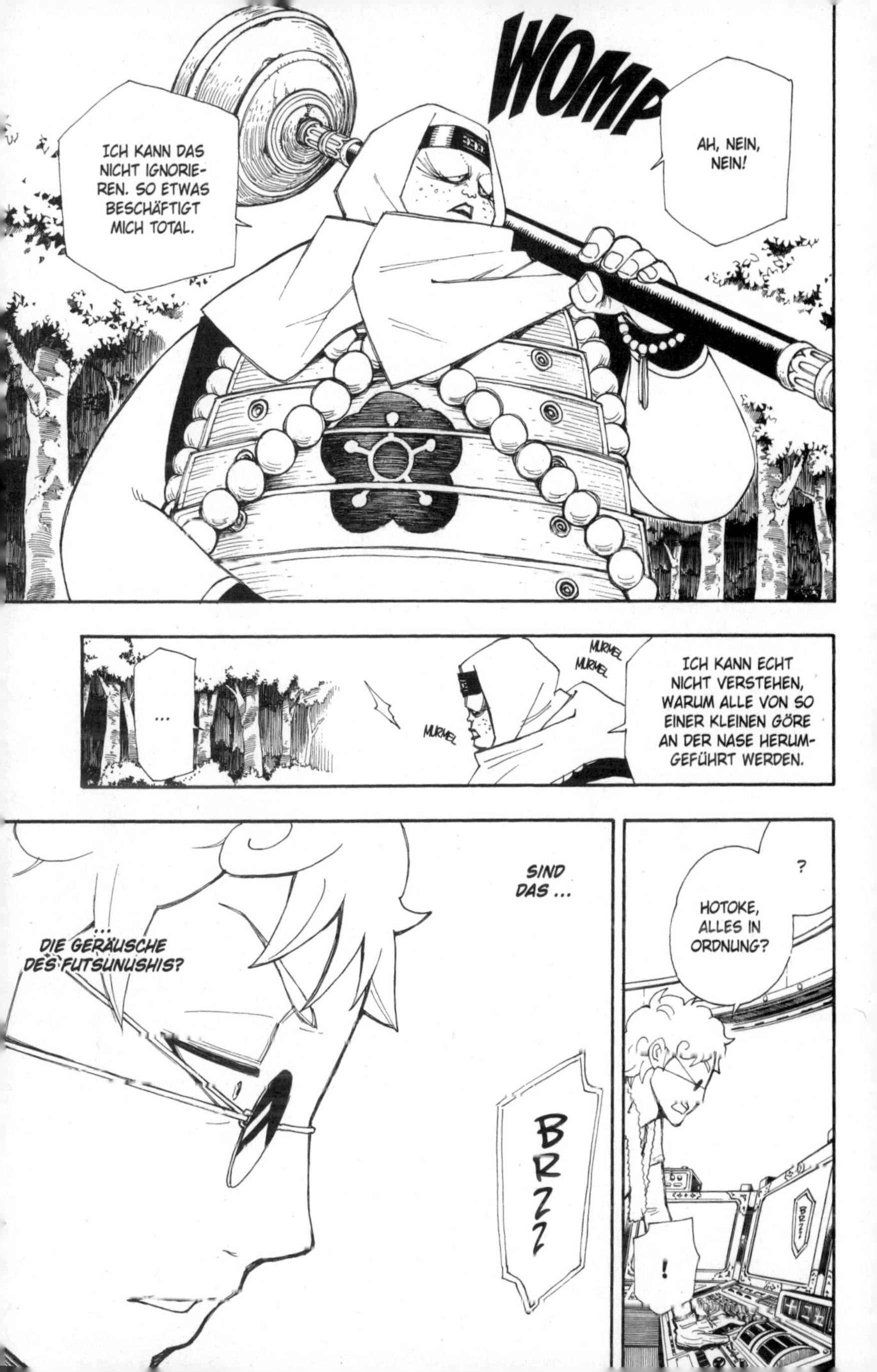

WOMP
AH, NEIN, NEIN!
ICH KANN DAS NICHT IGNORIEREN. SO ETWAS BESCHÄFTIGT MICH TOTAL.

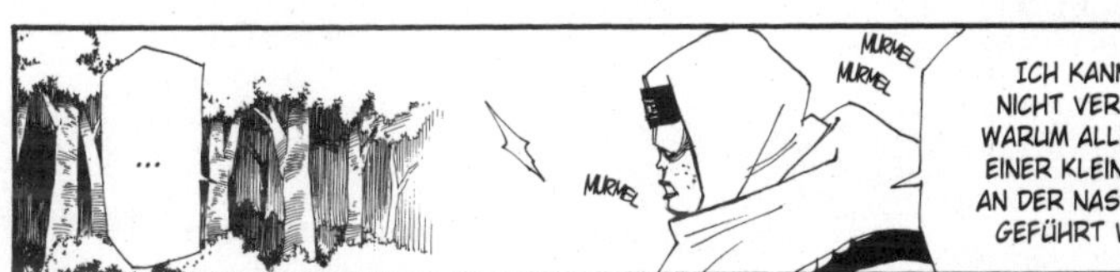


?
HOTOKE, ALLES IN ORDNUNG?
BRZZ
!
SIND DAS ...
... DIE GERÄUSCHE DES FUTSUNUSHIS?
BRZZ

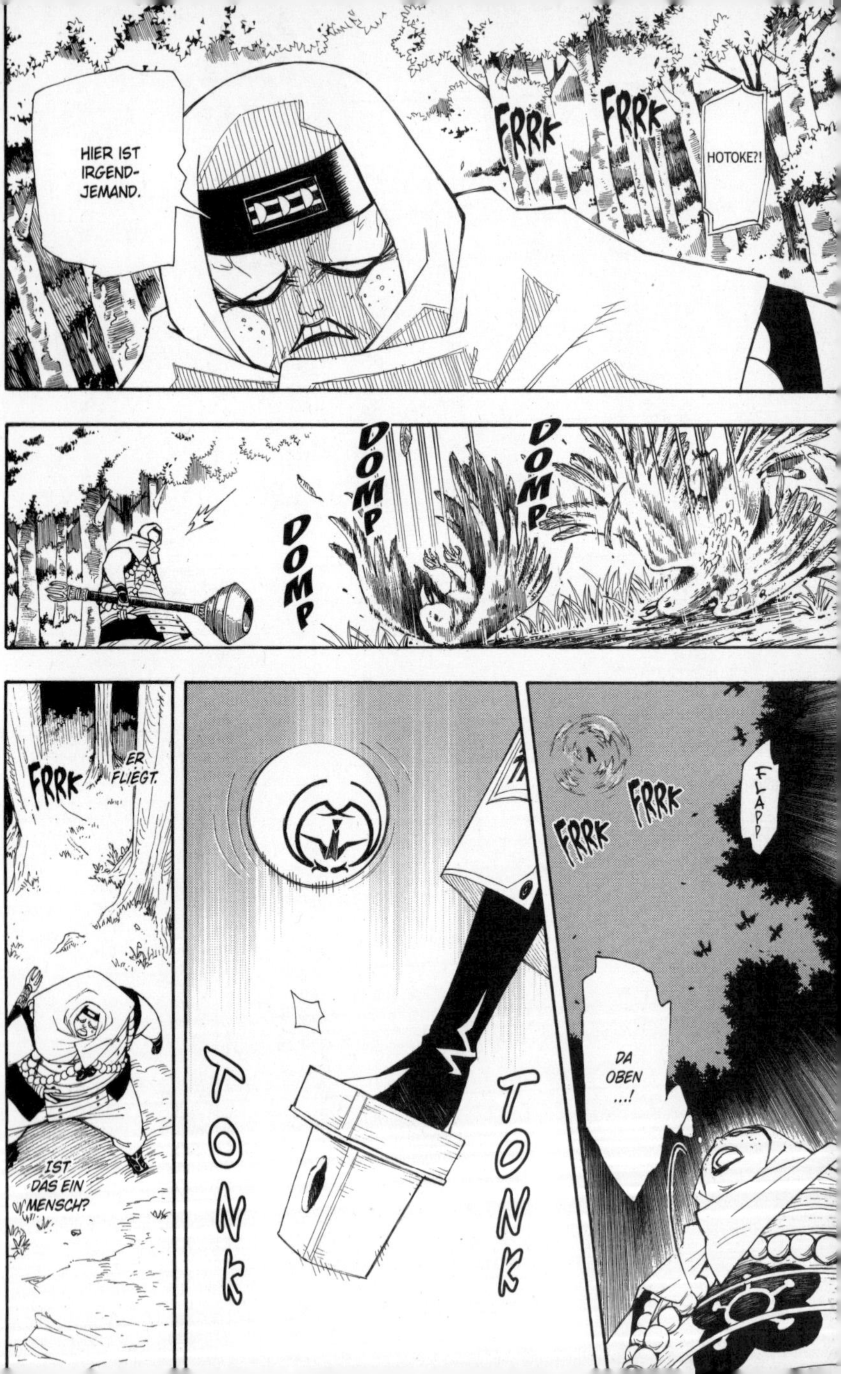

HOTOKE?!

FRRK FRRK

HIER IST IRGEND-JEMAND.

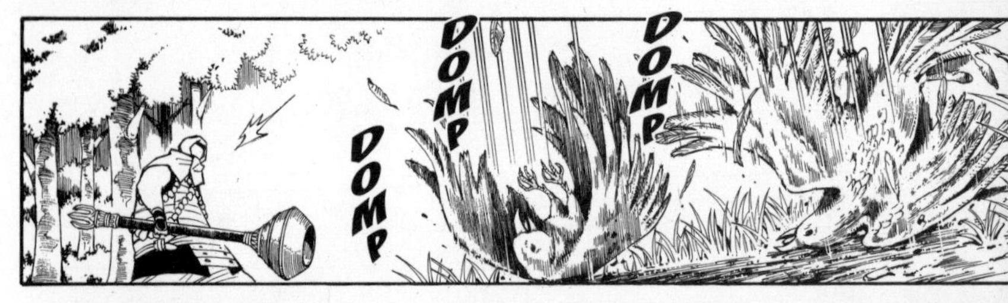


FLAPP

FRRK

FRRK

DA OBEN ...!

TONK

TONK

FRRK

ER FLIEGT.

IST DAS EIN MENSCH?

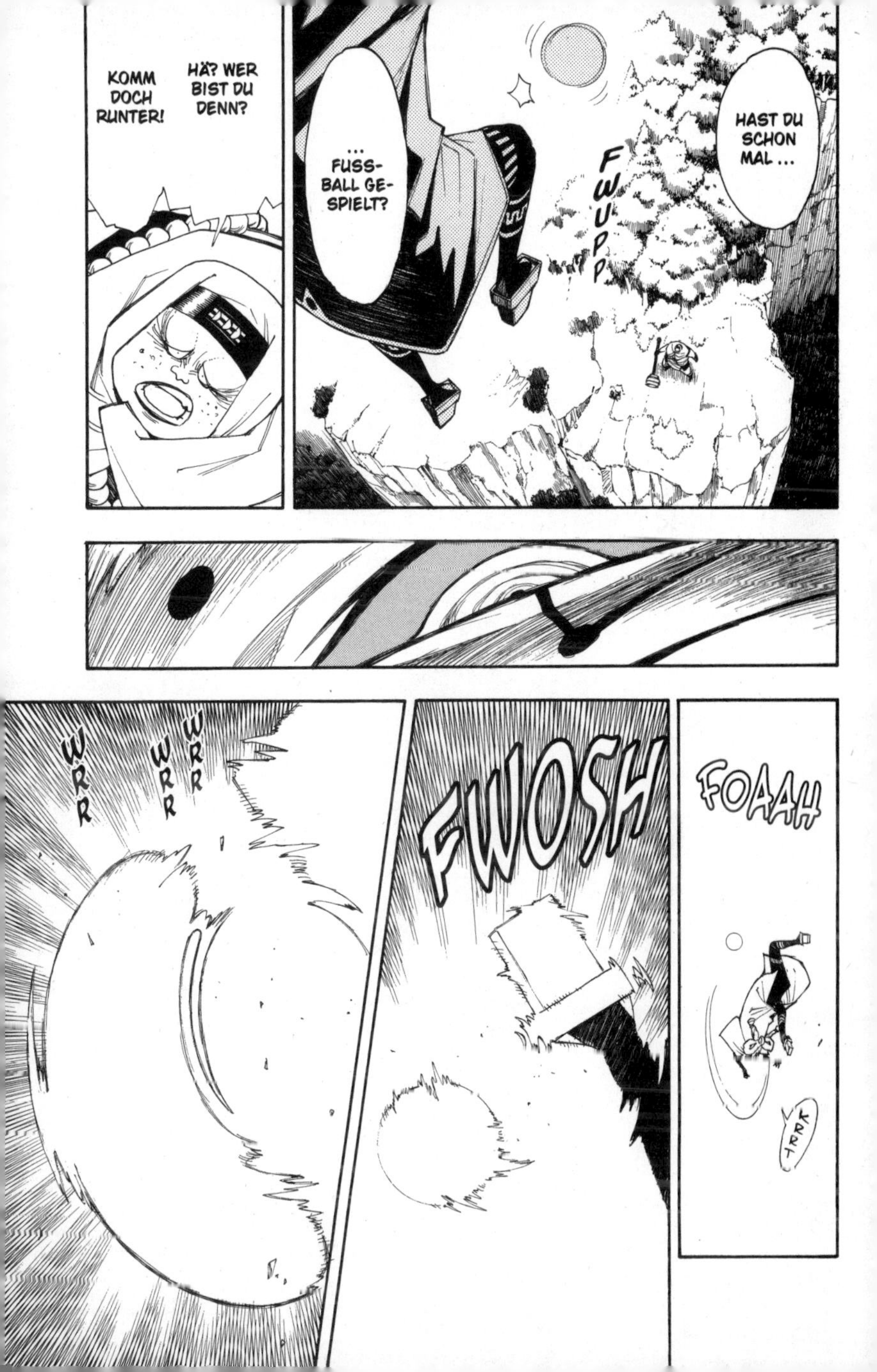

HAST DU SCHON MAL …

FWUPP

… FUSS-BALL GE-SPIELT?

HÄ? WER BIST DU DENN?

KOMM DOCH RUNTER!

FOAAH

TRRK

FWOSH

WRR

WRR

WRR

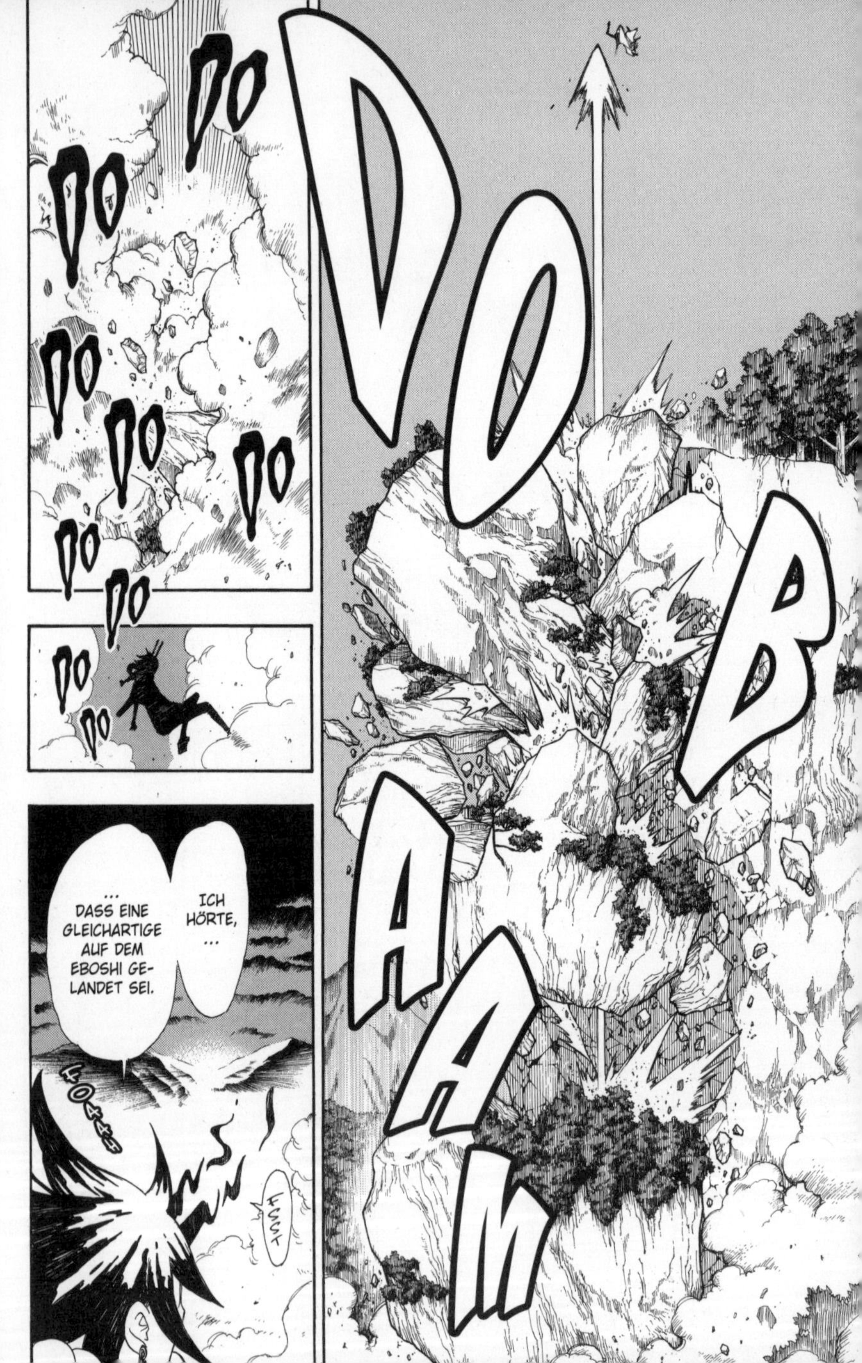
DO
B
A
A
M
DO DO DO DO DO DO DO DO DO DO DO
ICH HÖRTE, ...
... DASS EINE GLEICHARTIGE AUF DEM EBOSHI GELANDET SEI.
FOAAH
FSST

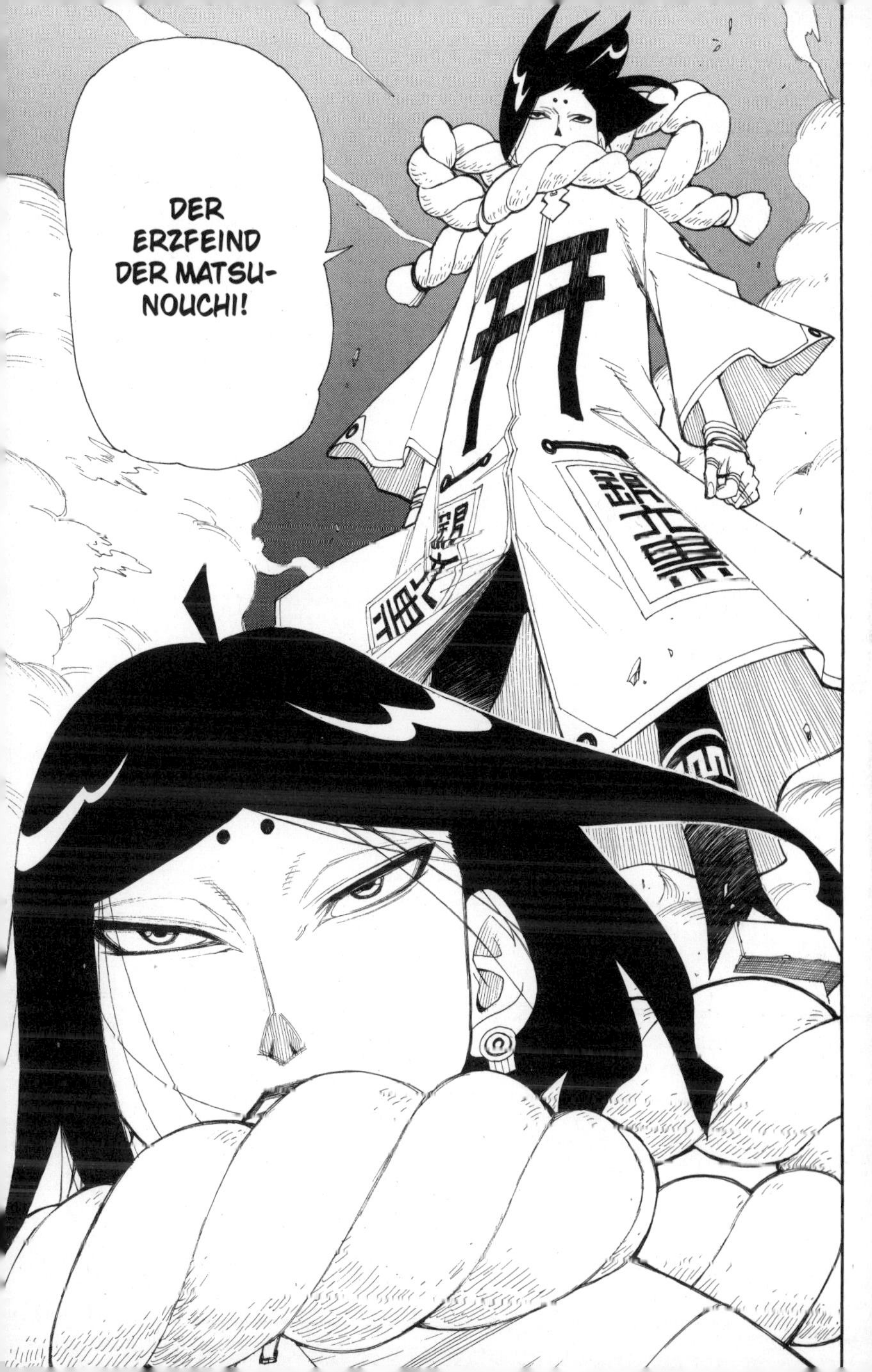
DER ERZFEIND DER MATSU-NOUCHI!

DIE SILBERPRINZESSIN

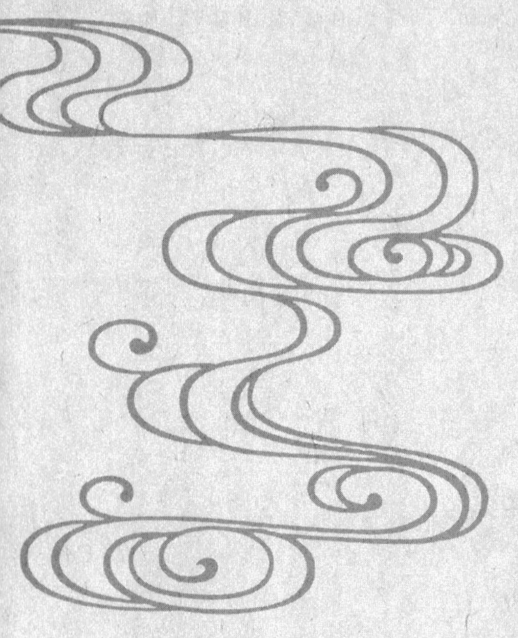

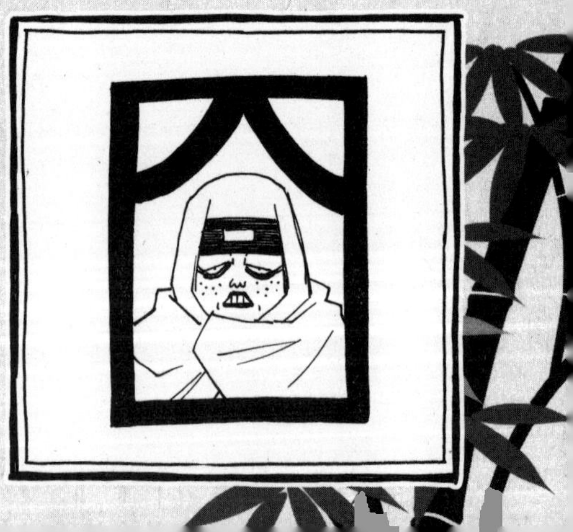

# 10. Kapitel

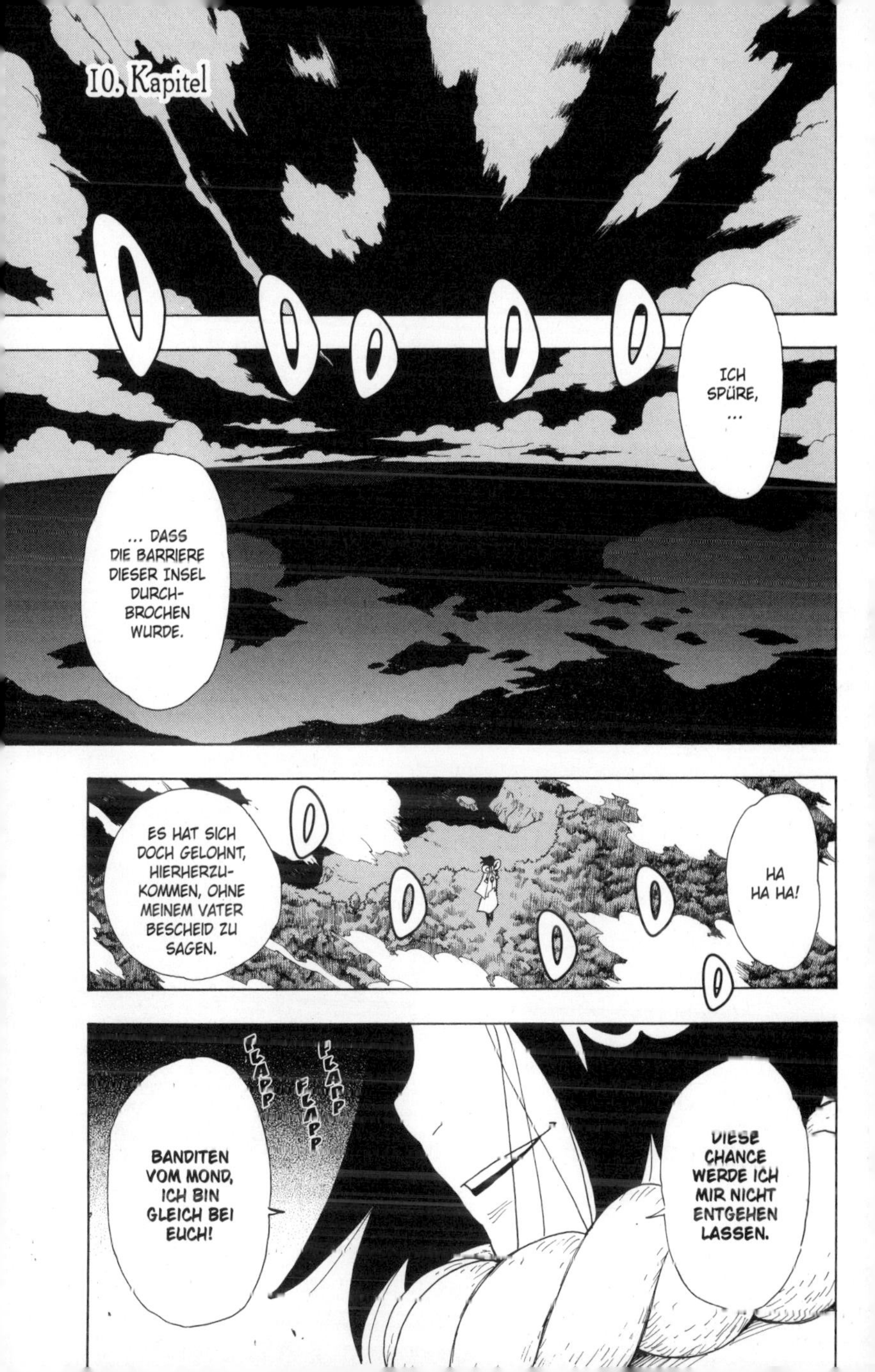

ICH SPÜRE, ...
... DASS DIE BARRIERE DIESER INSEL DURCHBROCHEN WURDE.

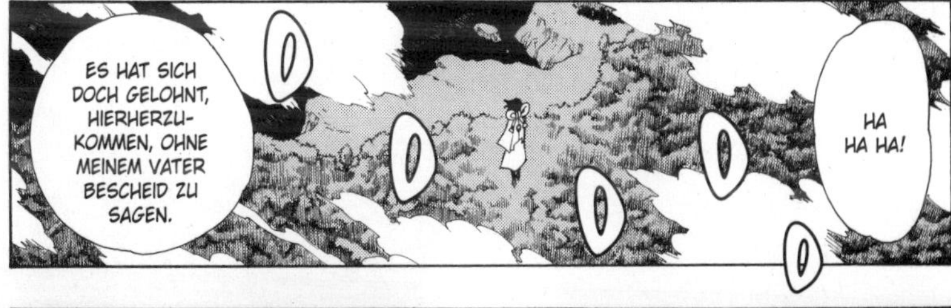


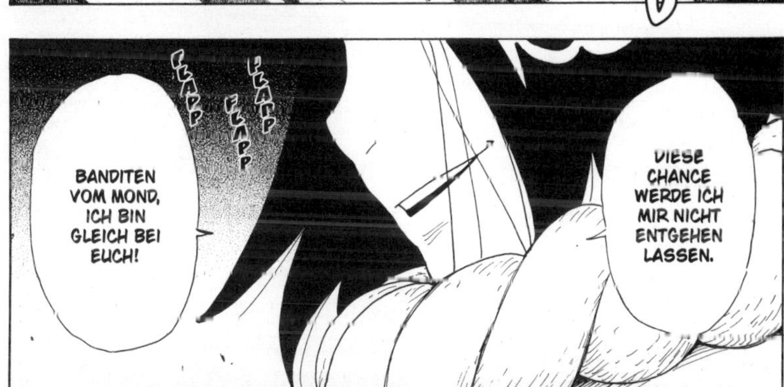

## 10. Kapitel:

# Das Wiedersehen mit dem Erzfeind

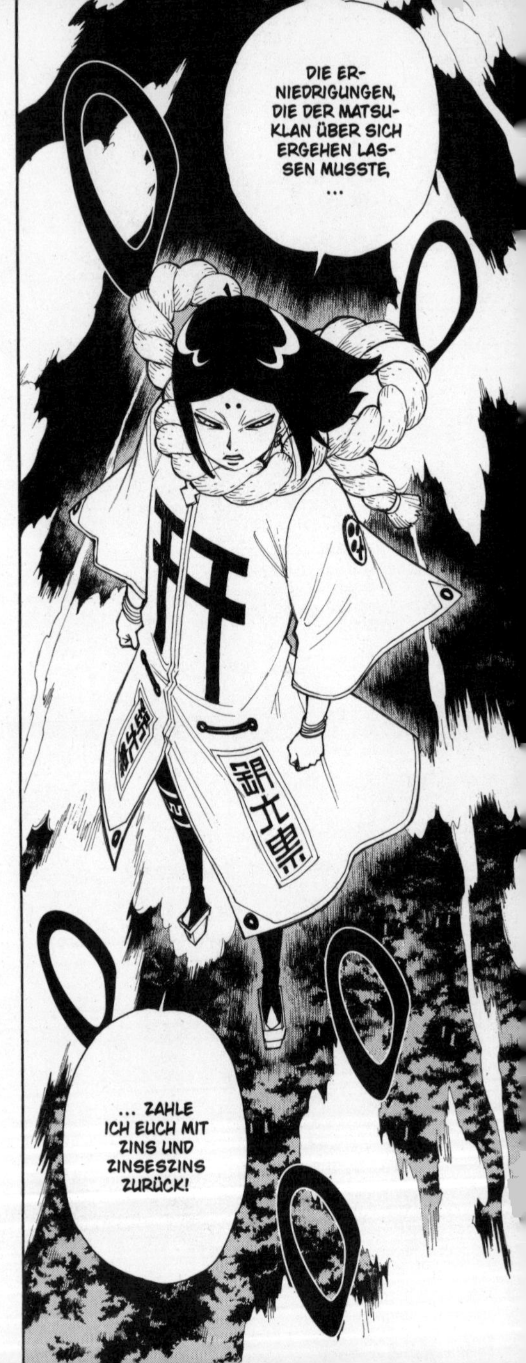

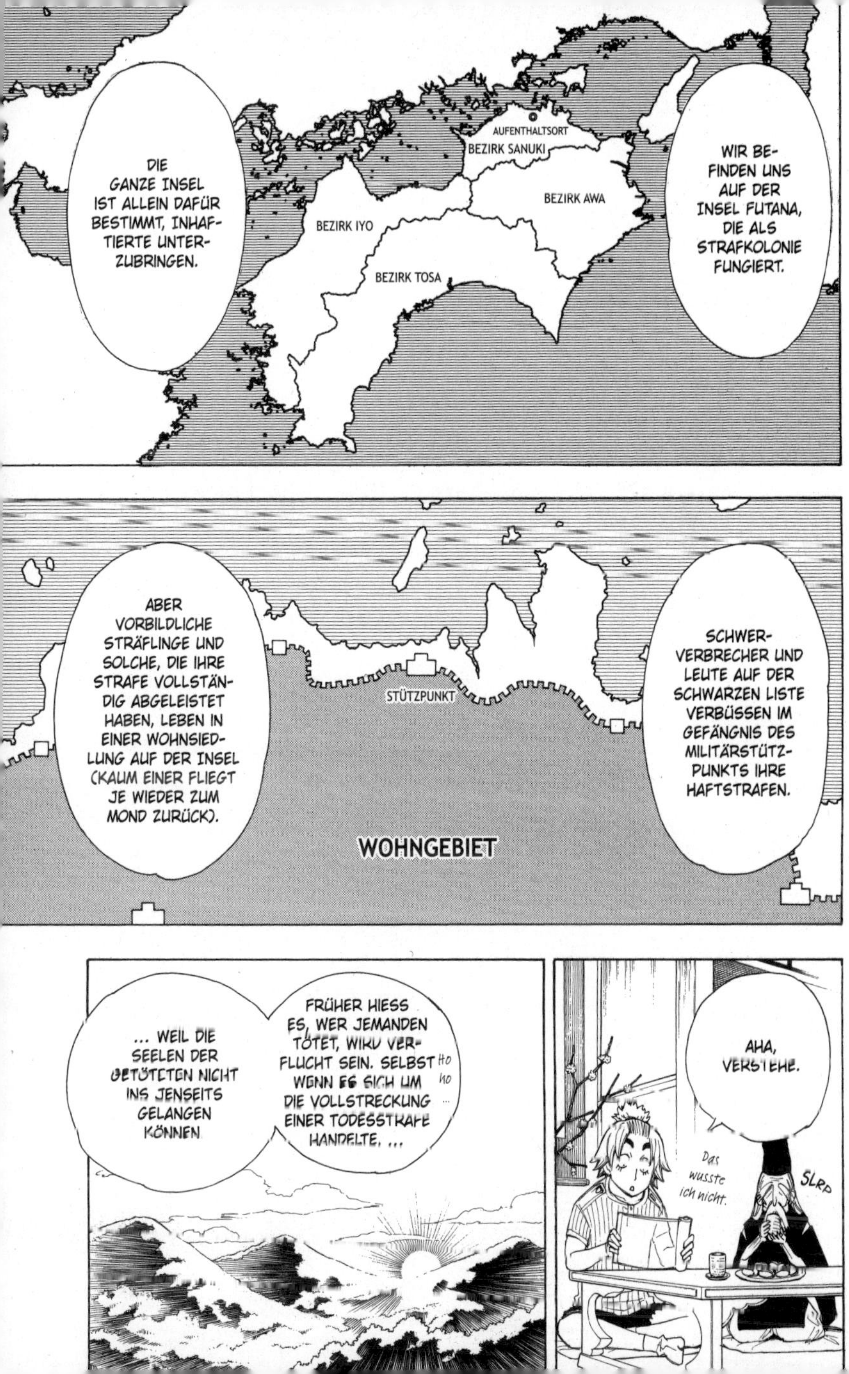

WIR BEFINDEN UNS AUF DER INSEL FUTANA, DIE ALS STRAFKOLONIE FUNGIERT.

AUFENTHALTSORT

BEZIRK SANUKI

BEZIRK AWA

BEZIRK IYO

BEZIRK TOSA

DIE GANZE INSEL IST ALLEIN DAFÜR BESTIMMT, INHAFTIERTE UNTERZUBRINGEN.

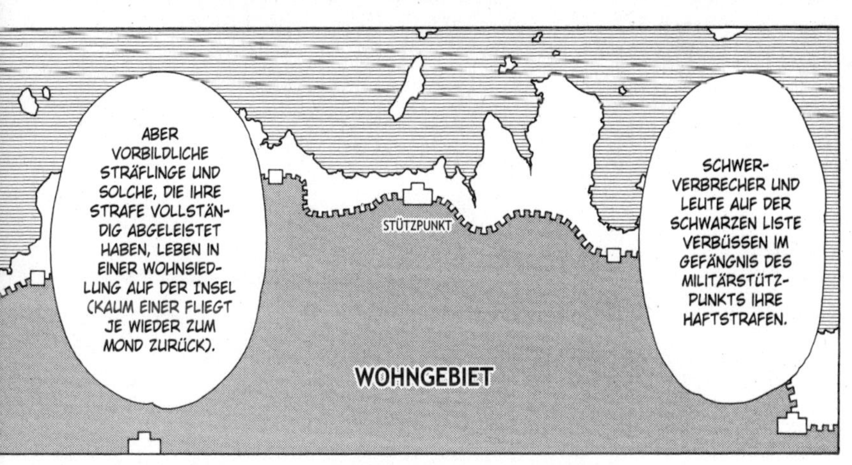


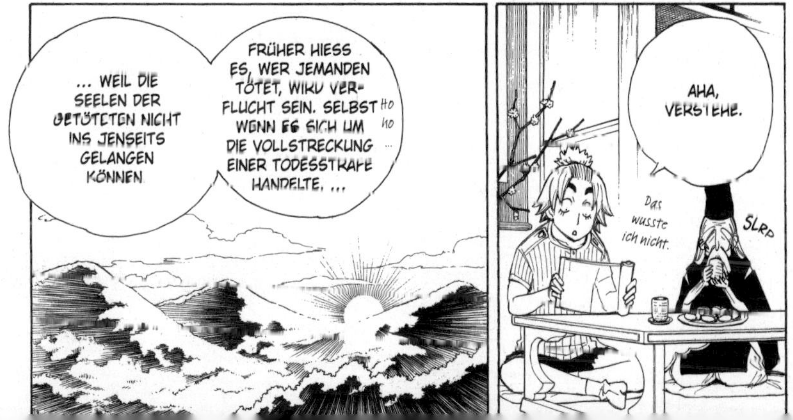

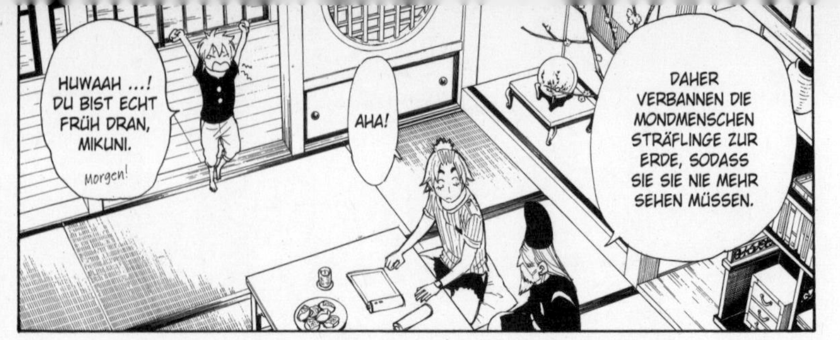


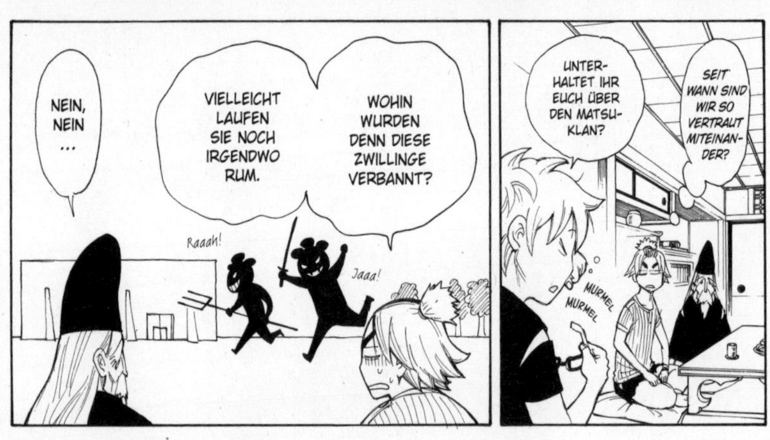

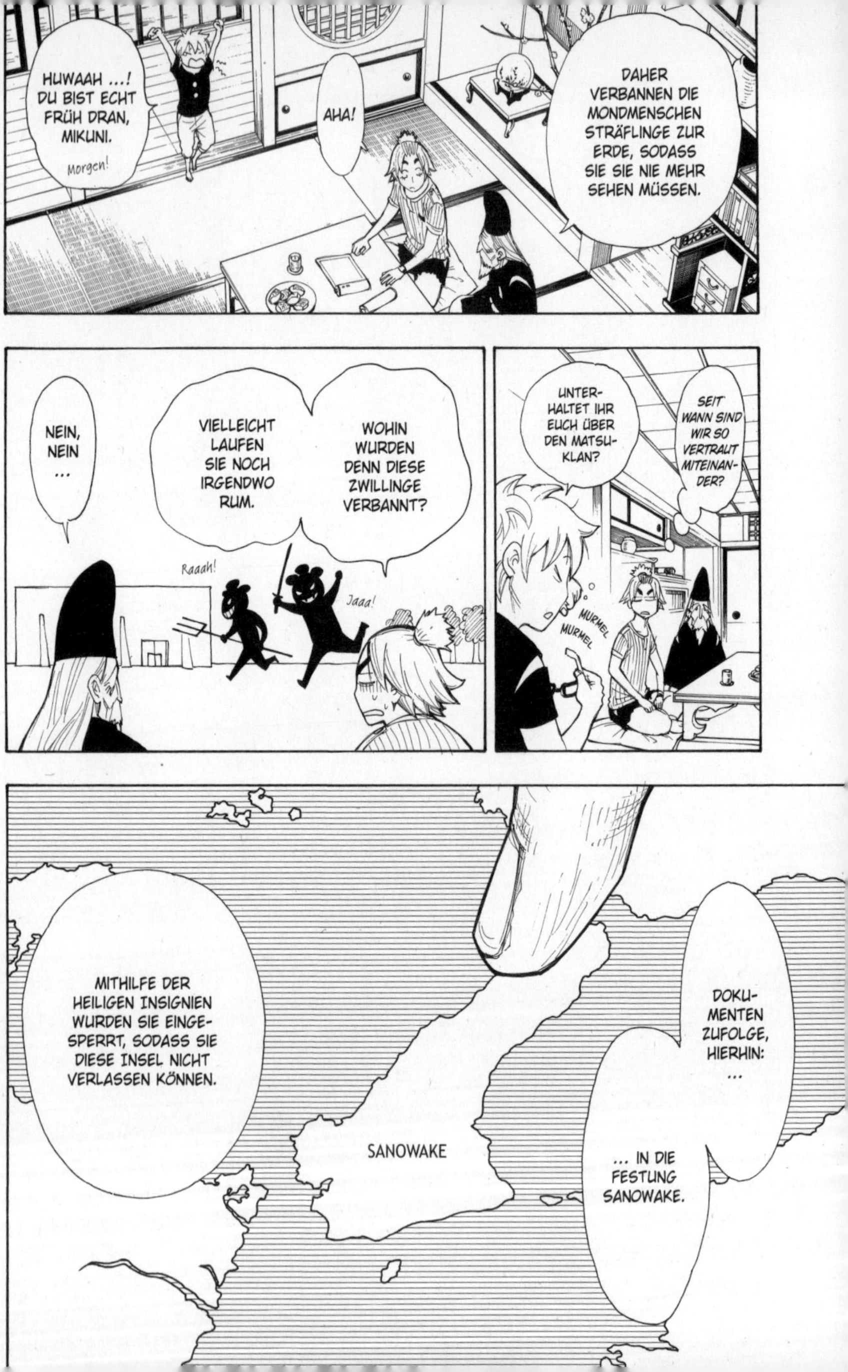

DOKUMENTEN ZUFOLGE, HIERHIN: ...

... IN DIE FESTUNG SANOWAKE.

SANOWAKE

MITHILFE DER HEILIGEN INSIGNIEN WURDEN SIE EINGESPERRT, SODASS SIE DIESE INSEL NICHT VERLASSEN KÖNNEN.

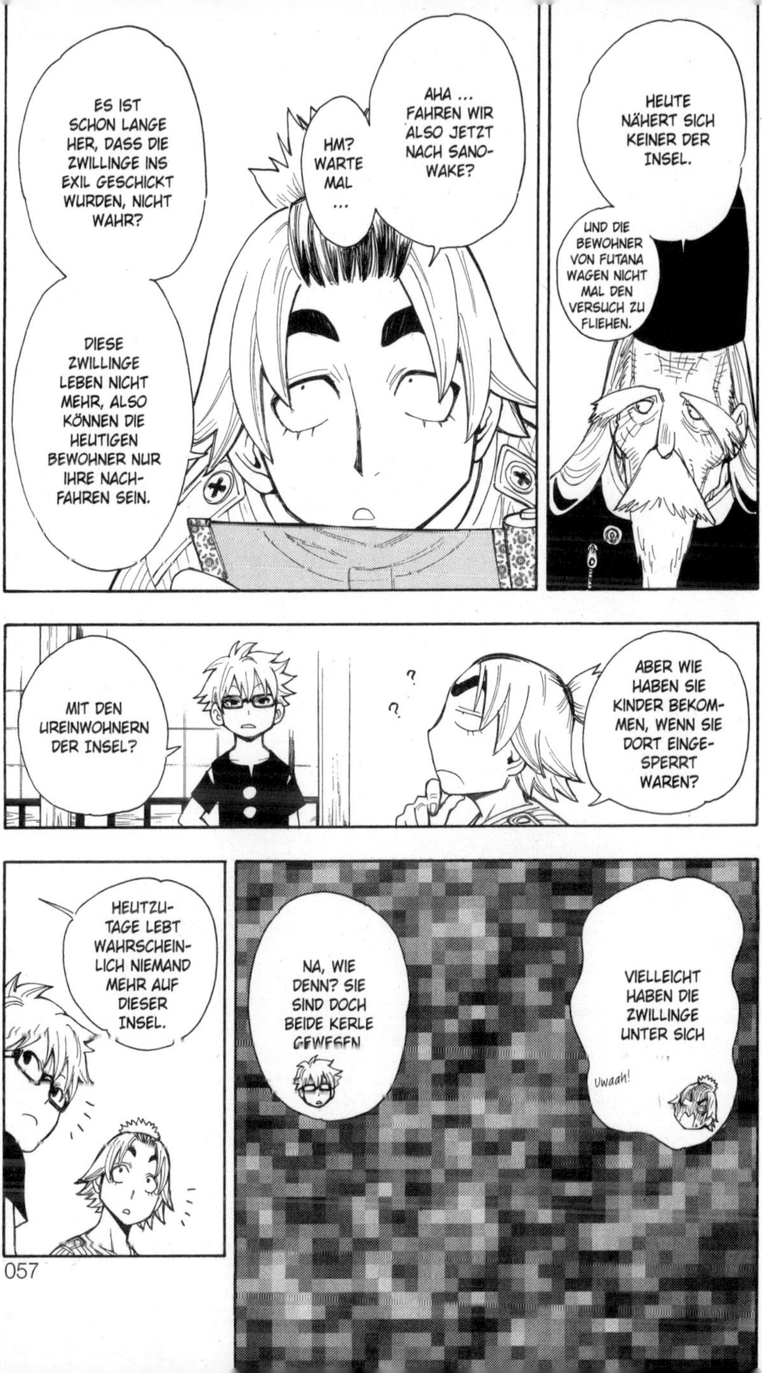

HEUTE NÄHERT SICH KEINER DER INSEL.

UND DIE BEWOHNER VON FUTANA WAGEN NICHT MAL DEN VERSUCH ZU FLIEHEN.

AHA ... FAHREN WIR ALSO JETZT NACH SANO-WAKE?

HM? WARTE MAL ...

ES IST SCHON LANGE HER, DASS DIE ZWILLINGE INS EXIL GESCHICKT WURDEN, NICHT WAHR?

DIESE ZWILLINGE LEBEN NICHT MEHR, ALSO KÖNNEN DIE HEUTIGEN BEWOHNER NUR IHRE NACH-FAHREN SEIN.

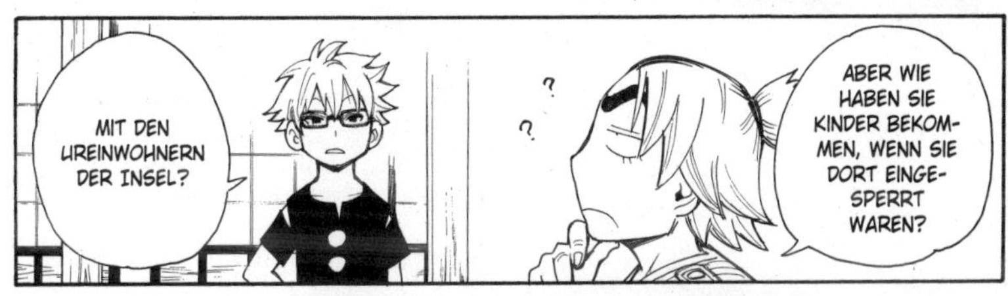


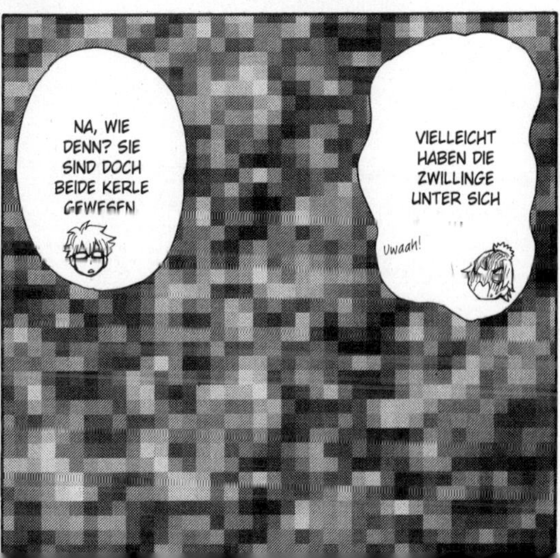


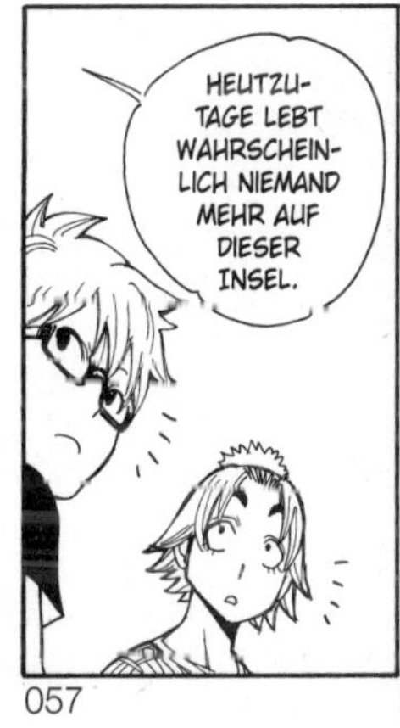

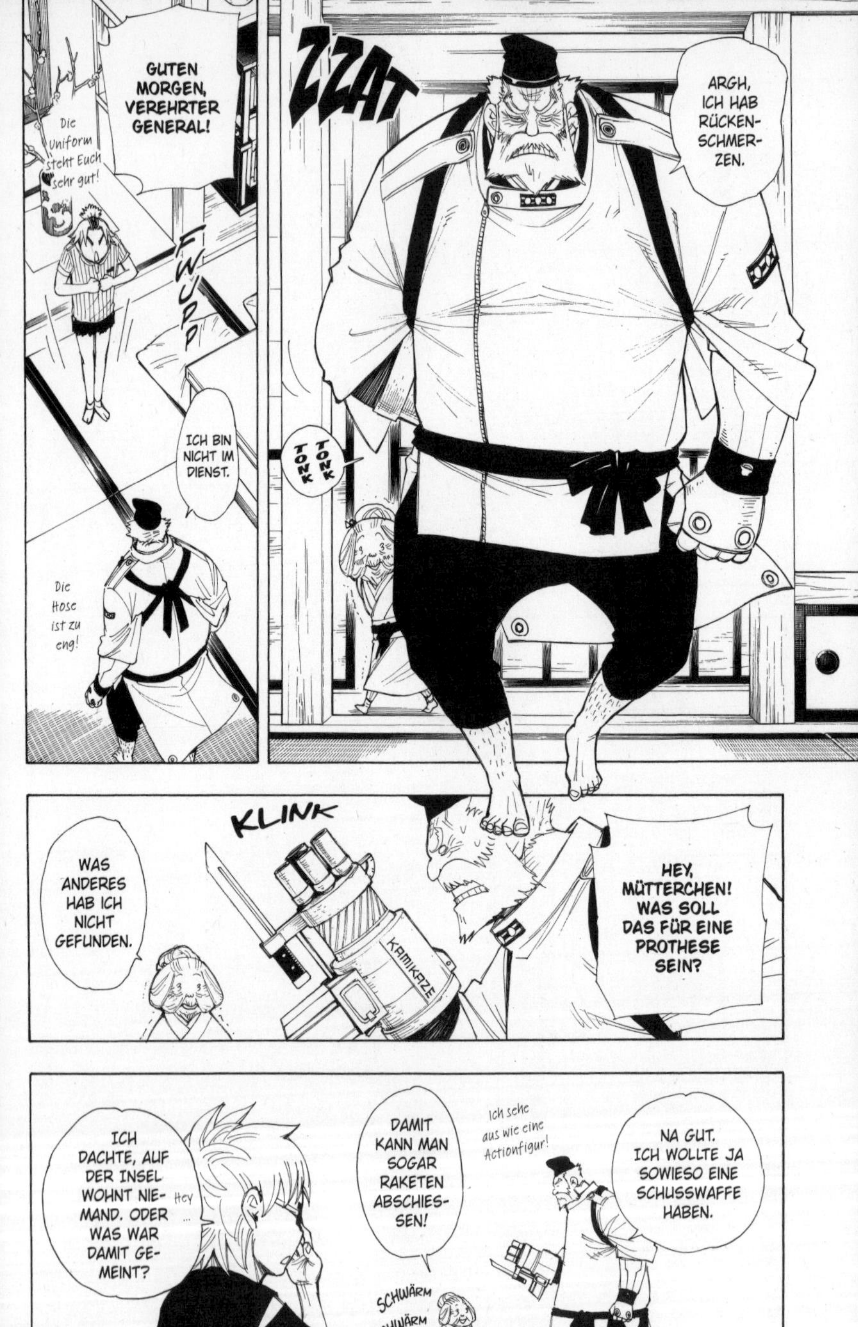
ZZAT
ARGH, ICH HAB RÜCKEN-SCHMER-ZEN.
TONK TONK
GUTEN MORGEN, VEREHRTER GENERAL!
Die Uniform steht Euch sehr gut!
FWUPP
ICH BIN NICHT IM DIENST.
Die Hose ist zu eng!
KLINK
HEY, MÜTTERCHEN! WAS SOLL DAS FÜR EINE PROTHESE SEIN?
KAMIKAZE
WAS ANDERES HAB ICH NICHT GEFUNDEN.
NA GUT. ICH WOLLTE JA SOWIESO EINE SCHUSSWAFFE HABEN.
Ich sehe aus wie eine Actionfigur!
DAMIT KANN MAN SOGAR RAKETEN ABSCHIES-SEN!
SCHWÄRM SCHWÄRM
ICH DACHTE, AUF DER INSEL WOHNT NIE-MAND. ODER WAS WAR DAMIT GE-MEINT?
Hey ...

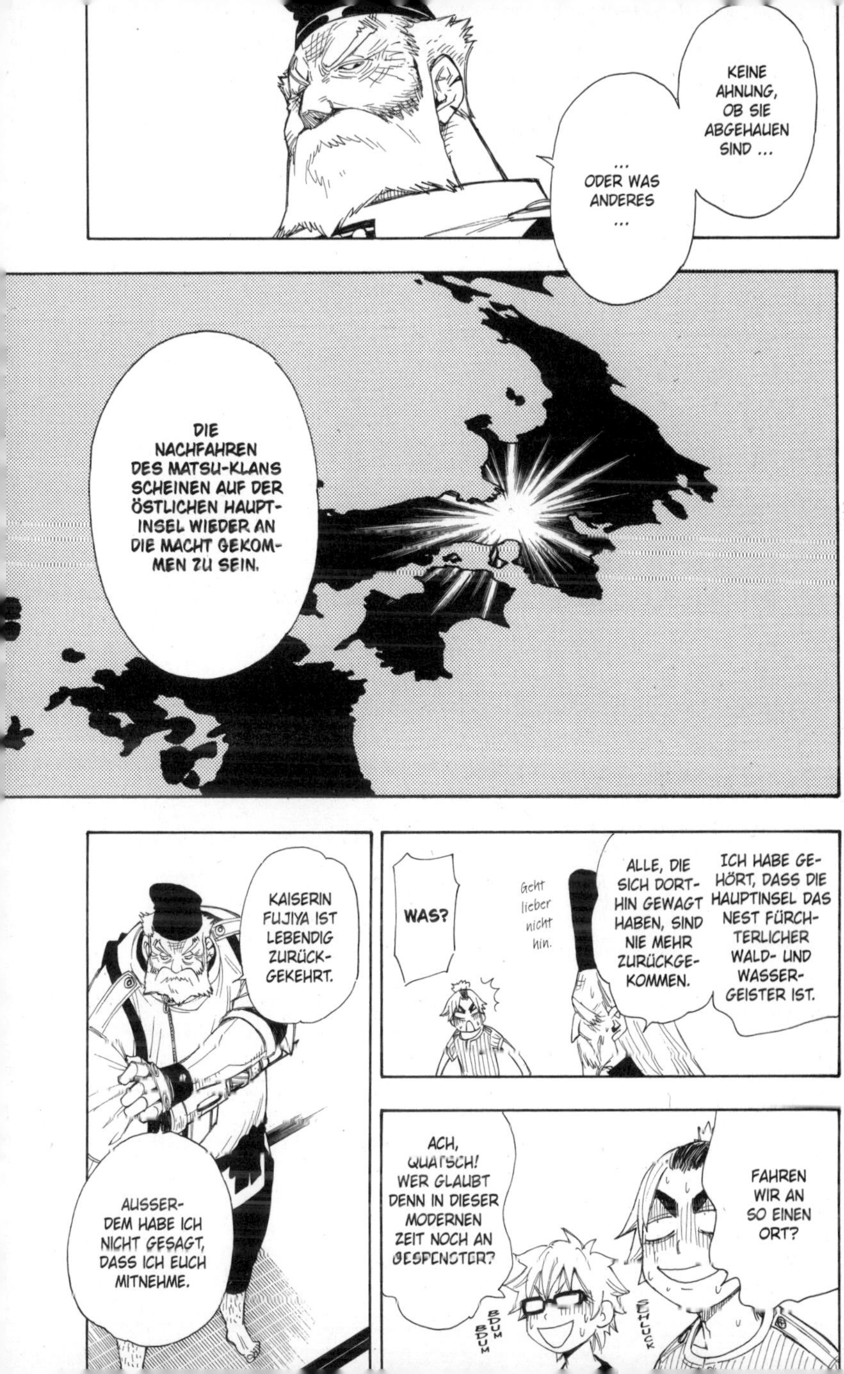

KEINE AHNUNG, OB SIE ABGEHAUEN SIND …

… ODER WAS ANDERES …

DIE NACHFAHREN DES MATSU-KLANS SCHEINEN AUF DER ÖSTLICHEN HAUPT-INSEL WIEDER AN DIE MACHT GEKOM-MEN ZU SEIN.

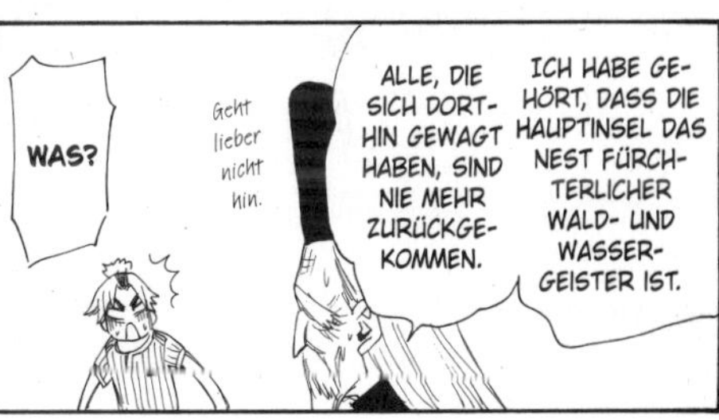


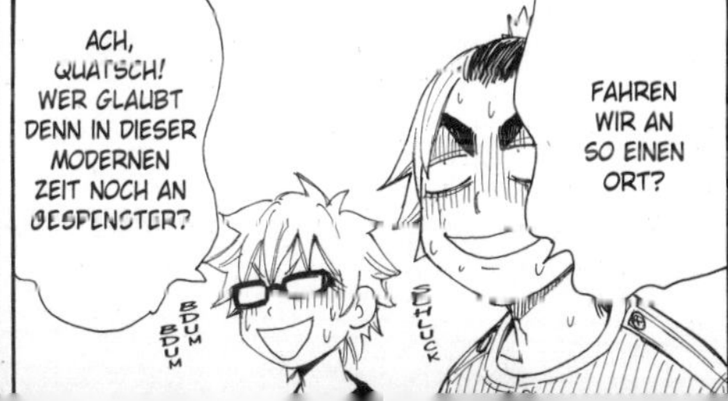


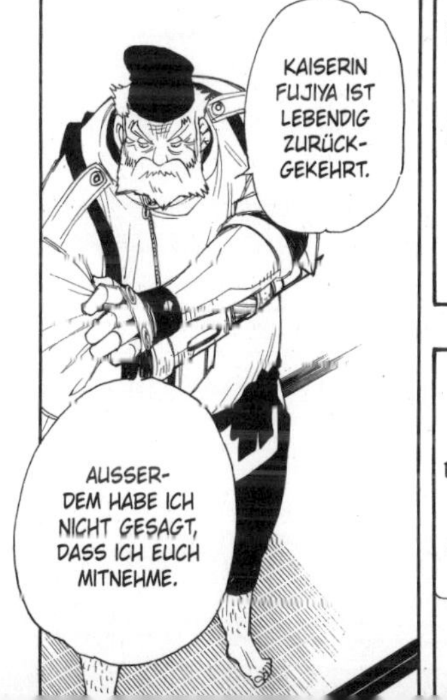

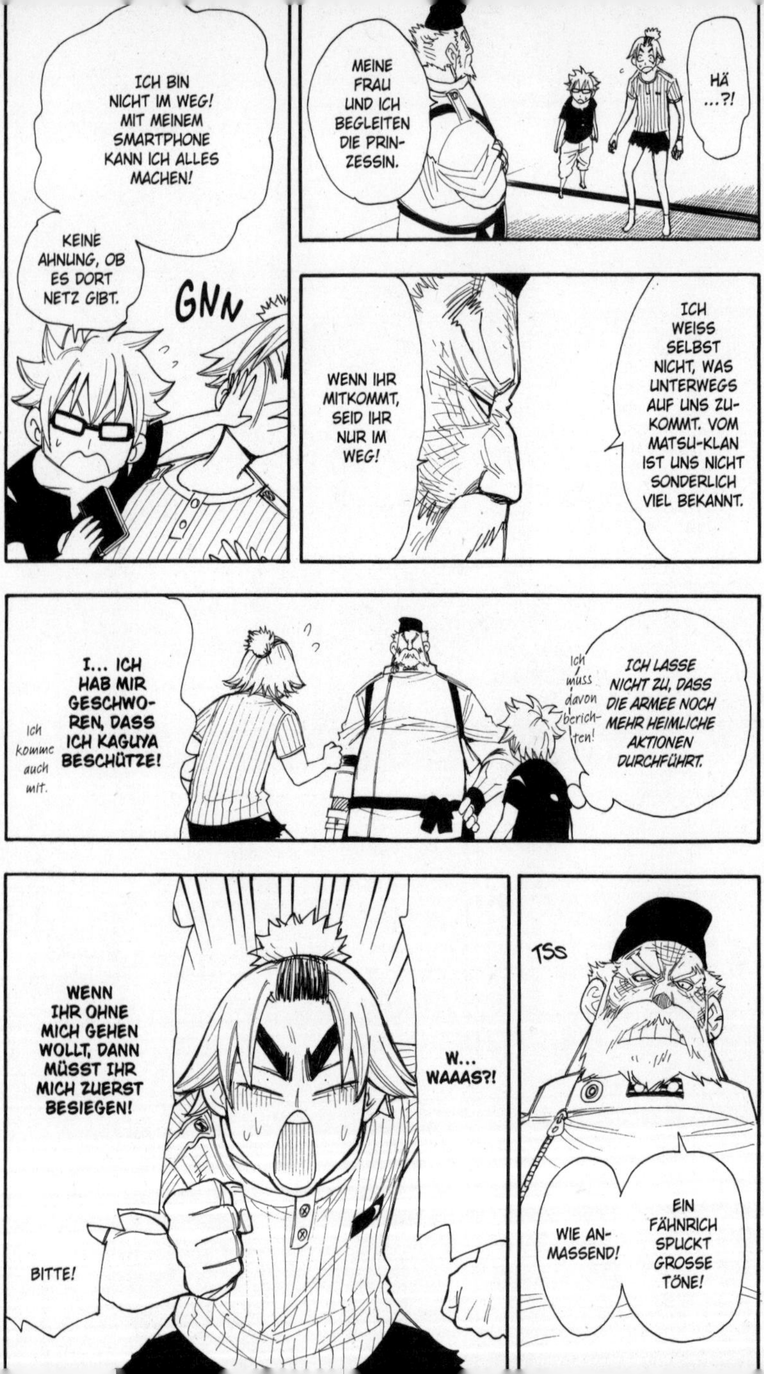

MEINE FRAU UND ICH BEGLEITEN DIE PRINZESSIN.

HÄ ...?!

ICH WEISS SELBST NICHT, WAS UNTERWEGS AUF UNS ZUKOMMT. VOM MATSU-KLAN IST UNS NICHT SONDERLICH VIEL BEKANNT.

WENN IHR MITKOMMT, SEID IHR NUR IM WEG!

ICH BIN NICHT IM WEG! MIT MEINEM SMARTPHONE KANN ICH ALLES MACHEN!

KEINE AHNUNG, OB ES DORT NETZ GIBT.

GNN

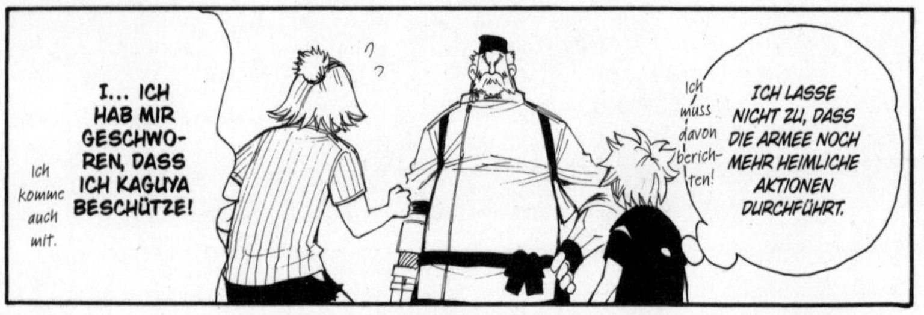


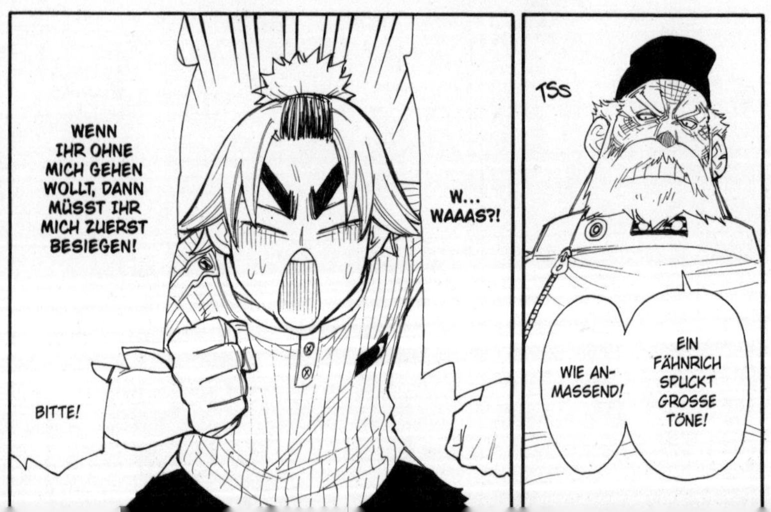

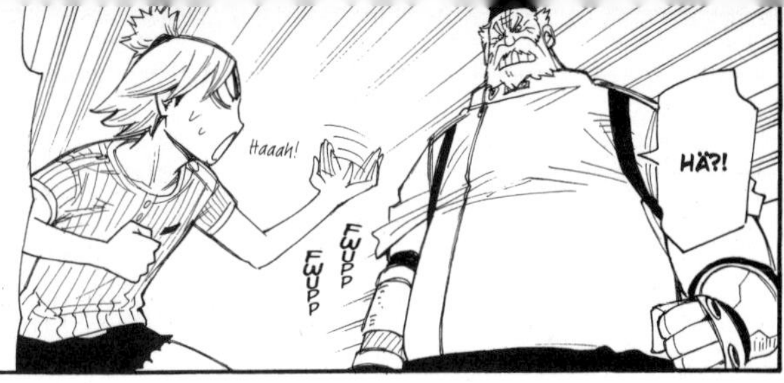
HÄ?!
FWUPP
FWUPP
Haaah!
HEY, WAS IST LOS MIT EUCH? KOMMT, GREIFT MICH AN, GENE-RAL! KILL ME, BABY!

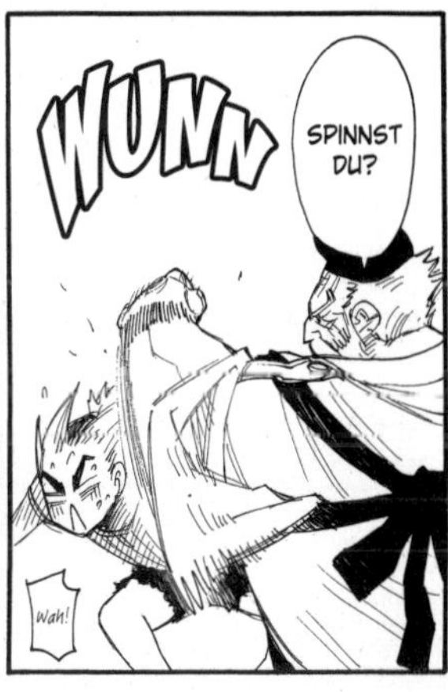
SPINNST DU?
WUNN
Wah!

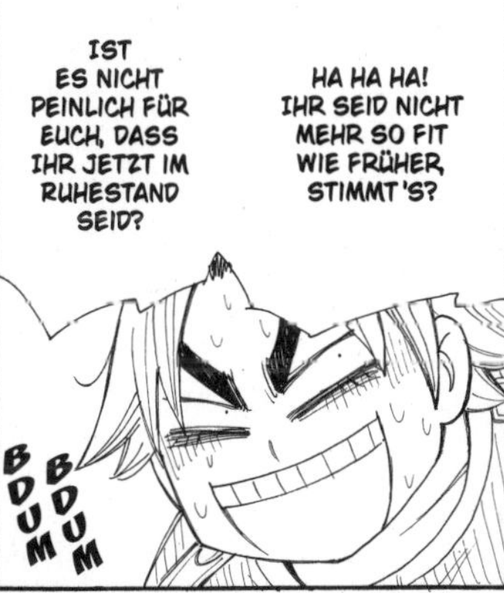
HA HA HA! IHR SEID NICHT MEHR SO FIT WIE FRÜHER, STIMMT'S?
IST ES NICHT PEINLICH FÜR EUCH, DASS IHR JETZT IM RUHESTAND SEID?
BDUM
BDUM

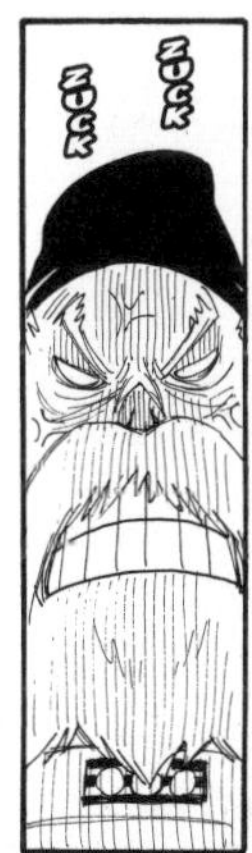
ZUCK
ZUCK

GROAAAAH!

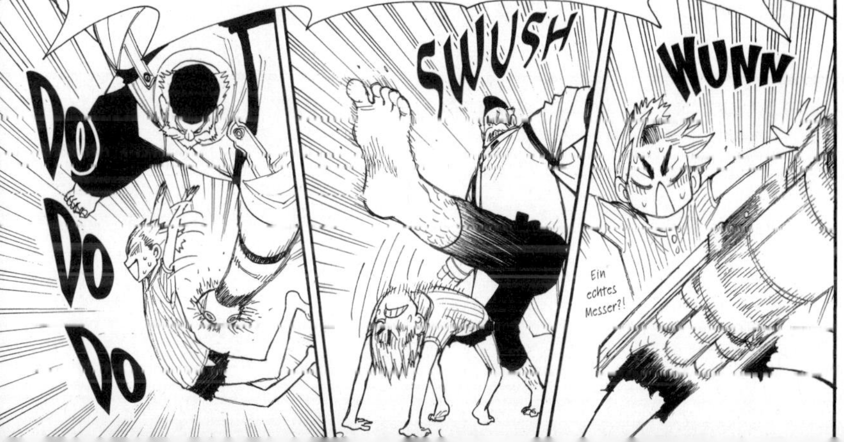
WUNN
Ein echtes Messer?!
SWUSH
DOT
DO
DO
DO

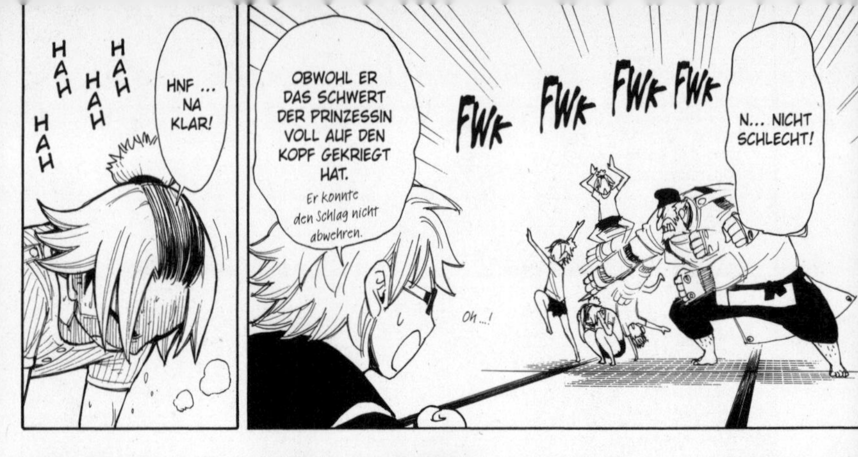

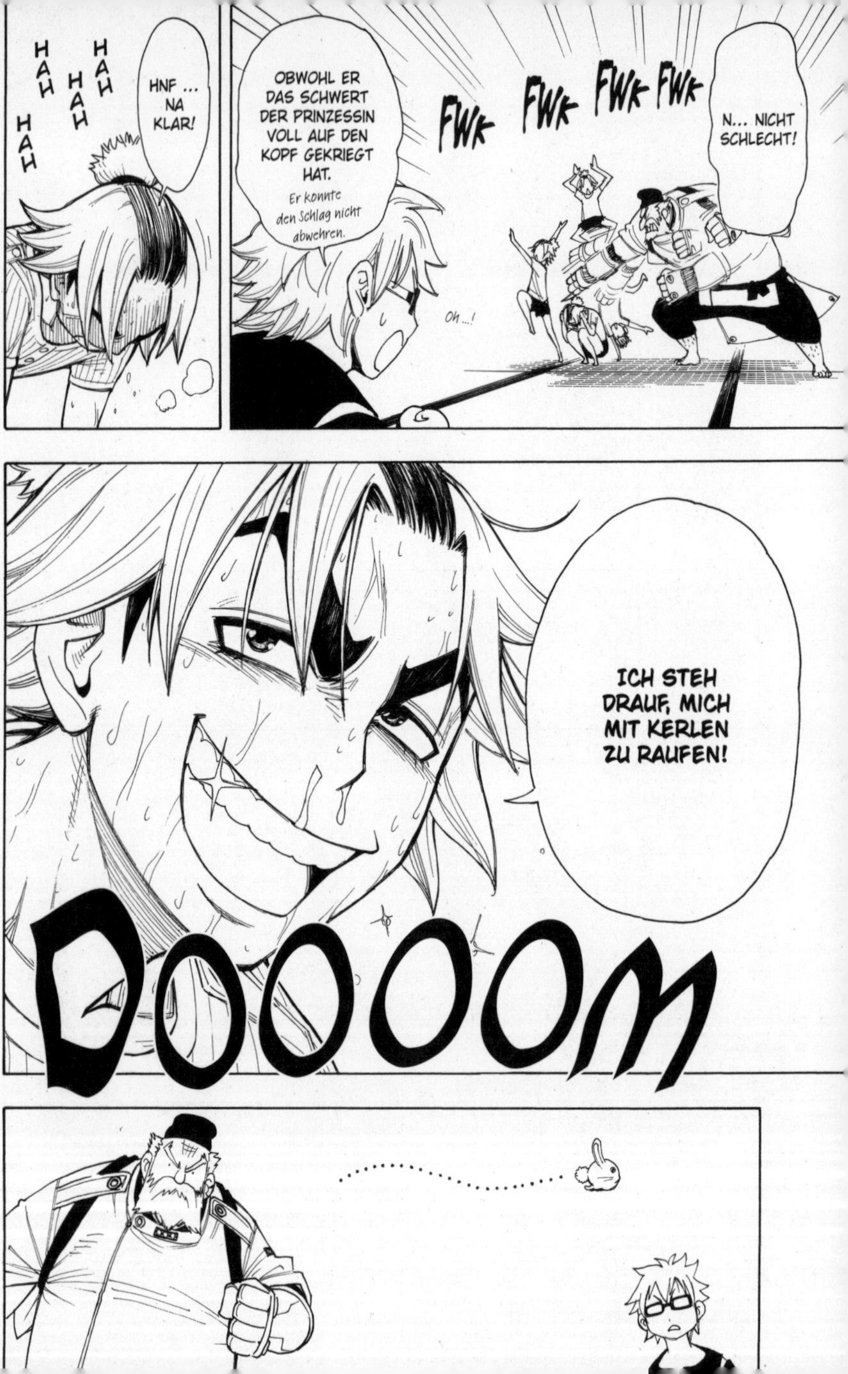

ICH STEH DRAUF, MICH MIT KERLEN ZU RAUFEN!

DOOOOM

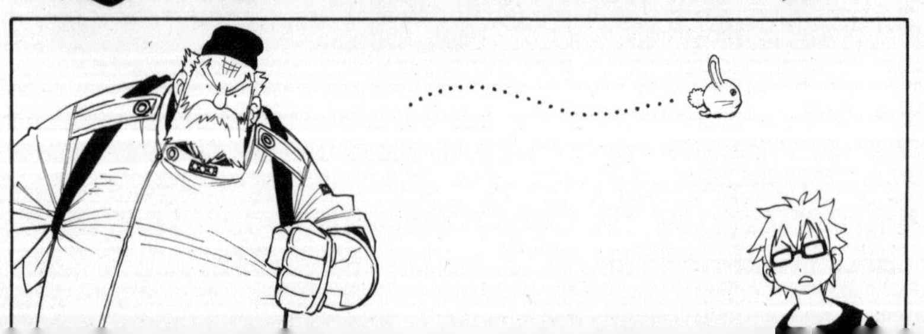

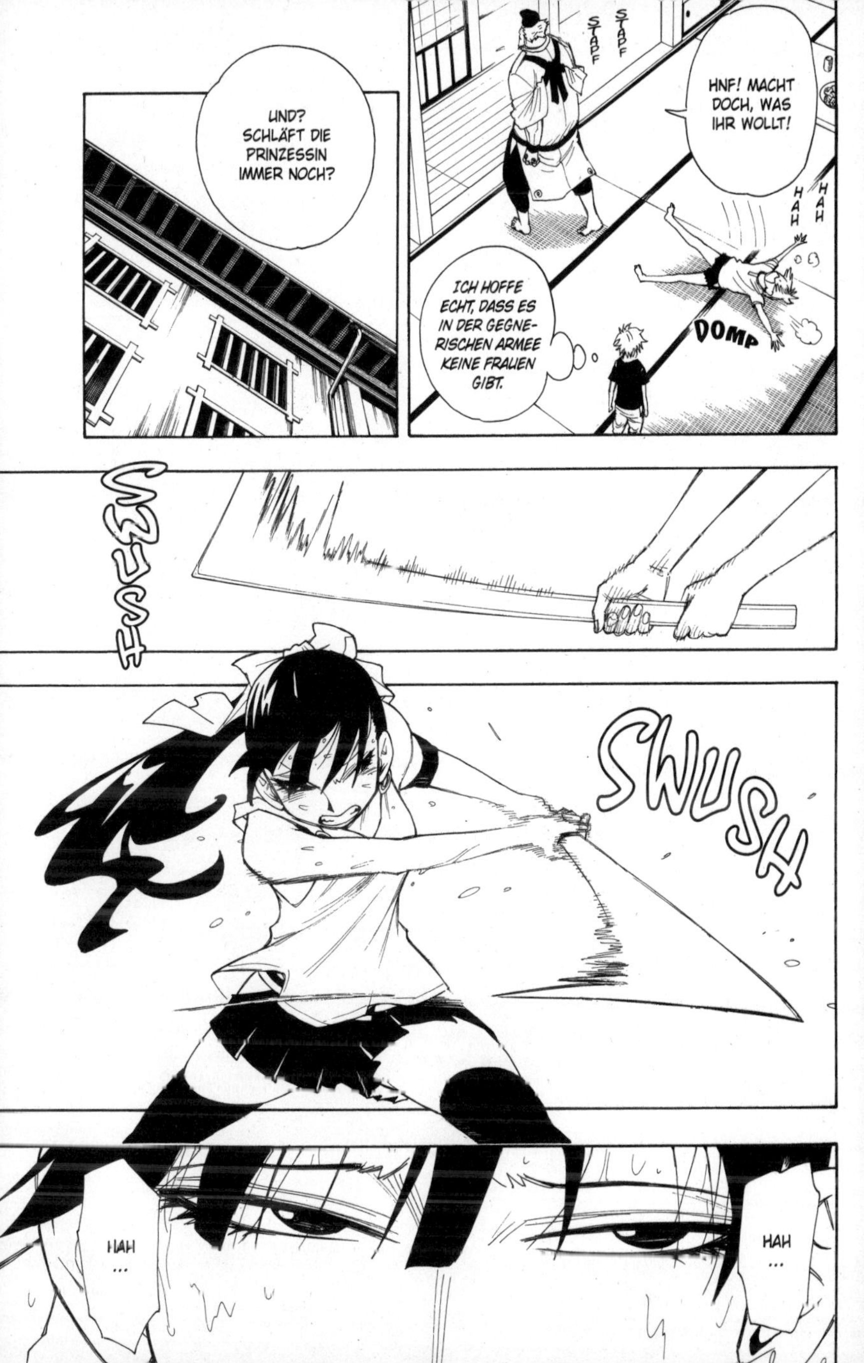
STAPF
STAPF
HNF! MACHT DOCH, WAS IHR WOLLT!
HAH
HAH
DOMP
ICH HOFFE ECHT, DASS ES IN DER GEGNE-RISCHEN ARMEE KEINE FRAUEN GIBT.
UND? SCHLÄFT DIE PRINZESSIN IMMER NOCH?
SWUSH
SWUSH
HAH …
HAH …

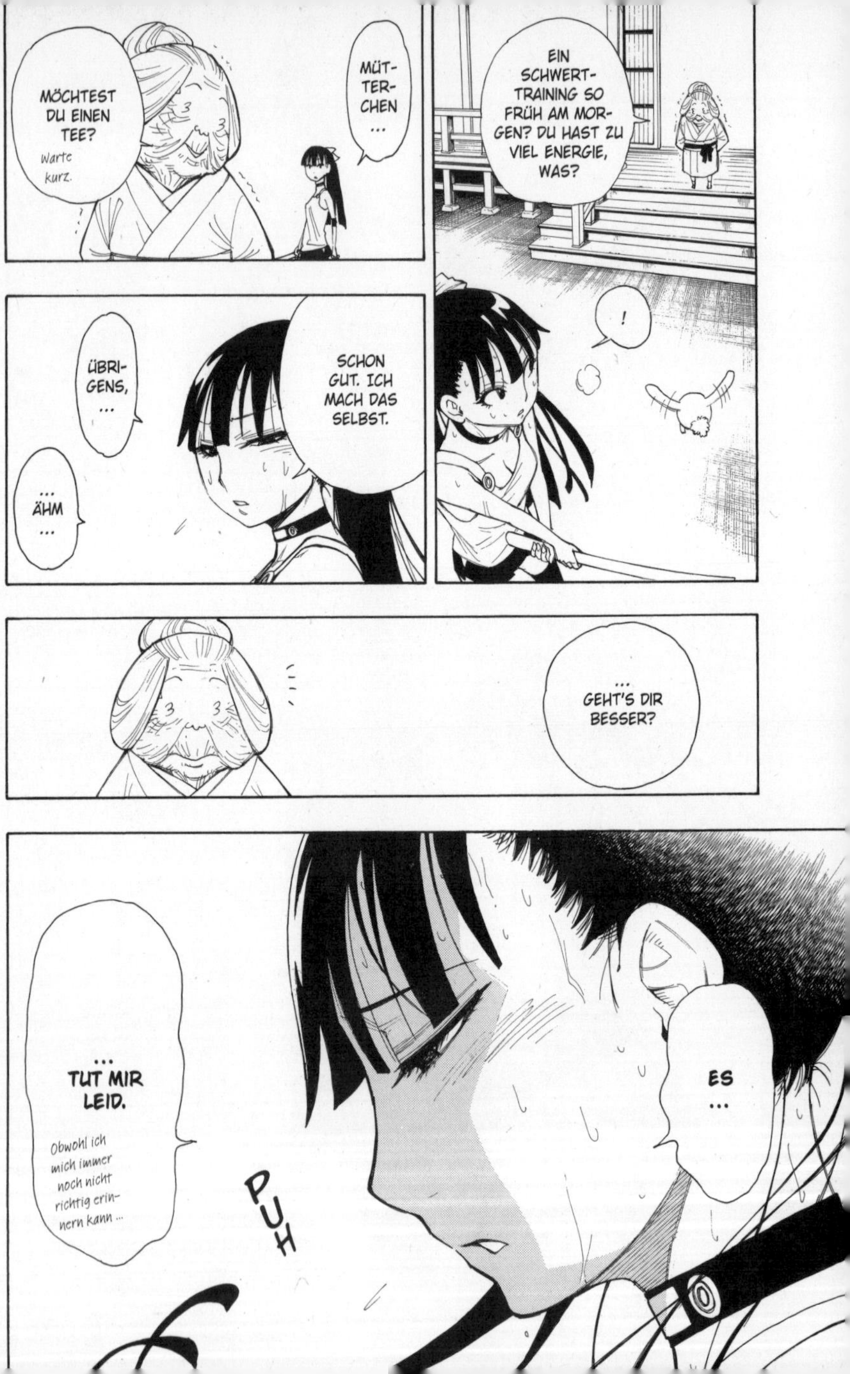

EIN SCHWERT-TRAINING SO FRÜH AM MORGEN? DU HAST ZU VIEL ENERGIE, WAS?

MÜTTERCHEN …

MÖCHTEST DU EINEN TEE?

Warte kurz.

!

SCHON GUT. ICH MACH DAS SELBST.

ÜBRIGENS, …

… ÄHM …

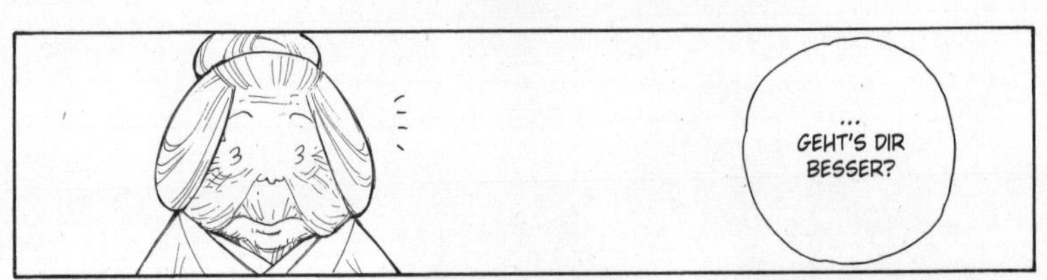


ES …

… TUT MIR LEID.

Obwohl ich mich immer noch nicht richtig erinnern kann …

PUH

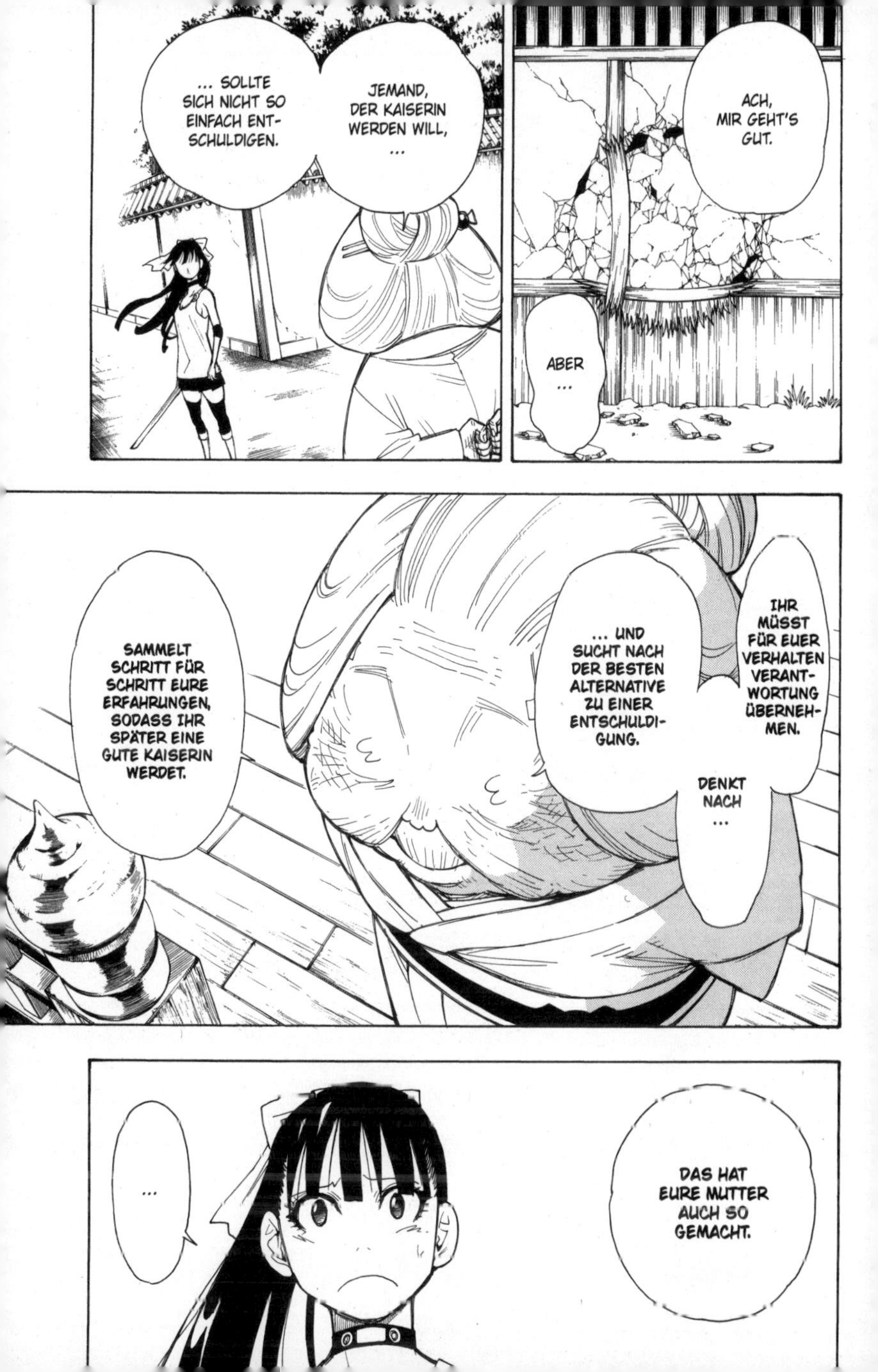

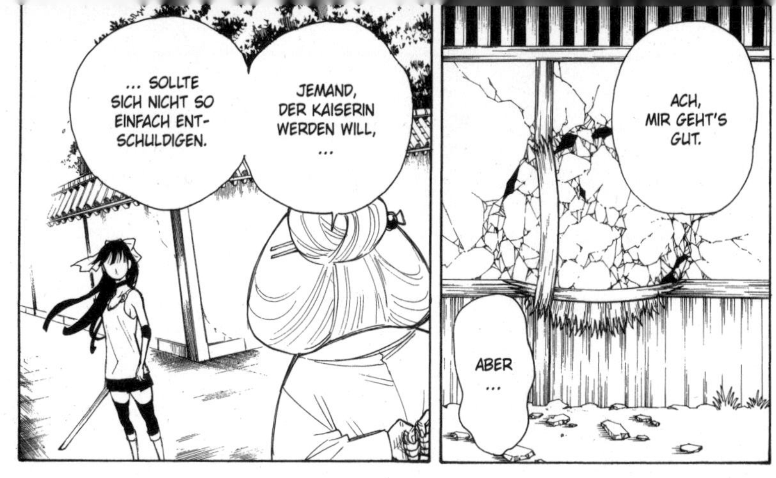
ACH, MIR GEHT'S GUT.
ABER ...
JEMAND, DER KAISERIN WERDEN WILL, ...
... SOLLTE SICH NICHT SO EINFACH ENTSCHULDIGEN.

IHR MÜSST FÜR EUER VERHALTEN VERANTWORTUNG ÜBERNEHMEN.
DENKT NACH ...
... UND SUCHT NACH DER BESTEN ALTERNATIVE ZU EINER ENTSCHULDIGUNG.
SAMMELT SCHRITT FÜR SCHRITT EURE ERFAHRUNGEN, SODASS IHR SPÄTER EINE GUTE KAISERIN WERDET.

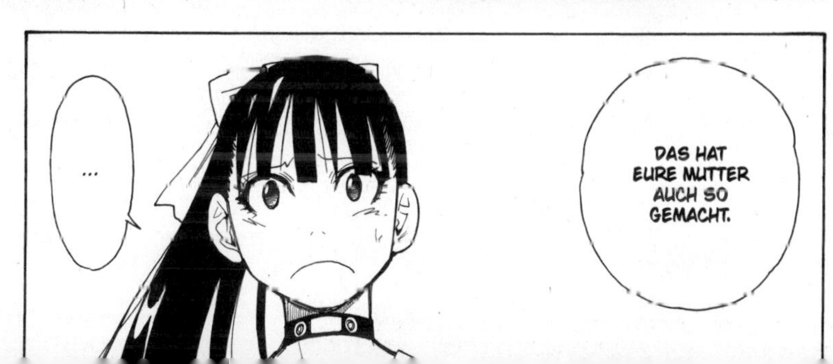
DAS HAT EURE MUTTER AUCH SO GEMACHT.
...

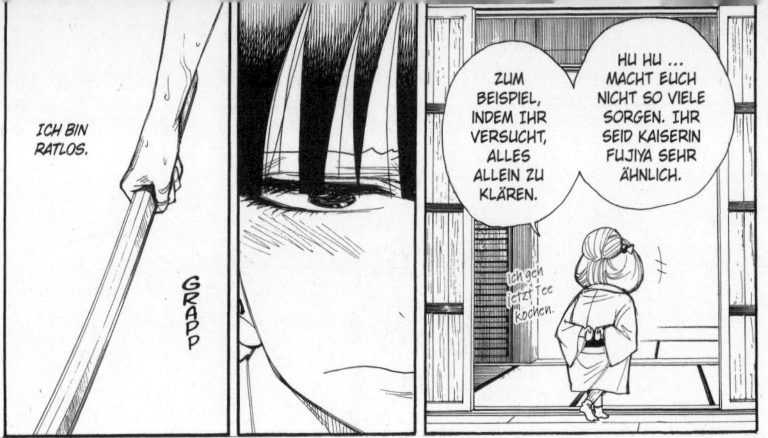


ICH WILL STARK WERDEN. ABER …

… IST DAS, WAS ICH MACHE, FALSCH?

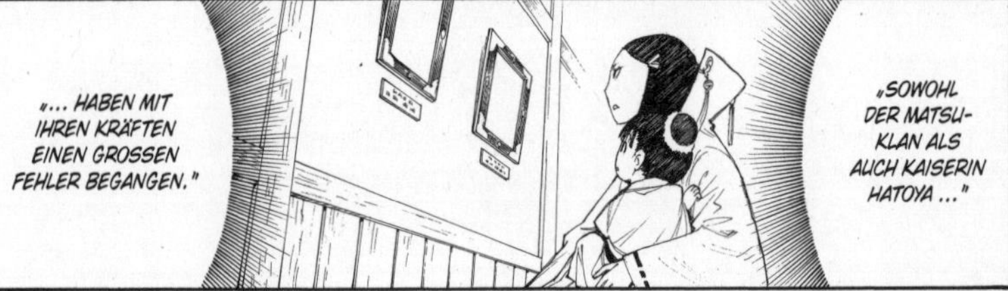


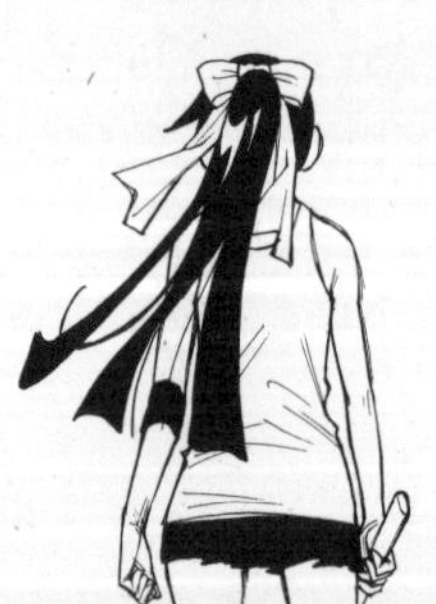

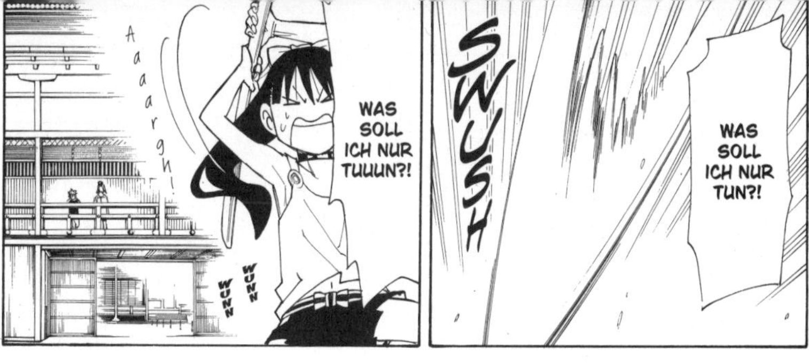
SWUSH
WAS SOLL ICH NUR TUN?!
WAS SOLL ICH NUR TUUUN?!
Aaaargh!
WUNN WUNN

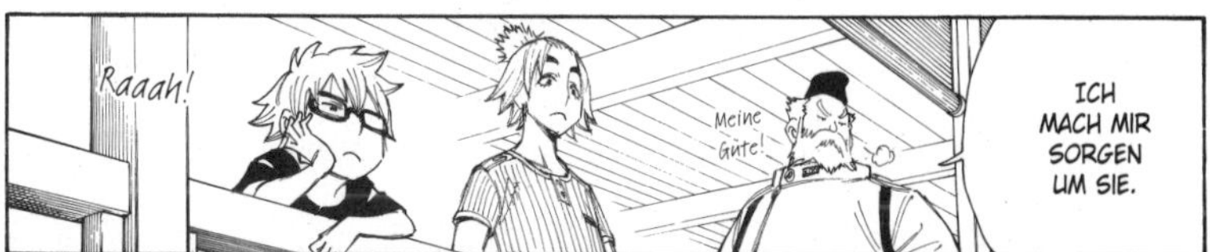
ICH MACH MIR SORGEN UM SIE.
Meine Güte!
Raaah!

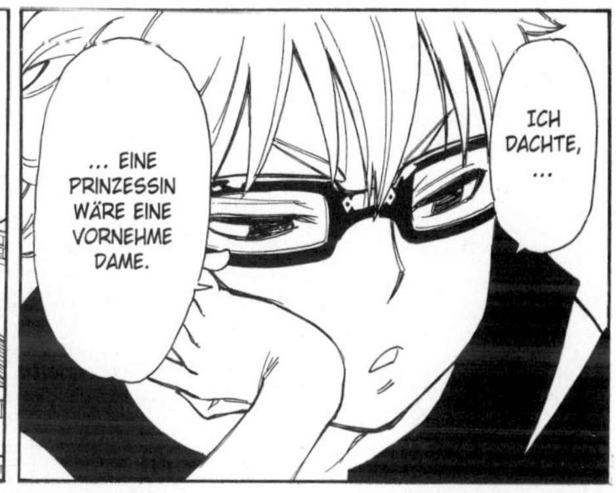
ICH DACHTE, …
… EINE PRINZESSIN WÄRE EINE VORNEHME DAME.

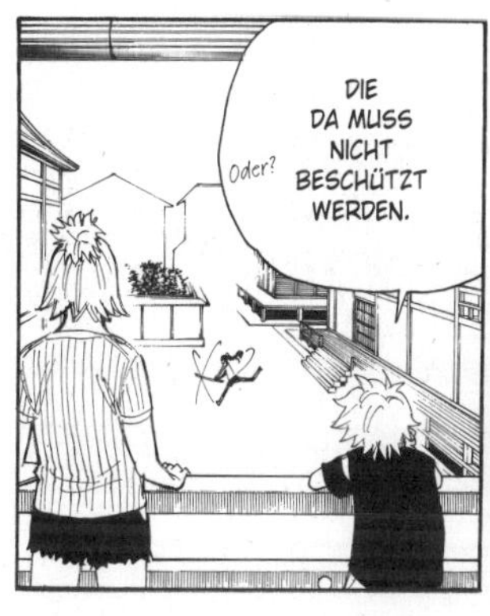
DIE DA MUSS NICHT BESCHÜTZT WERDEN.
Oder?

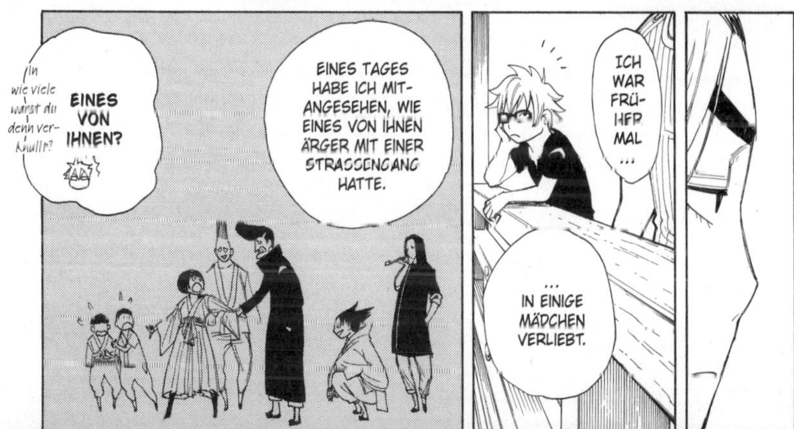
ICH WAR FRÜHER MAL …
… IN EINIGE MÄDCHEN VERLIEBT.
EINES TAGES HABE ICH MITANGESEHEN, WIE EINES VON IHNEN ÄRGER MIT EINER STRASSENGANG HATTE.
EINES VON IHNEN?
In wie viele warst du denn verknallt?

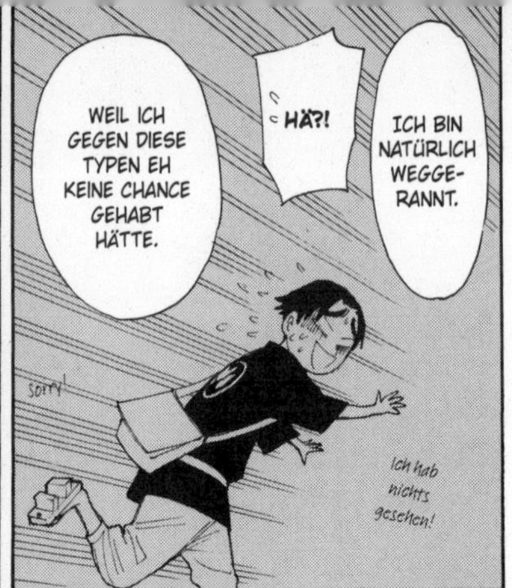
ICH BIN NATÜRLICH WEGGE-RANNT.
HÄ?!
WEIL ICH GEGEN DIESE TYPEN EH KEINE CHANCE GEHABT HÄTTE.
Ich hab nichts gesehen!
Sorry!

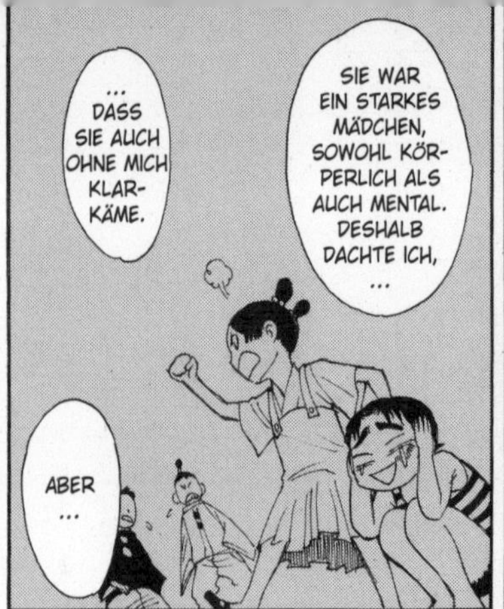
SIE WAR EIN STARKES MÄDCHEN, SOWOHL KÖR-PERLICH ALS AUCH MENTAL. DESHALB DACHTE ICH, ...
... DASS SIE AUCH OHNE MICH KLAR-KÄME.
ABER ...

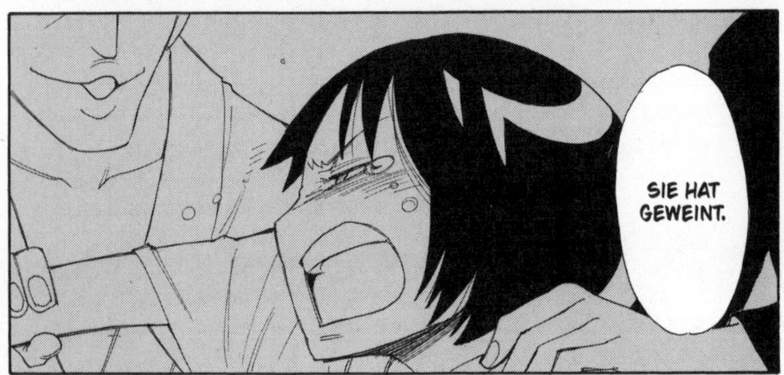
SIE HAT GEWEINT.

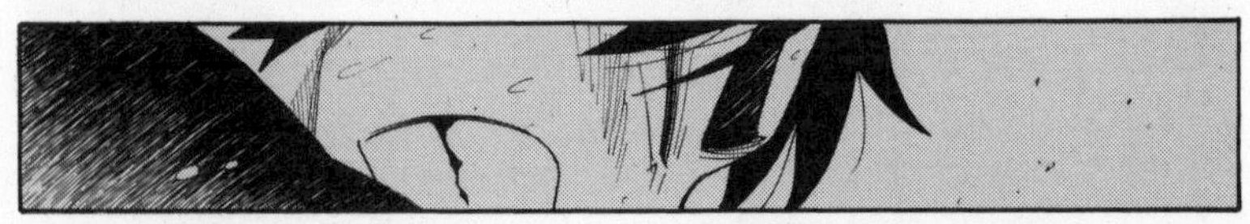

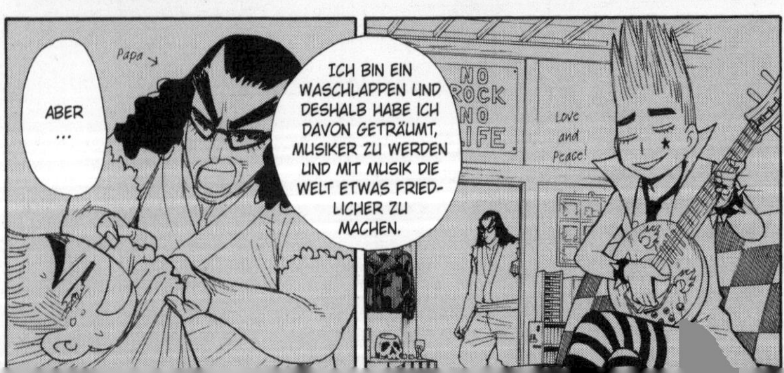
ICH BIN EIN WASCHLAPPEN UND DESHALB HABE ICH DAVON GETRÄUMT, MUSIKER ZU WERDEN UND MIT MUSIK DIE WELT ETWAS FRIED-LICHER ZU MACHEN.
NO ROCK NO LIFE
Love and Peace!
Papa →
ABER ...

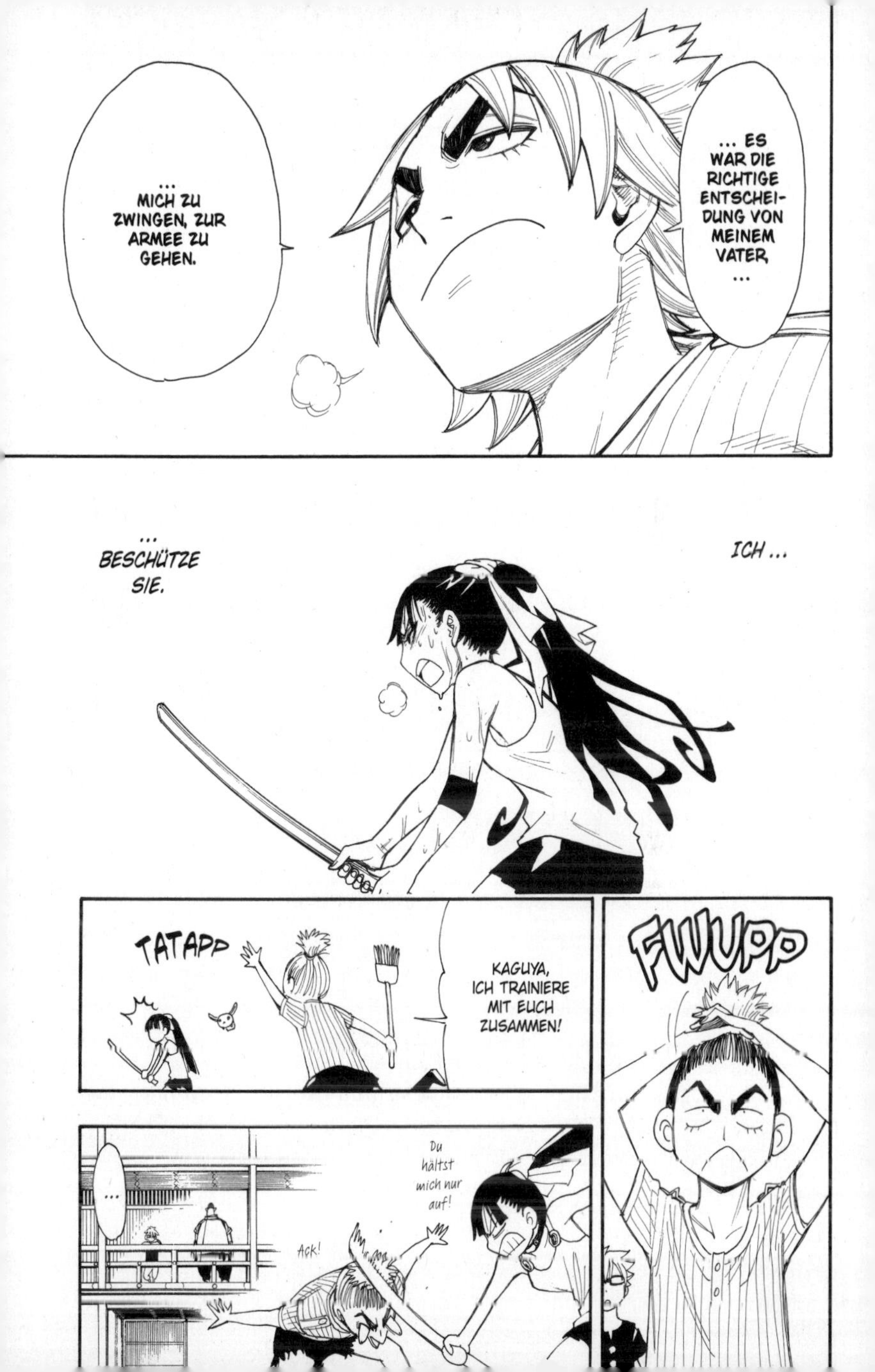

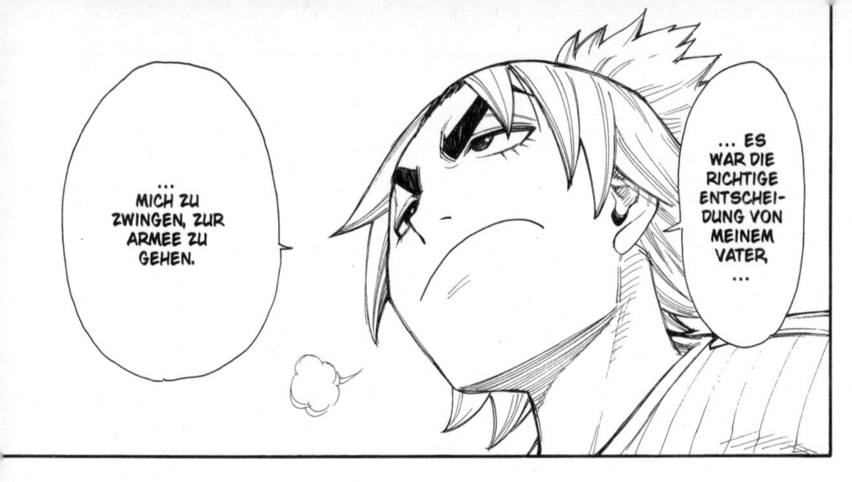


ICH ...

... BESCHÜTZE SIE.

FWUPP

KAGUYA, ICH TRAINIERE MIT EUCH ZUSAMMEN!

TATAPP

Du hältst mich nur auf!

Ack!

...

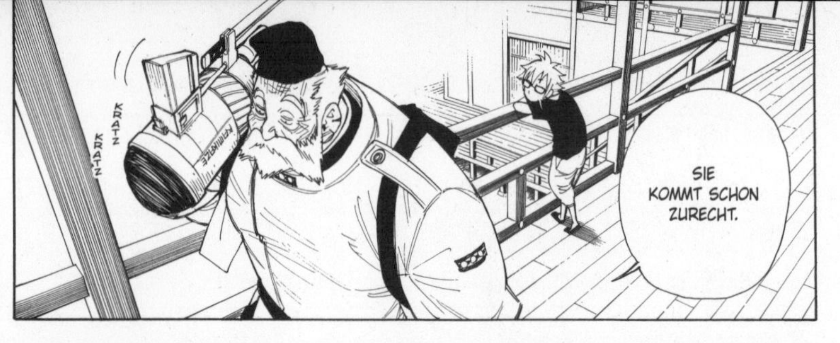

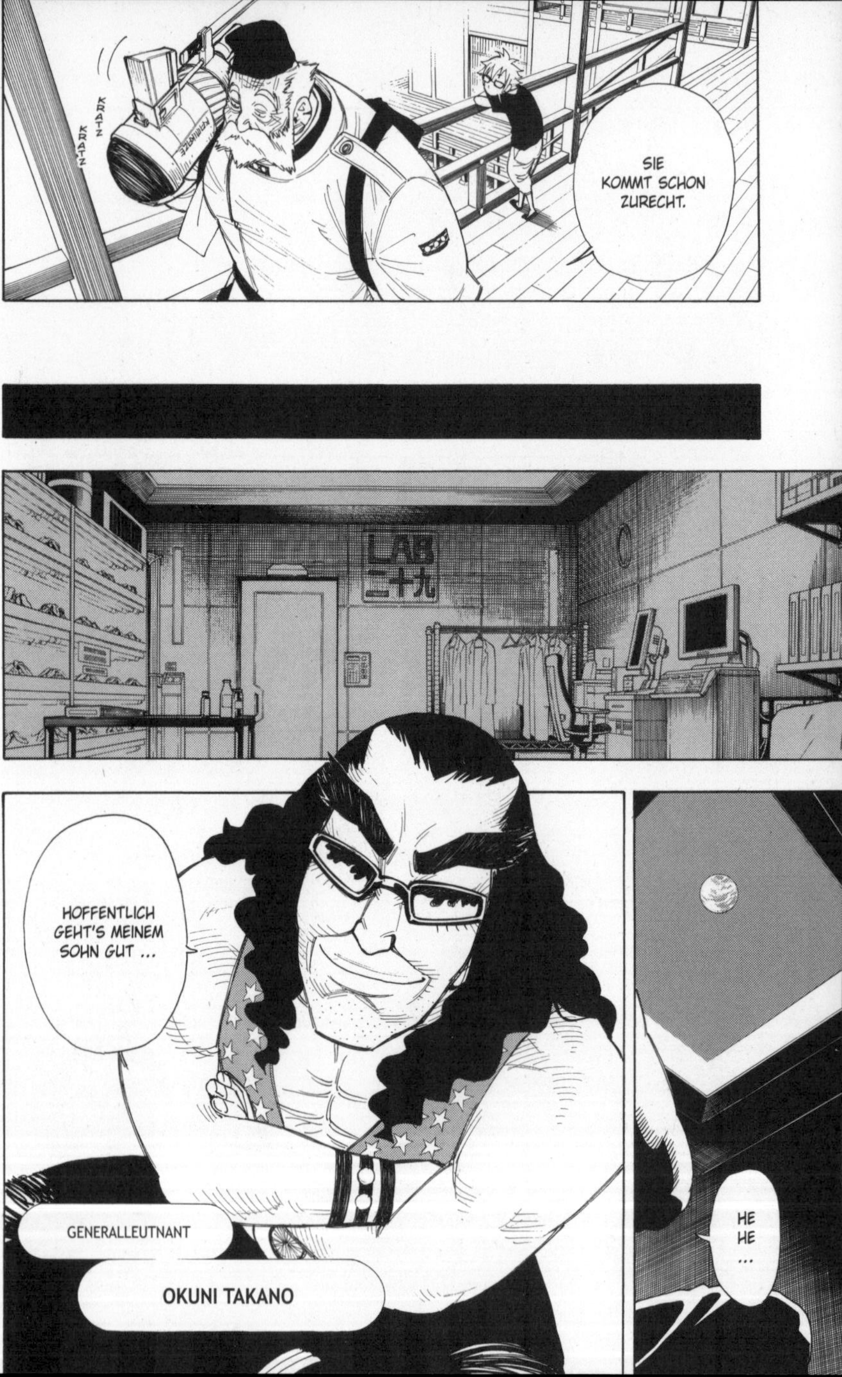

HE HE ...

HOFFENTLICH GEHT'S MEINEM SOHN GUT ...

GENERALLEUTNANT

OKUNI TAKANO

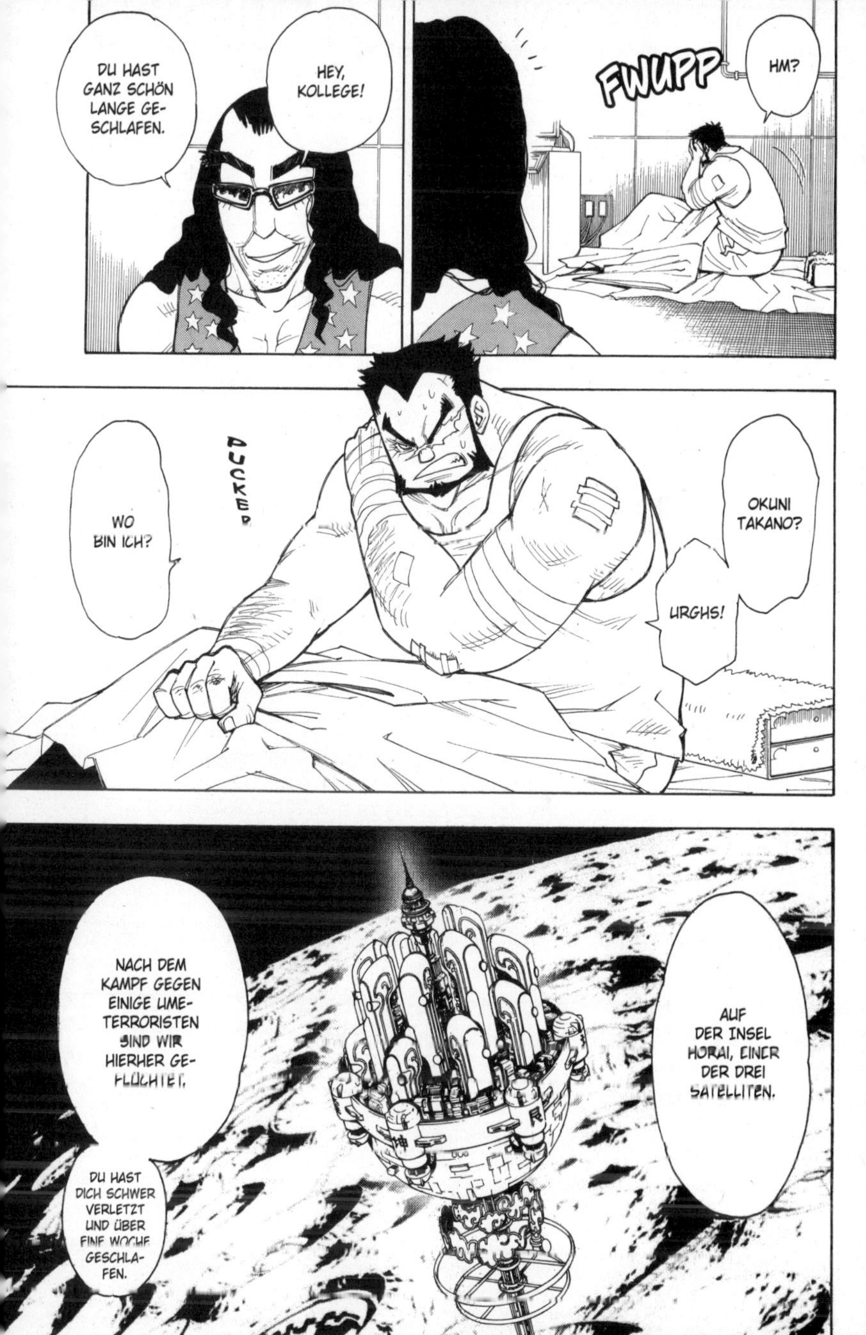
FWUPP
HM?
HEY, KOLLEGE!
DU HAST GANZ SCHÖN LANGE GE-SCHLAFEN.
OKUNI TAKANO?
URGHS!
WO BIN ICH?
AUF DER INSEL HORAI, EINER DER DREI SATELLITEN.
NACH DEM KAMPF GEGEN EINIGE UME-TERRORISTEN SIND WIR HIERHER GE-FLÜCHTET.
DU HAST DICH SCHWER VERLETZT UND ÜBER EINE WOCHE GESCHLA-FEN.

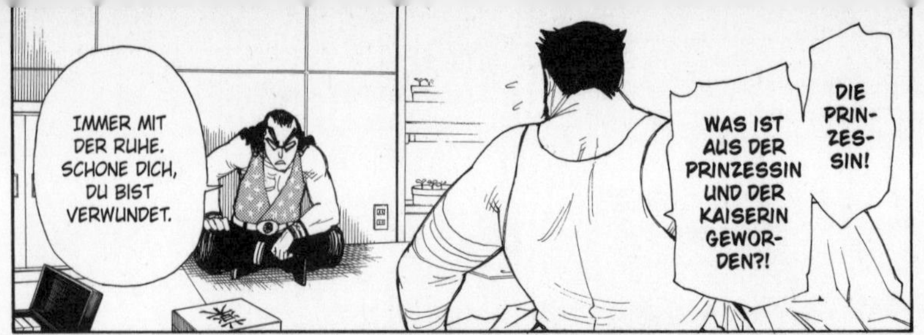
DIE PRINZESSIN!
WAS IST AUS DER PRINZESSIN UND DER KAISERIN GEWORDEN?!
IMMER MIT DER RUHE. SCHONE DICH, DU BIST VERWUNDET.

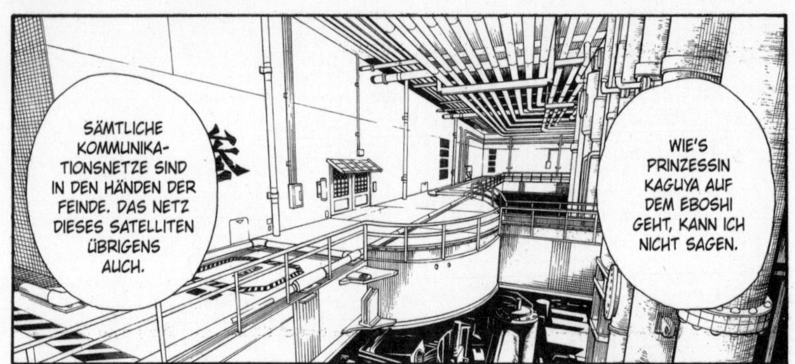
WIE'S PRINZESSIN KAGUYA AUF DEM EBOSHI GEHT, KANN ICH NICHT SAGEN.
SÄMTLICHE KOMMUNIKATIONSNETZE SIND IN DEN HÄNDEN DER FEINDE. DAS NETZ DIESES SATELLITEN ÜBRIGENS AUCH.

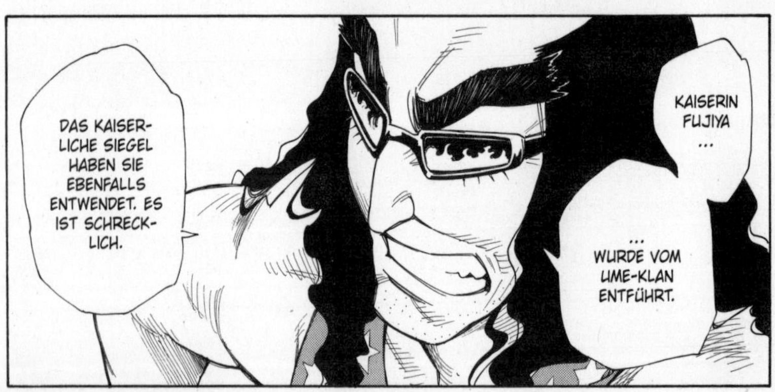
KAISERIN FUJIYA ...
... WURDE VOM UME-KLAN ENTFÜHRT.
DAS KAISERLICHE SIEGEL HABEN SIE EBENFALLS ENTWENDET. ES IST SCHRECKLICH.

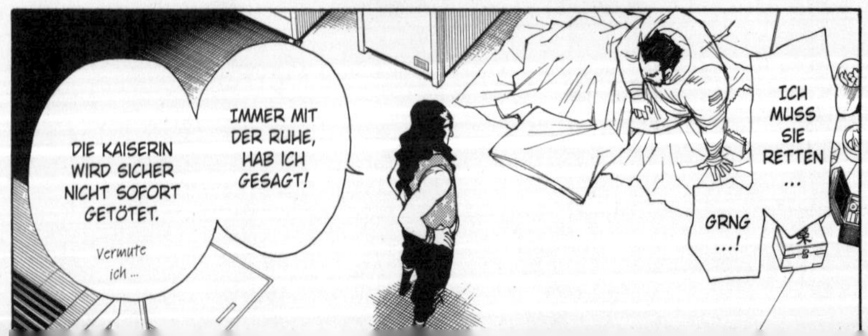
ICH MUSS SIE RETTEN ...
GRNG ...!
IMMER MIT DER RUHE, HAB ICH GESAGT!
DIE KAISERIN WIRD SICHER NICHT SOFORT GETÖTET.
Vermute ich ...

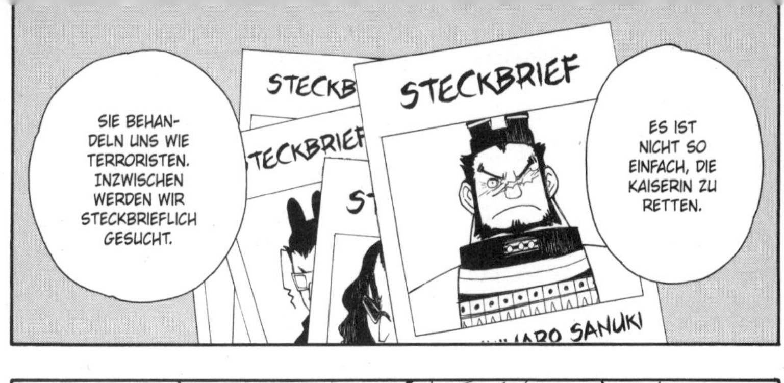


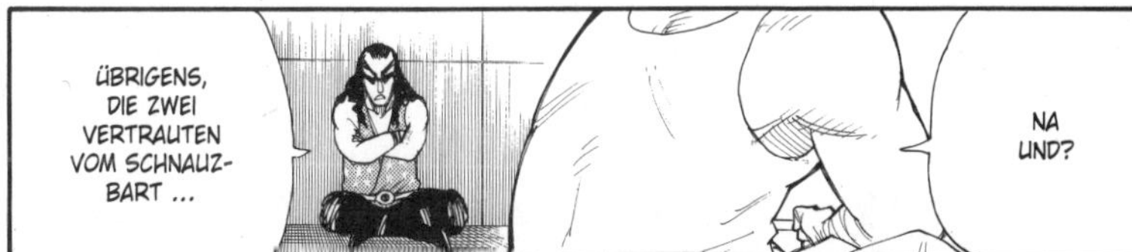

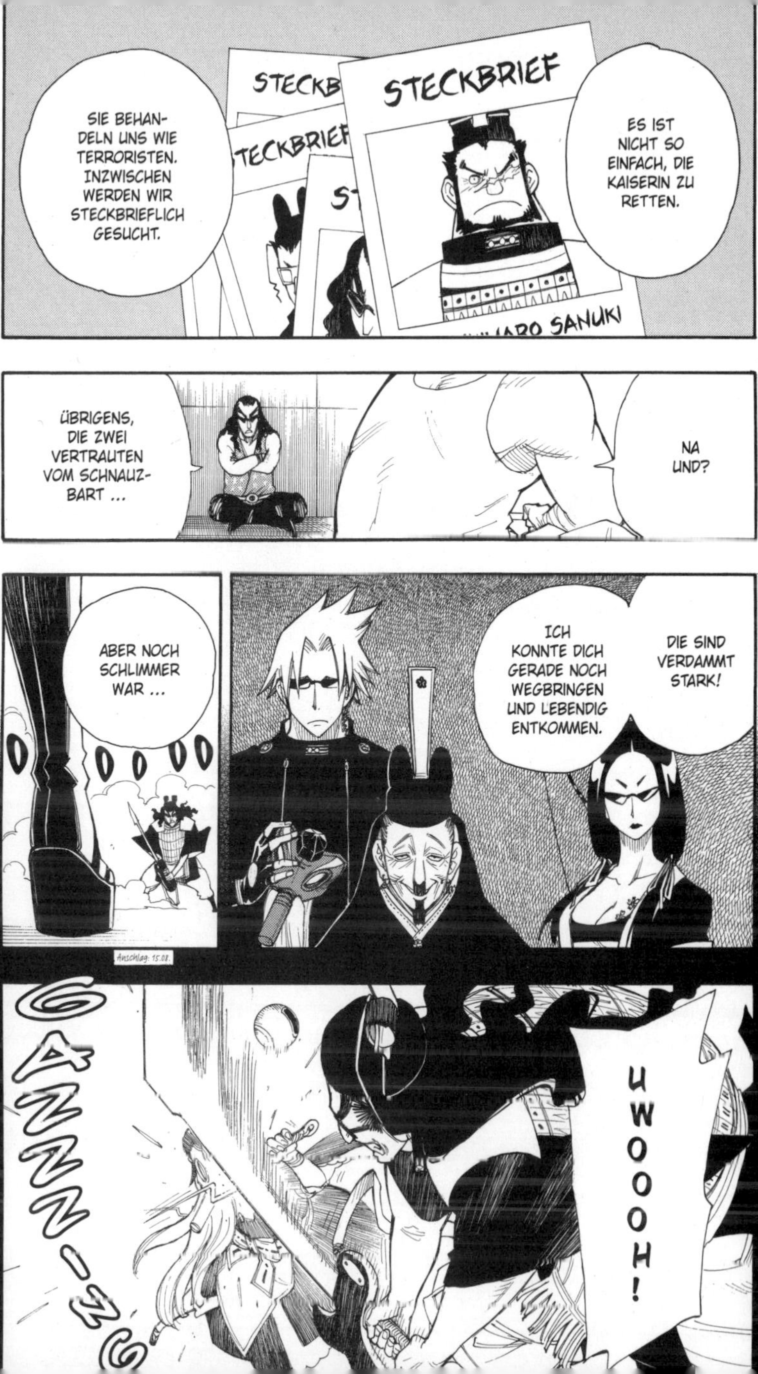

DIE SIND VERDAMMT STARK!

ICH KONNTE DICH GERADE NOCH WEGBRINGEN UND LEBENDIG ENTKOMMEN.

ABER NOCH SCHLIMMER WAR …

Anschlag: 15.08.

UWOOOOH!

GANNN-ZG

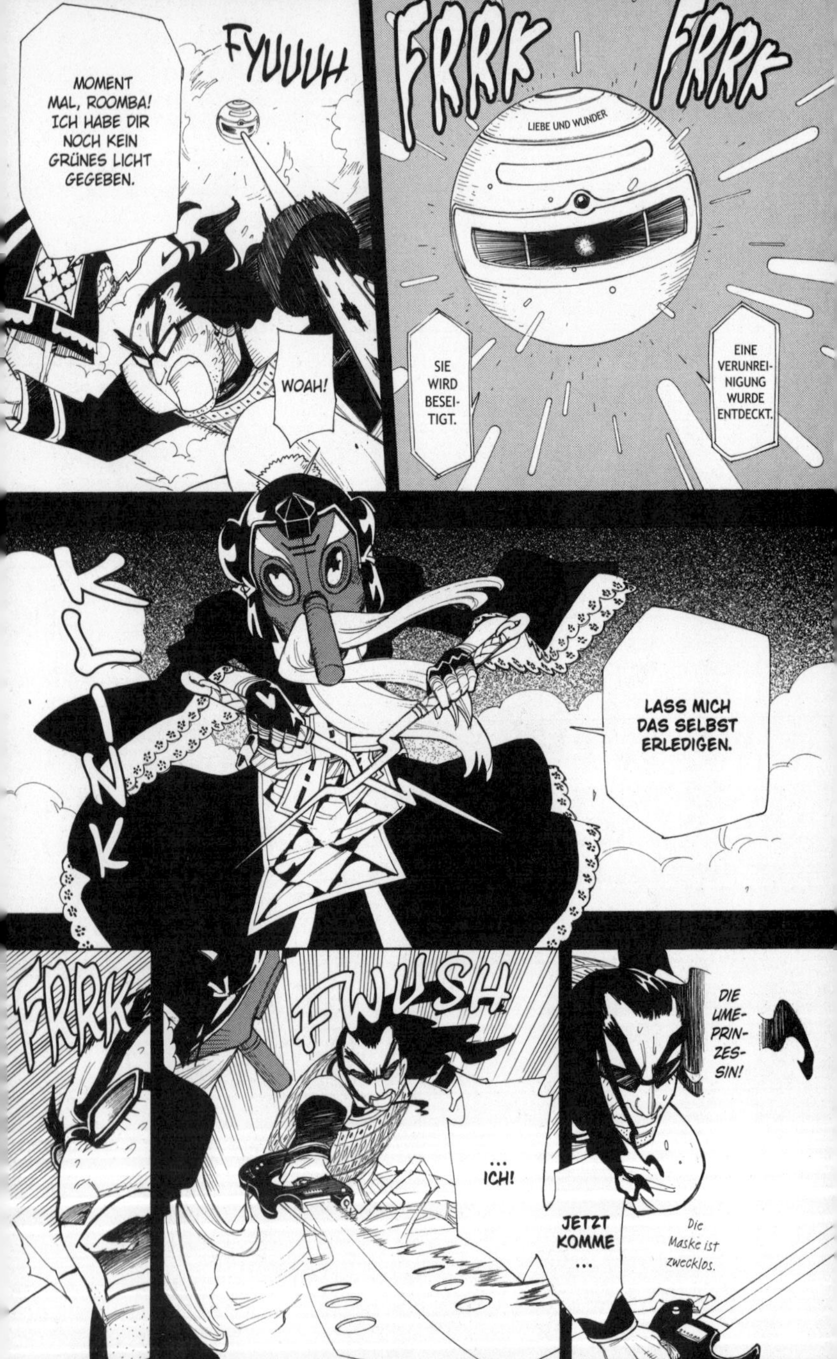
FRRK
FRRK
LIEBE UND WUNDER
EINE VERUNREINIGUNG WURDE ENTDECKT.
SIE WIRD BESEITIGT.
FYUUUH
MOMENT MAL, ROOMBA! ICH HABE DIR NOCH KEIN GRÜNES LICHT GEGEBEN.
WOAH!
KLINK
LASS MICH DAS SELBST ERLEDIGEN.
DIE UME-PRINZESSIN!
Die Maske ist zwecklos.
JETZT KOMME …
… ICH!
FWUSH
FRRK

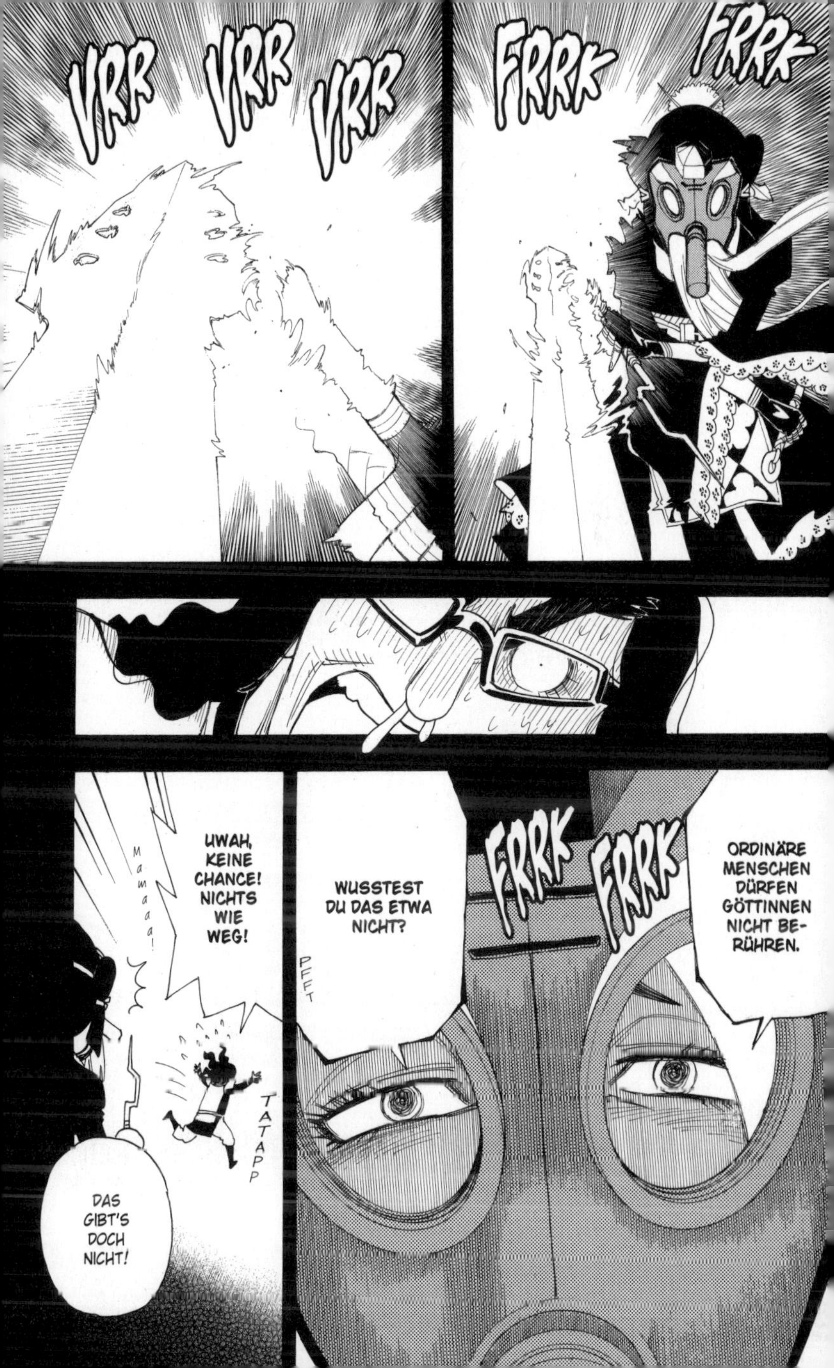
FRRK
FRRK
VRR
VRR
VRR
FRRK
FRRK
ORDINÄRE MENSCHEN DÜRFEN GÖTTINNEN NICHT BE-RÜHREN.
WUSSTEST DU DAS ETWA NICHT?
PFFT
UWAH, KEINE CHANCE! NICHTS WIE WEG!
Mamaaa!
TATAPP
DAS GIBT'S DOCH NICHT!

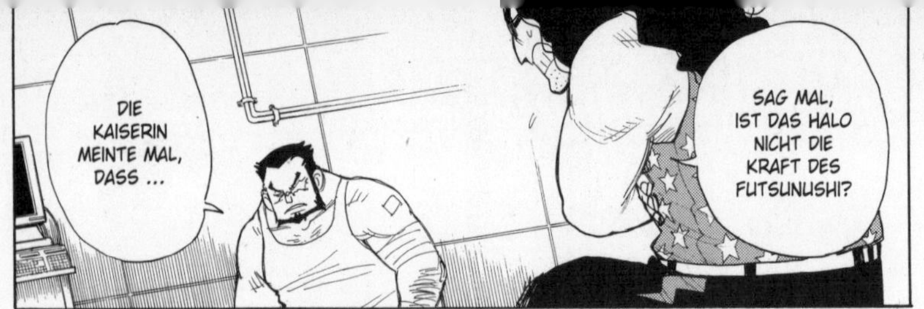


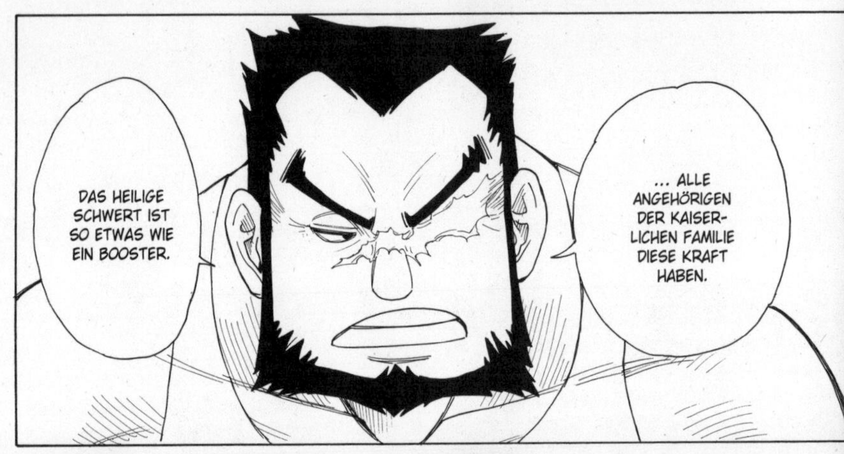

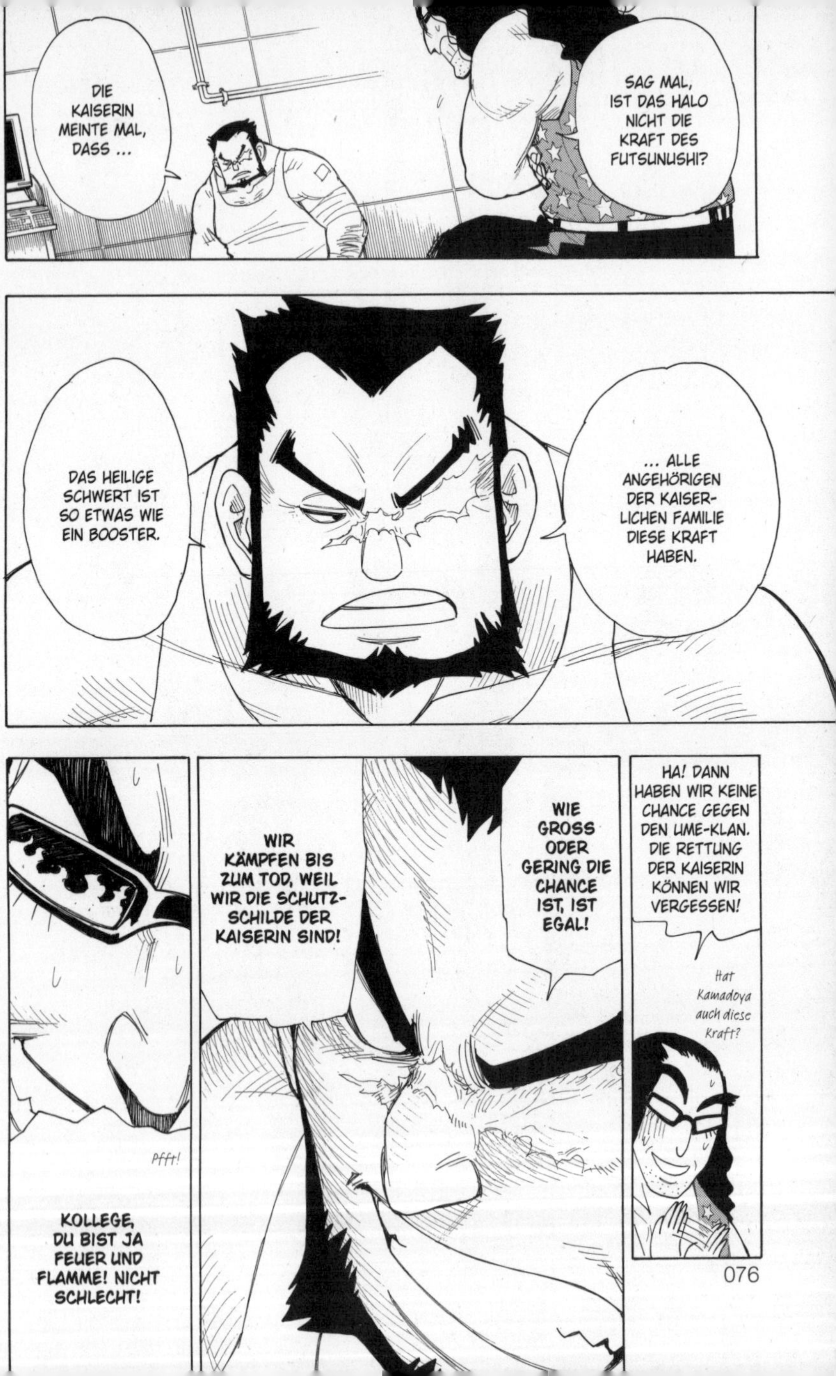

HA! DANN HABEN WIR KEINE CHANCE GEGEN DEN UME-KLAN. DIE RETTUNG DER KAISERIN KÖNNEN WIR VERGESSEN!

Hat Kamadoya auch diese Kraft?

WIE GROSS ODER GERING DIE CHANCE IST, IST EGAL!

WIR KÄMPFEN BIS ZUM TOD, WEIL WIR DIE SCHUTZSCHILDE DER KAISERIN SIND!

Pffft!

KOLLEGE, DU BIST JA FEUER UND FLAMME! NICHT SCHLECHT!

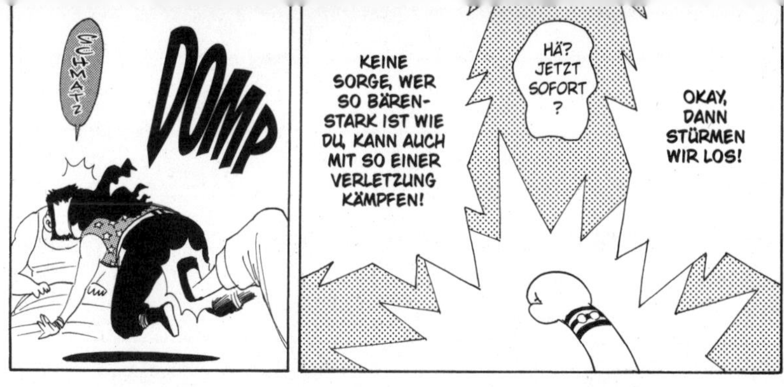

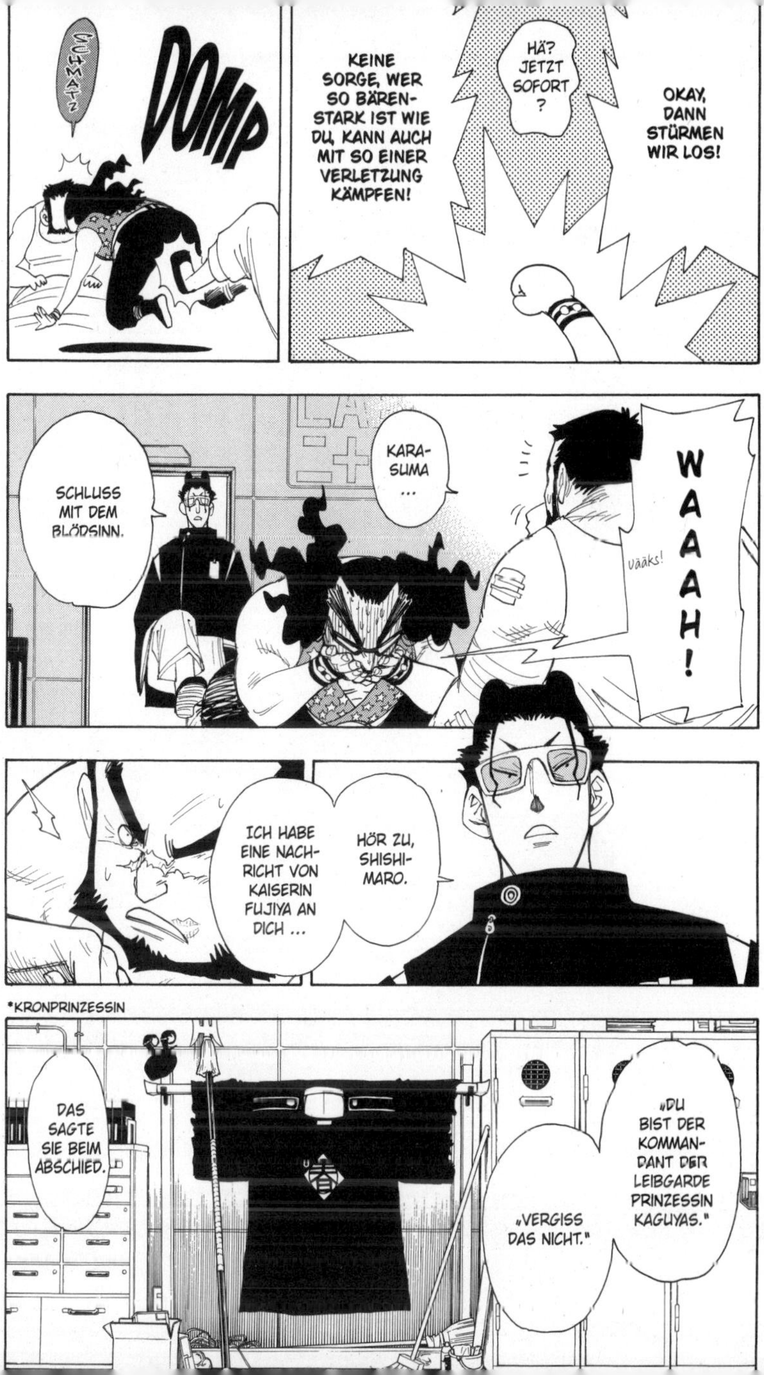

WAAAAH!
Vääks!
KARA-SUMA …
SCHLUSS MIT DEM BLÖDSINN.

HÖR ZU, SHISHI-MARO.
ICH HABE EINE NACH-RICHT VON KAISERIN FUJIYA AN DICH …

*KRONPRINZESSIN

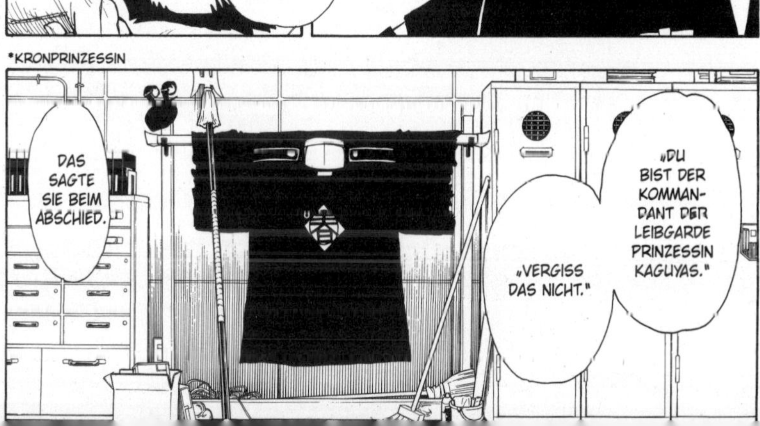

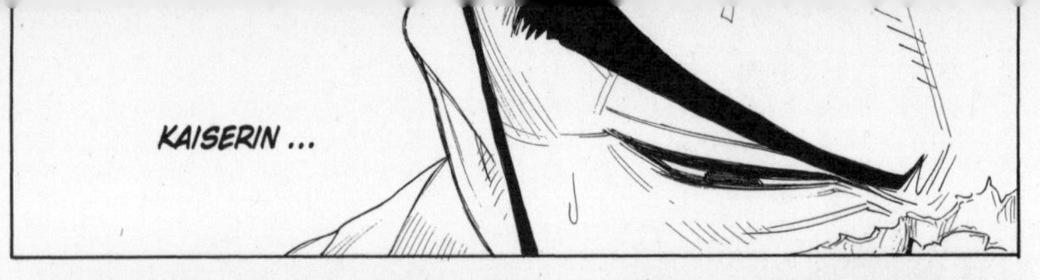


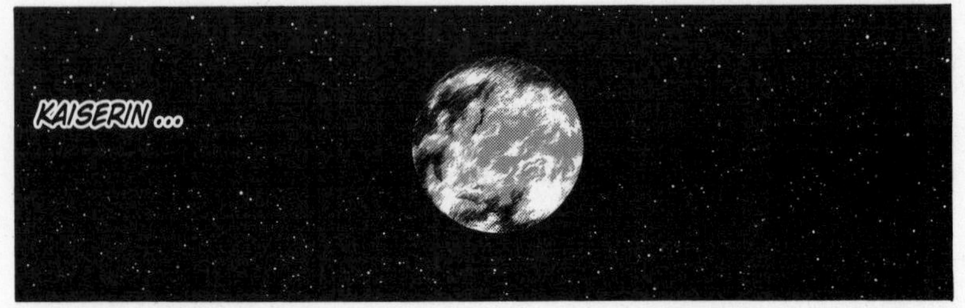


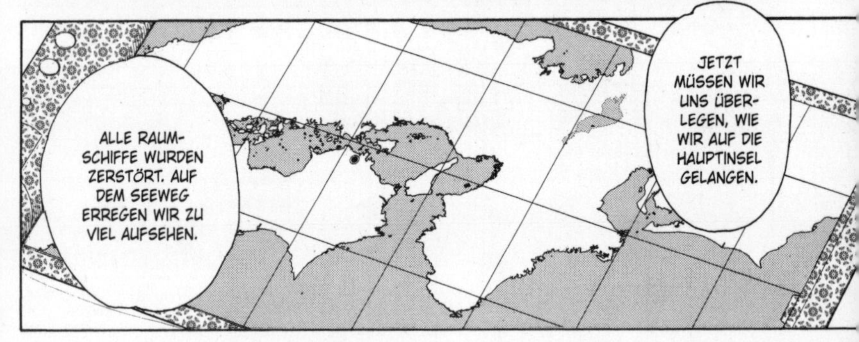

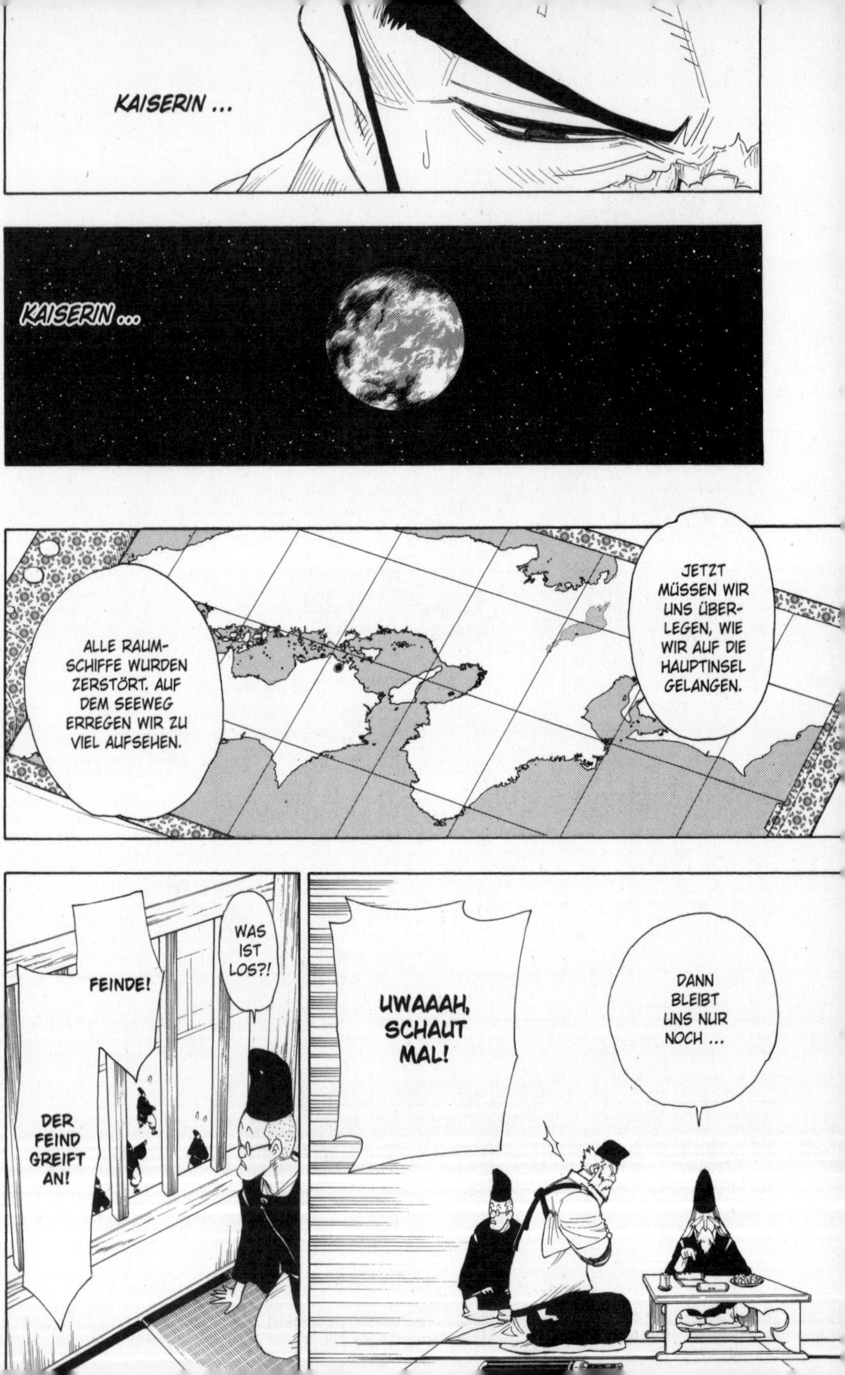

DANN BLEIBT UNS NUR NOCH ...

UWAAAH, SCHAUT MAL!

WAS IST LOS?!

FEINDE!

DER FEIND GREIFT AN!

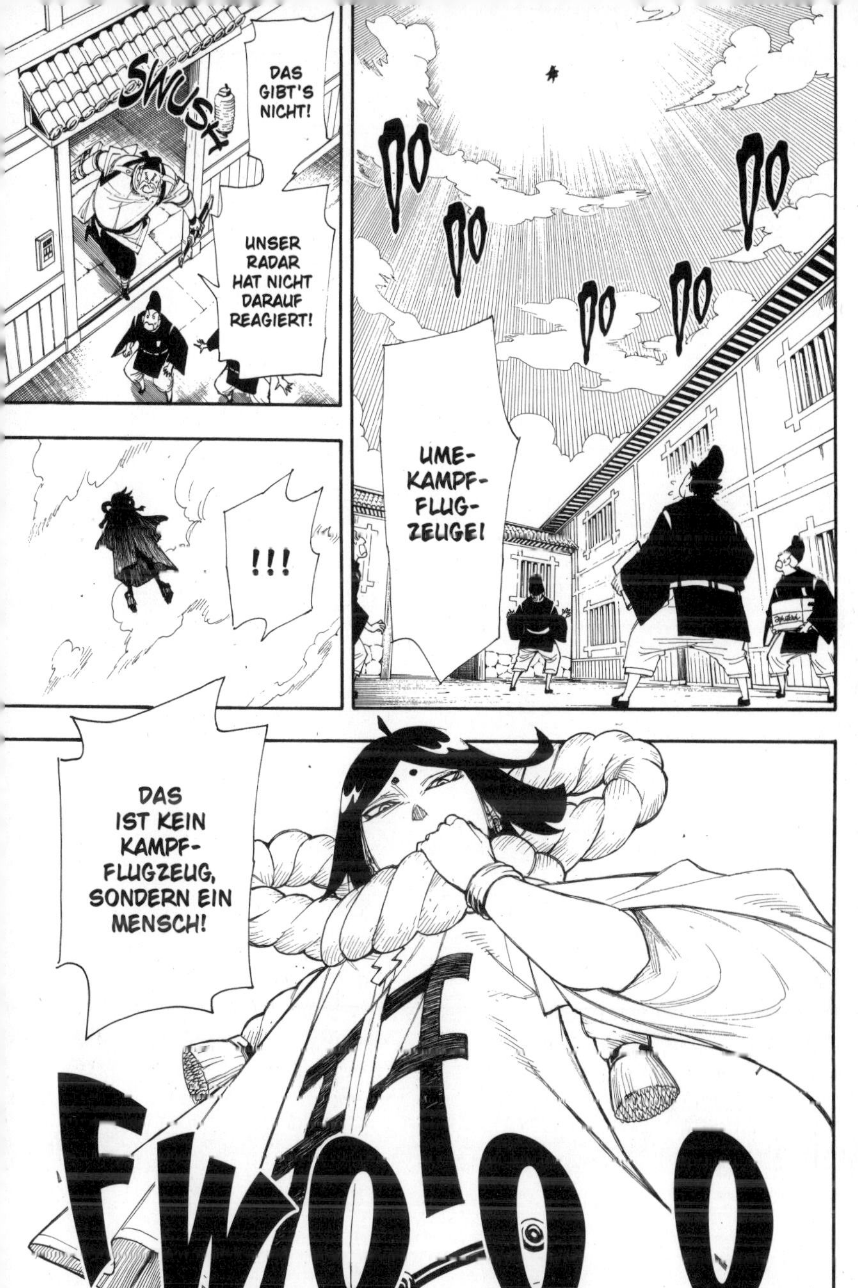

DO DO DO DO DO DO
UME-KAMPF-FLUG-ZEUGE!
SWUSH
DAS GIBT'S NICHT!
UNSER RADAR HAT NICHT DARAUF REAGIERT!
!!!
DAS IST KEIN KAMPF-FLUGZEUG, SONDERN EIN MENSCH!
FWOOO

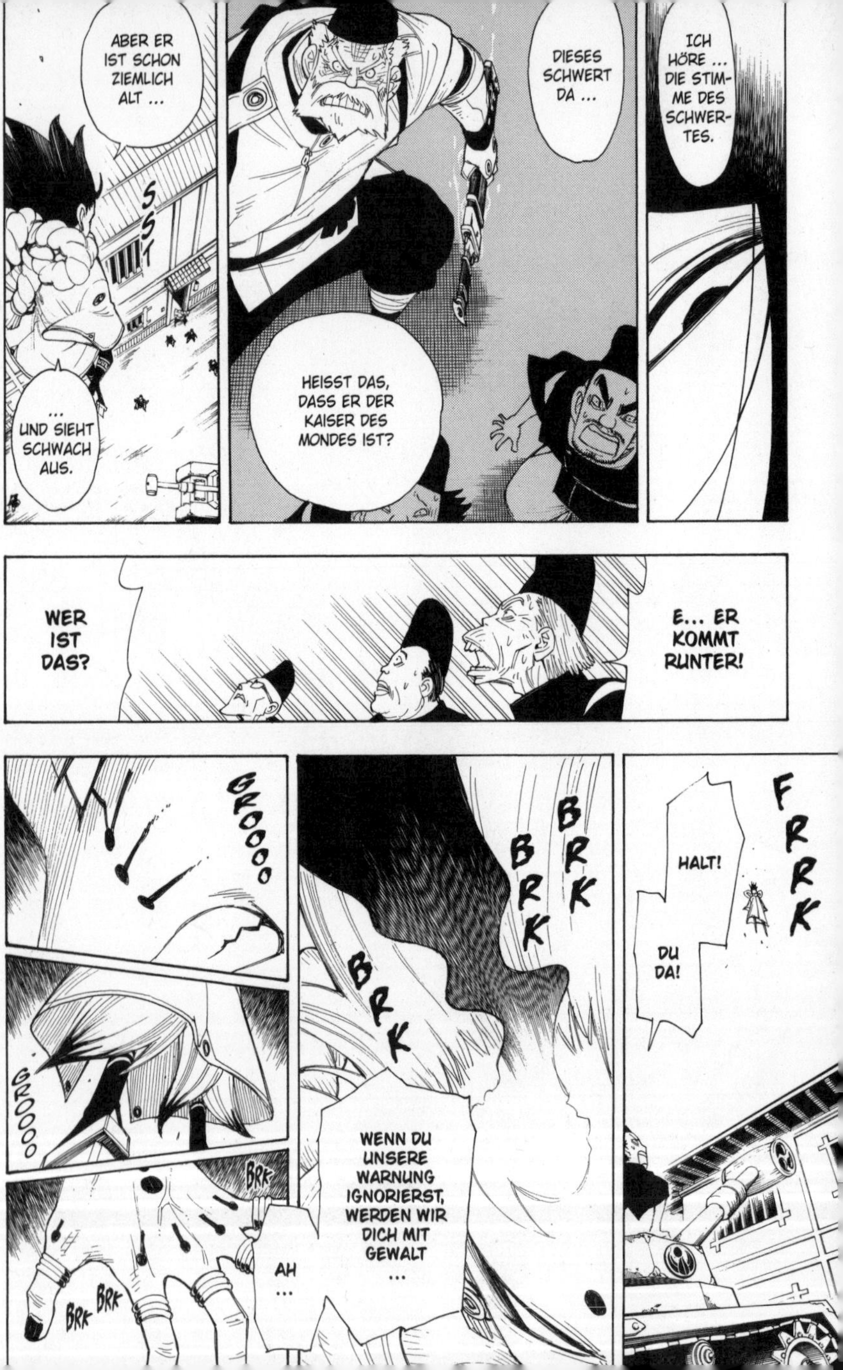

ICH HÖRE … DIE STIMME DES SCHWERTES.

DIESES SCHWERT DA …

HEISST DAS, DASS ER DER KAISER DES MONDES IST?

ABER ER IST SCHON ZIEMLICH ALT …

SSST

… UND SIEHT SCHWACH AUS.

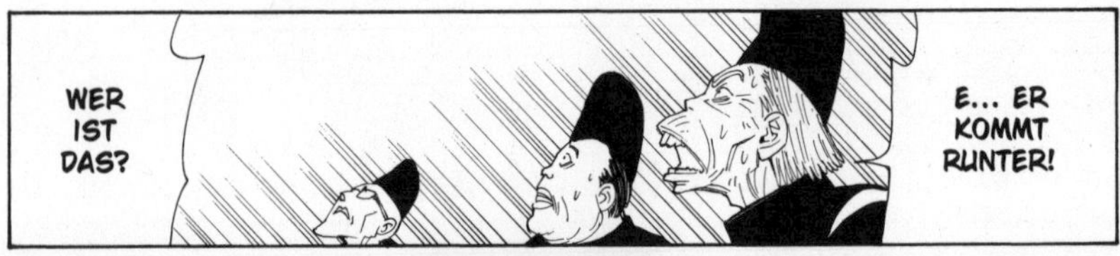


FRRK

HALT!

DU DA!

BRK BRK

BRK

WENN DU UNSERE WARNUNG IGNORIERST, WERDEN WIR DICH MIT GEWALT …

AH …

GROOOO

GROOOO

BRK

BRK BRK

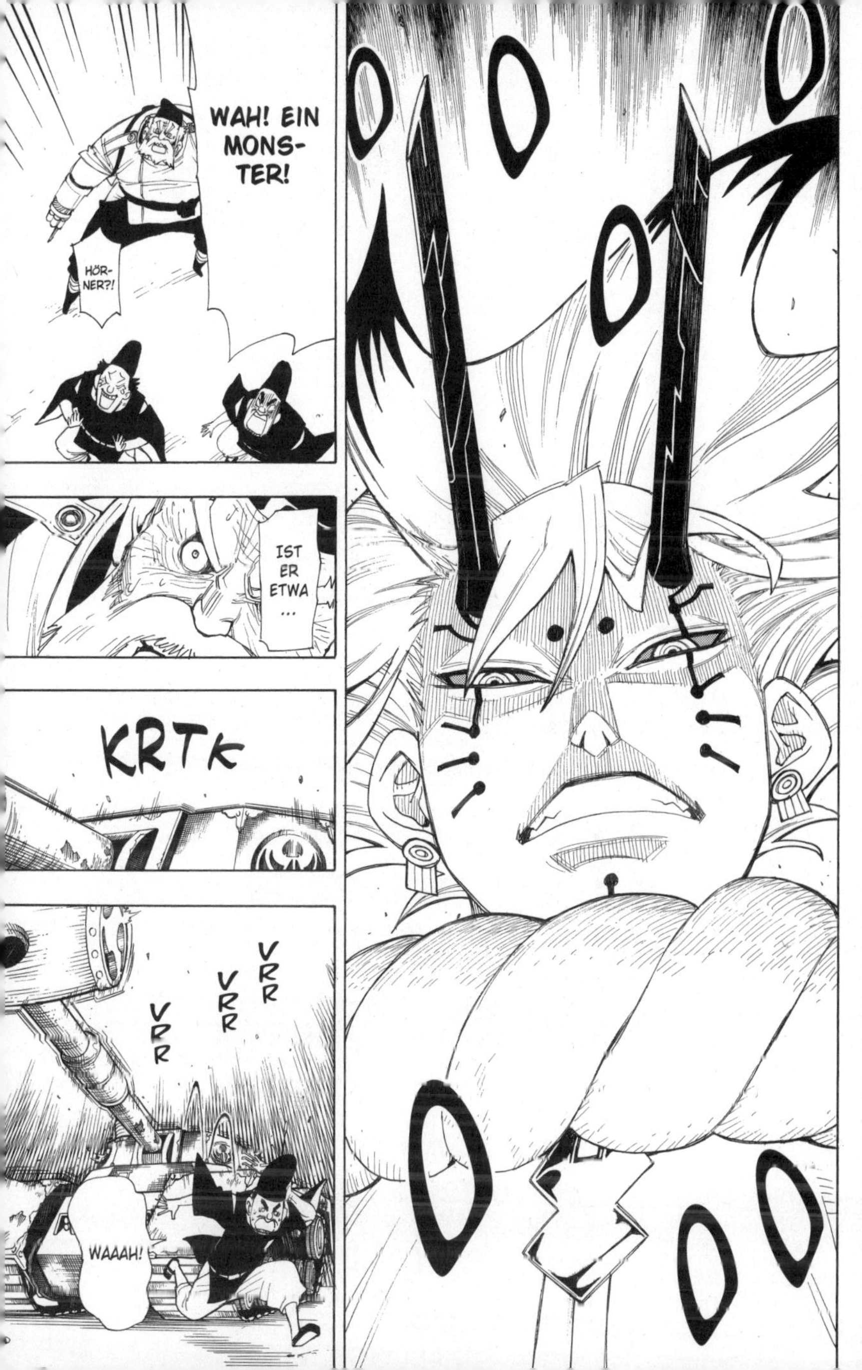
WAH! EIN MONS-TER!
HÖR-NER?!
IST ER ETWA ...
KRTK
VRR
VRR
VRR
WAAAH!

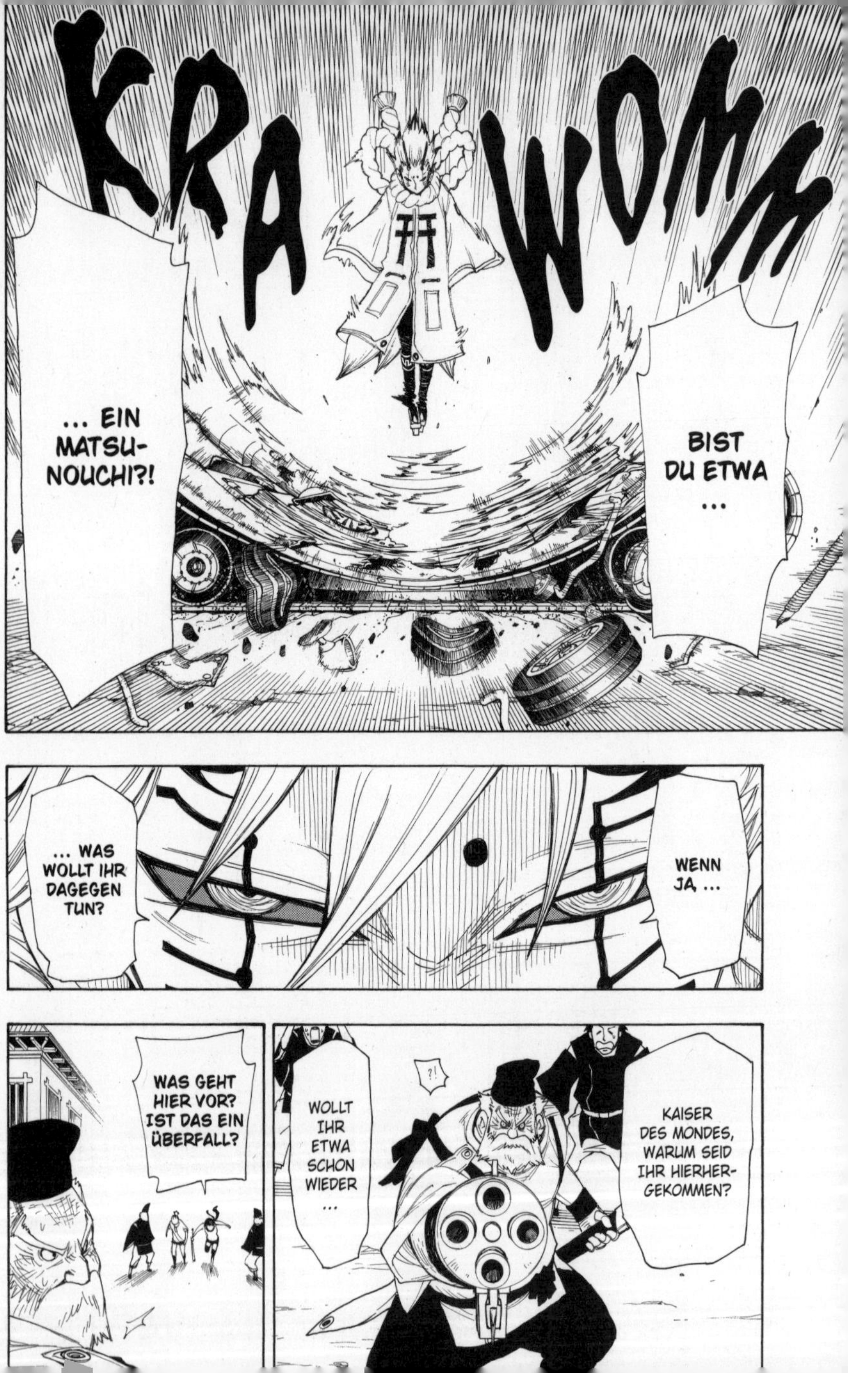

KRA WOMM

BIST DU ETWA ...

... EIN MATSU-NOUCHI?!

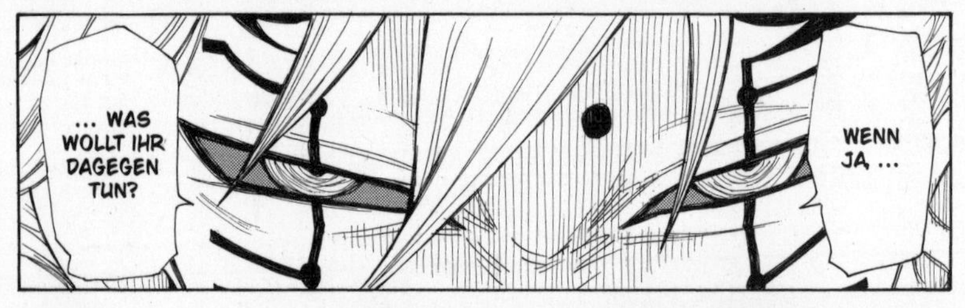


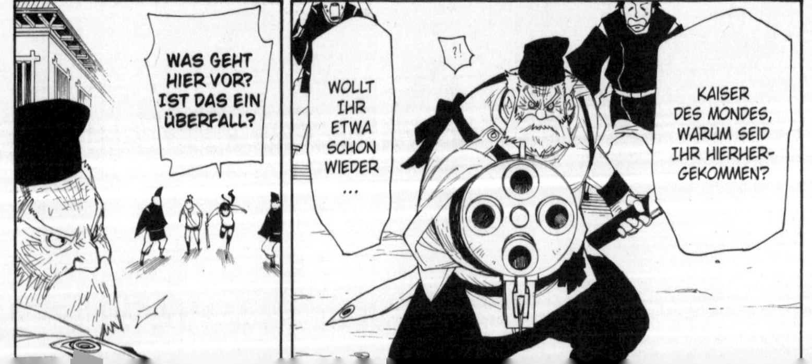

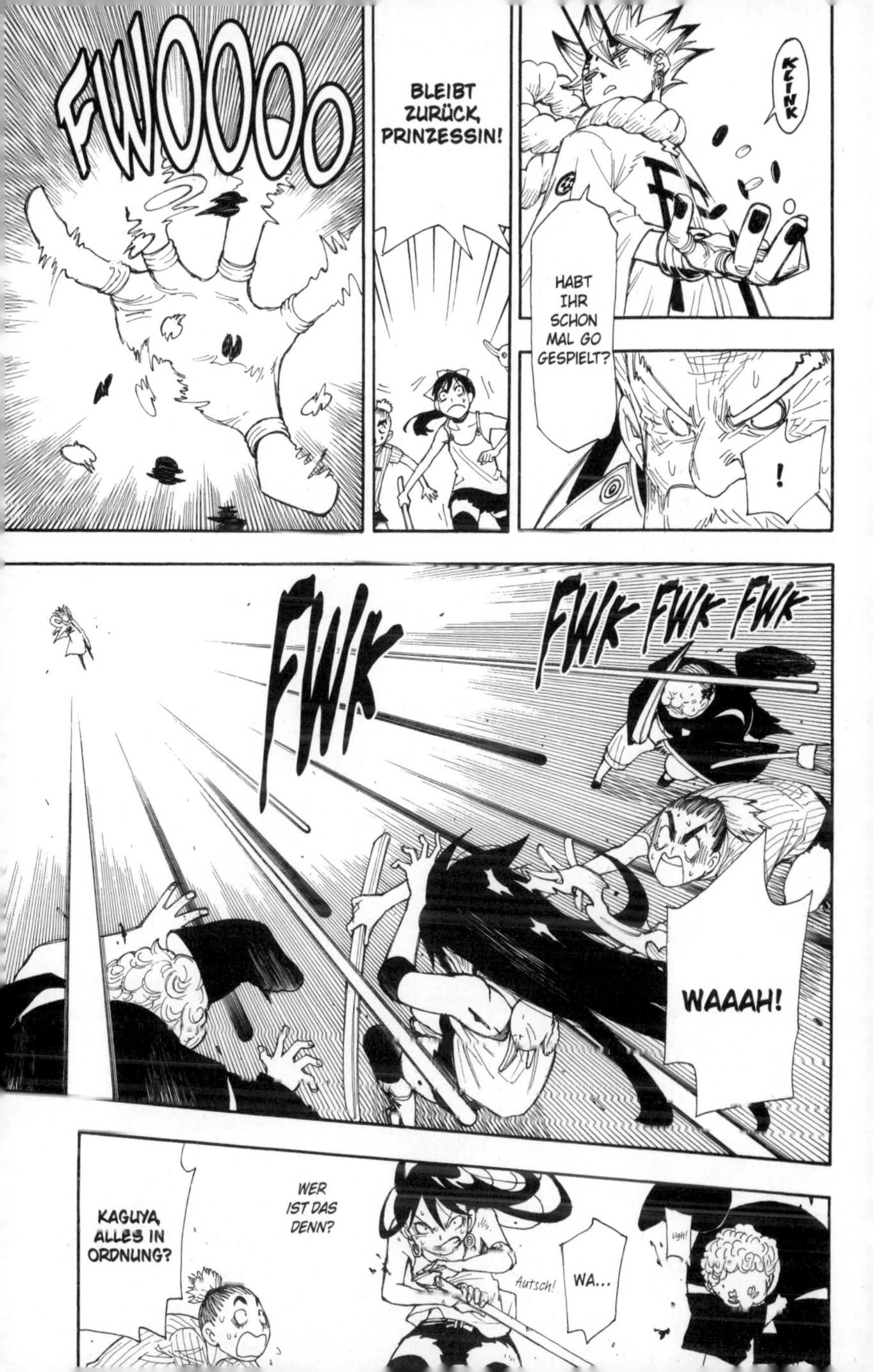

KLINK
HABT IHR SCHON MAL GO GESPIELT?
!
BLEIBT ZURÜCK, PRINZESSIN!
FWOOOO
FWK FWK FWK
FWK
WAAAH!

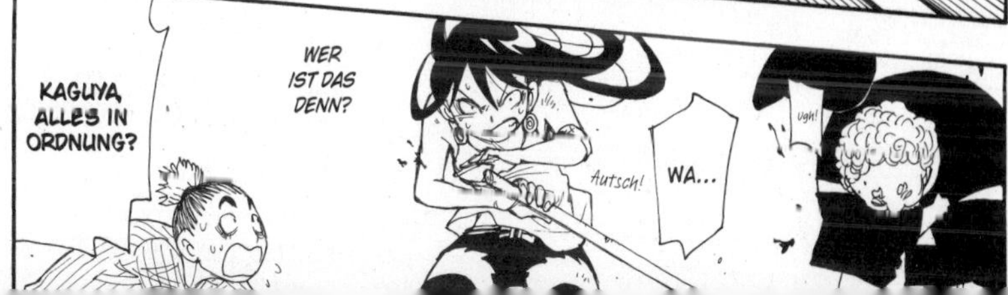

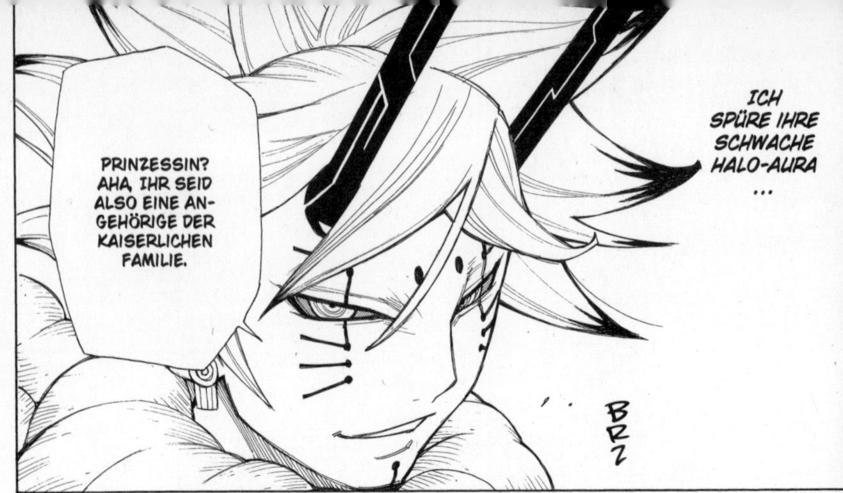
ICH SPÜRE IHRE SCHWACHE HALO-AURA ...
BRZ
PRINZESSIN? AHA, IHR SEID ALSO EINE ANGEHÖRIGE DER KAISERLICHEN FAMILIE.

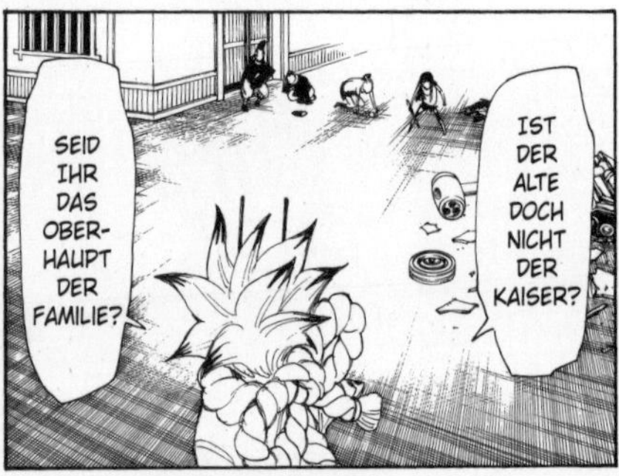
IST DER ALTE DOCH NICHT DER KAISER?
SEID IHR DAS OBERHAUPT DER FAMILIE?

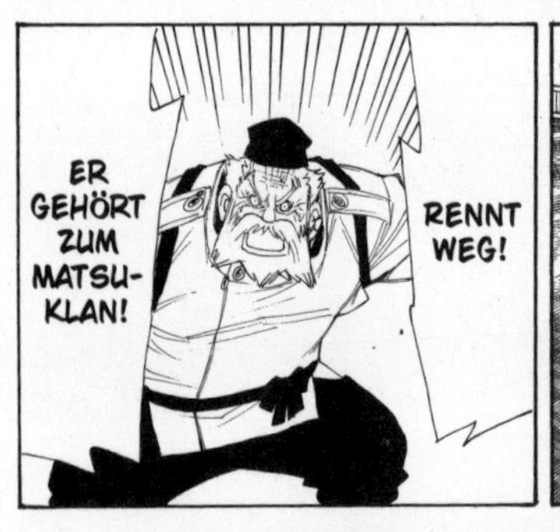
RENNT WEG!
ER GEHÖRT ZUM MATSU-KLAN!

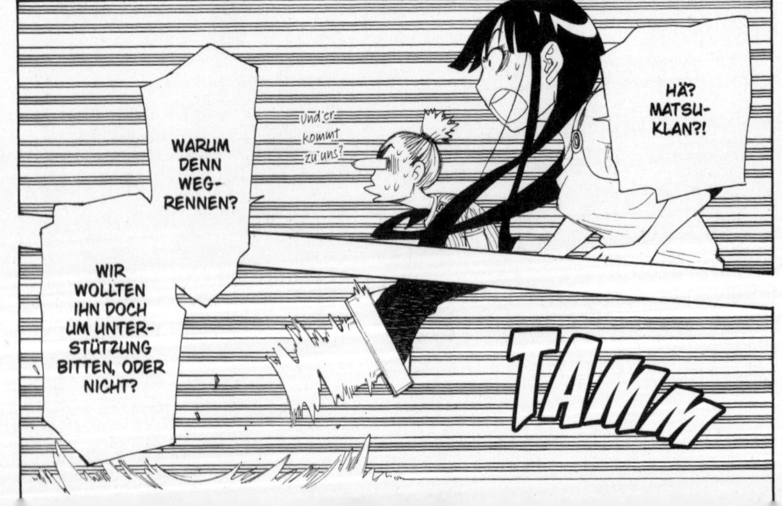
HÄ? MATSU-KLAN?!
und er kommt zu uns?
WARUM DENN WEG-RENNEN?
WIR WOLLTEN IHN DOCH UM UNTERSTÜTZUNG BITTEN, ODER NICHT?
TAMM

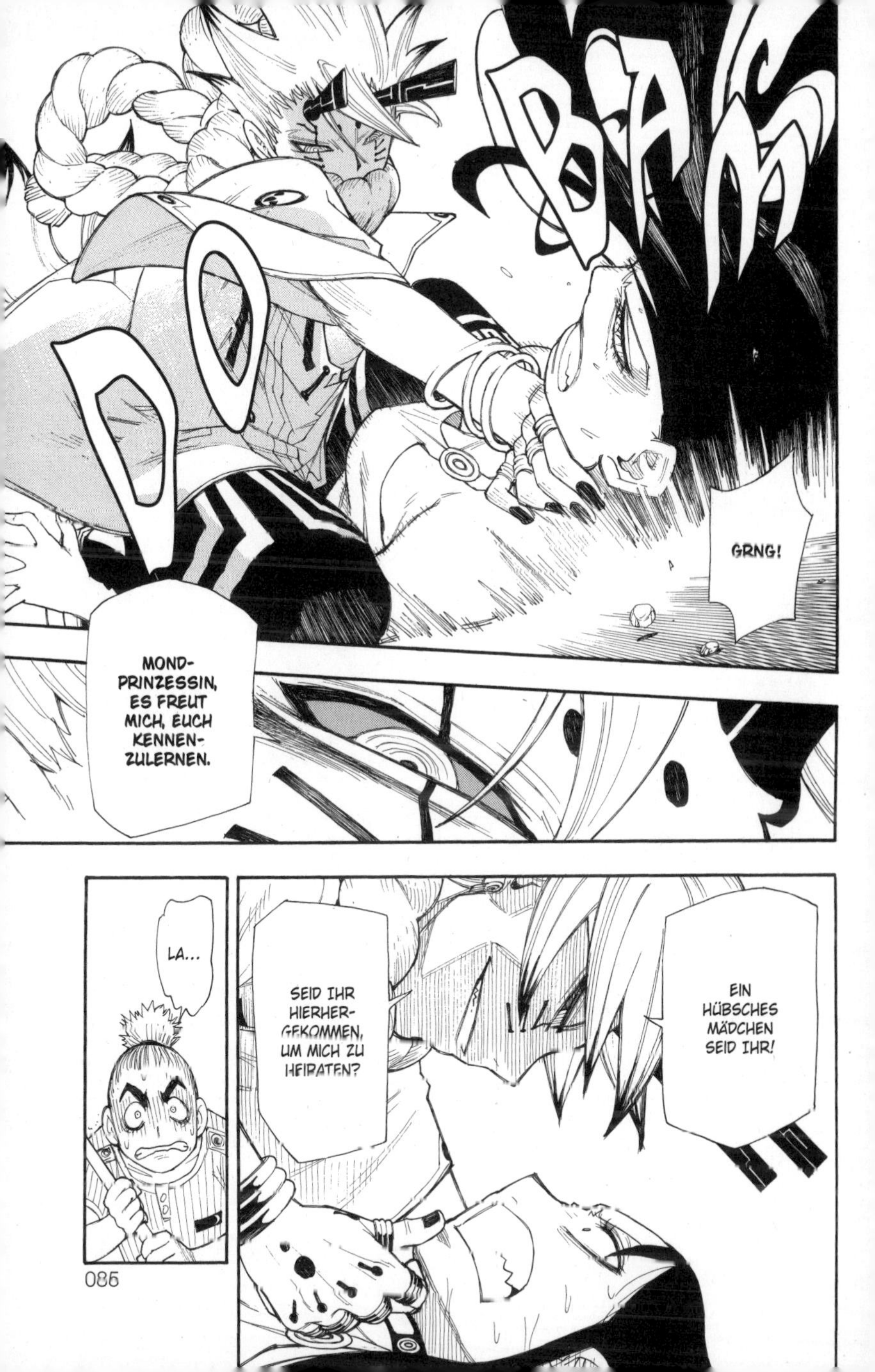

BAM

GRNG!

MOND-PRINZESSIN, ES FREUT MICH, EUCH KENNEN-ZULERNEN.

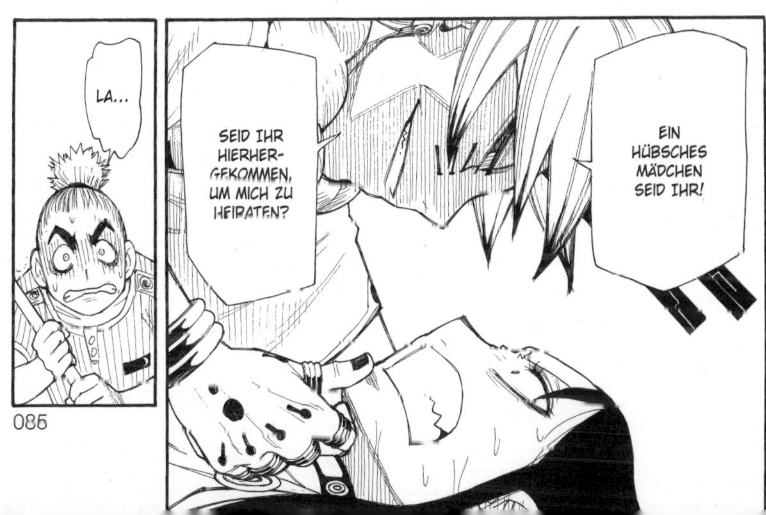

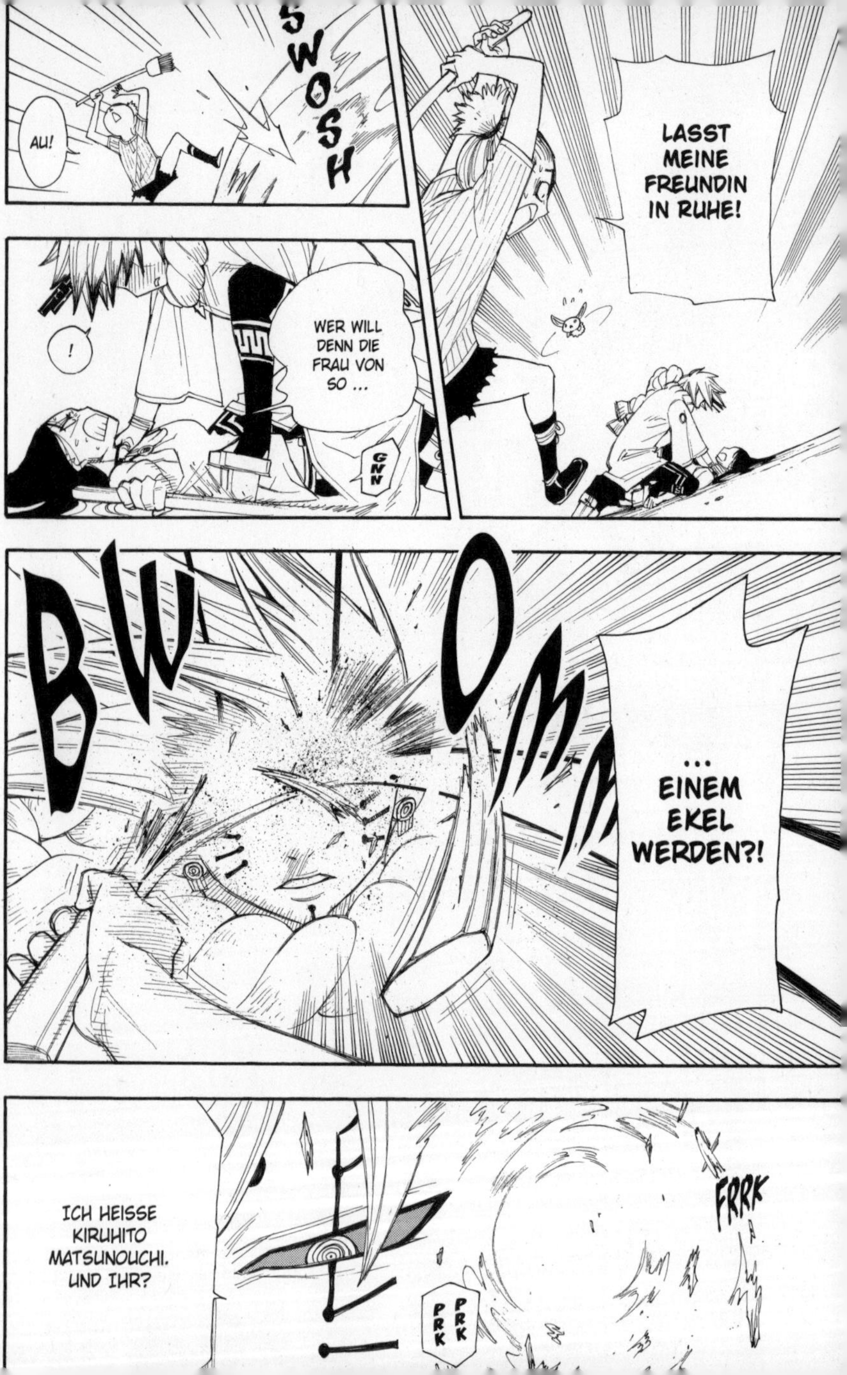

LASST MEINE FREUNDIN IN RUHE!

SWOSH

AU!

WER WILL DENN DIE FRAU VON SO ...

!

GNN

BWOMM

... EINEM EKEL WERDEN?!

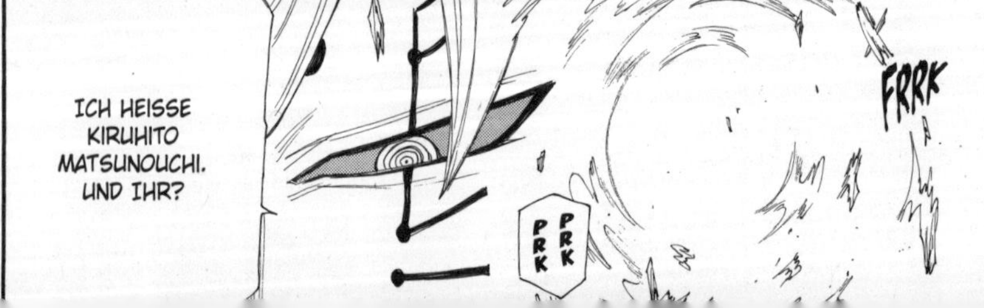

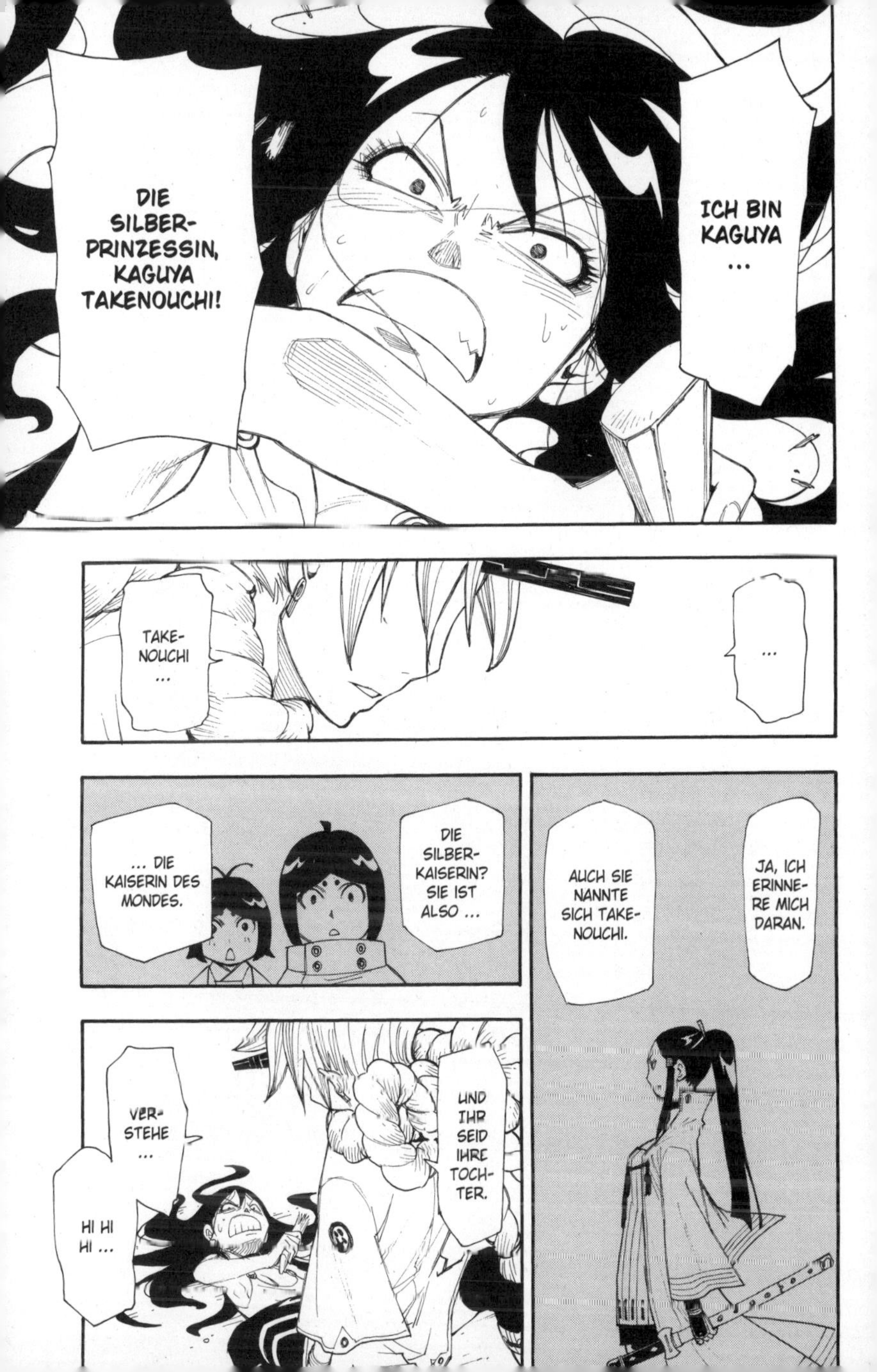

ICH BIN KAGUYA ...

DIE SILBER-PRINZESSIN, KAGUYA TAKENOUCHI!

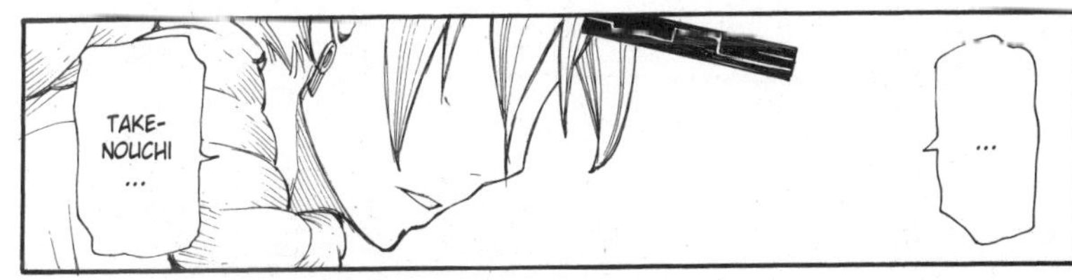


JA, ICH ERINNERE MICH DARAN.

AUCH SIE NANNTE SICH TAKE-NOUCHI.

DIE SILBER-KAISERIN? SIE IST ALSO ...

... DIE KAISERIN DES MONDES.

UND IHR SEID IHRE TOCHTER.

VER-STEHE ...

HI HI HI ...

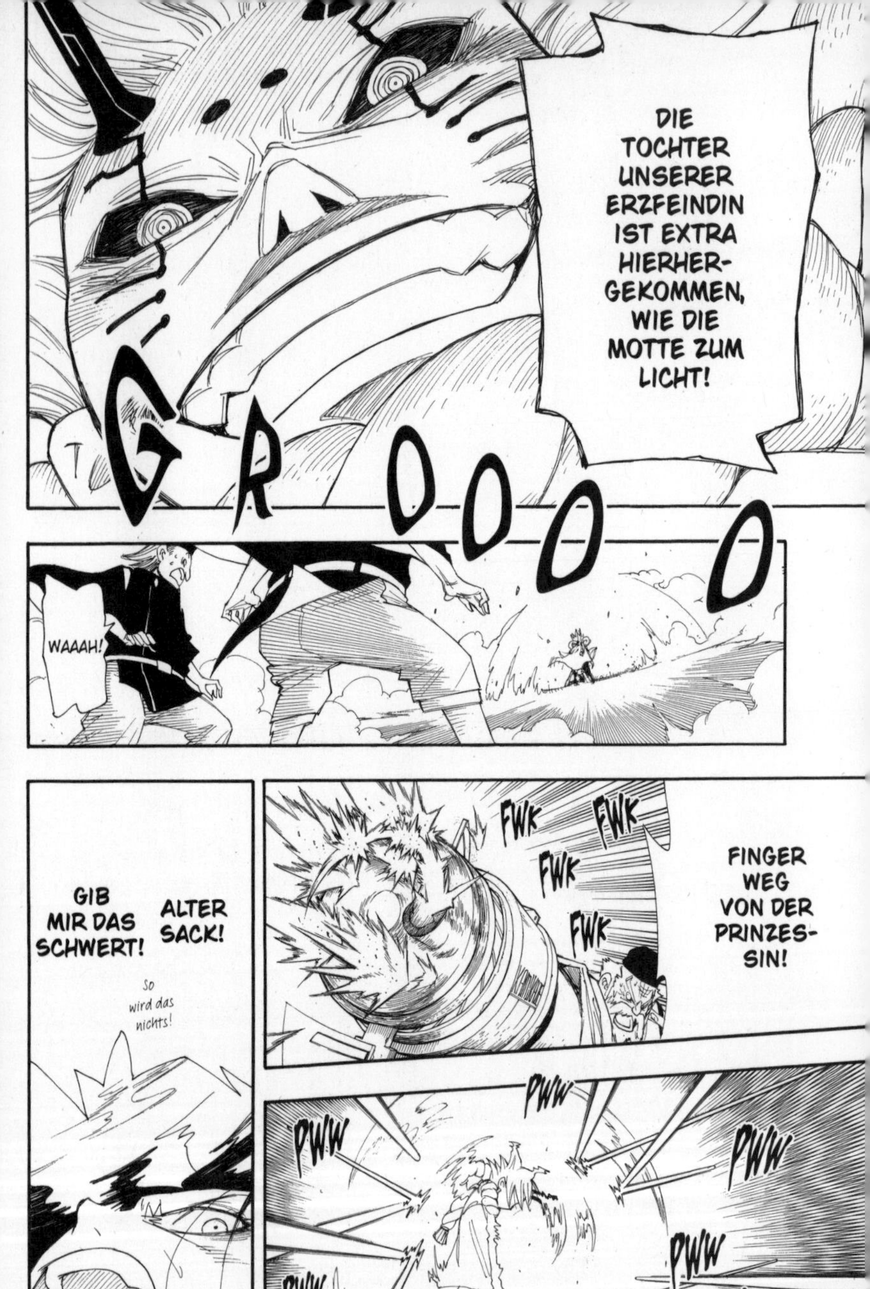
DIE TOCHTER UNSERER ERZFEINDIN IST EXTRA HIERHER-GEKOMMEN, WIE DIE MOTTE ZUM LICHT!
GROOOOO
WAAAH!
FINGER WEG VON DER PRINZES-SIN!
FWK FWK FWK FWK
ALTER SACK!
GIB MIR DAS SCHWERT!
So wird das nichts!
PWW PWW PWW PWW PWW PWW

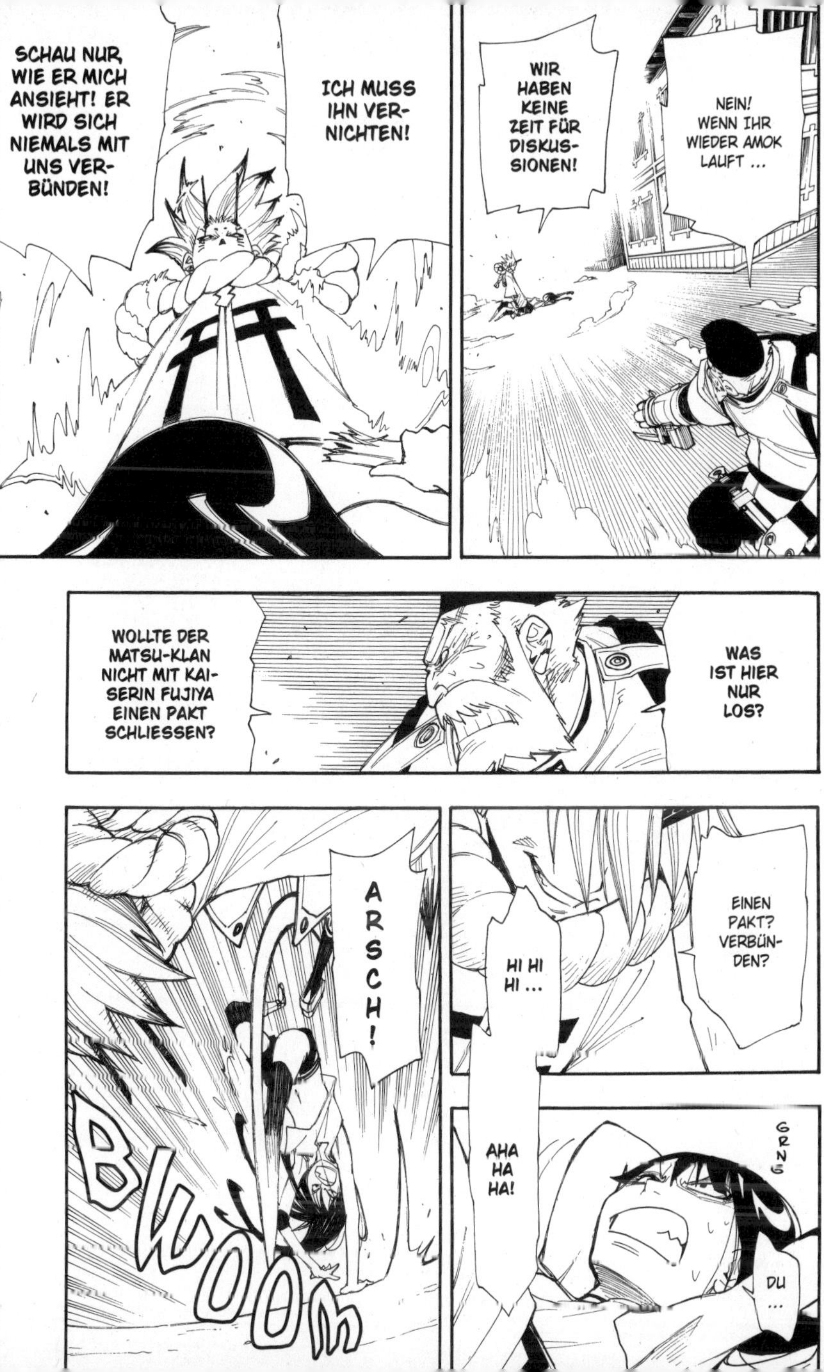

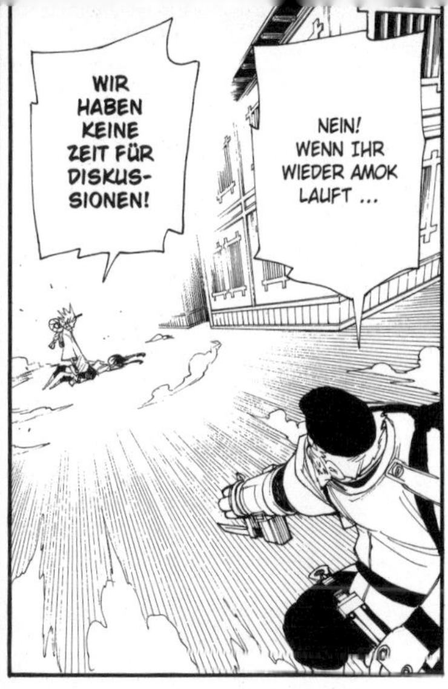


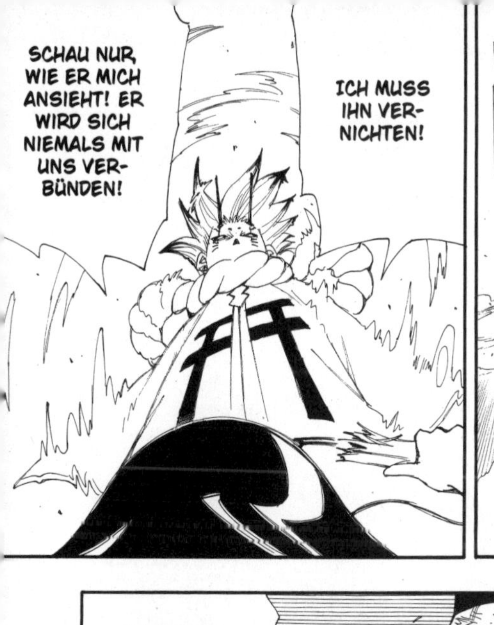


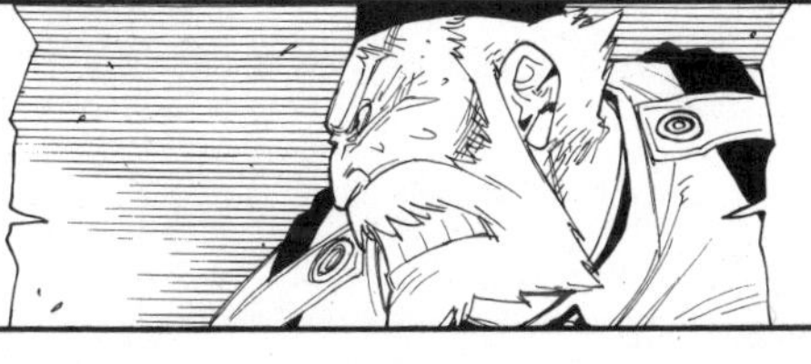


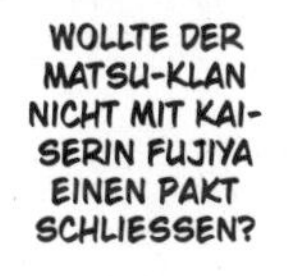


EINEN PAKT? VERBÜNDEN?

HI HI HI ...

GRNG

DU ...

AHA HA HA!

ARSCH!

BWOOOM

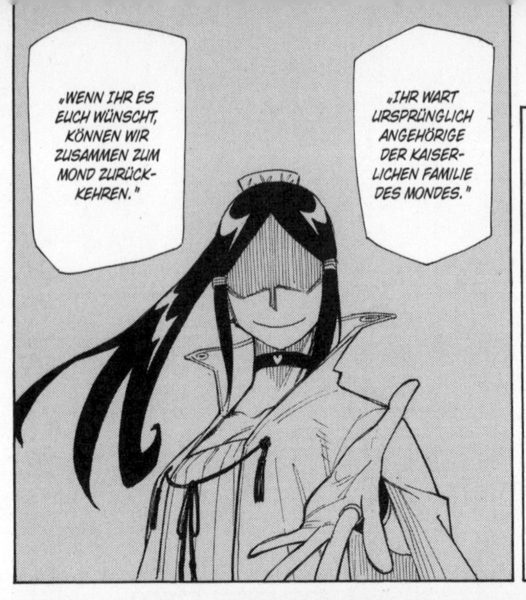
„WENN IHR ES EUCH WÜNSCHT, KÖNNEN WIR ZUSAMMEN ZUM MOND ZURÜCK-KEHREN."
„IHR WART URSPRÜNGLICH ANGEHÖRIGE DER KAISER-LICHEN FAMILIE DES MONDES."

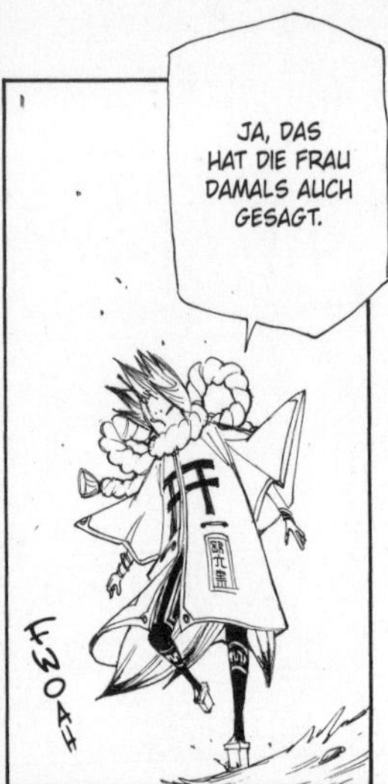
JA, DAS HAT DIE FRAU DAMALS AUCH GESAGT.
FWOAH

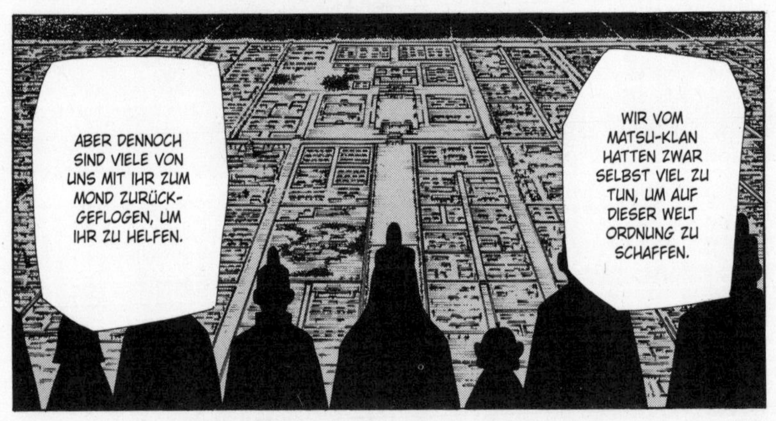
WIR VOM MATSU-KLAN HATTEN ZWAR SELBST VIEL ZU TUN, UM AUF DIESER WELT ORDNUNG ZU SCHAFFEN.
ABER DENNOCH SIND VIELE VON UNS MIT IHR ZUM MOND ZURÜCK-GEFLOGEN, UM IHR ZU HELFEN.

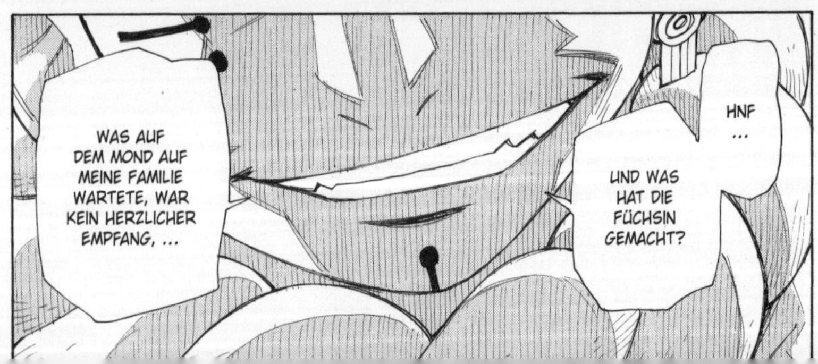
HNF ...
UND WAS HAT DIE FÜCHSIN GEMACHT?
WAS AUF DEM MOND AUF MEINE FAMILIE WARTETE, WAR KEIN HERZLICHER EMPFANG, ...

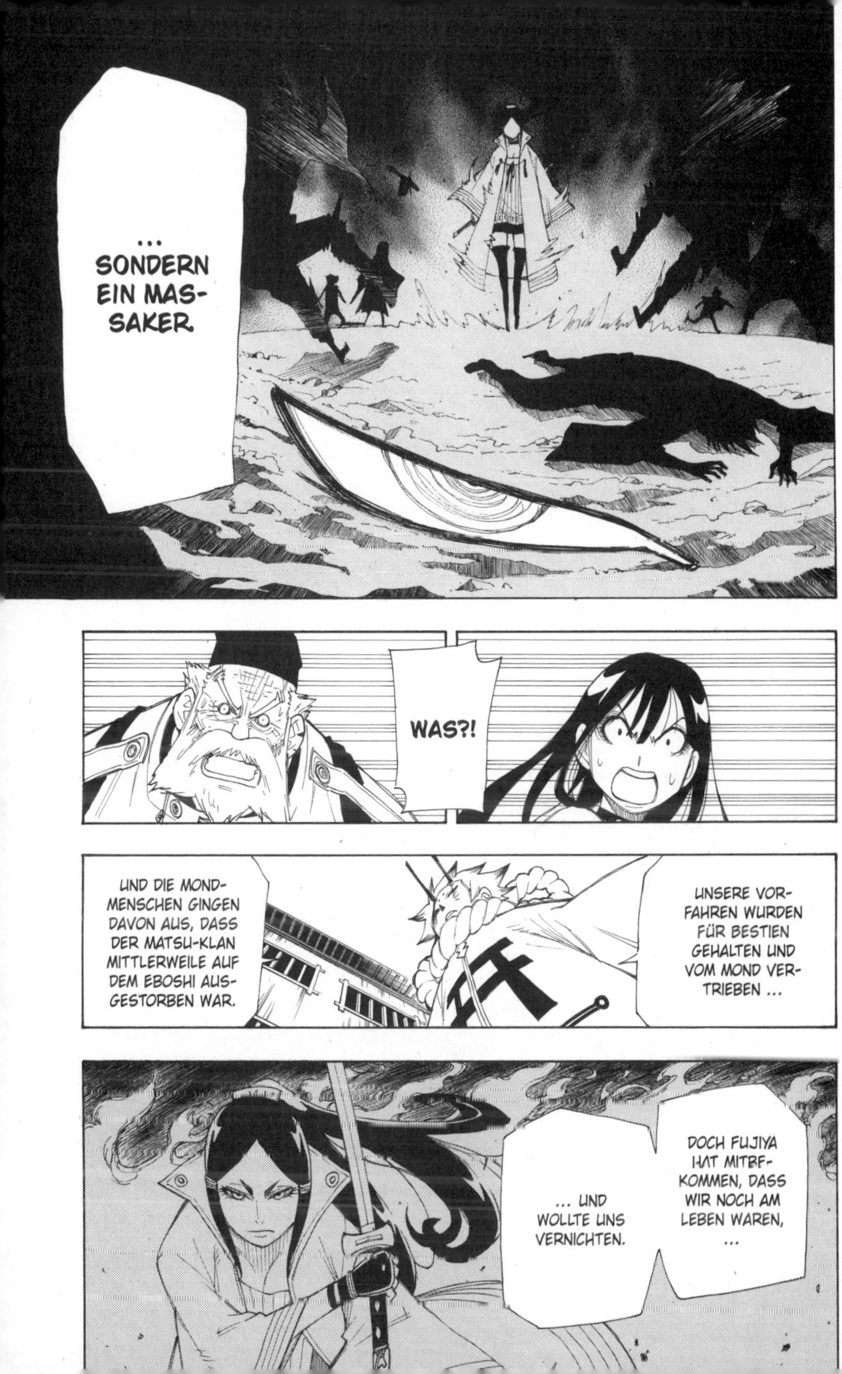

… SONDERN EIN MASSAKER.

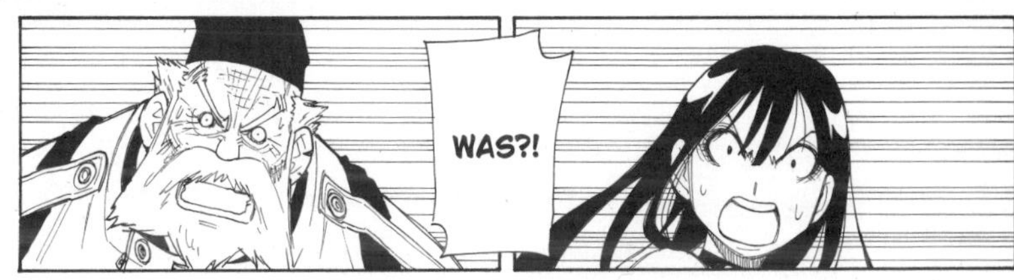


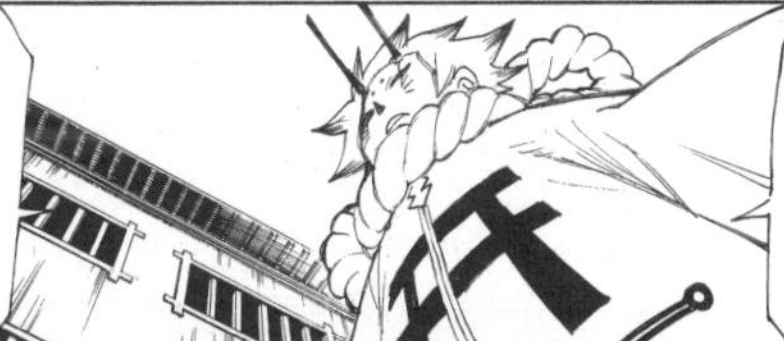


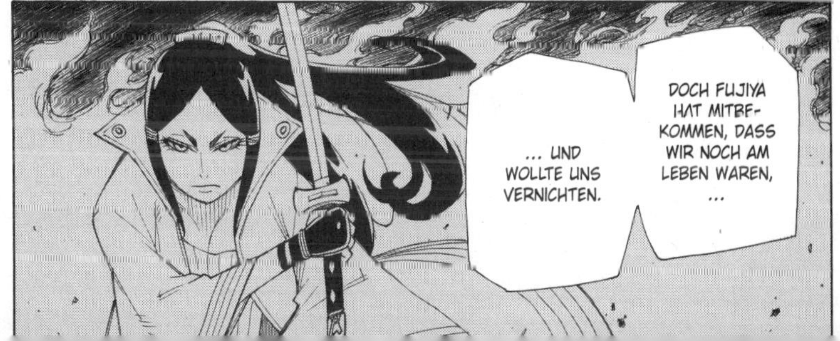

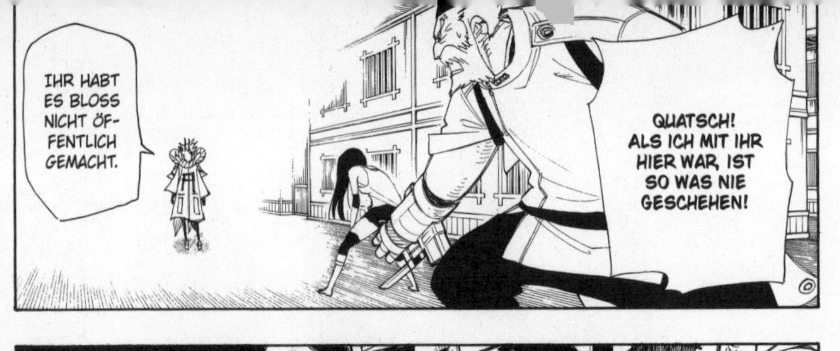


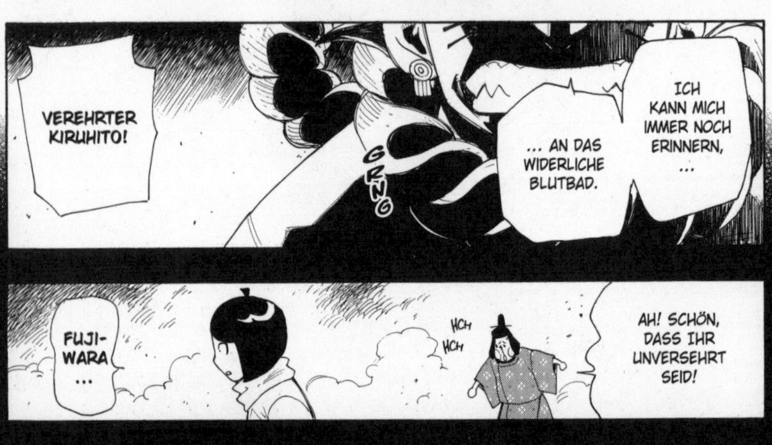

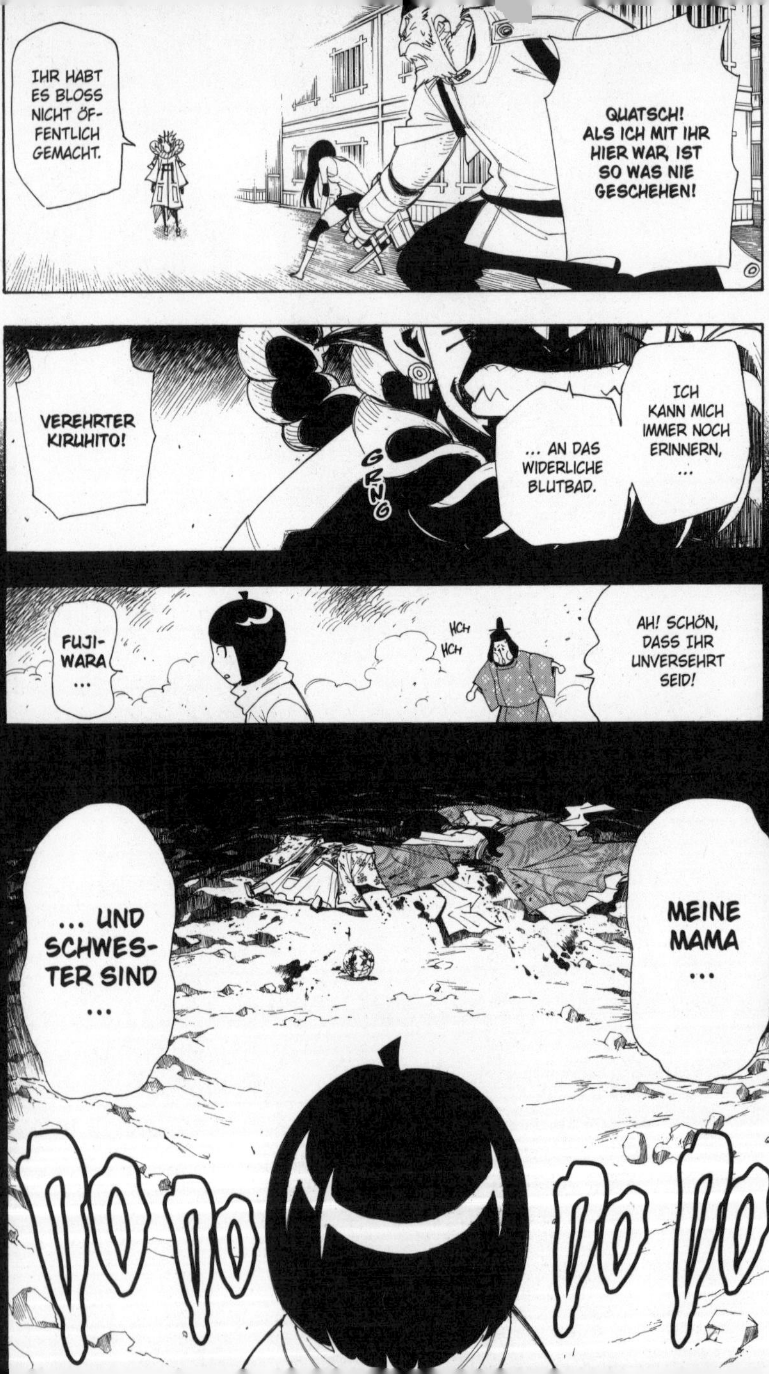

MEINE MAMA ...

... UND SCHWESTER SIND ...

DO DO DO DO DO DO

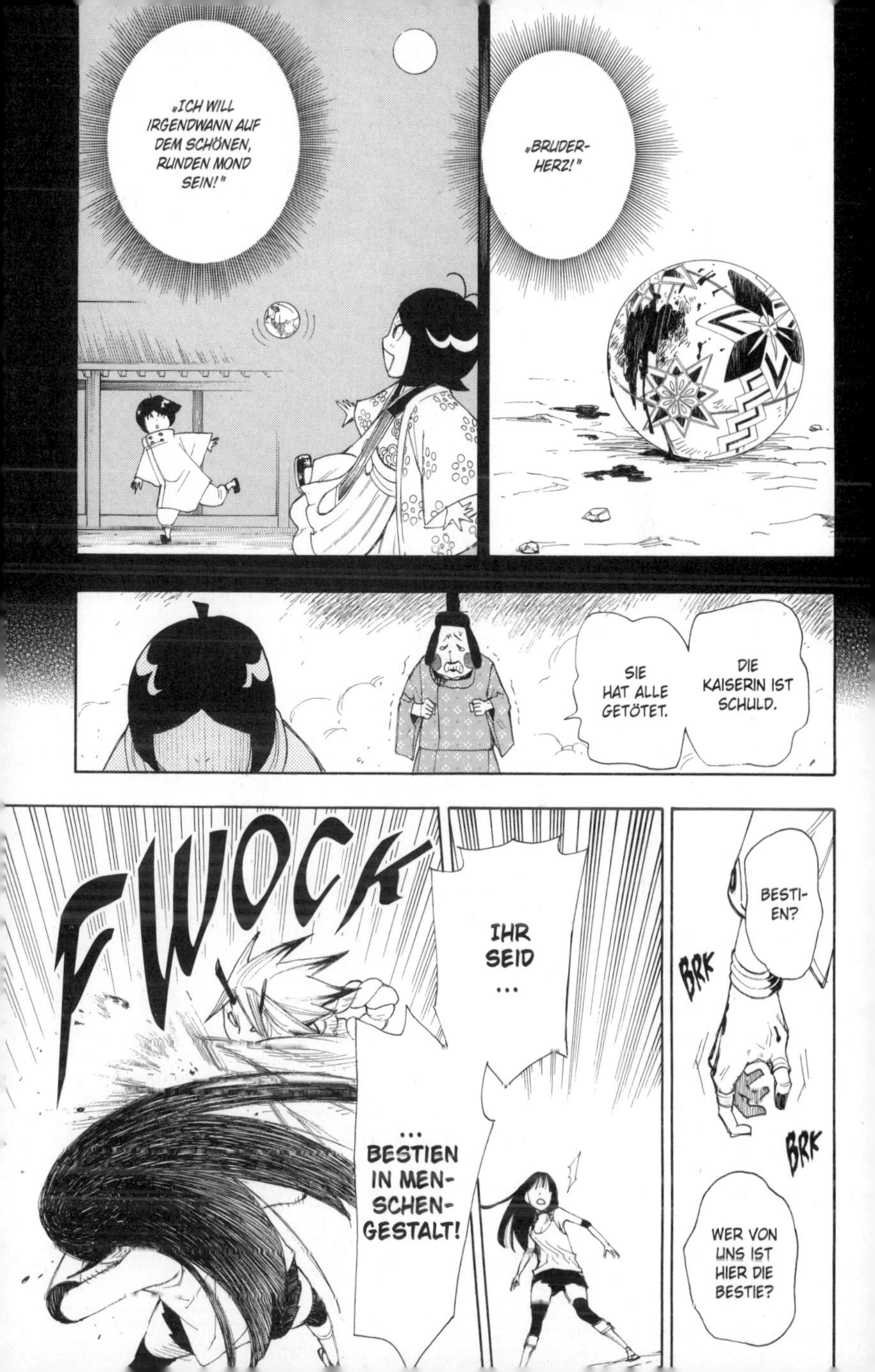

„BRUDER-
HERZ!"

„ICH WILL
IRGENDWANN AUF
DEM SCHÖNEN,
RUNDEN MOND
SEIN!"

DIE
KAISERIN IST
SCHULD.

SIE
HAT ALLE
GETÖTET.

BESTI-
EN?

BRK

BRK

WER VON
UNS IST
HIER DIE
BESTIE?

IHR
SEID
...

...
BESTIEN
IN MEN-
SCHEN-
GESTALT!

FWOCK

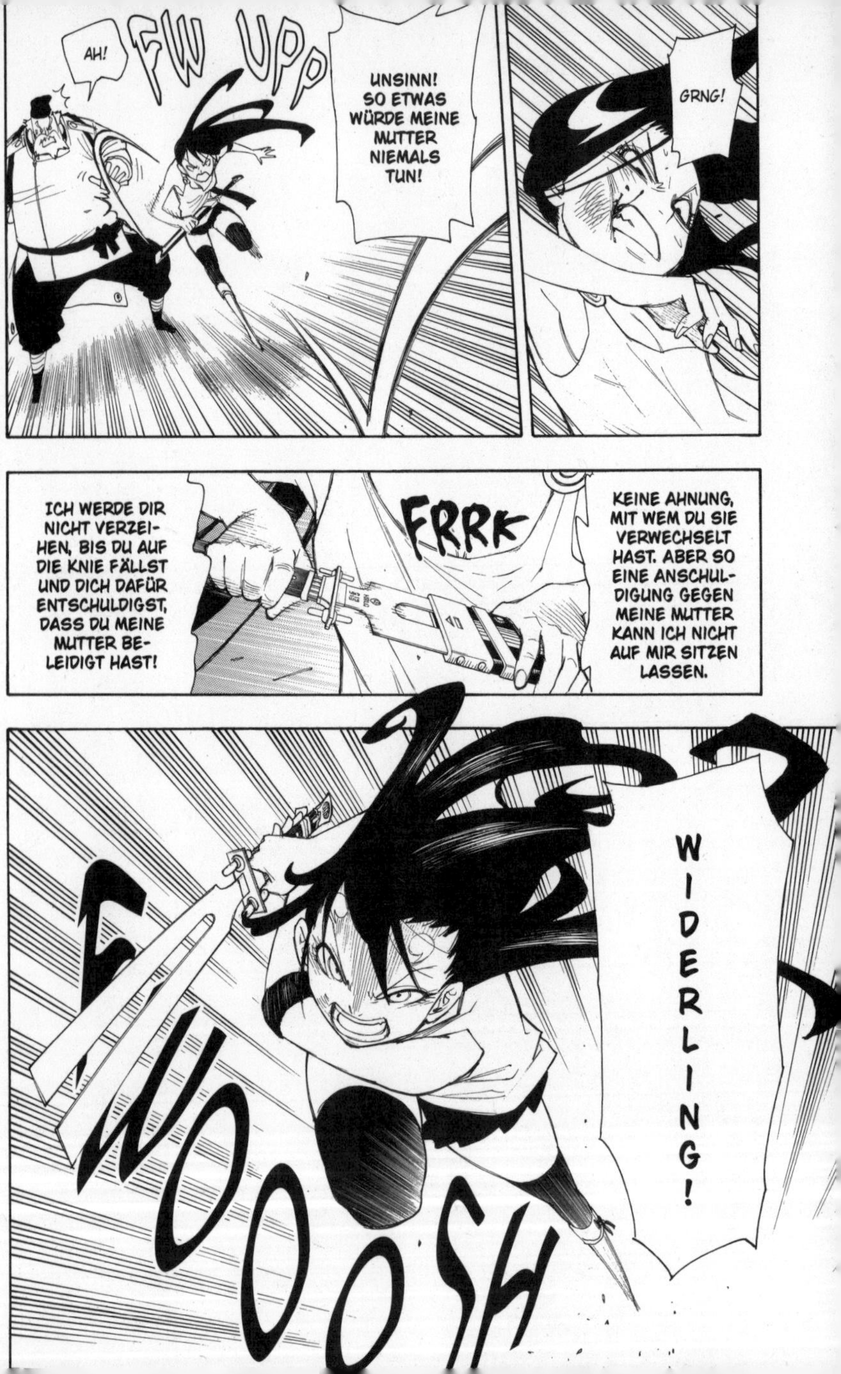

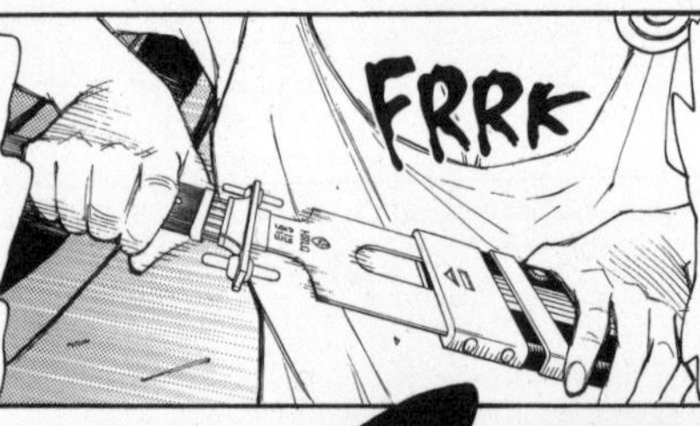
GRNG!
UNSINN! SO ETWAS WÜRDE MEINE MUTTER NIEMALS TUN!
FW UPP
AH!
KEINE AHNUNG, MIT WEM DU SIE VERWECHSELT HAST. ABER SO EINE ANSCHULDIGUNG GEGEN MEINE MUTTER KANN ICH NICHT AUF MIR SITZEN LASSEN.
FRRK
ICH WERDE DIR NICHT VERZEIHEN, BIS DU AUF DIE KNIE FÄLLST UND DICH DAFÜR ENTSCHULDIGST, DASS DU MEINE MUTTER BELEIDIGT HAST!
WIDERLING!
WOOOSH

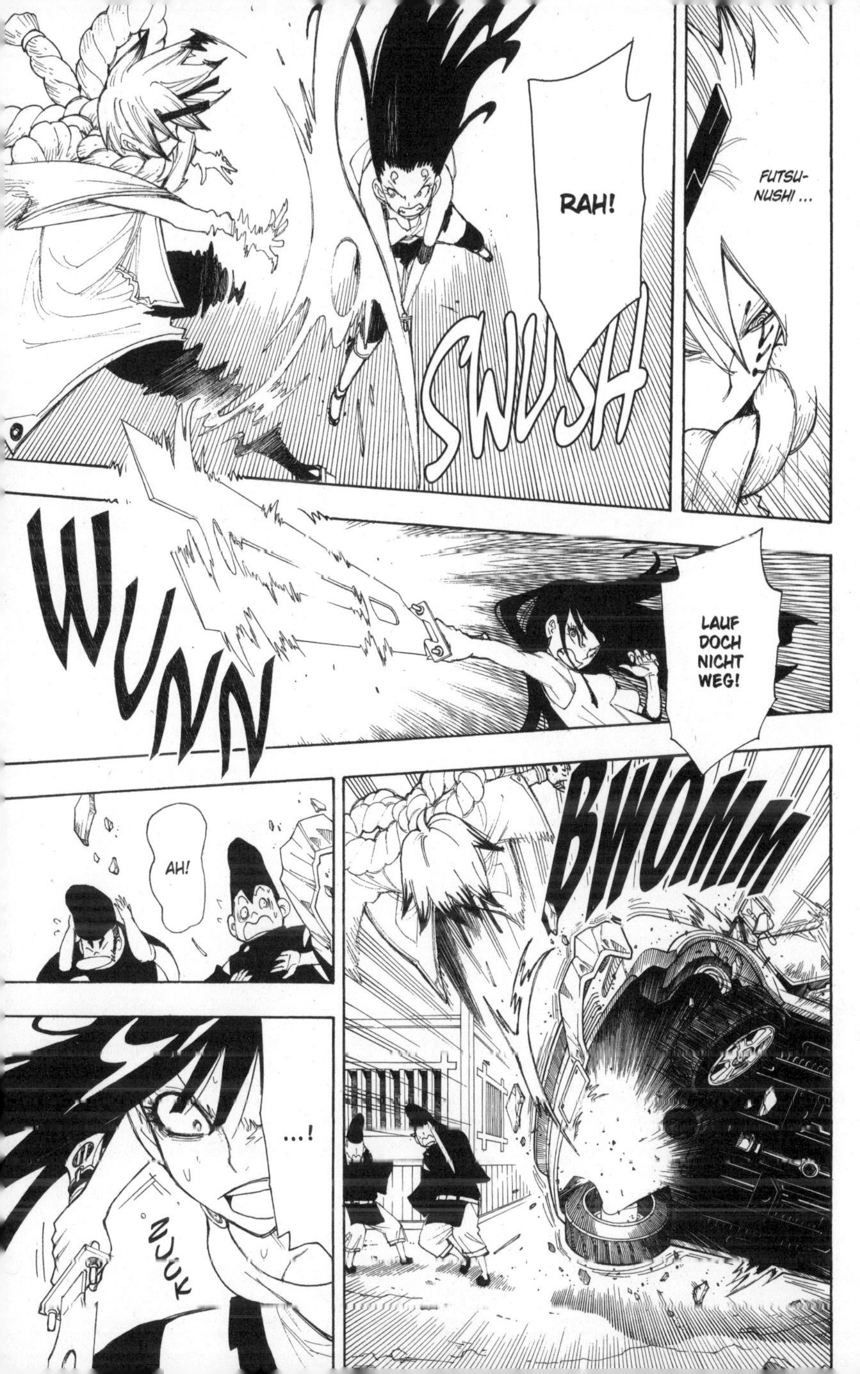

FUTSU-NUSHI ...
RAH!
SWUSH
LAUF DOCH NICHT WEG!
WUNN
BWOMM
AH!
...!
ZJUK

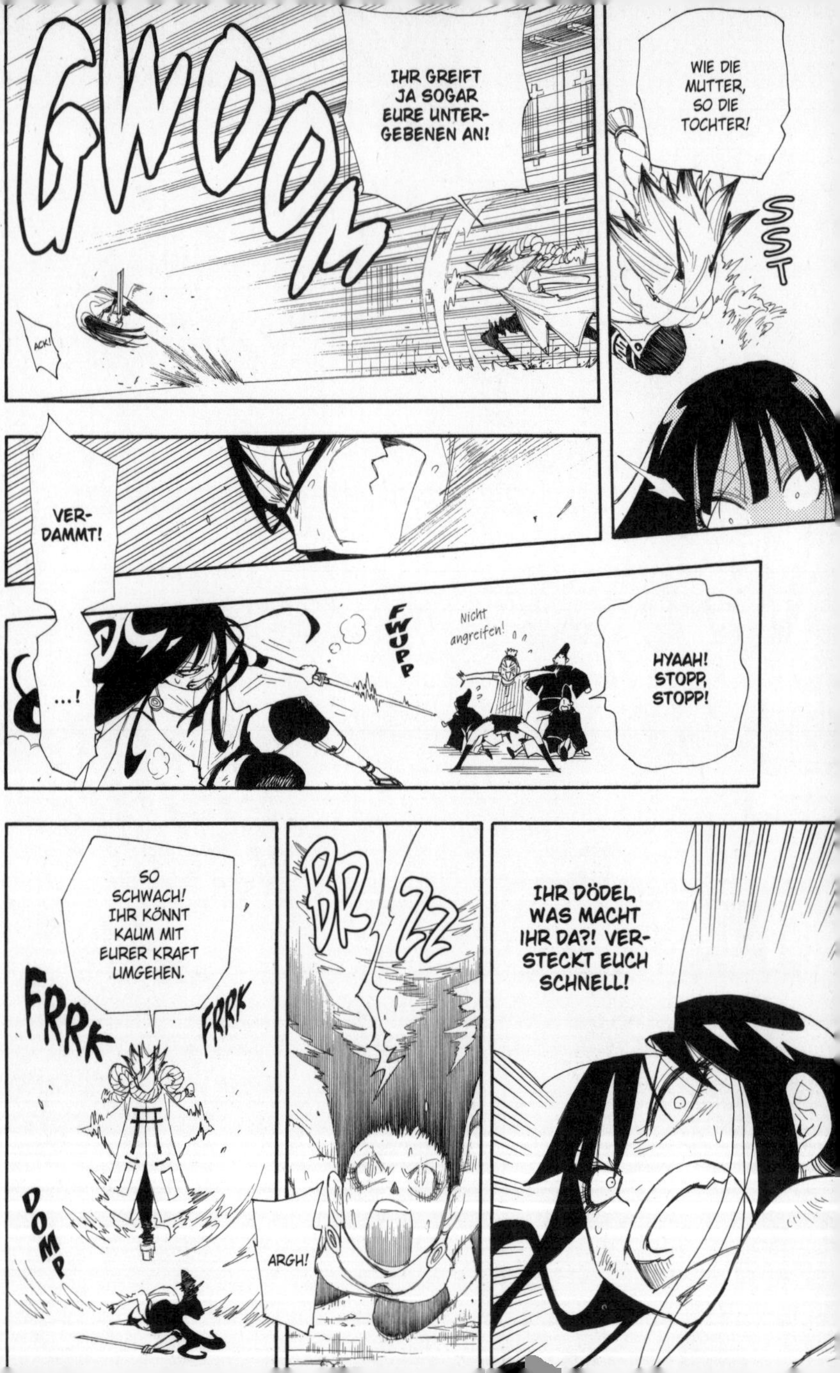

WIE DIE MUTTER, SO DIE TOCHTER!

SST

IHR GREIFT JA SOGAR EURE UNTERGEBENEN AN!

GWOOOM

ACK!

VERDAMMT!

HYAAH! STOPP, STOPP!

Nicht angreifen!

FWUPP

...!

IHR DÖDEL, WAS MACHT IHR DA?! VERSTECKT EUCH SCHNELL!

BRZZ

ARGH!

SO SCHWACH! IHR KÖNNT KAUM MIT EURER KRAFT UMGEHEN.

FRRK

FRRK

DOMP

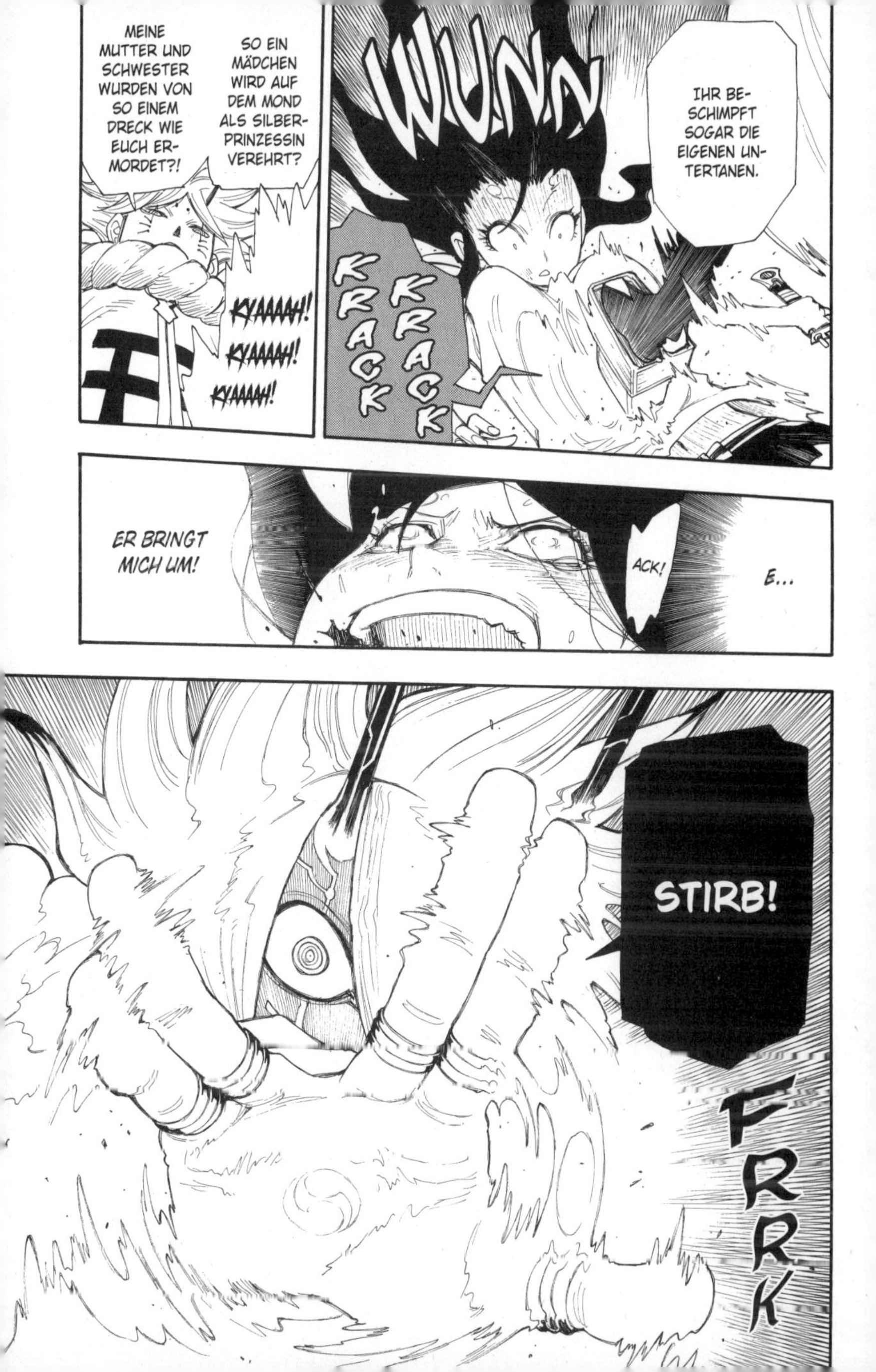

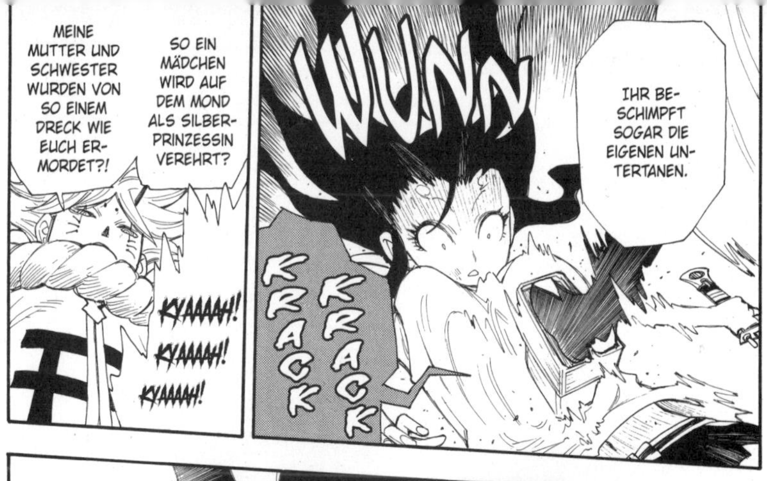
IHR BESCHIMPFT SOGAR DIE EIGENEN UNTERTANEN.
WUNN
KRACK
KRACK
SO EIN MÄDCHEN WIRD AUF DEM MOND ALS SILBERPRINZESSIN VEREHRT?
MEINE MUTTER UND SCHWESTER WURDEN VON SO EINEM DRECK WIE EUCH ERMORDET?!
KYAAAAH!
KYAAAAH!
KYAAAAH!

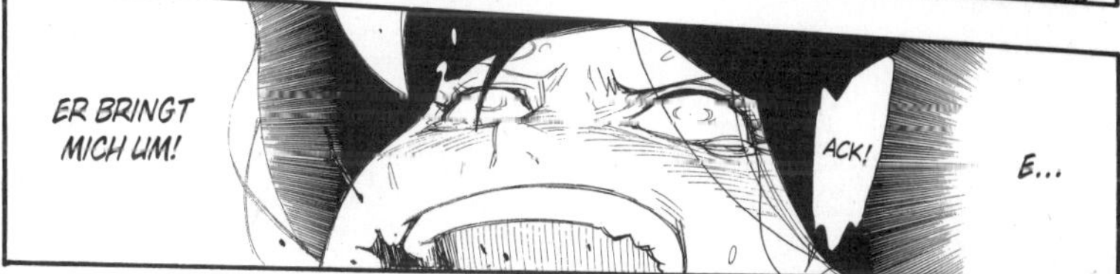
E...
ACK!
ER BRINGT MICH UM!

STIRB!

FRRK

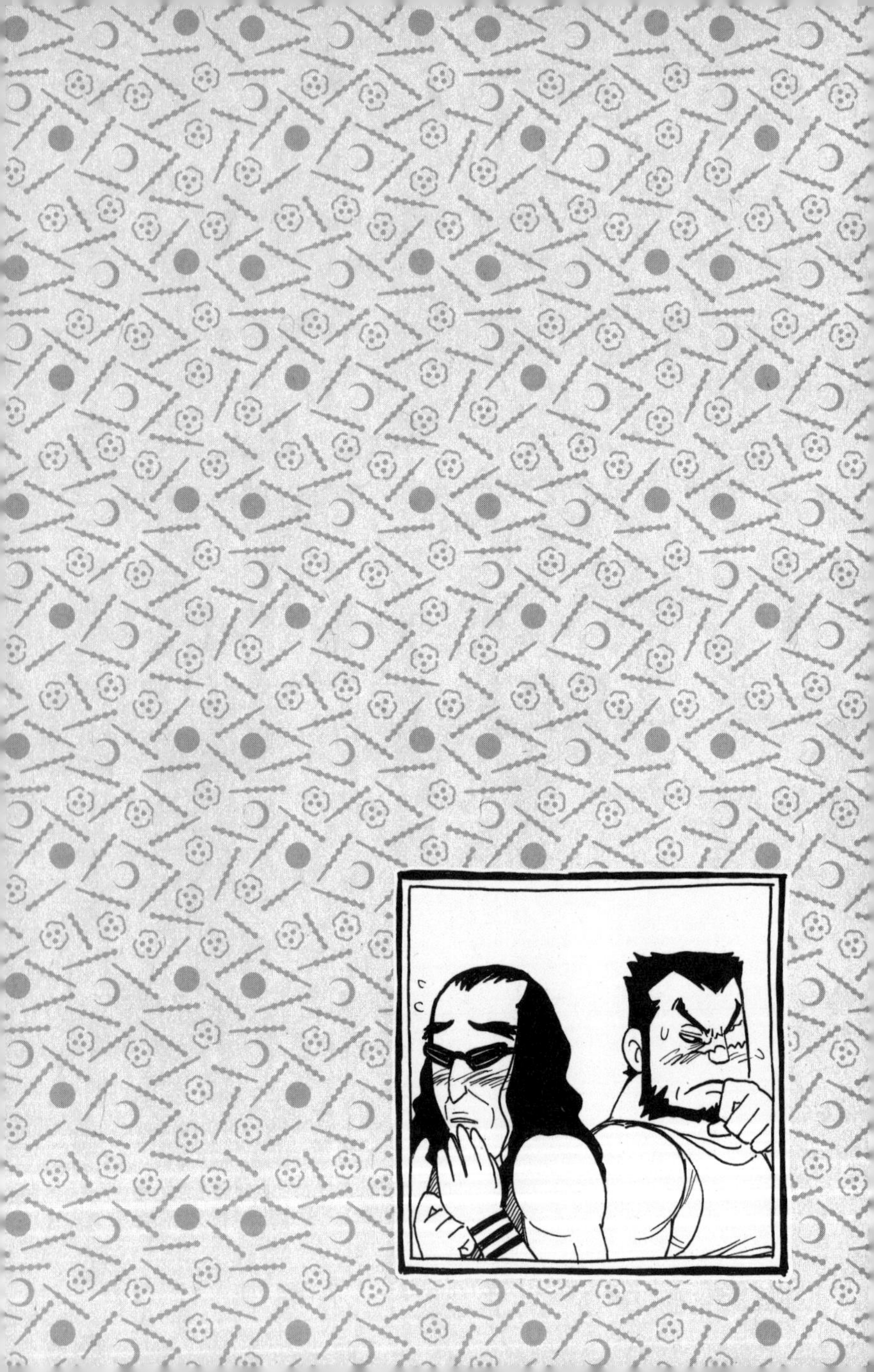

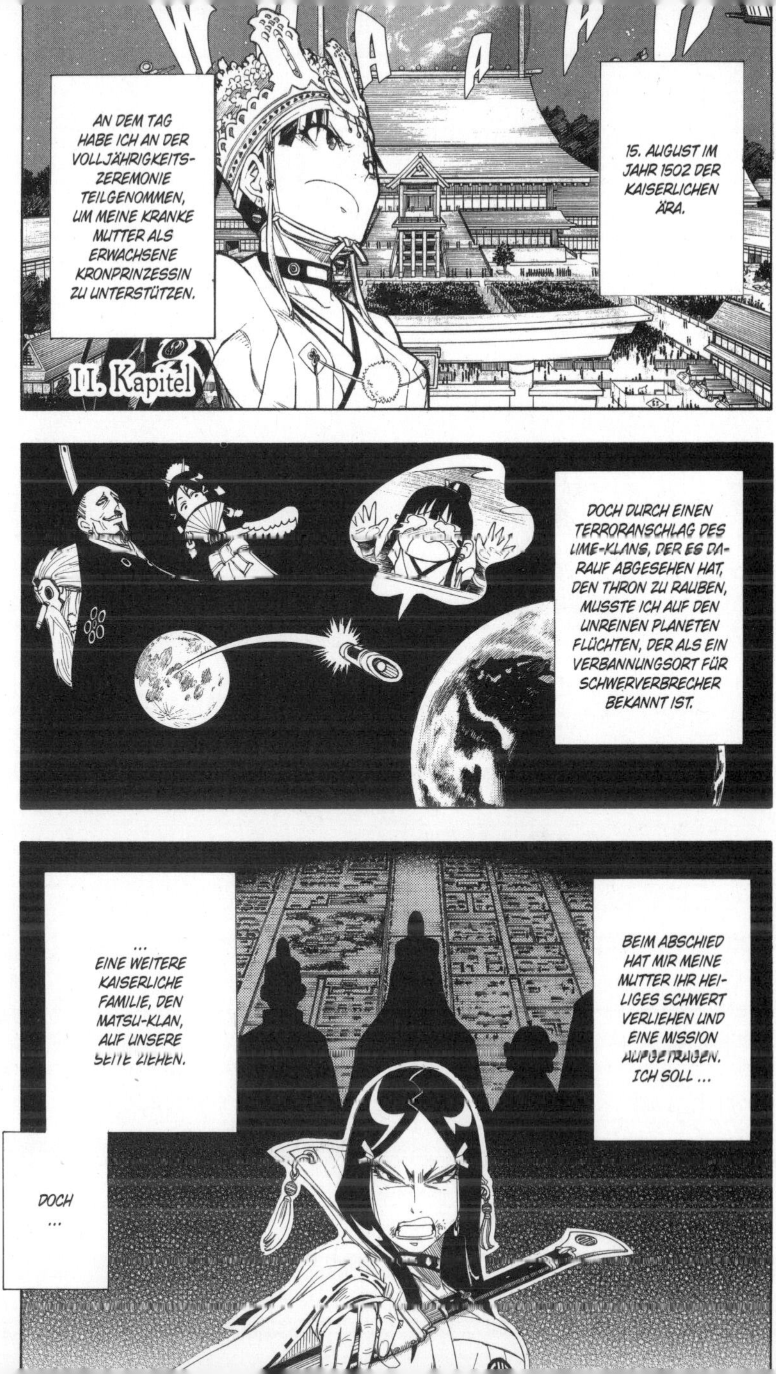

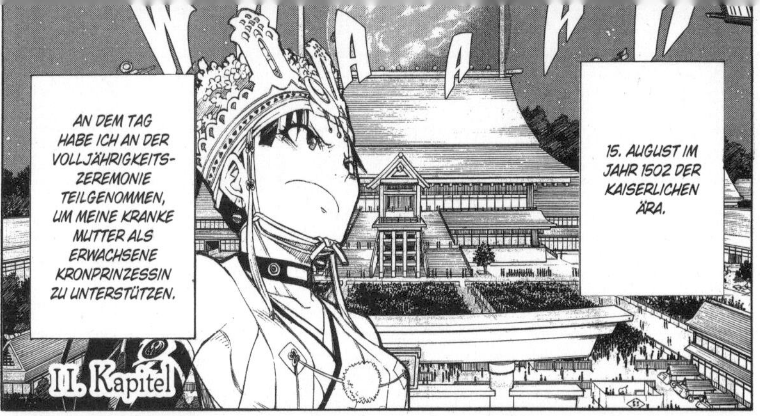


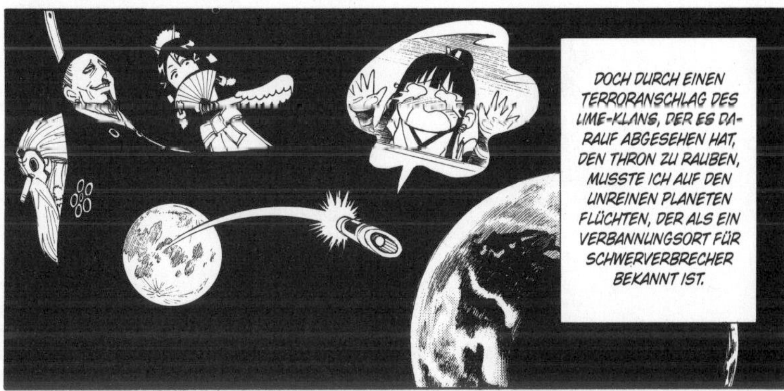


BEIM ABSCHIED HAT MIR MEINE MUTTER IHR HEILIGES SCHWERT VERLIEHEN UND EINE MISSION AUFGETRAGEN. ICH SOLL …

… EINE WEITERE KAISERLICHE FAMILIE, DEN MATSU-KLAN, AUF UNSERE SEITE ZIEHEN.

DOCH …

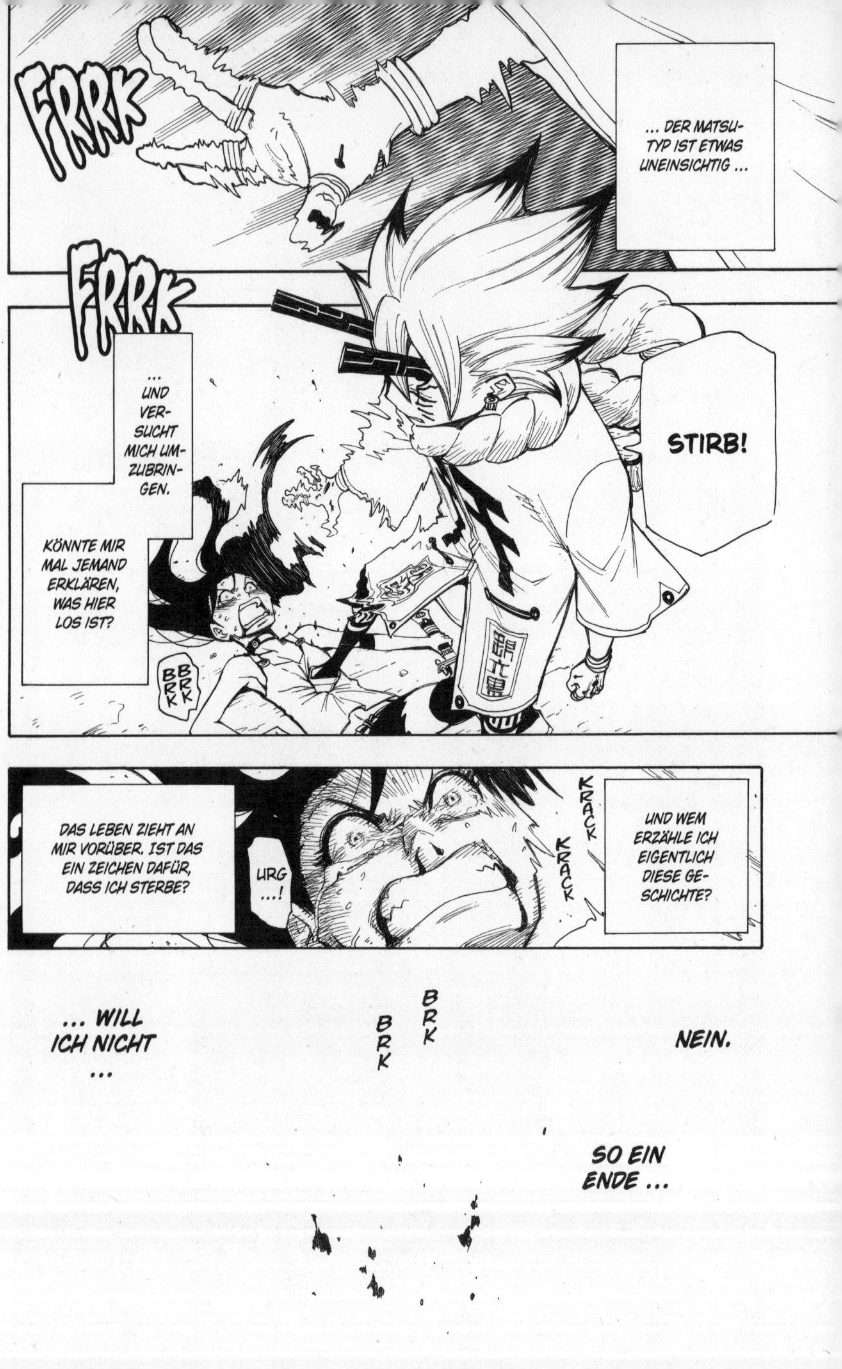

... DER MATSU-TYP IST ETWAS UNEINSICHTIG ...

FRRK

FRRK

STIRB!

... UND VERSUCHT MICH UMZUBRINGEN.

KÖNNTE MIR MAL JEMAND ERKLÄREN, WAS HIER LOS IST?

BRK BRK

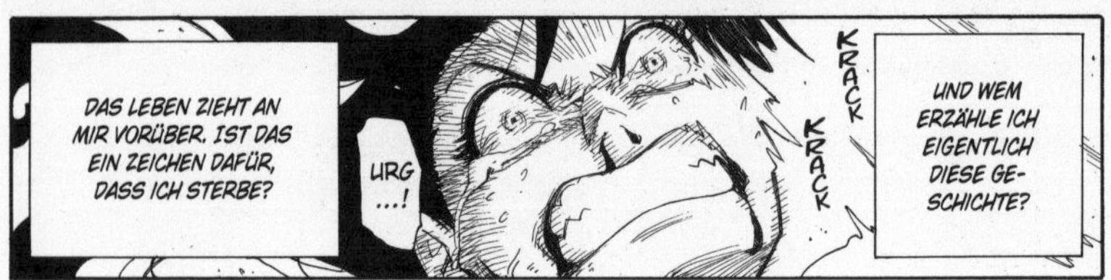


NEIN.

BRK BRK

... WILL ICH NICHT ...

SO EIN ENDE ...

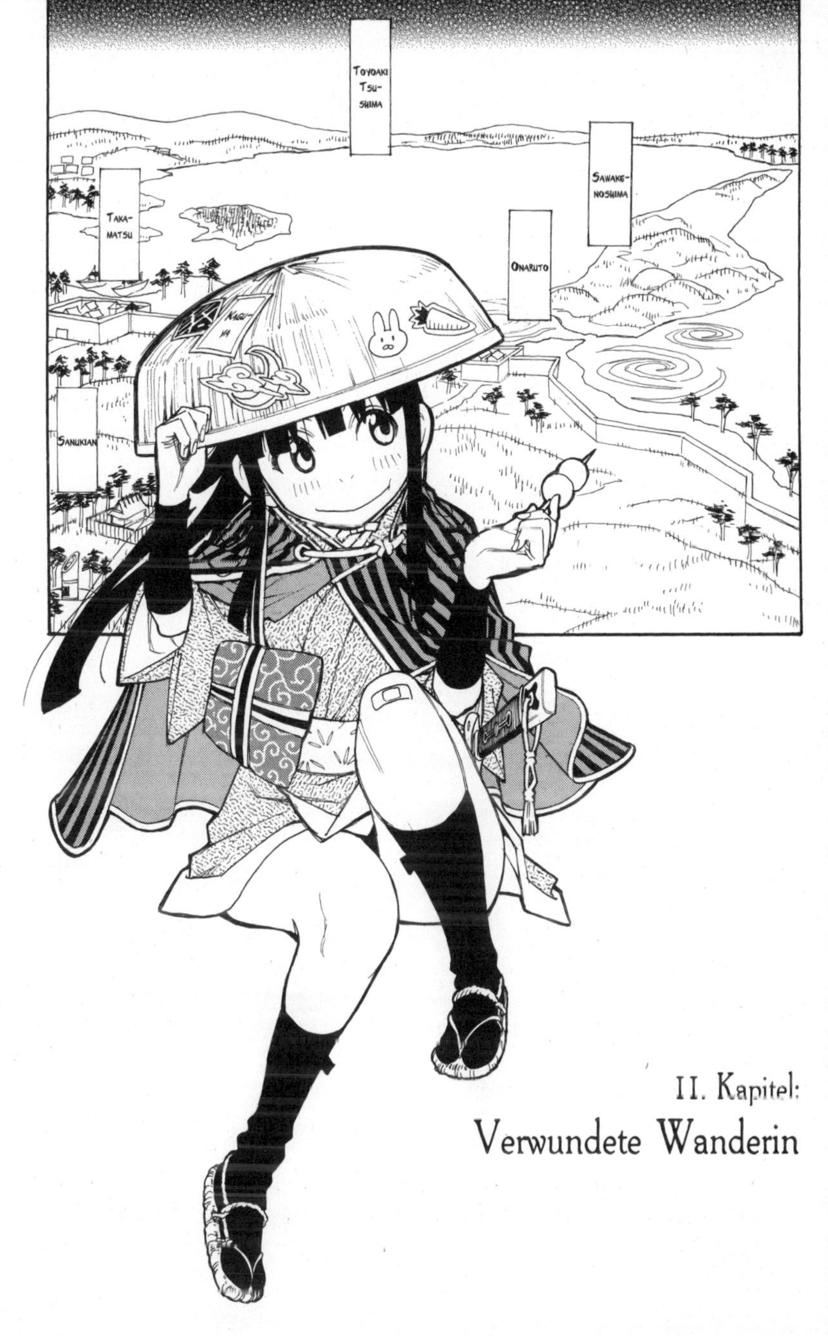


# II. Kapitel: Verwundete Wanderin

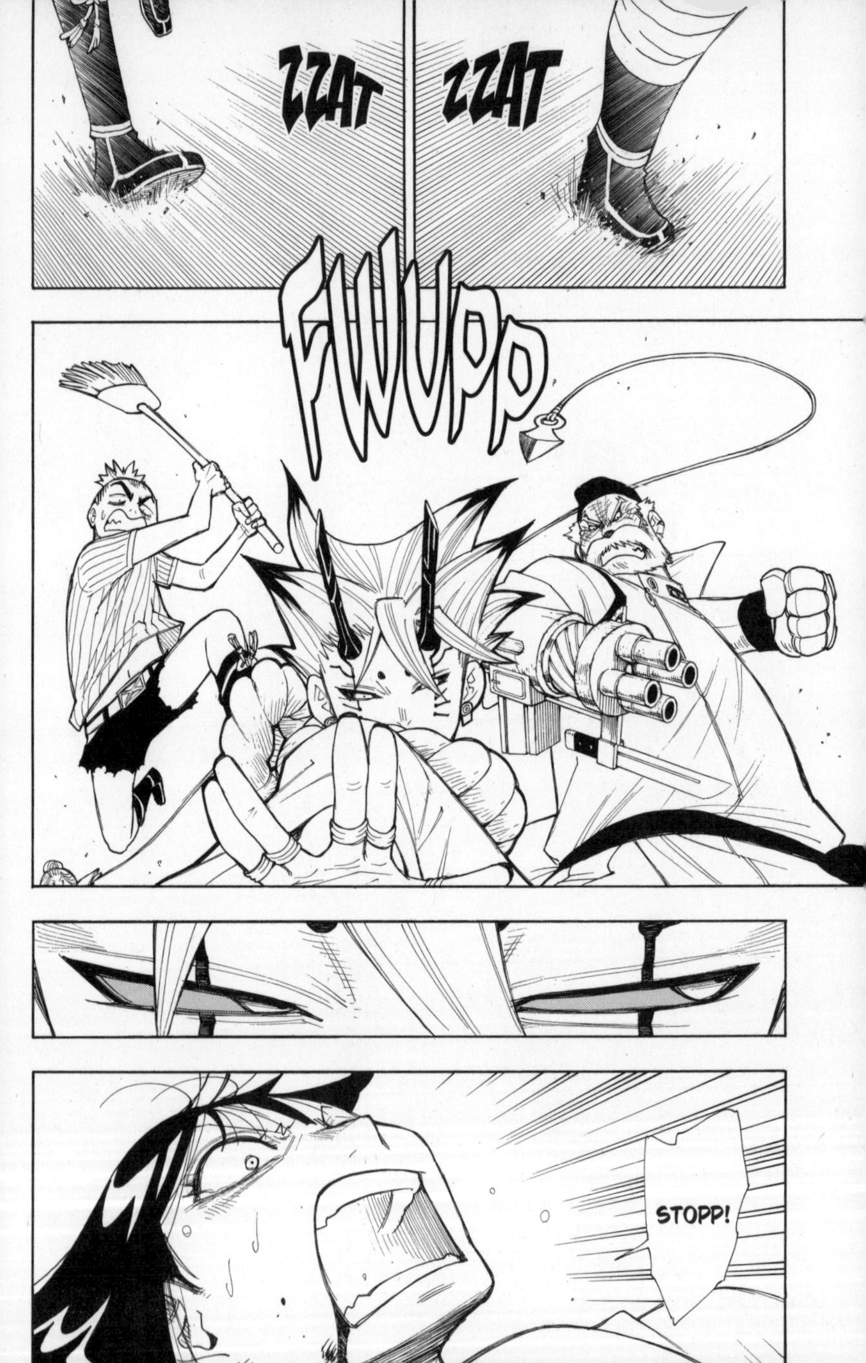
ZZAT
ZZAT
FWUPP
STOPP!

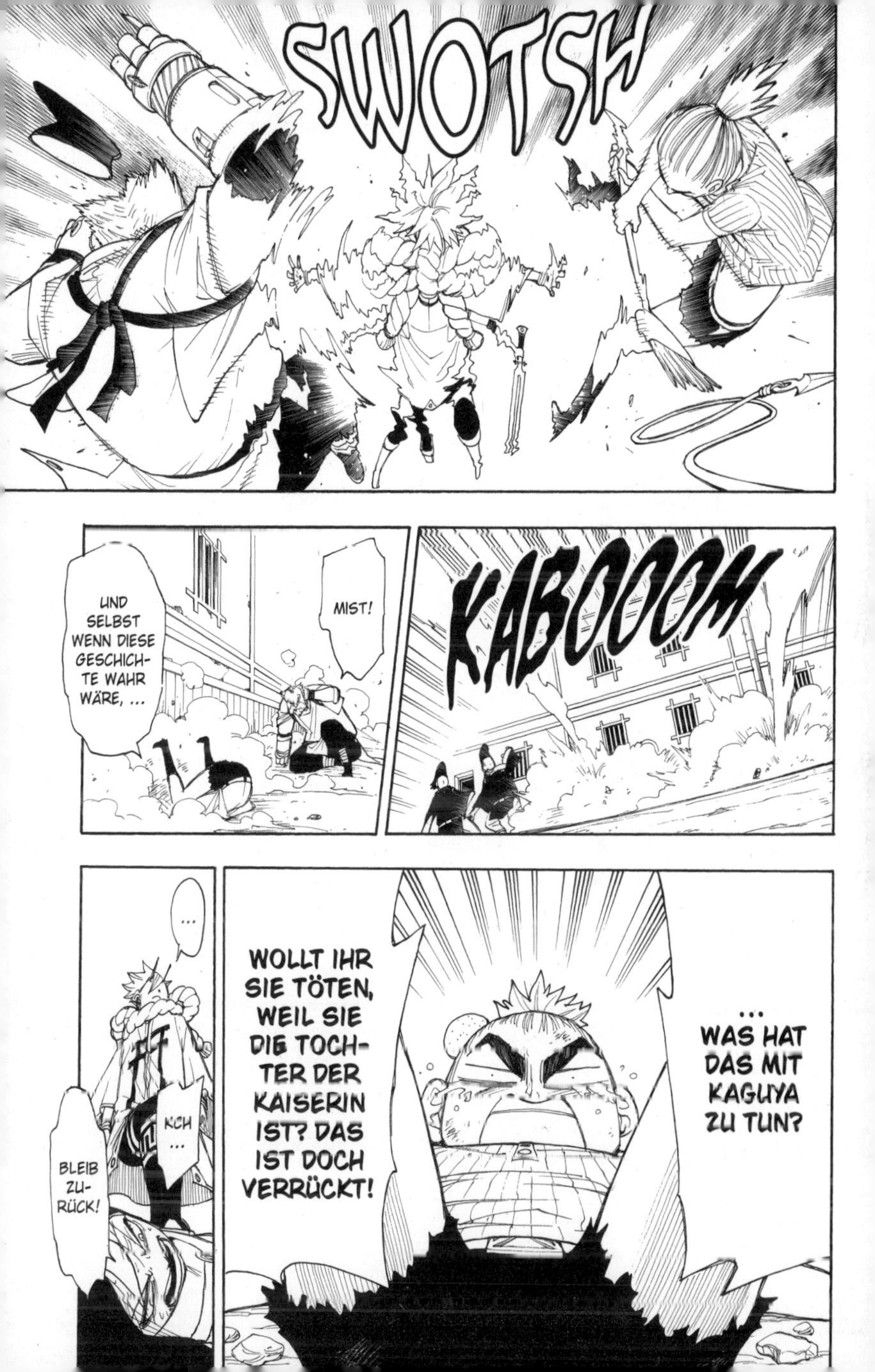

SWOTSH

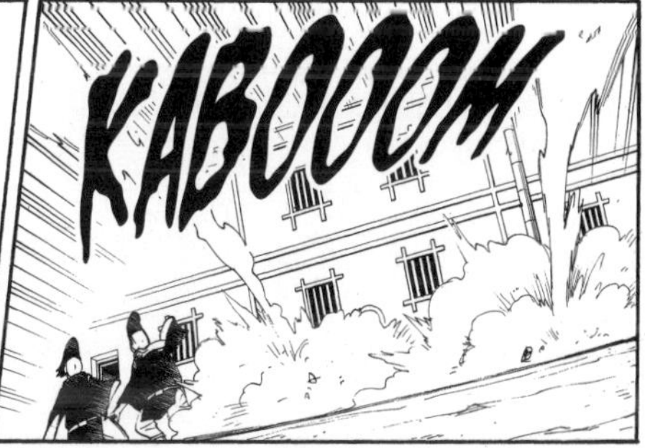
KABOOOM

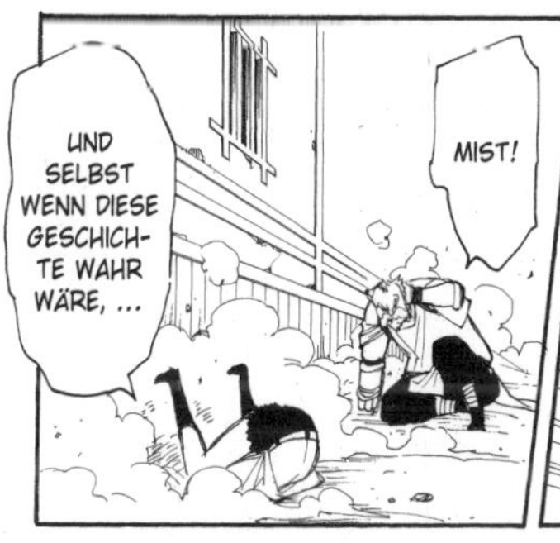
MIST!
UND SELBST WENN DIESE GESCHICHTE WAHR WÄRE, …

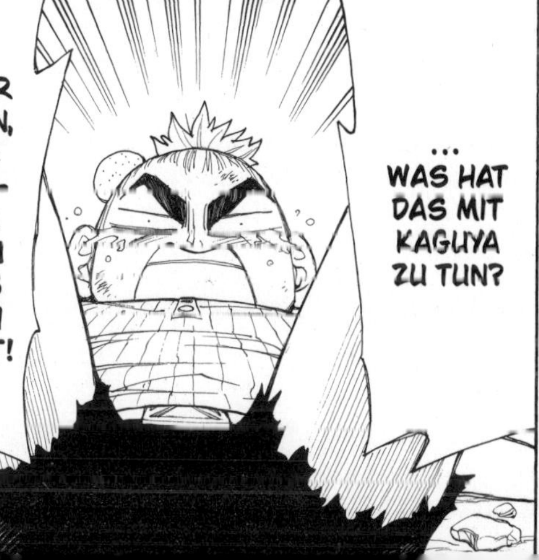
… WAS HAT DAS MIT KAGUYA ZU TUN?
WOLLT IHR SIE TÖTEN, WEIL SIE DIE TOCHTER DER KAISERIN IST? DAS IST DOCH VERRÜCKT!

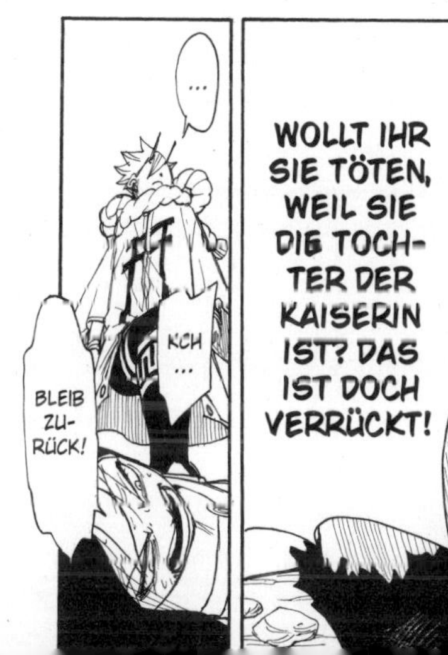
…
KCH …
BLEIB ZURÜCK!

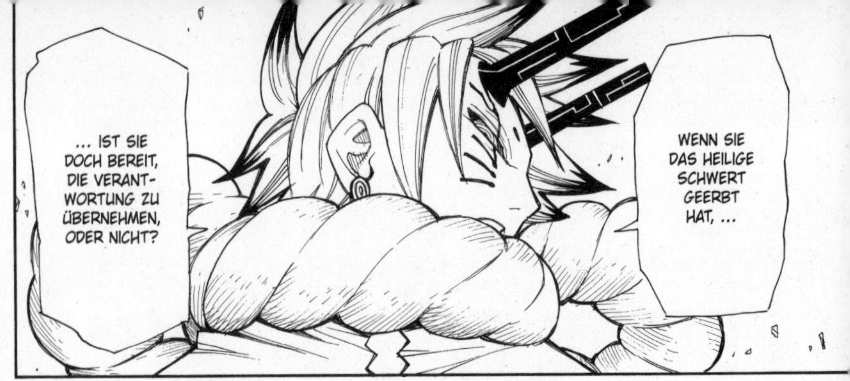

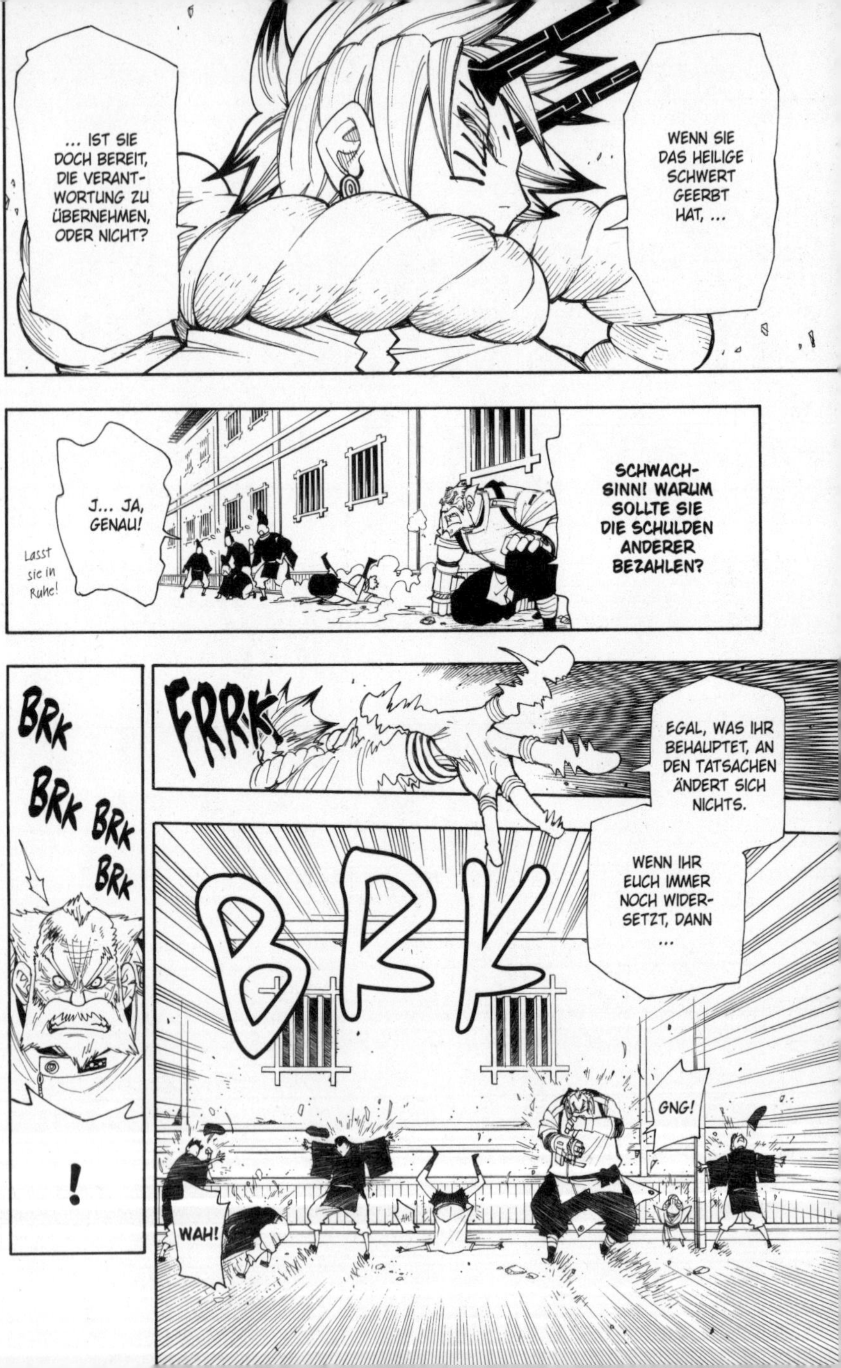

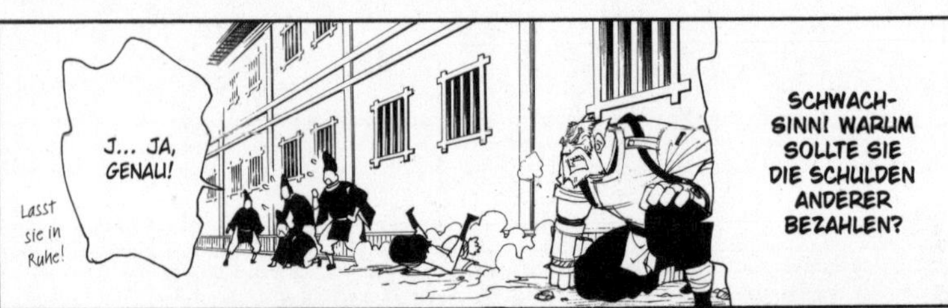


FRR-K
EGAL, WAS IHR BEHAUPTET, AN DEN TATSACHEN ÄNDERT SICH NICHTS.
WENN IHR EUCH IMMER NOCH WIDERSETZT, DANN ...
BRK
GNG!
AH!
WAH!
BRk BRk BRk BRk
!

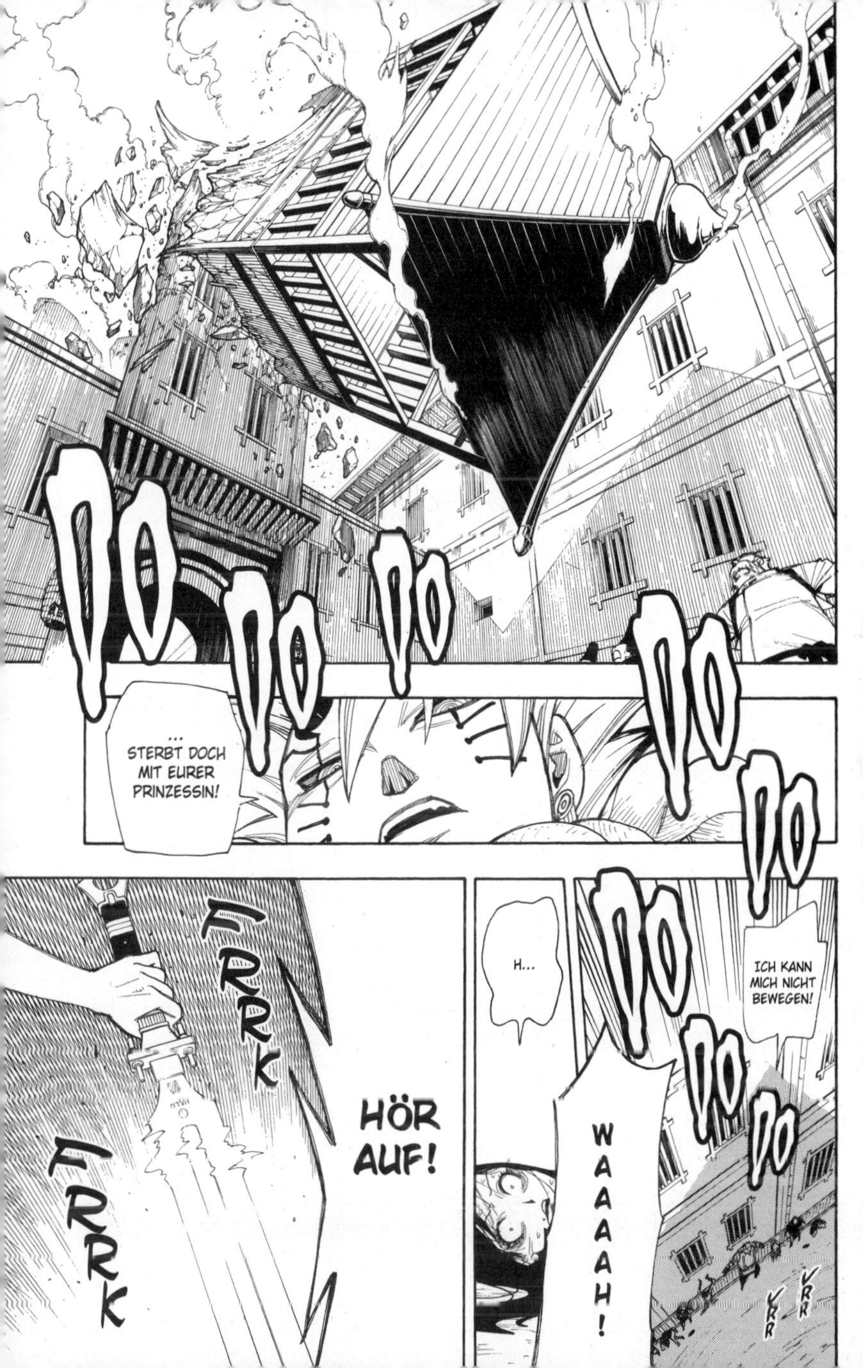
DO DO DO DO
DO DO
... STERBT DOCH MIT EURER PRINZESSIN!
DO DO DO DO DO DO
ICH KANN MICH NICHT BEWEGEN!
H...
WAAAAAH!
VRR VRR
HÖR AUF!
FRRRK
FRRRK

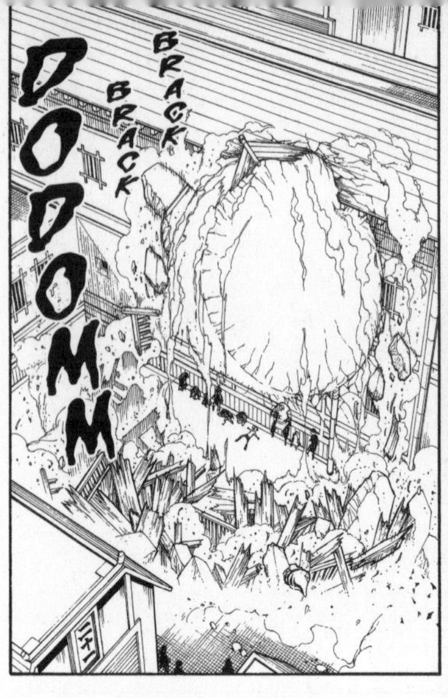
DODOMM
BRACK
BRACK

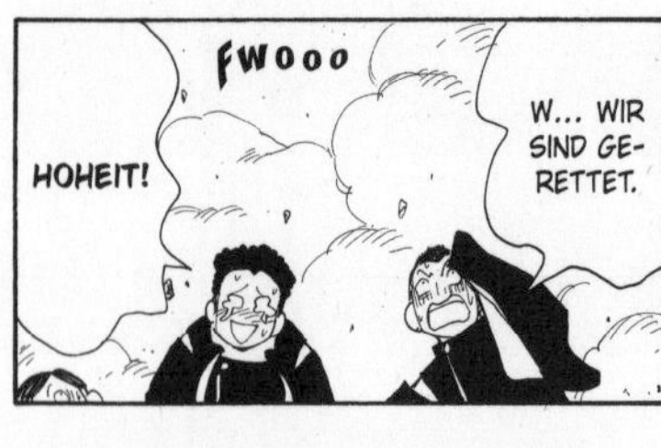
FWOOO
HOHEIT!
W... WIR SIND GERETTET.

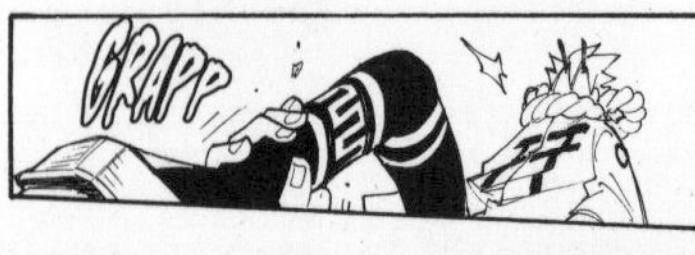
GRAPP

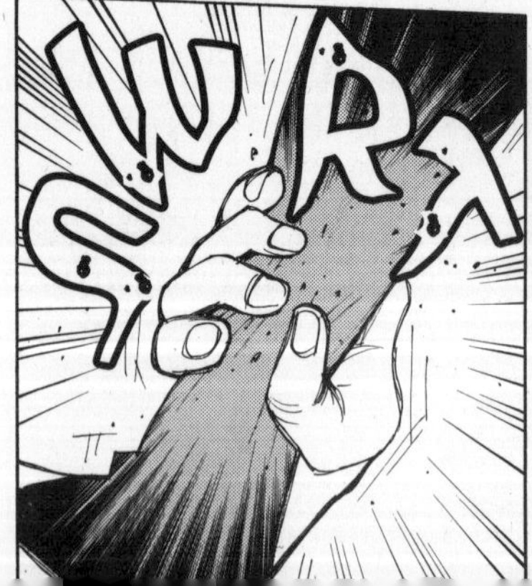
SWRX

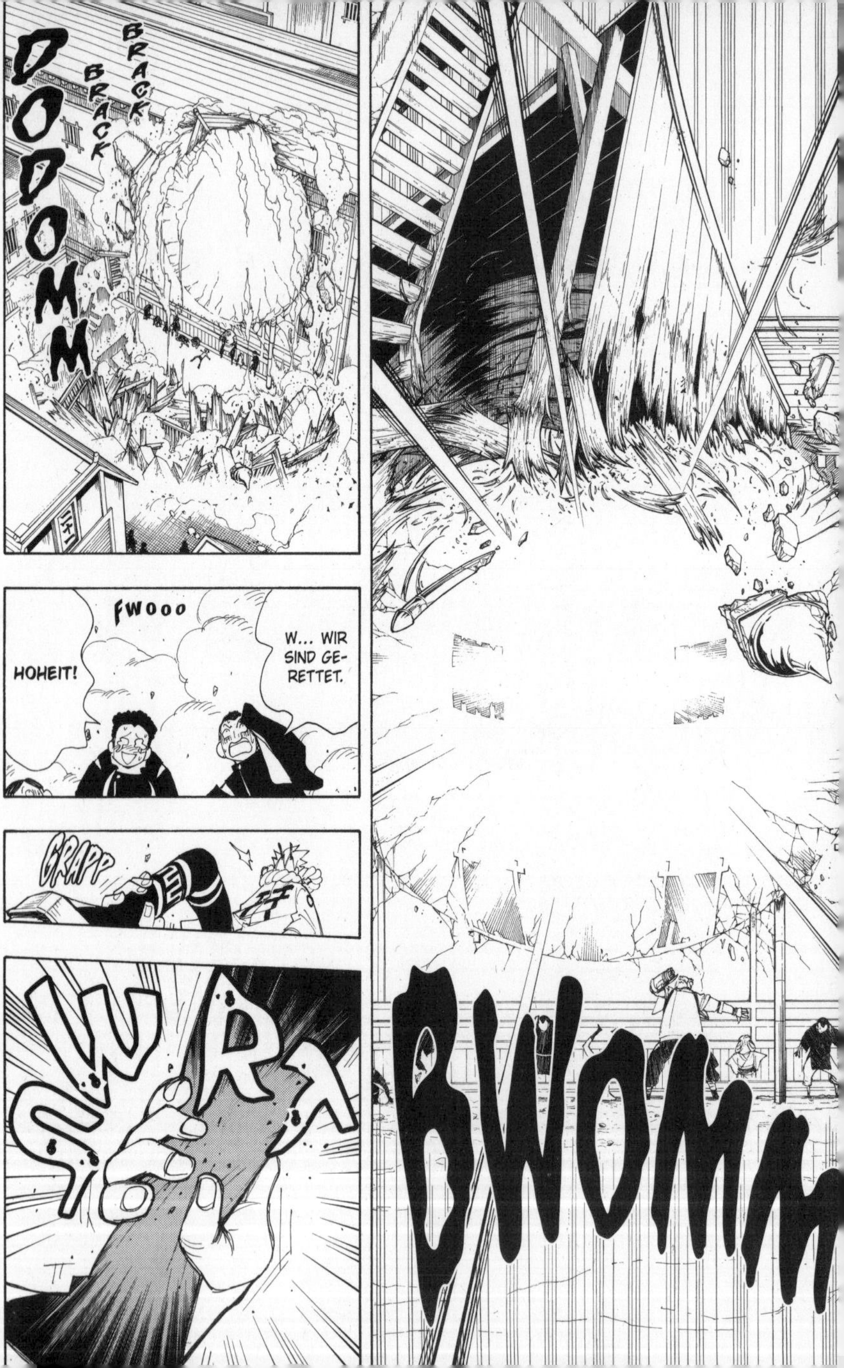

BWOMM

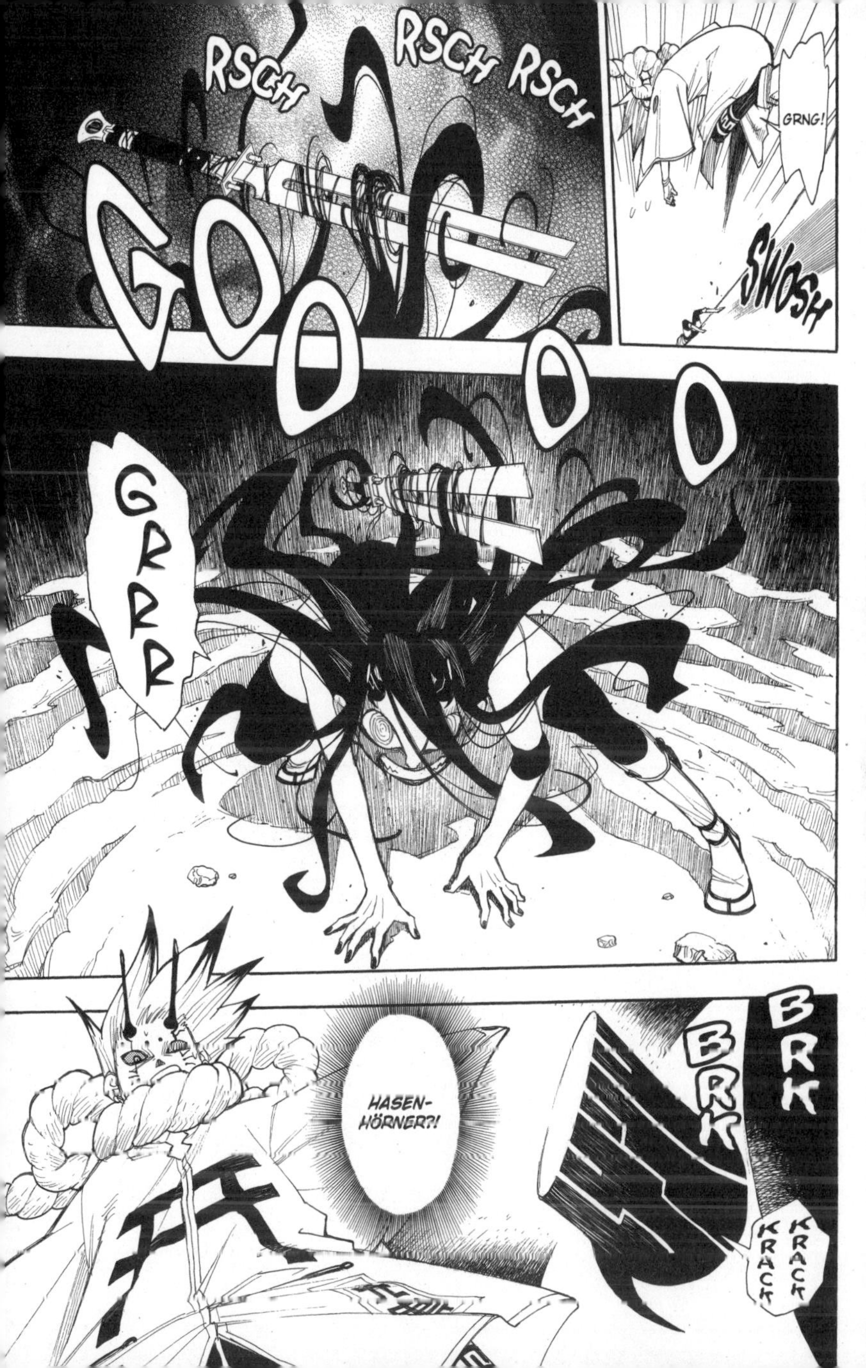
GRNG!
SWOSH
RSCH
RSCH RSCH
GOOOOO
GRRR
BRK
BRK
KRACK
KRACK
HASEN-
HÖRNER?!

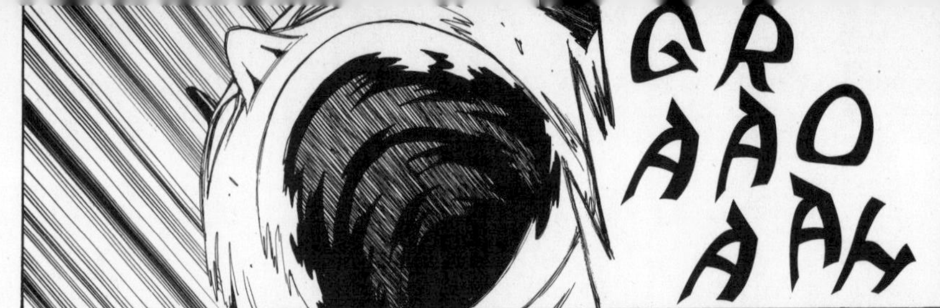

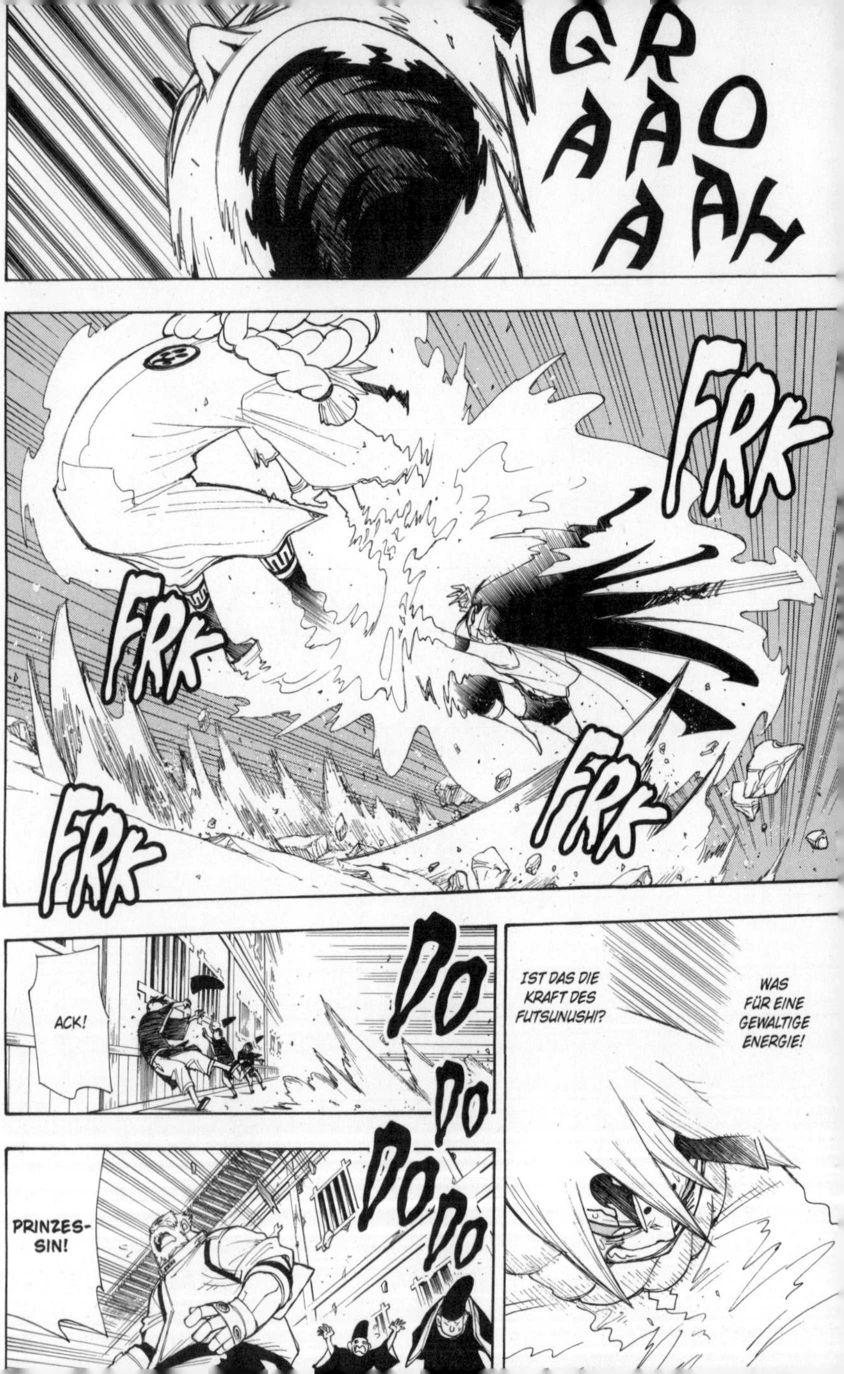

FRK
FRK
FRK
FRK

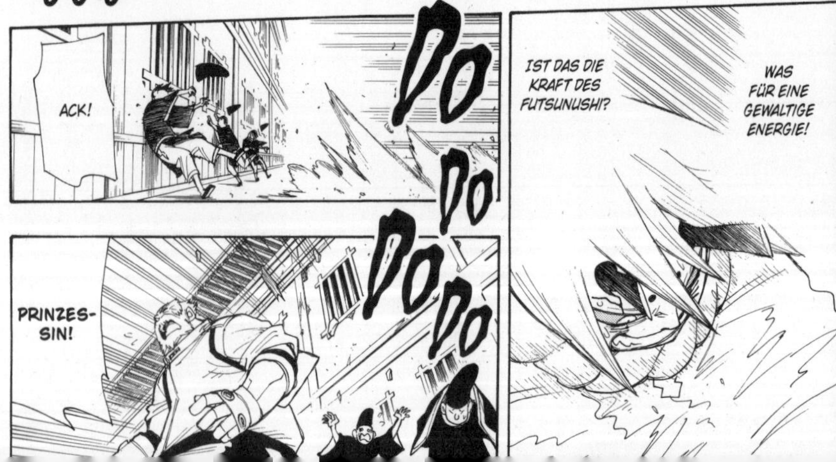

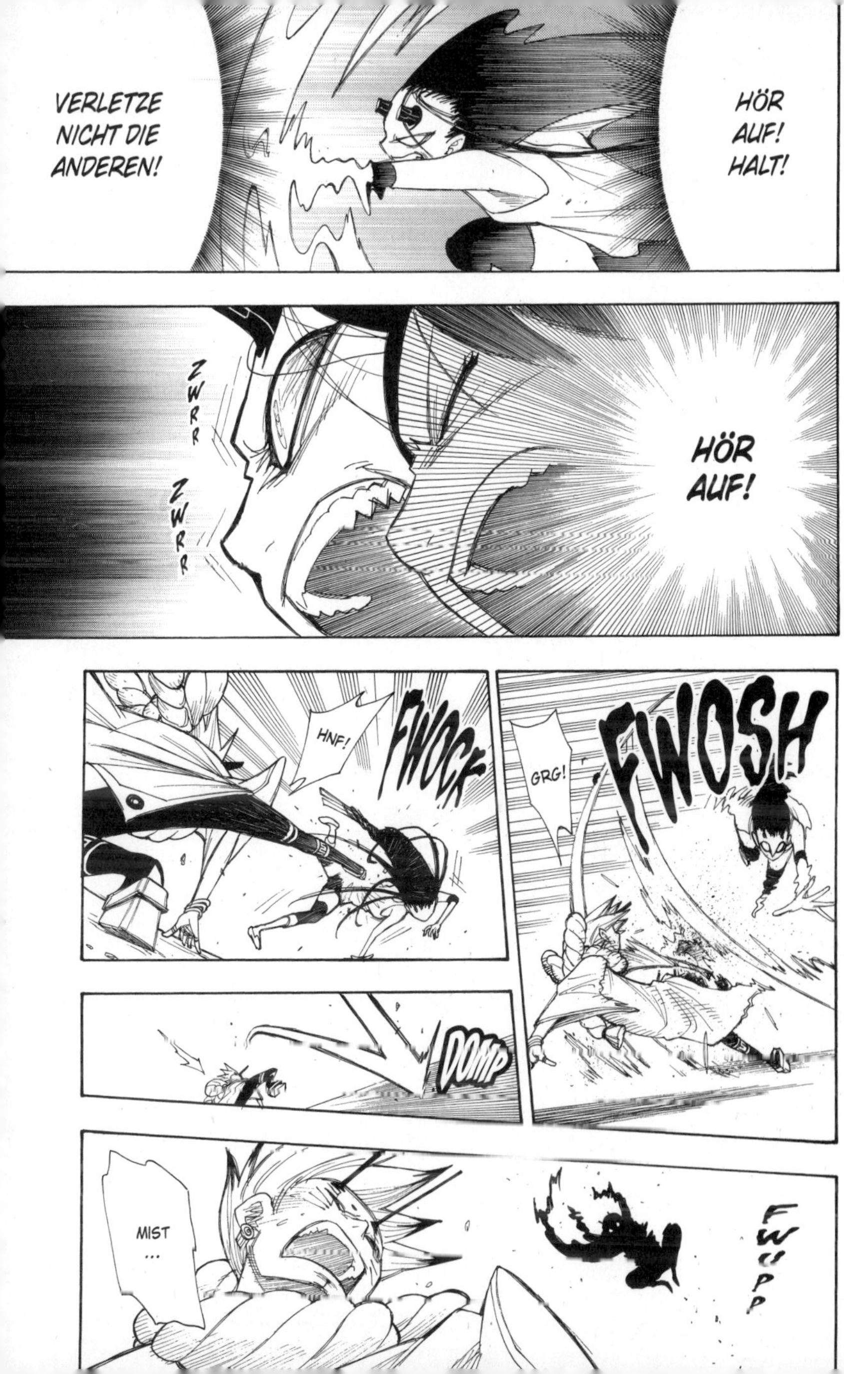

HÖR AUF! HALT!

VERLETZE NICHT DIE ANDEREN!

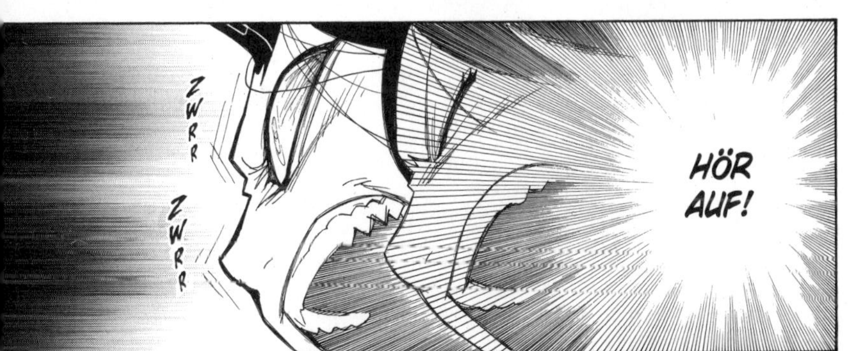


FWOSH

GRG!

HNF!

FWOCK

DOMP

FWUPP

MIST …

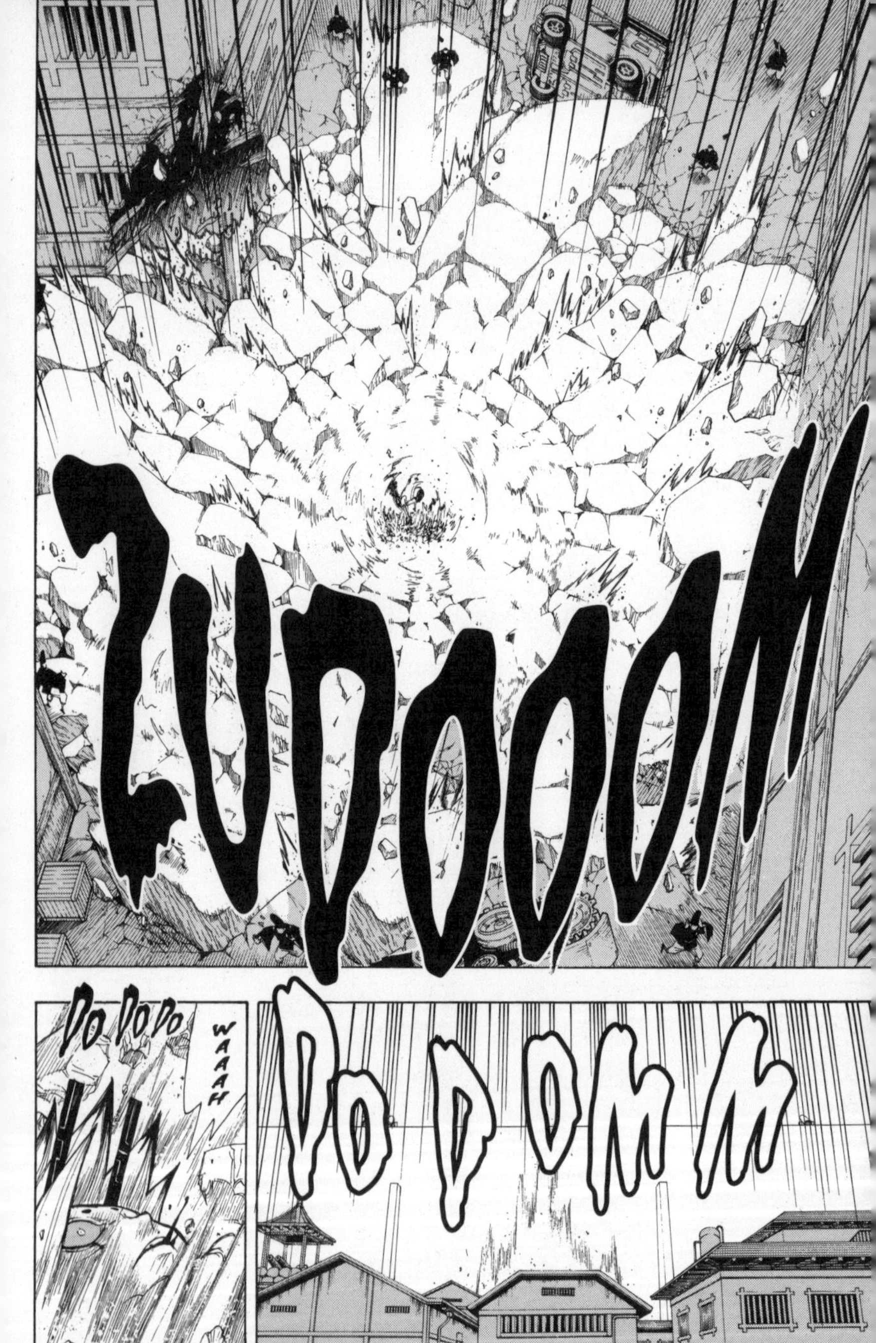
ZUDOOOM
DODOMM
DO DO DO
WAAAH

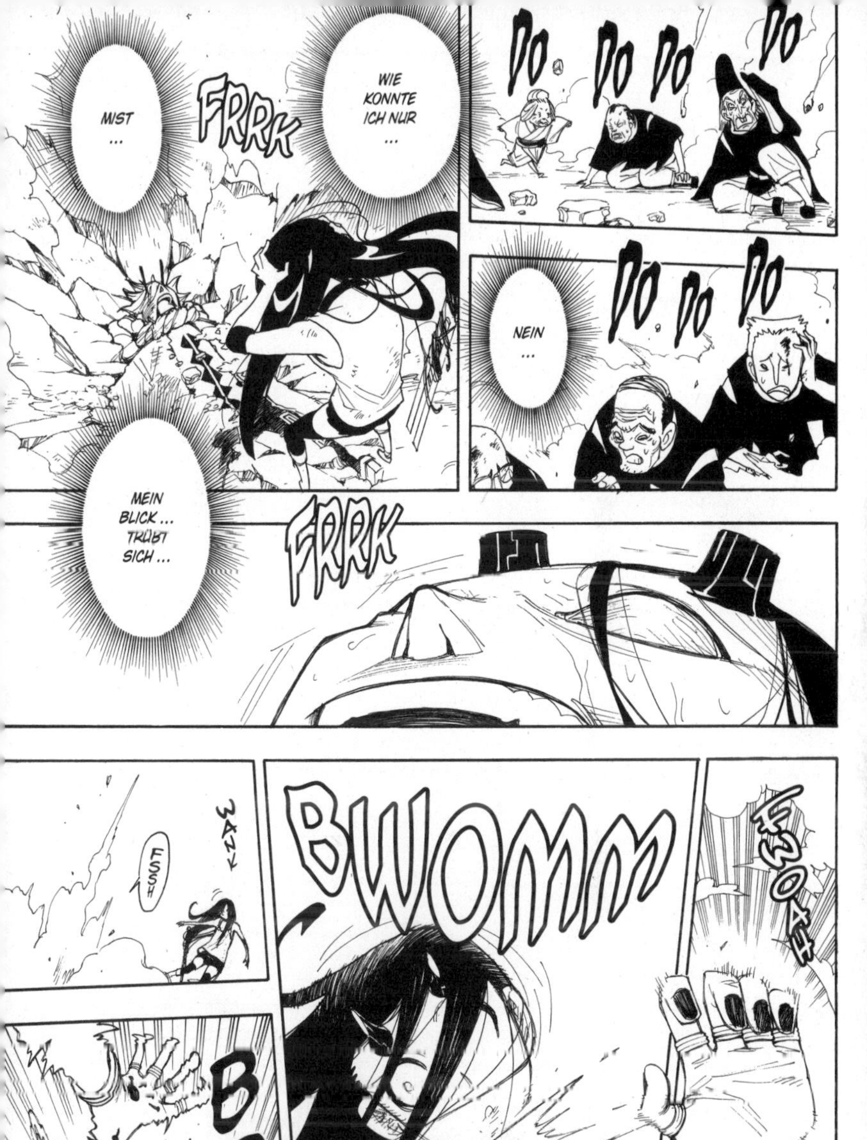

DO DO DO DO
NEIN …
DO DO DO
MIST …
FRRK
WIE KONNTE ICH NUR …
MEIN BLICK … TRÜBT SICH …
FRRK
FWOASH
BWOMM
WANK
FSSH
BRK

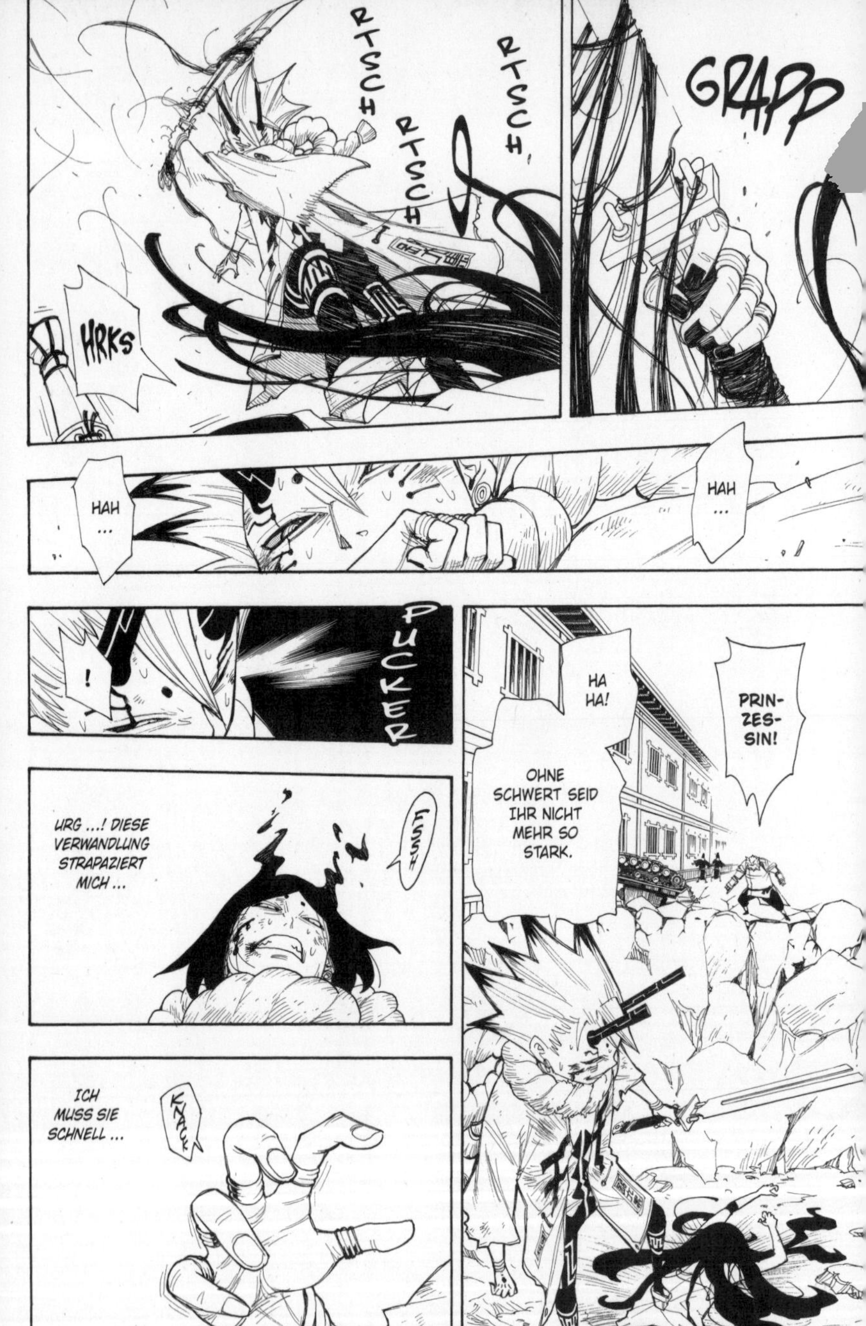
GRAPP
RTSCH
RTSCH
RTSCH
HRKS
HAH ...
HAH ...
PRIN-ZES-SIN!
HA HA!
OHNE SCHWERT SEID IHR NICHT MEHR SO STARK.
PUCKER
!
URG ...! DIESE VERWANDLUNG STRAPAZIERT MICH ...
FSSH
ICH MUSS SIE SCHNELL ...
KNACK

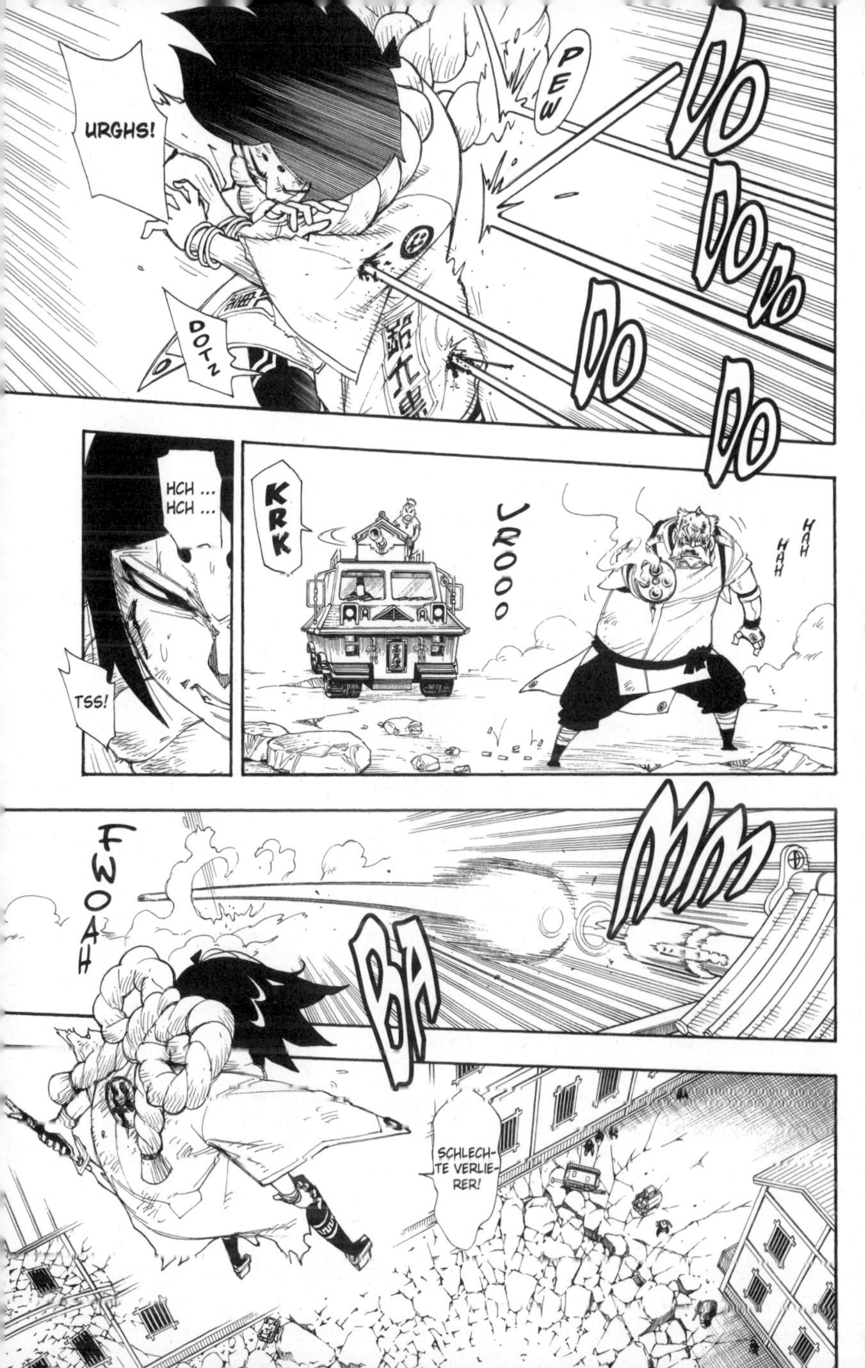
PEW
DODODODO
URGHS!
DOTZ
DODO
HCH ... HCH ...
TSS!
KRK
VROOOO
HAH HAH
MMM
FWOAH
BA
SCHLECH-TE VERLIE-RER!

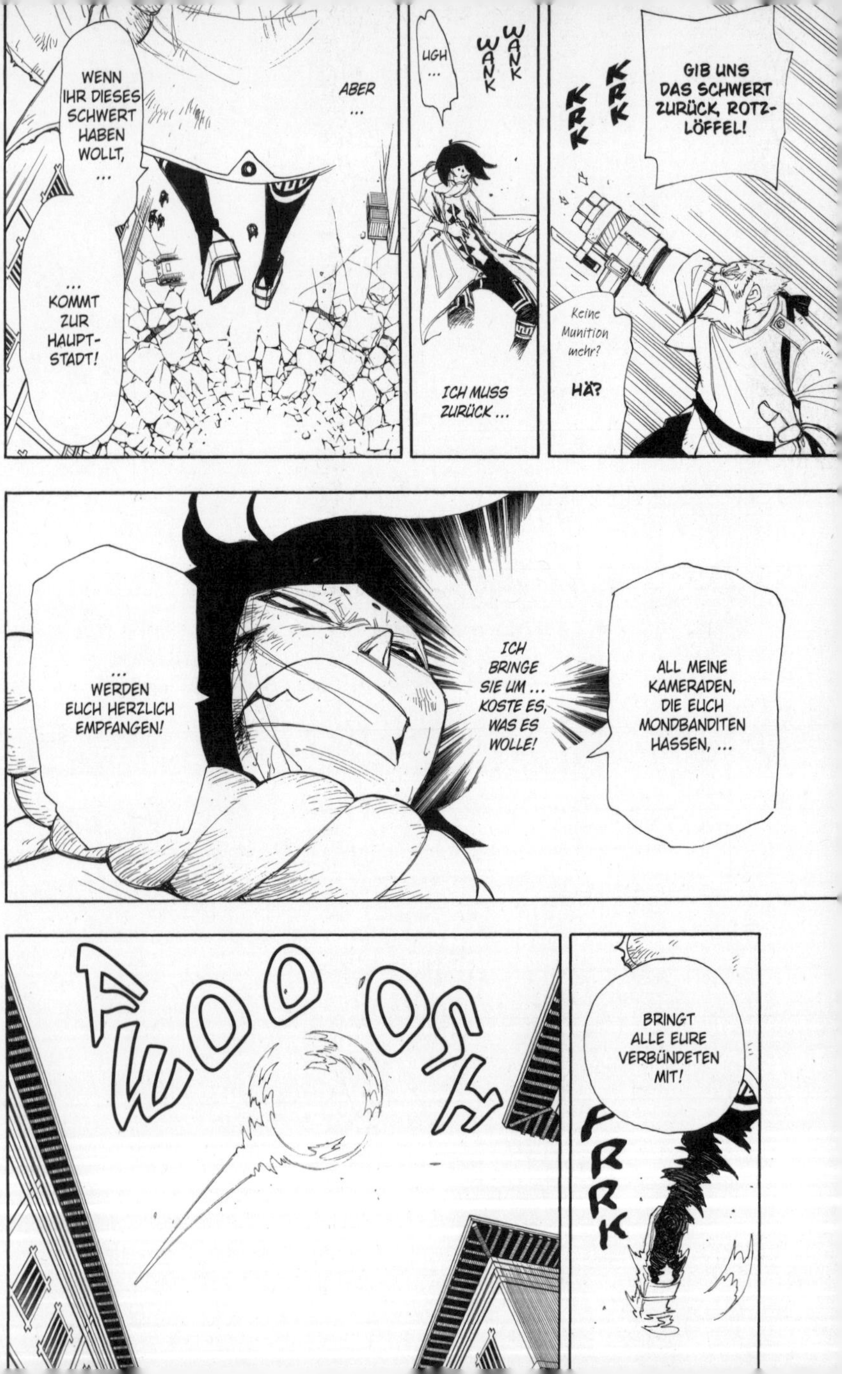

GIB UNS DAS SCHWERT ZURÜCK, ROTZLÖFFEL!
KRK KRK
Keine Munition mehr?
HÄ?
WANK WANK
UGH ...
ICH MUSS ZURÜCK ...
ABER ...
WENN IHR DIESES SCHWERT HABEN WOLLT, ...
... KOMMT ZUR HAUPTSTADT!

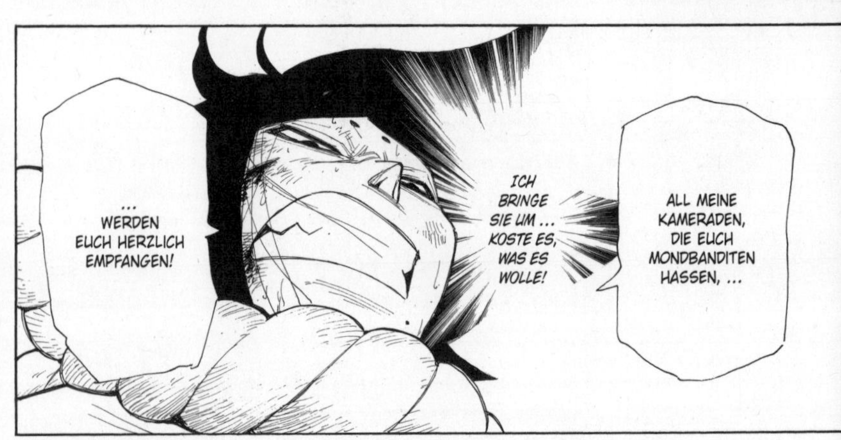


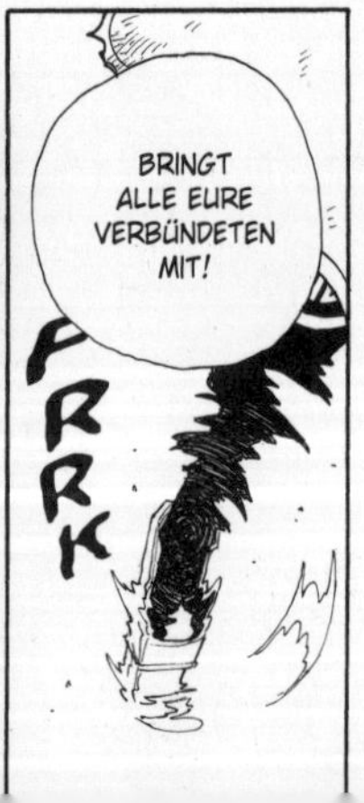


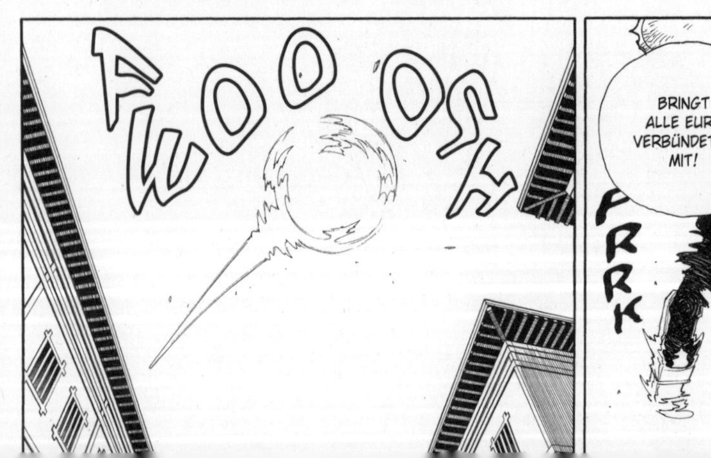

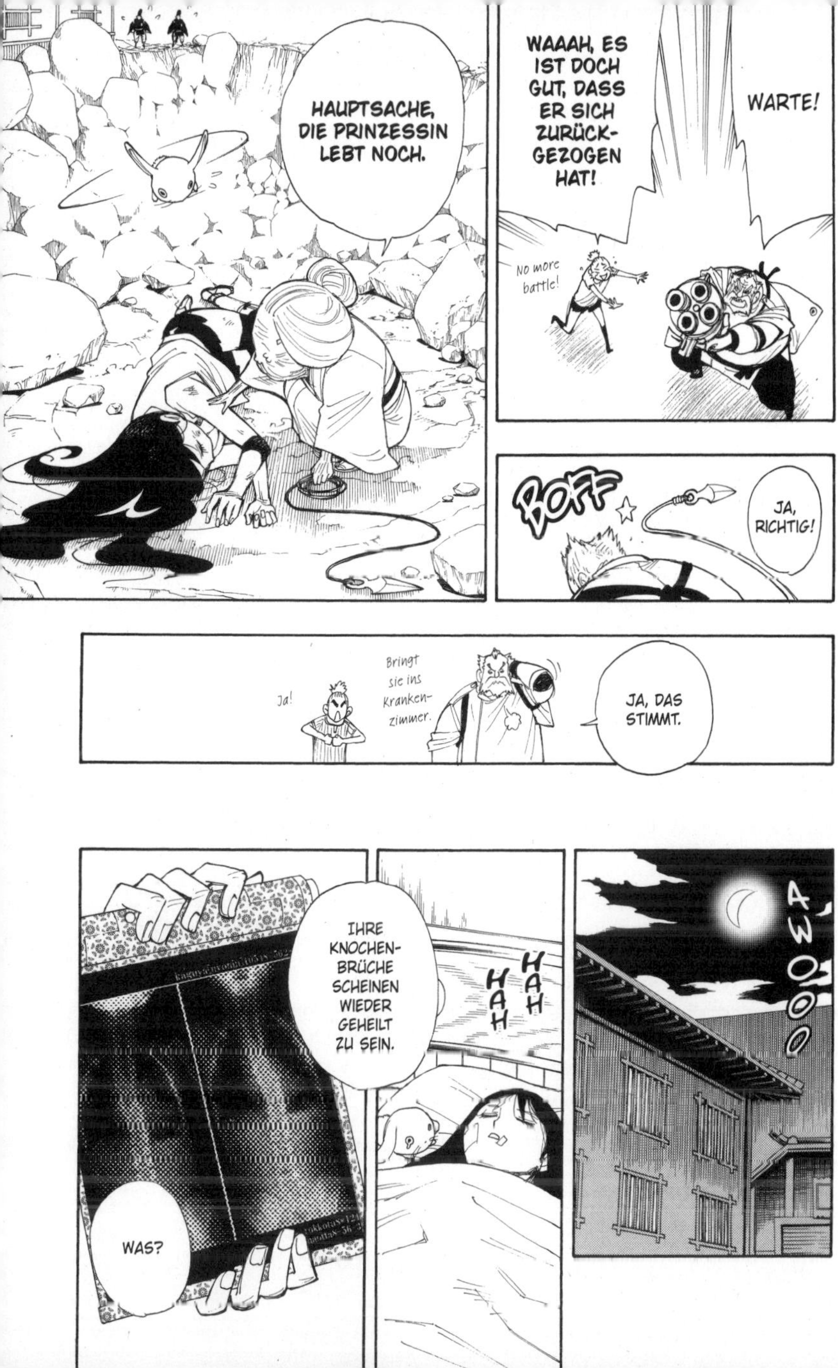

WARTE!
WAAAH, ES IST DOCH GUT, DASS ER SICH ZURÜCK-GEZOGEN HAT!
No more battle!
BOFF
JA, RICHTIG!
HAUPTSACHE, DIE PRINZESSIN LEBT NOCH.

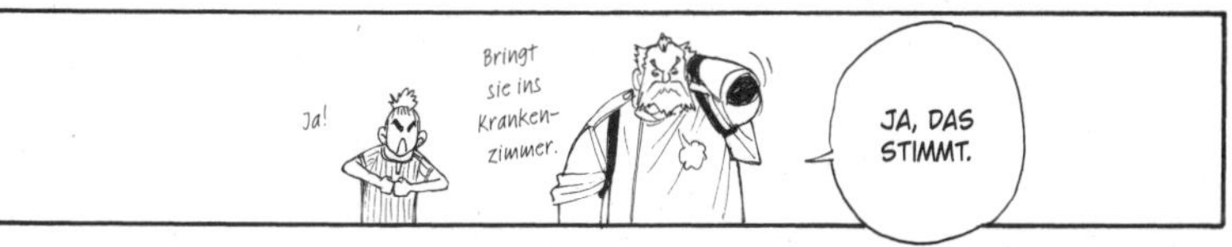


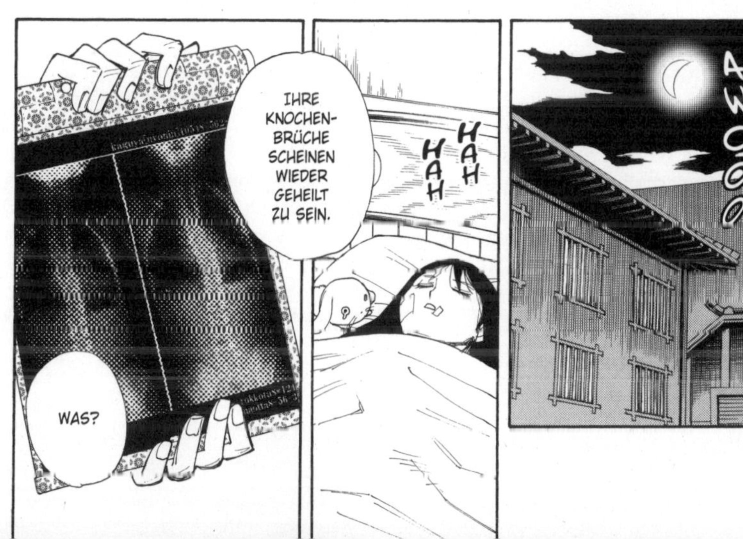

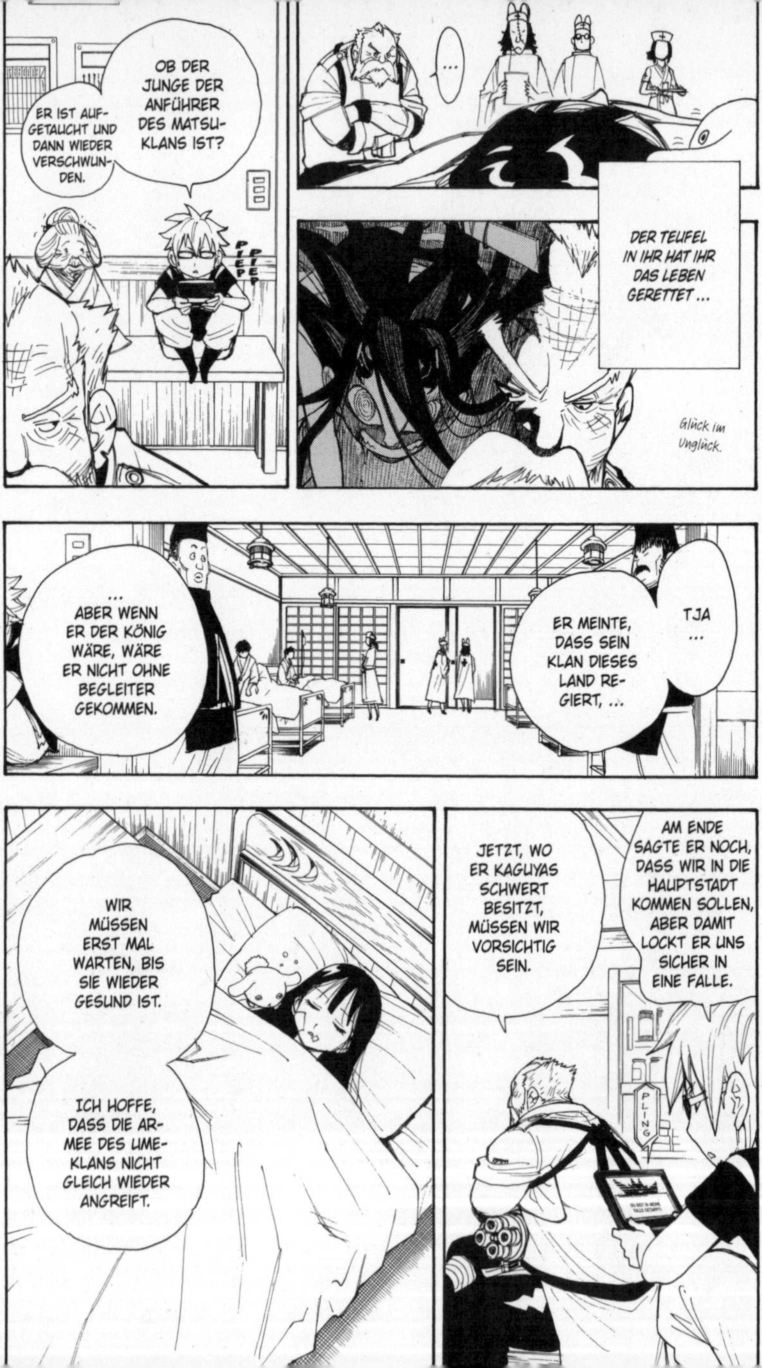

…
DER TEUFEL IN IHR HAT IHR DAS LEBEN GERETTET …
Glück im Unglück.
OB DER JUNGE DER ANFÜHRER DES MATSUKLANS IST?
ER IST AUFGETAUCHT UND DANN WIEDER VERSCHWUNDEN.
PIEP PIEP

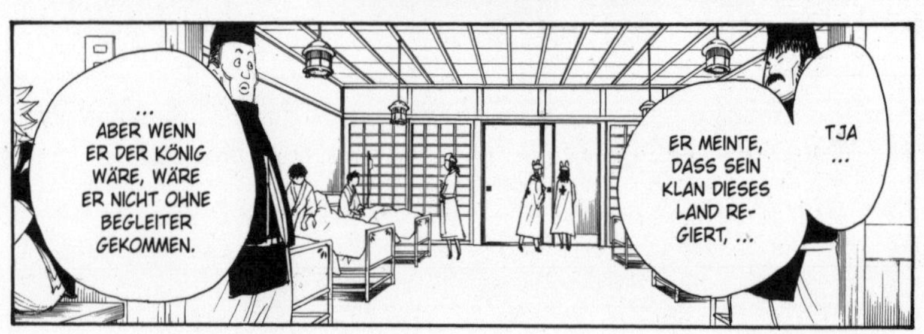
TJA …
ER MEINTE, DASS SEIN KLAN DIESES LAND REGIERT, …
… ABER WENN ER DER KÖNIG WÄRE, WÄRE ER NICHT OHNE BEGLEITER GEKOMMEN.

AM ENDE SAGTE ER NOCH, DASS WIR IN DIE HAUPTSTADT KOMMEN SOLLEN, ABER DAMIT LOCKT ER UNS SICHER IN EINE FALLE.
JETZT, WO ER KAGUYAS SCHWERT BESITZT, MÜSSEN WIR VORSICHTIG SEIN.
PLING
WIR MÜSSEN ERST MAL WARTEN, BIS SIE WIEDER GESUND IST.
ICH HOFFE, DASS DIE ARMEE DES UMEKLANS NICHT GLEICH WIEDER ANGREIFT.

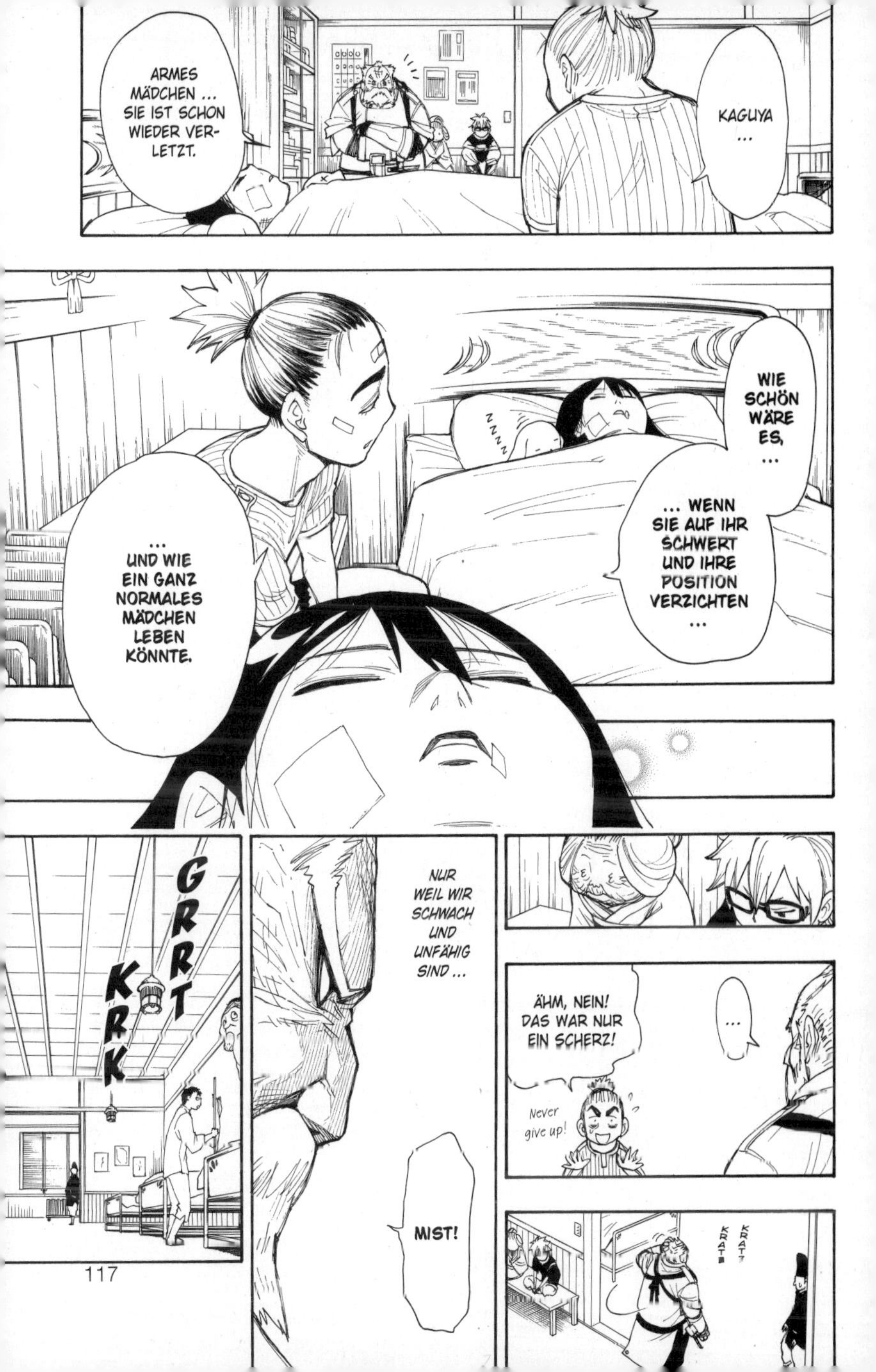

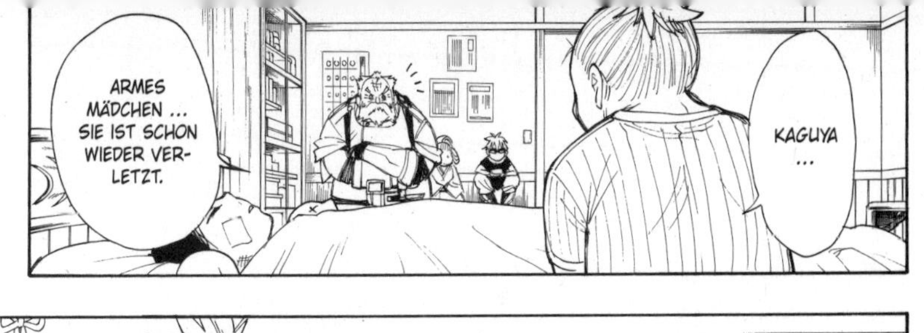
KAGUYA …
ARMES MÄDCHEN … SIE IST SCHON WIEDER VER-LETZT.

WIE SCHÖN WÄRE ES, …
… WENN SIE AUF IHR SCHWERT UND IHRE POSITION VERZICHTEN …
… UND WIE EIN GANZ NORMALES MÄDCHEN LEBEN KÖNNTE.
…
ÄHM, NEIN! DAS WAR NUR EIN SCHERZ!
Never give up!
KRATT KRATT
NUR WEIL WIR SCHWACH UND UNFÄHIG SIND …
MIST!
GRRT
KRK

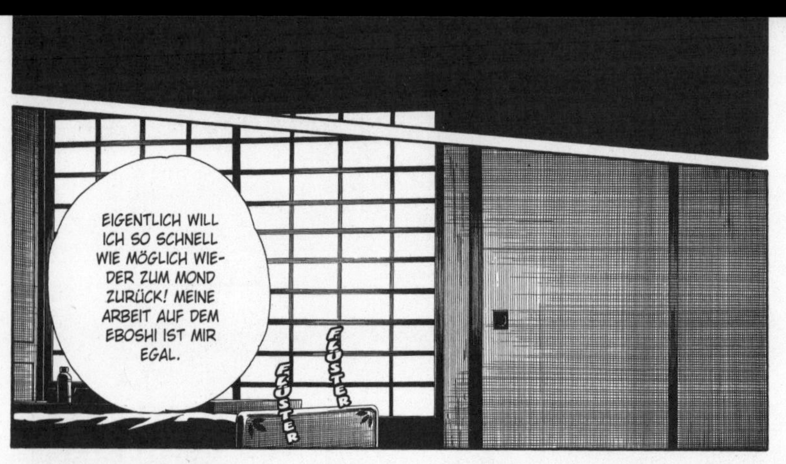
EIGENTLICH WILL ICH SO SCHNELL WIE MÖGLICH WIEDER ZUM MOND ZURÜCK! MEINE ARBEIT AUF DEM EBOSHI IST MIR EGAL.
FLÜSTER
FLÜSTER

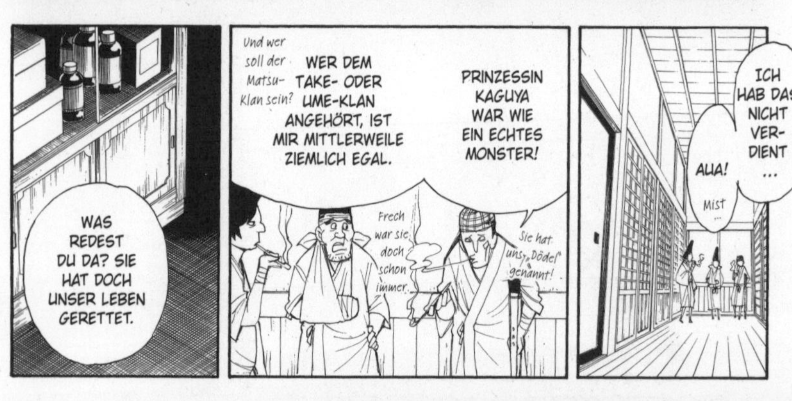
ICH HAB DAS NICHT VERDIENT ...
AUA!
Mist ...
PRINZESSIN KAGUYA WAR WIE EIN ECHTES MONSTER!
Sie hat uns „Dödel" genannt!
Frech war sie doch schon immer.
WER DEM TAKE- ODER UME-KLAN ANGEHÖRT, IST MIR MITTLERWEILE ZIEMLICH EGAL.
Und wer soll der Matsu-Klan sein?
WAS REDEST DU DA? SIE HAT DOCH UNSER LEBEN GERETTET.

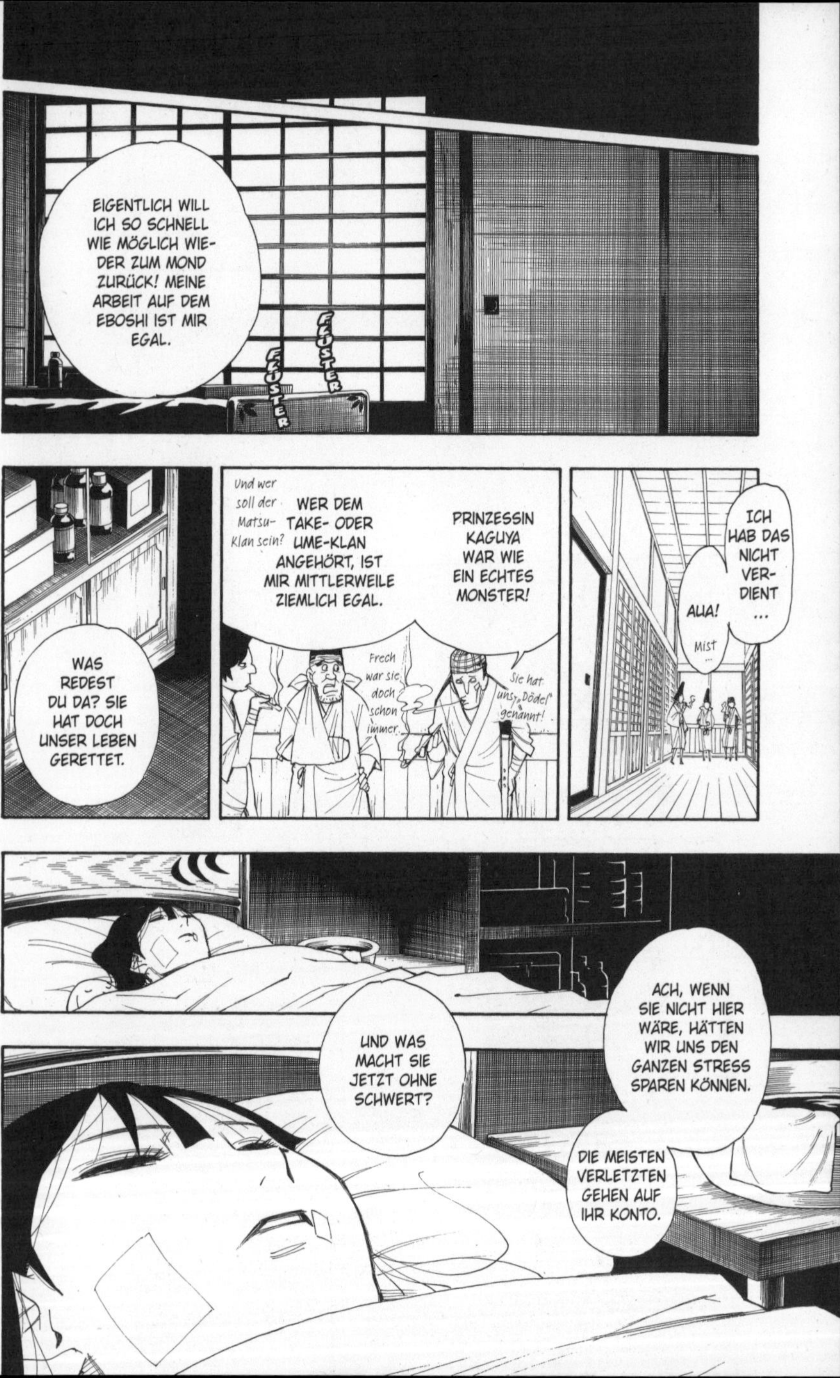

ACH, WENN SIE NICHT HIER WÄRE, HÄTTEN WIR UNS DEN GANZEN STRESS SPAREN KÖNNEN.
DIE MEISTEN VERLETZTEN GEHEN AUF IHR KONTO.
UND WAS MACHT SIE JETZT OHNE SCHWERT?

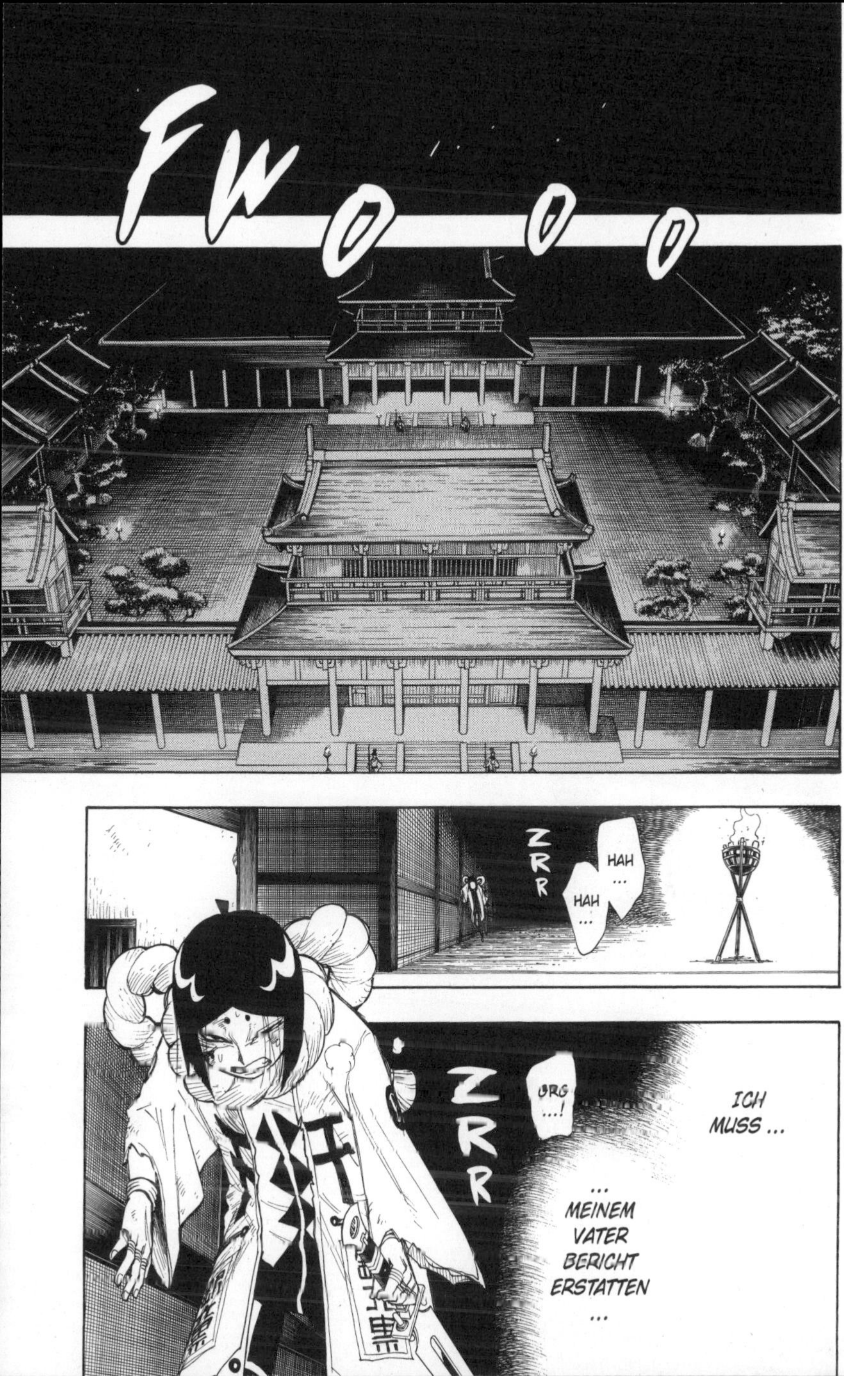

FWOOOO

HAH …
HAH …
ZRR

ICH MUSS …
URG …!
ZRR
… MEINEM VATER BERICHT ERSTATTEN …

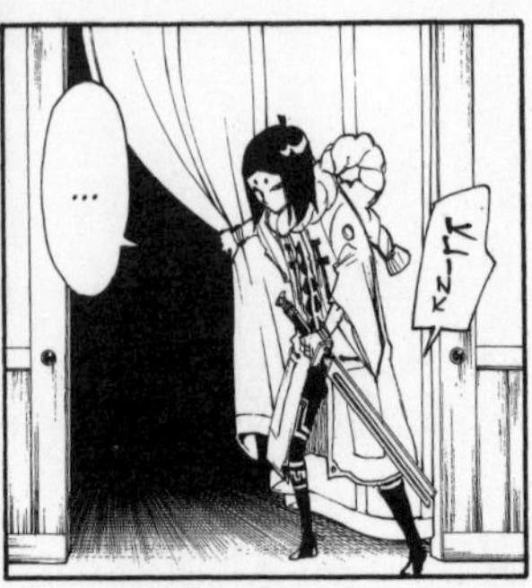


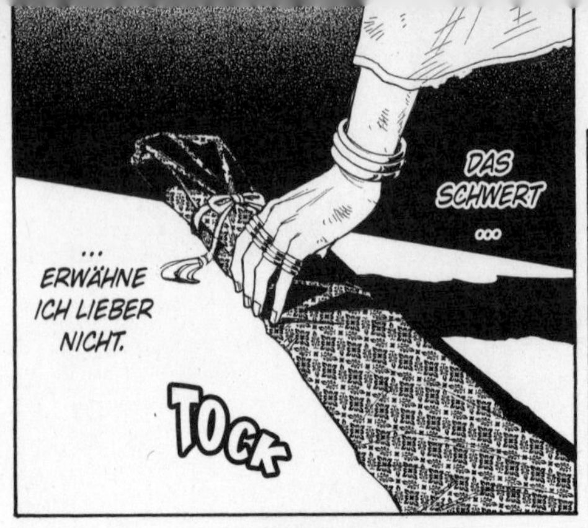


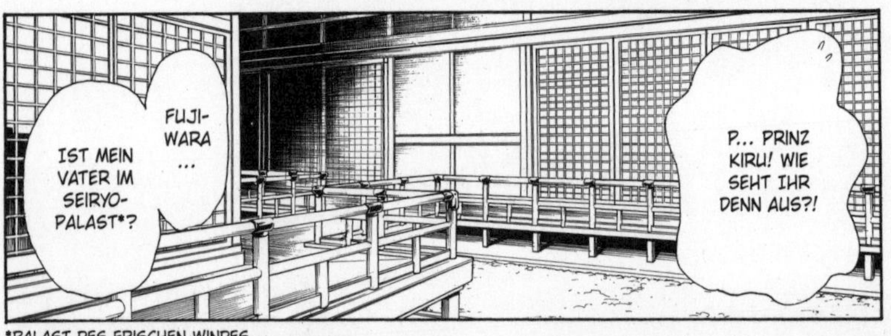


*PALAST DES FRISCHEN WINDES

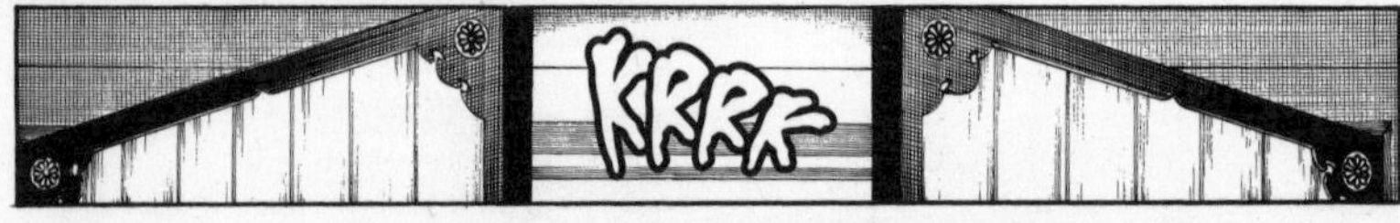


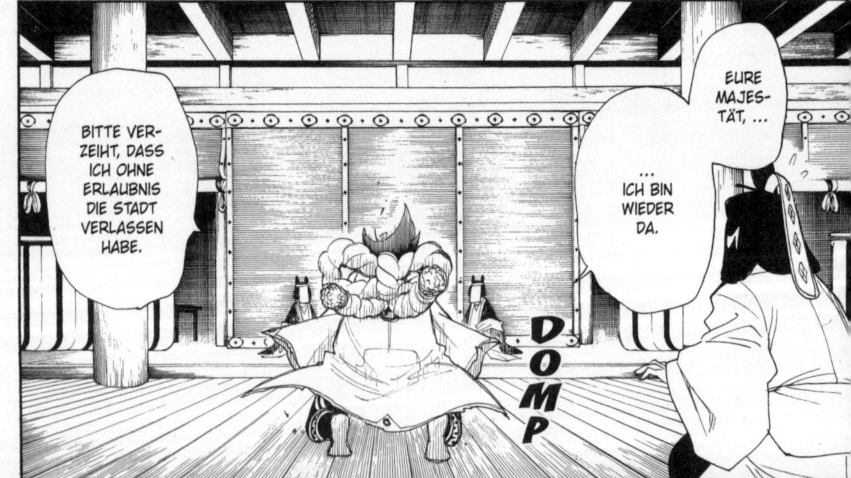

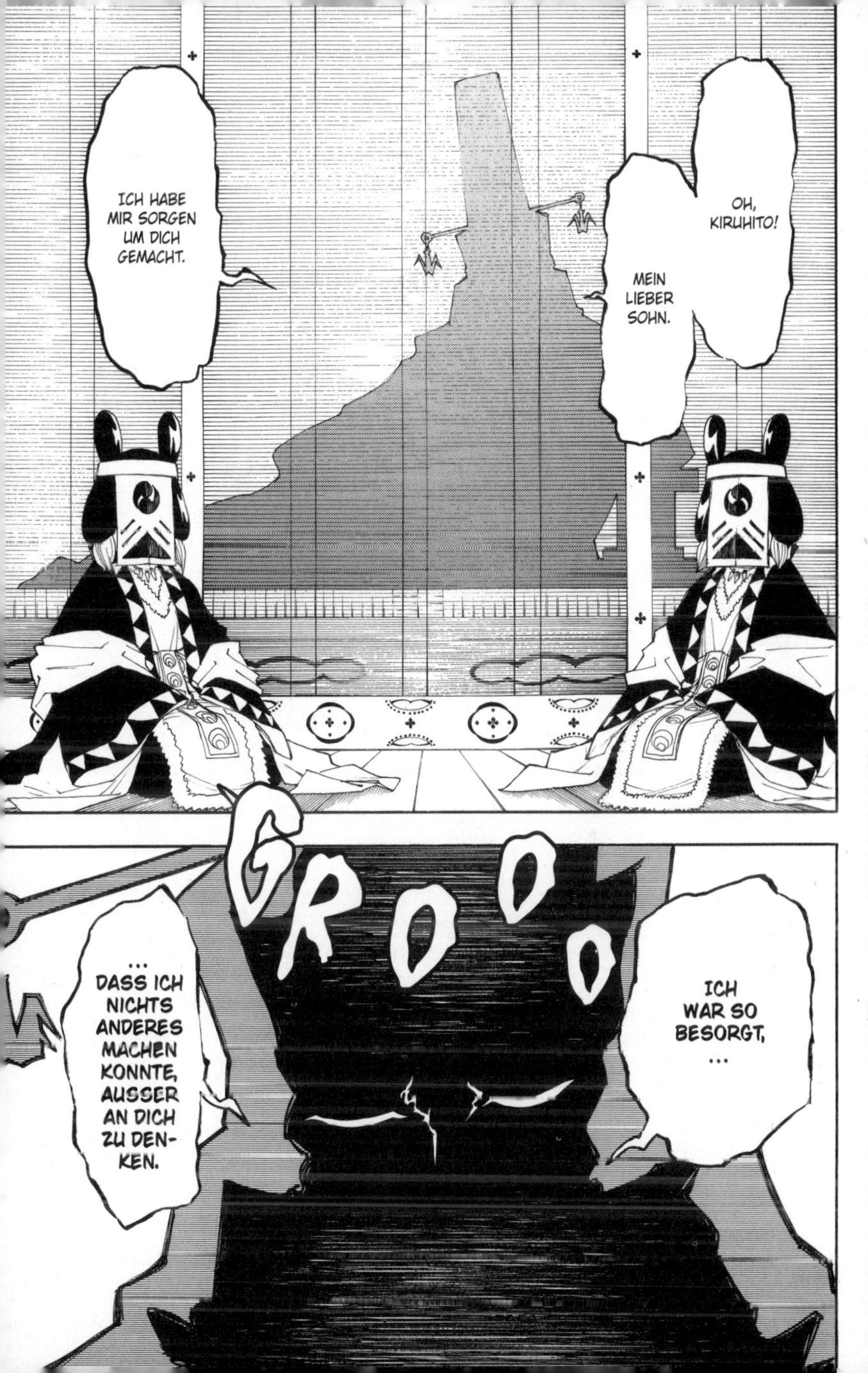
OH, KIRUHITO!
MEIN LIEBER SOHN.
ICH HABE MIR SORGEN UM DICH GEMACHT.
GROOO
ICH WAR SO BESORGT, ...
... DASS ICH NICHTS ANDERES MACHEN KONNTE, AUSSER AN DICH ZU DEN-KEN.

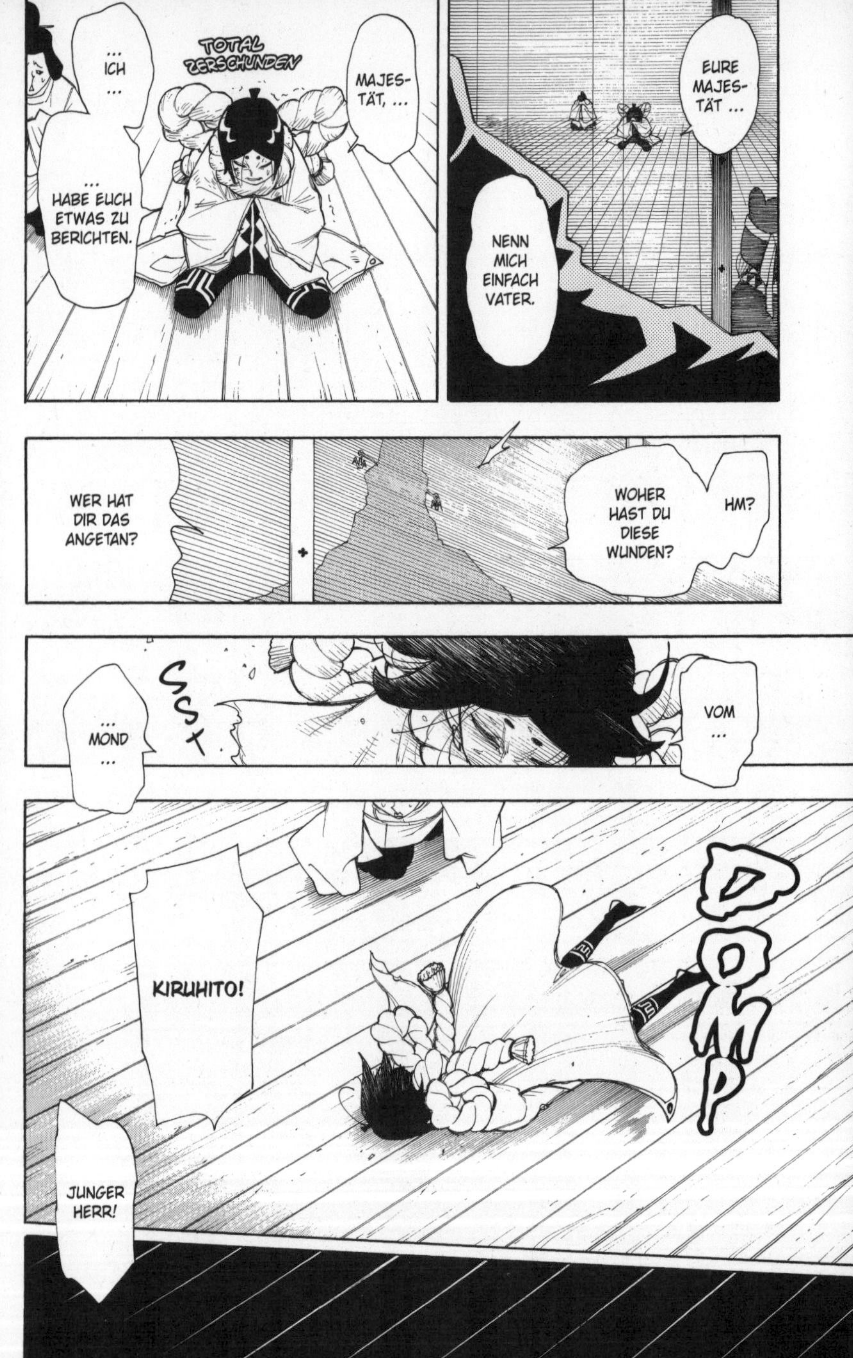
EURE MAJESTÄT ...
NENN MICH EINFACH VATER.
MAJESTÄT, ...
TOTAL ZERSCHUNDEN
... ICH ...
... HABE EUCH ETWAS ZU BERICHTEN.
HM?
WOHER HAST DU DIESE WUNDEN?
WER HAT DIR DAS ANGETAN?
VOM ...
... MOND ...
DOMP
KIRUHITO!
JUNGER HERR!

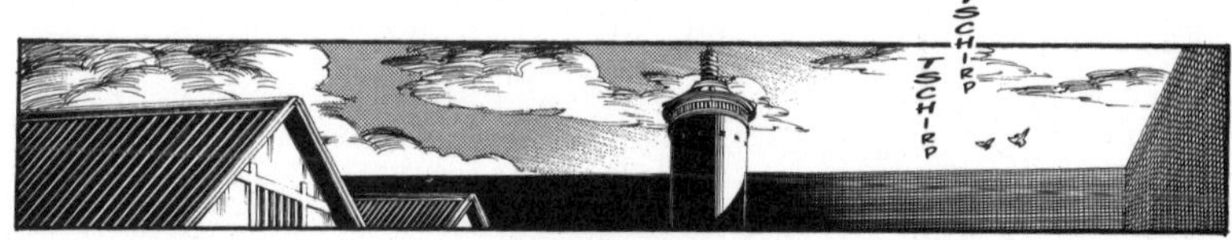
TSCHIRP
TSCHIRP

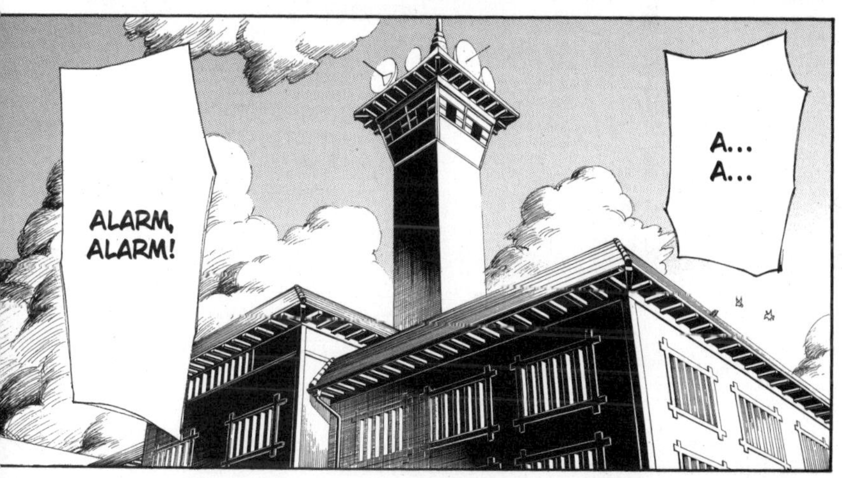
A...
A...
ALARM,
ALARM!

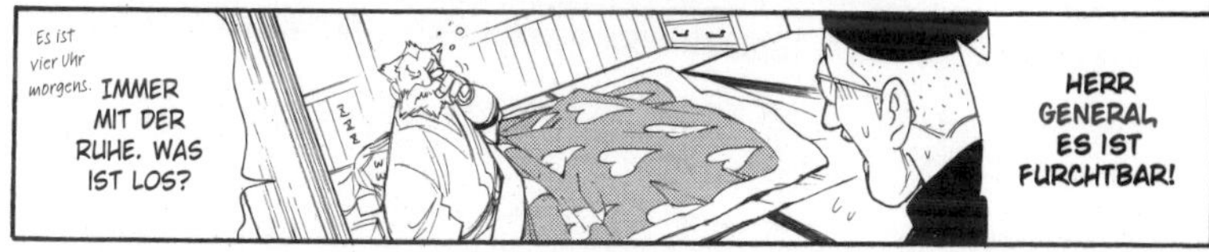
HERR GENERAL, ES IST FURCHTBAR!
Es ist vier Uhr morgens.
IMMER MIT DER RUHE. WAS IST LOS?

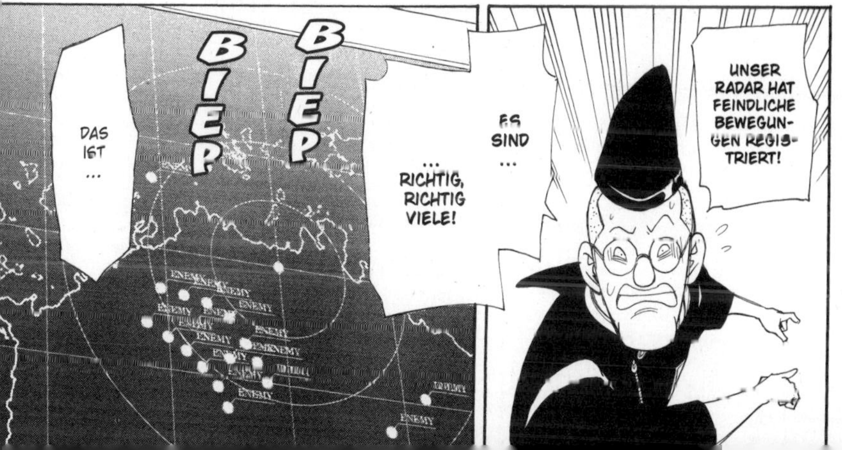
UNSER RADAR HAT FEINDLICHE BEWEGUNGEN REGISTRIERT!
ES SIND ...
... RICHTIG, RICHTIG VIELE!
BIEP
BIEP
DAS IST ...
ENEMY

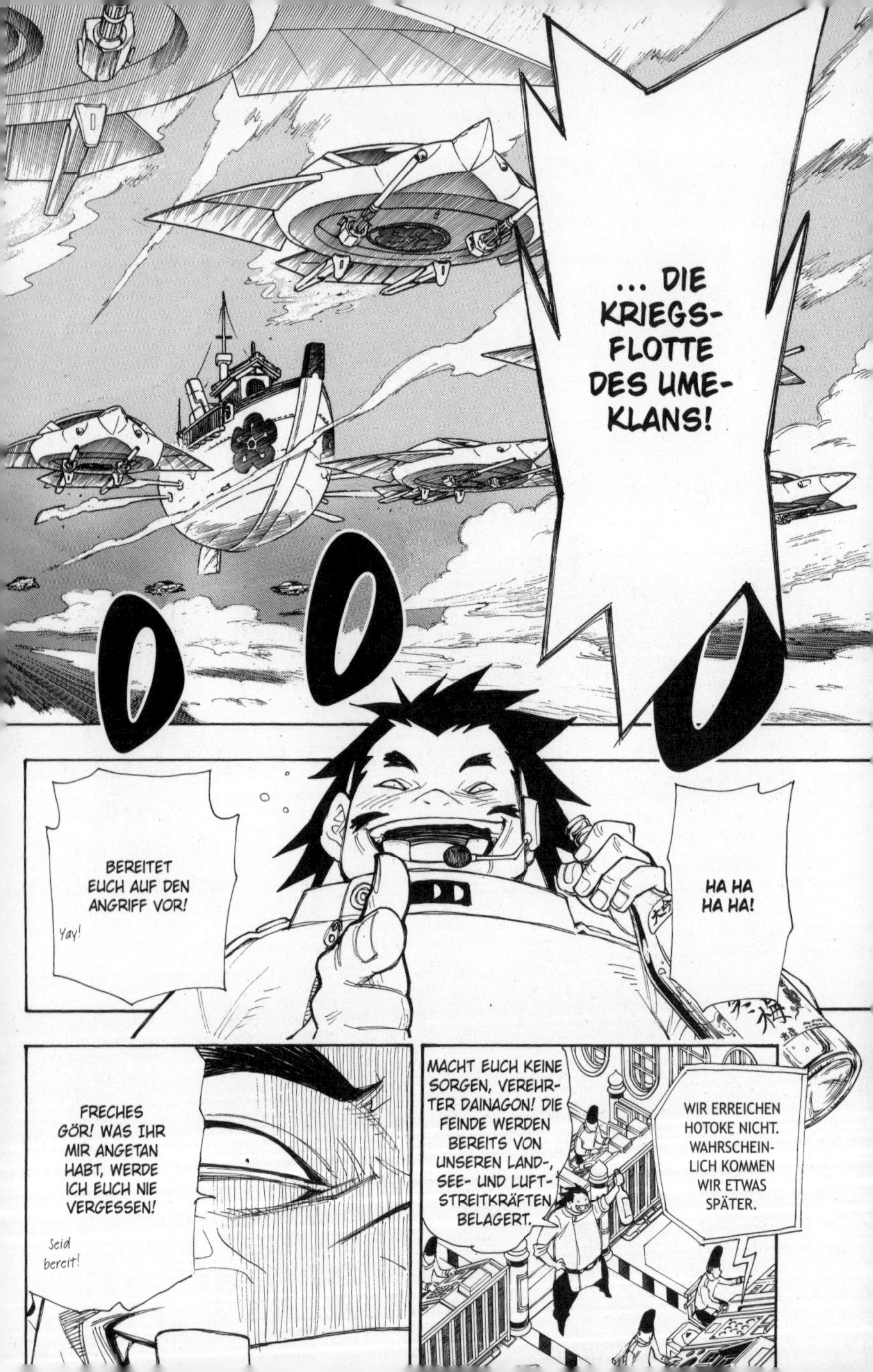
... DIE KRIEGS-FLOTTE DES UME-KLANS!
HA HA HA HA!
BEREITET EUCH AUF DEN ANGRIFF VOR!
Yay!
WIR ERREICHEN HOTOKE NICHT. WAHRSCHEIN-LICH KOMMEN WIR ETWAS SPÄTER.
MACHT EUCH KEINE SORGEN, VEREHR-TER DAINAGON! DIE FEINDE WERDEN BEREITS VON UNSEREN LAND-, SEE- UND LUFT-STREITKRÄFTEN BELAGERT.
FRECHES GÖR! WAS IHR MIR ANGETAN HABT, WERDE ICH EUCH NIE VERGESSEN!
Seid bereit!

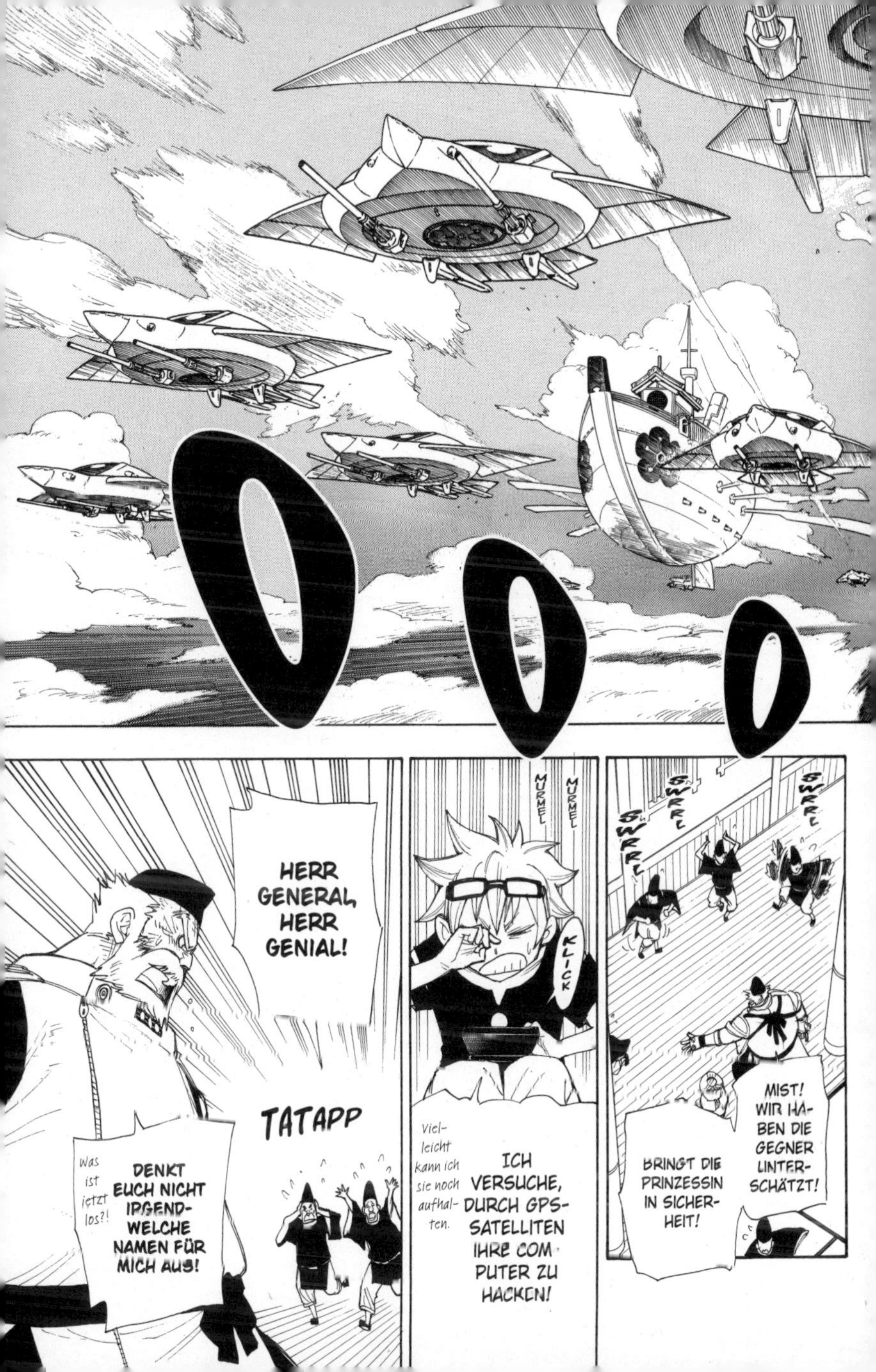

SWRRL
SWRRL
SWRRL
MIST! WIR HABEN DIE GEGNER UNTERSCHÄTZT!
BRINGT DIE PRINZESSIN IN SICHERHEIT!
MURMEL
MURMEL
KLICK
ICH VERSUCHE, DURCH GPS-SATELLITEN IHRE COMPUTER ZU HACKEN!
Vielleicht kann ich sie noch aufhalten.
HERR GENERAL, HERR GENIAL!
TATAPP
DENKT EUCH NICHT IRGENDWELCHE NAMEN FÜR MICH AUS!
Was ist jetzt los?!

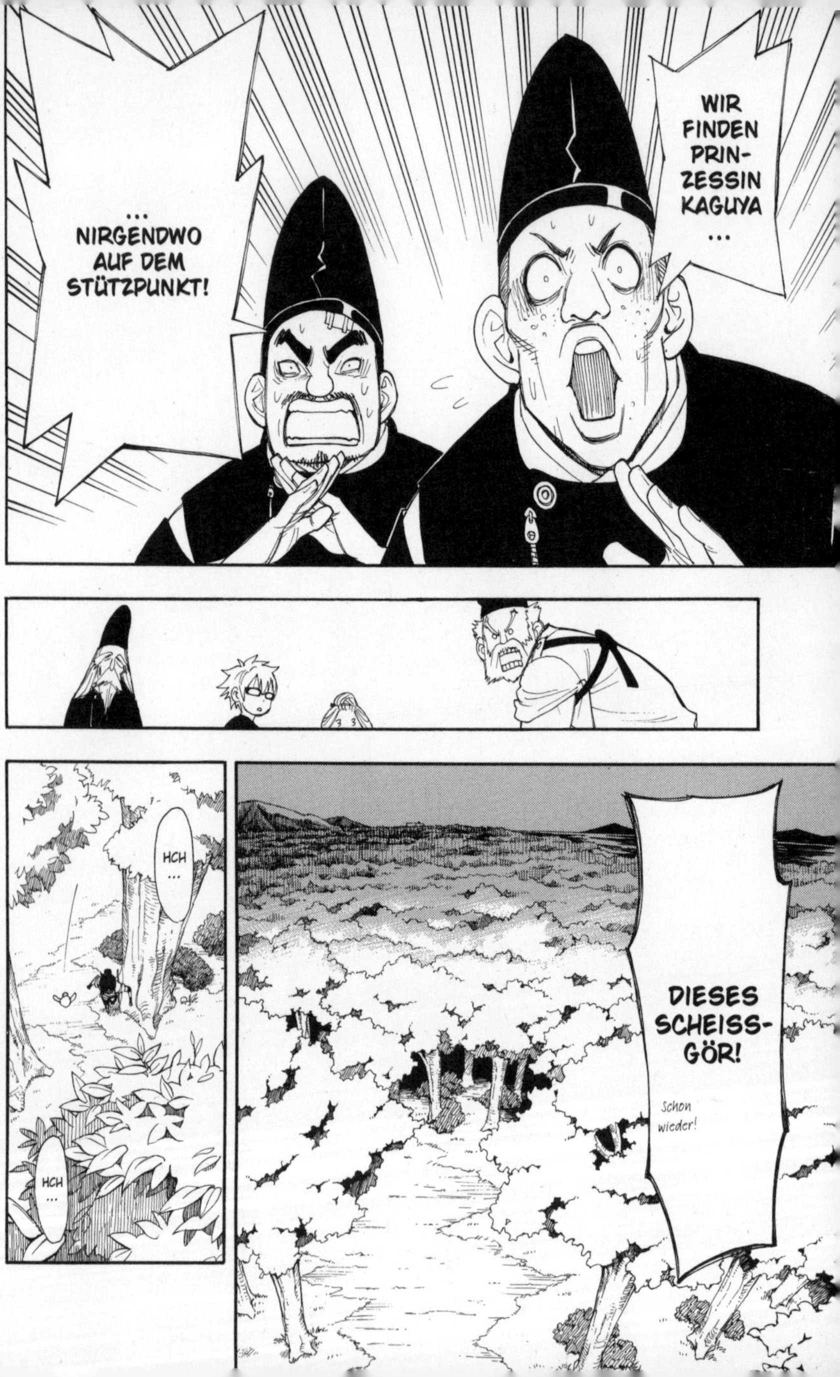

WIR FINDEN PRIN-ZESSIN KAGUYA ...

... NIRGENDWO AUF DEM STÜTZPUNKT!

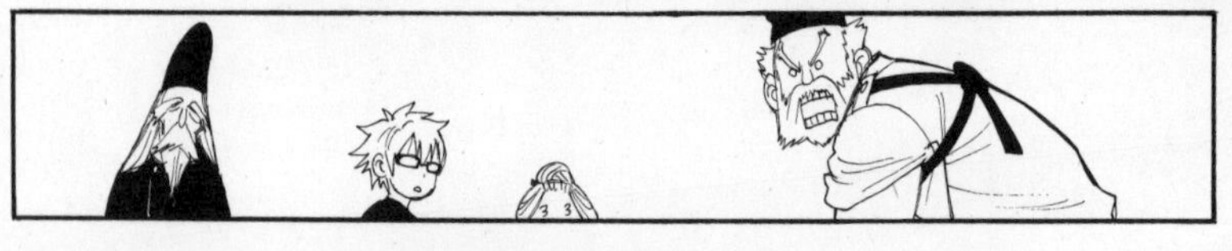

DIESES SCHEISS-GÖR!

Schon wieder!

HCH ...

HCH ...

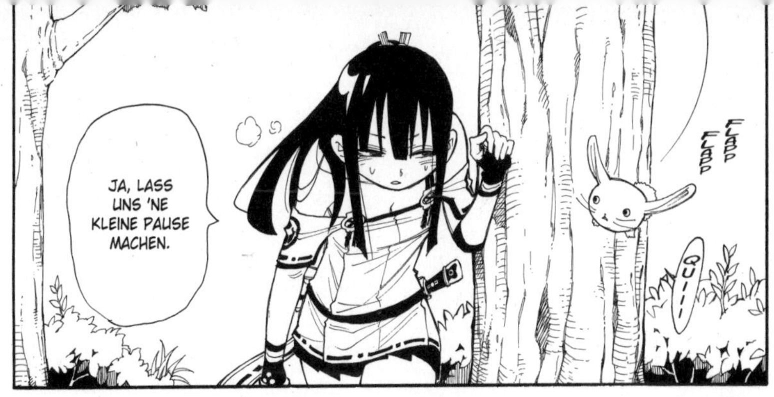
FLAPP FLAPP
QUIII
JA, LASS UNS 'NE KLEINE PAUSE MACHEN.

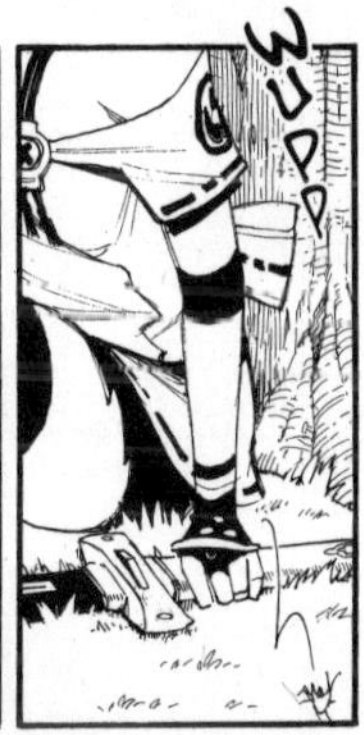
WUPP

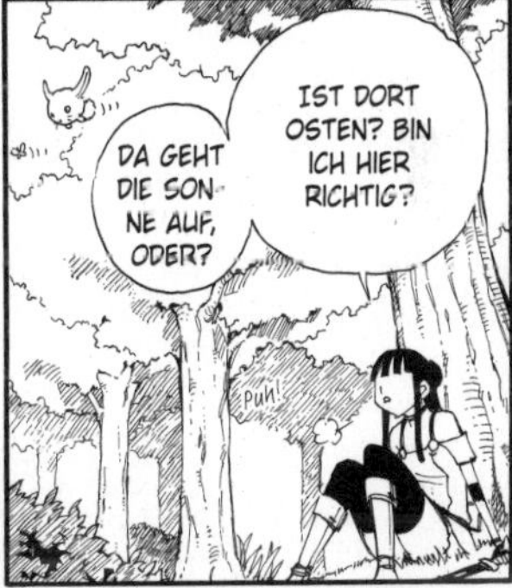
IST DORT OSTEN? BIN ICH HIER RICHTIG?
DA GEHT DIE SONNE AUF, ODER?
Puh!

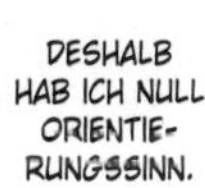
HA HA, ICH WAR NOCH NICHT OFT AUSSERHALB DES KAISERLICHEN PALASTES UNTERWEGS.
DESHALB HAB ICH NULL ORIENTIERUNGSSINN.

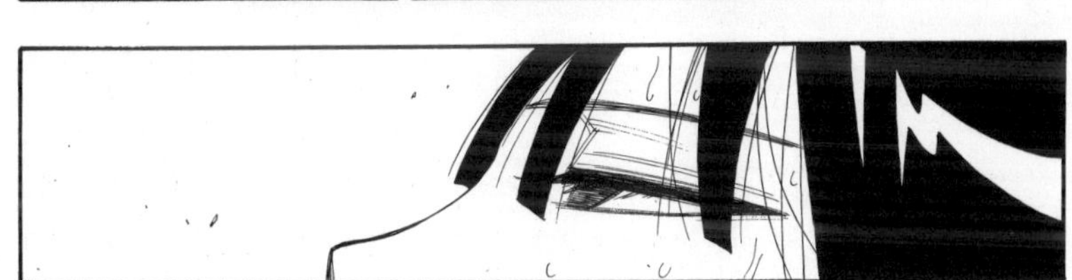

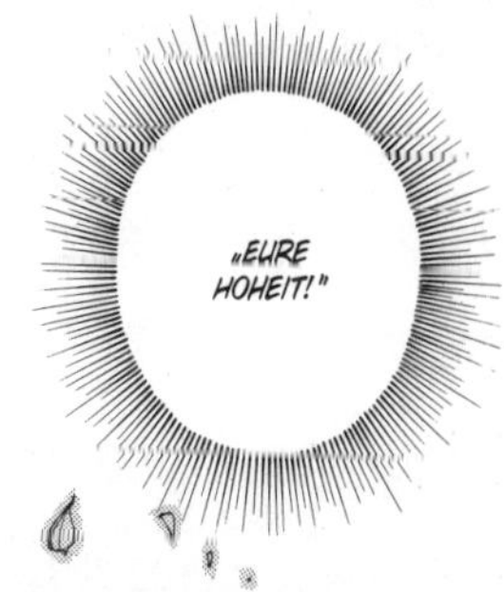
„EURE HOHEIT!"

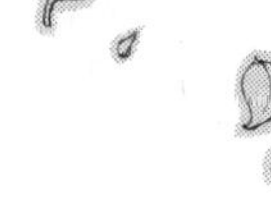

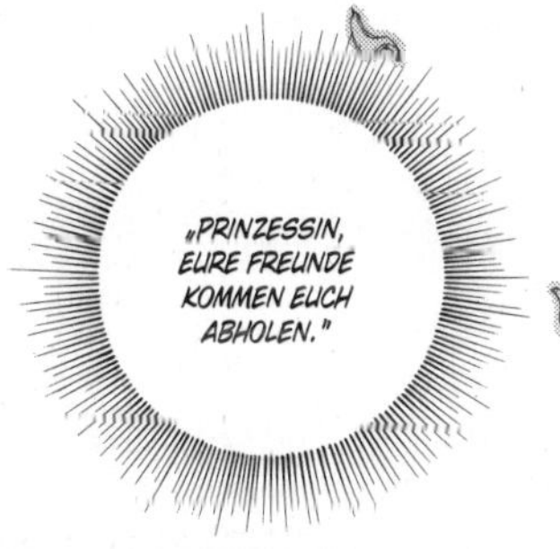
„PRINZESSIN, EURE FREUNDE KOMMEN EUCH ABHOLEN."

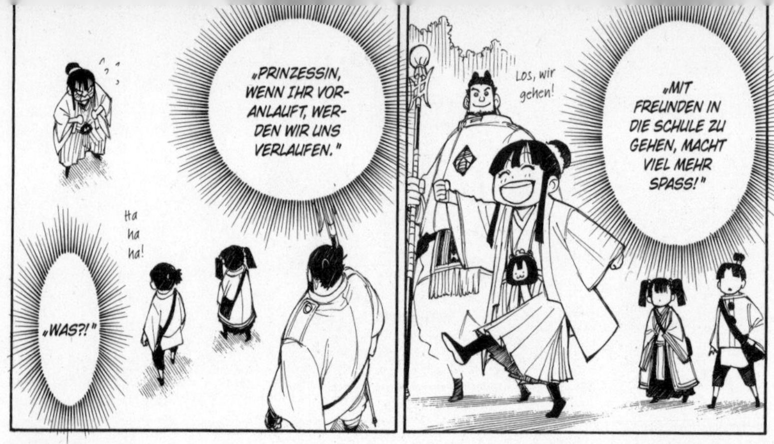
„MIT FREUNDEN IN DIE SCHULE ZU GEHEN, MACHT VIEL MEHR SPASS!"
Los, wir gehen!
„PRINZESSIN, WENN IHR VORANLAUFT, WERDEN WIR UNS VERLAUFEN."
Ha ha ha!
„WAS?!"

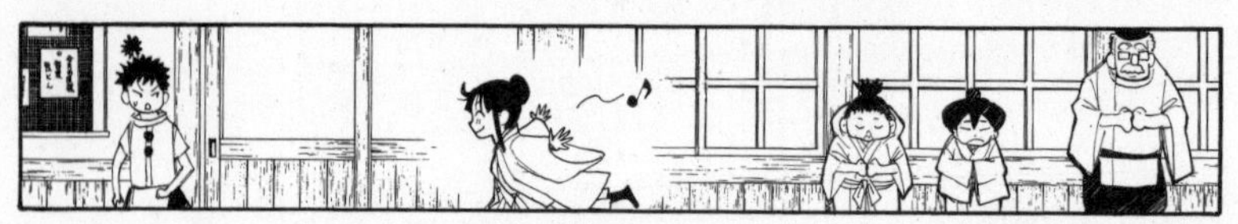

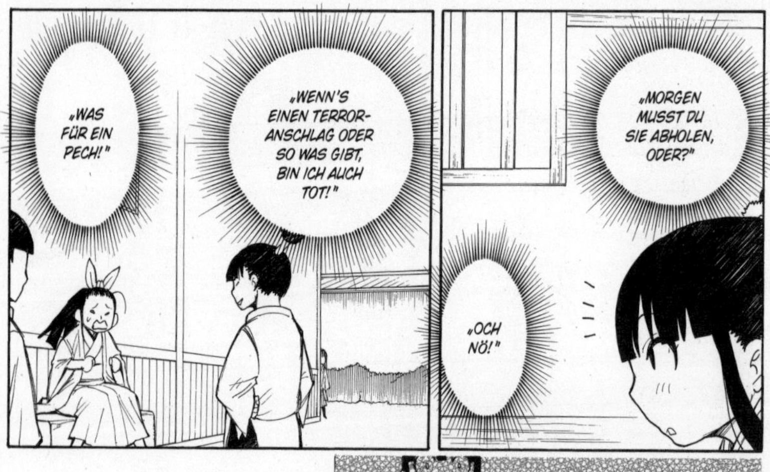
„MORGEN MUSST DU SIE ABHOLEN, ODER?"
„OCH NÖ!"
„WENN'S EINEN TERRORANSCHLAG ODER SO WAS GIBT, BIN ICH AUCH TOT!"
„WAS FÜR EIN PECH!"

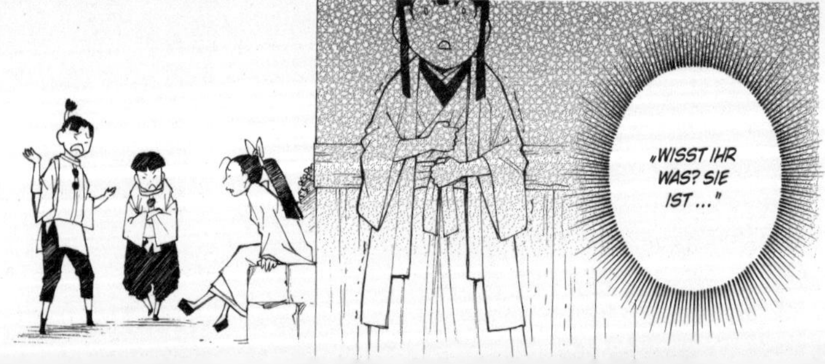
„WISST IHR WAS? SIE IST ..."

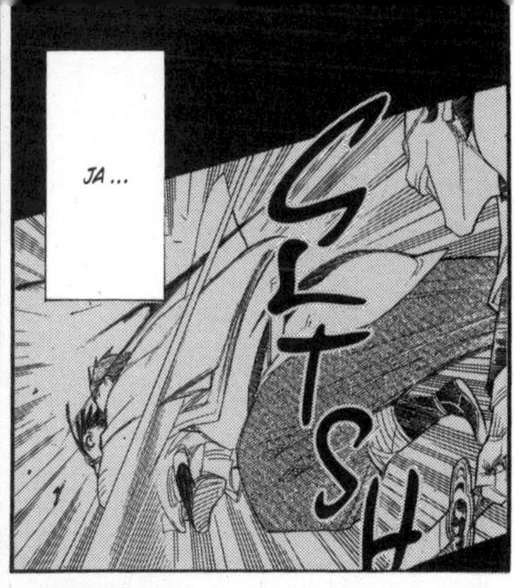
CLTSH
JA ...

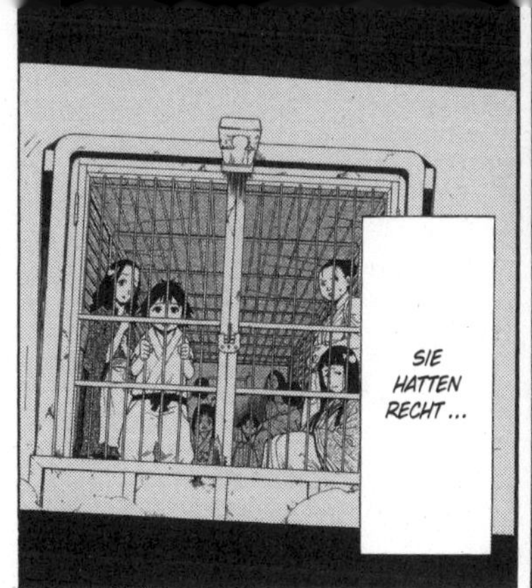
SIE HATTEN RECHT ...

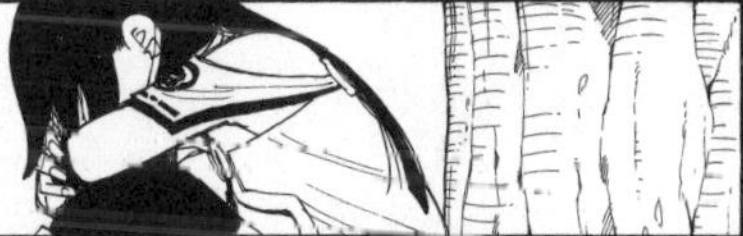

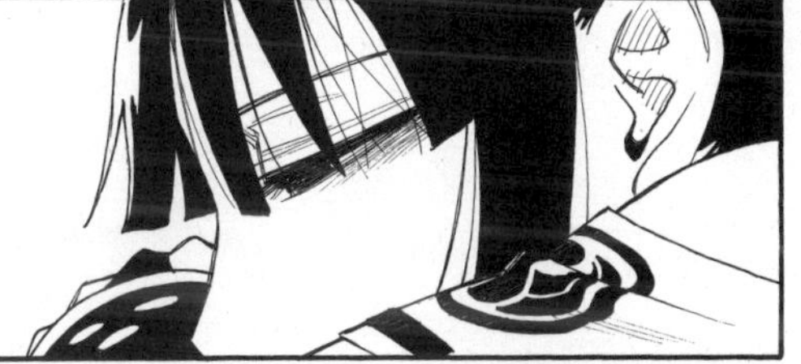

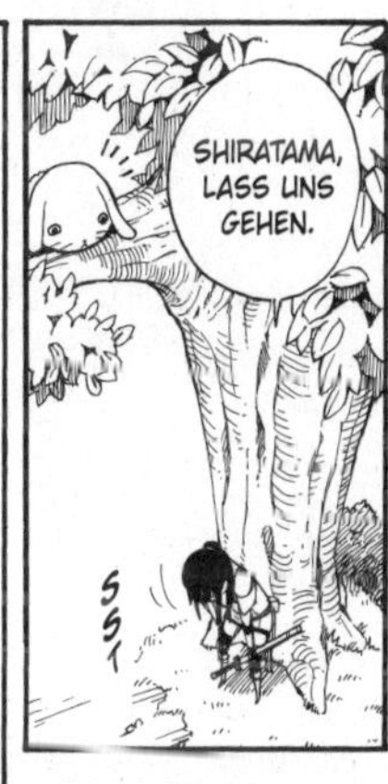
SHIRATAMA, LASS UNS GEHEN.
SST

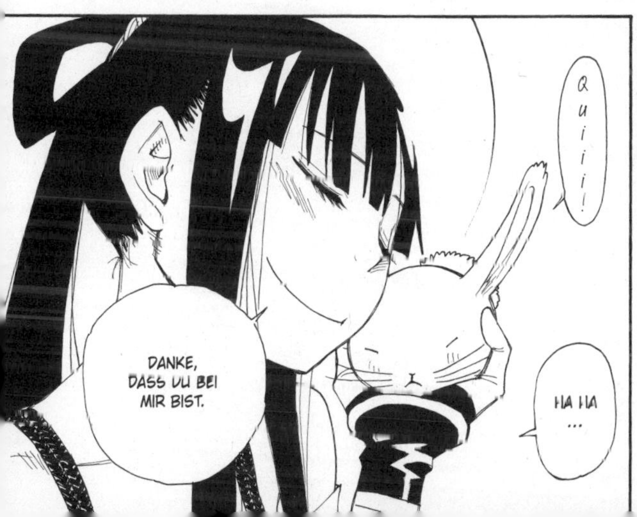
Quiii!
HA HA ...
DANKE, DASS DU BEI MIR BIST.

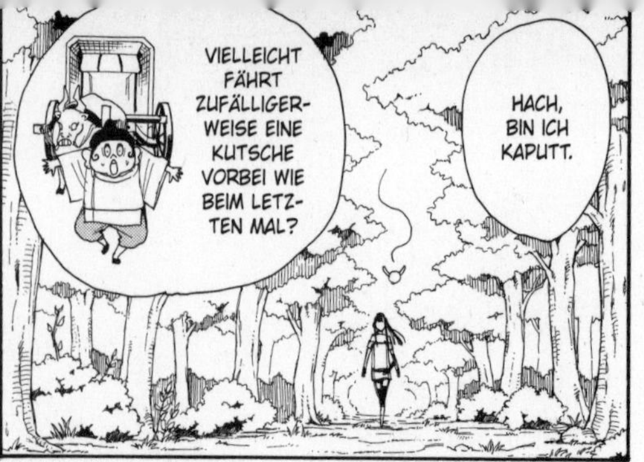


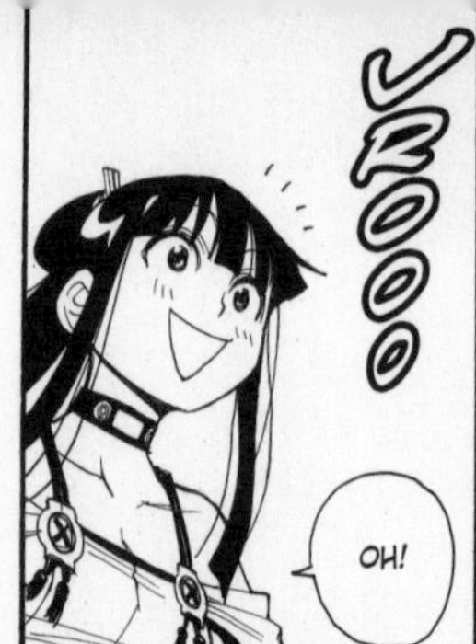


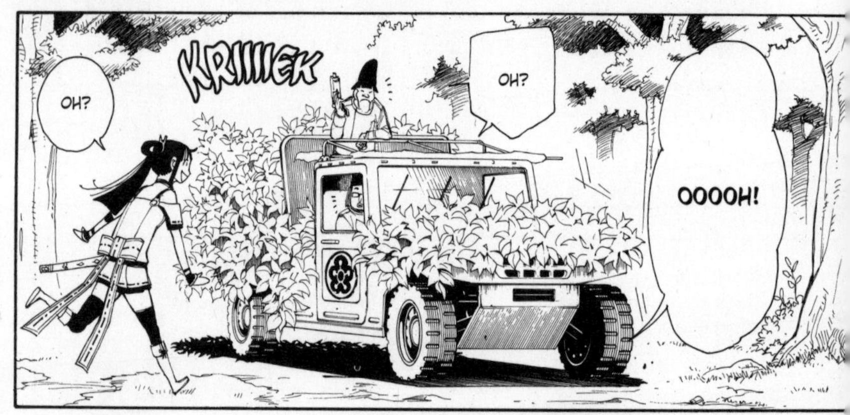


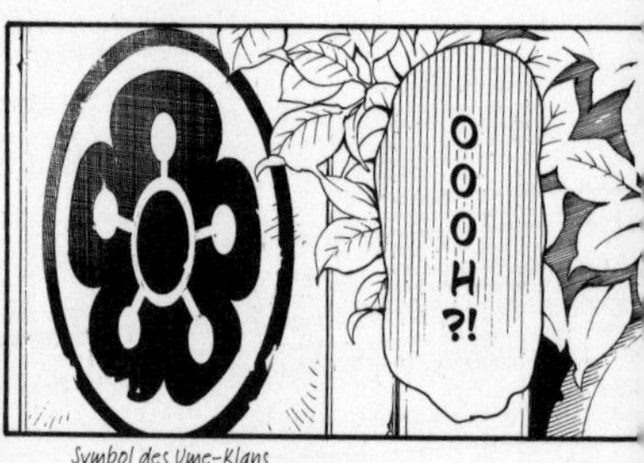


Symbol des Ume-Klans

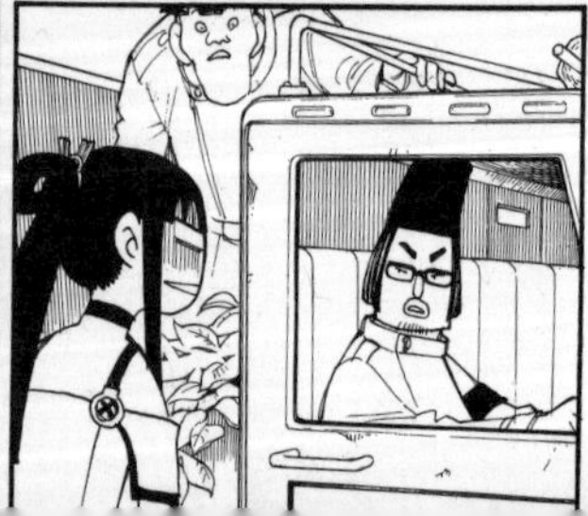

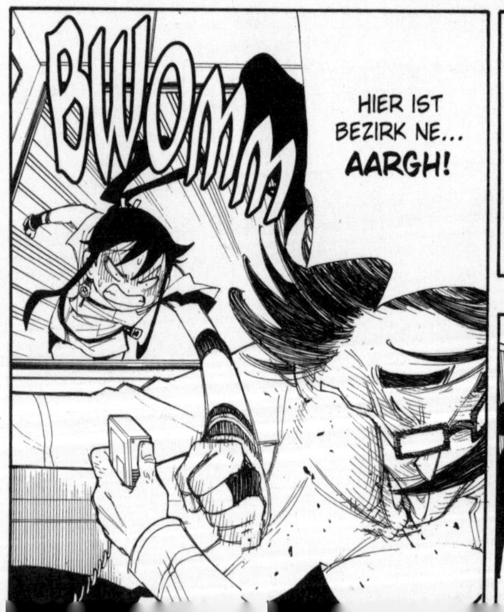

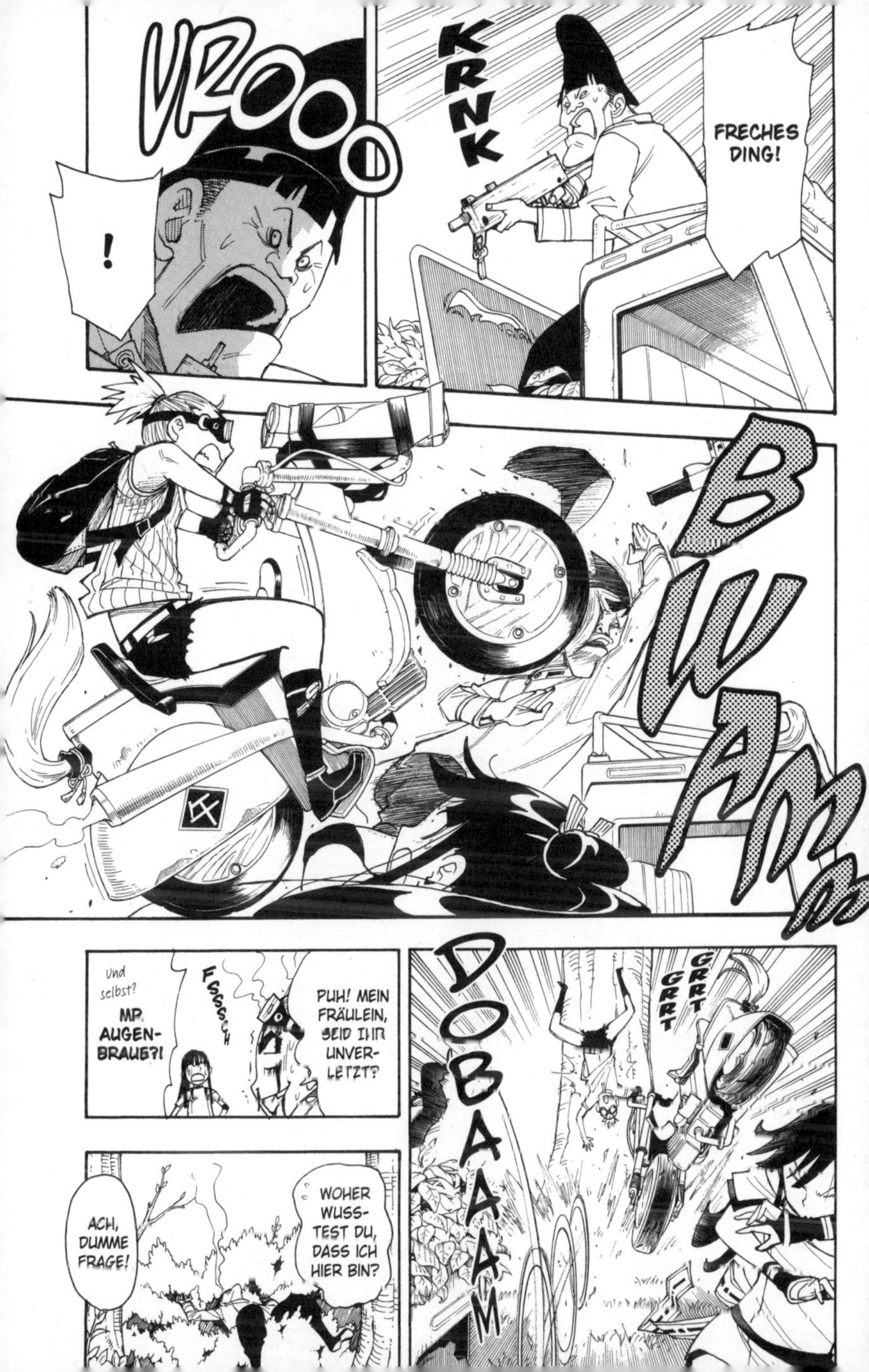
KRNK
FRECHES DING!
VROOOO
!
BWAM
GRRT
GRRT
DOBAAAM
PUH! MEIN FRÄULEIN, SEID IHR UNVERLETZT?
FSSSCH
MR. AUGENBRAUE?!
Und selbst?
WOHER WUSSTEST DU, DASS ICH HIER BIN?
ACH, DUMME FRAGE!

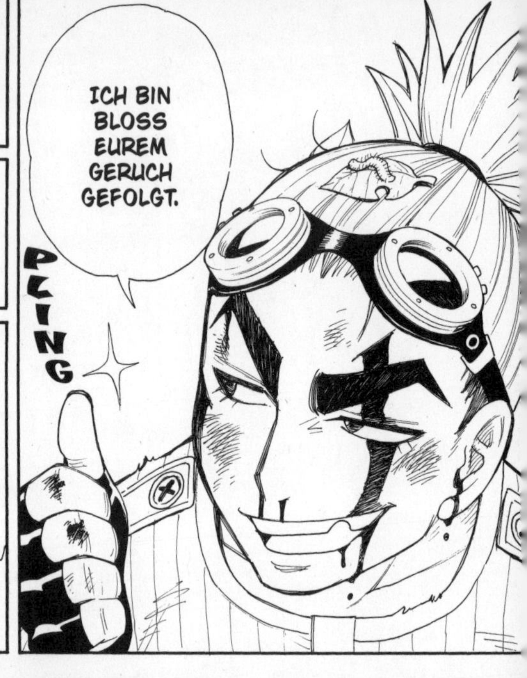
ICH BIN BLOSS EUREM GERUCH GEFOLGT.
PLING

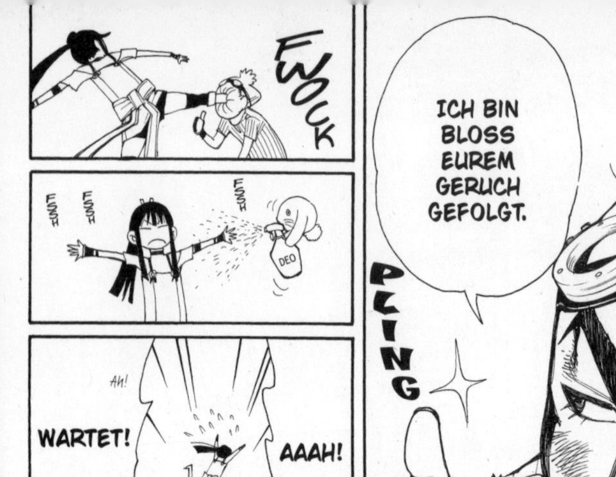
FWOCK
FSSH
FSSH
FSSH
DEO
AAAH!
WARTET!
Ah!
Ich habe Euch trotz der Gefahr gerettet ...

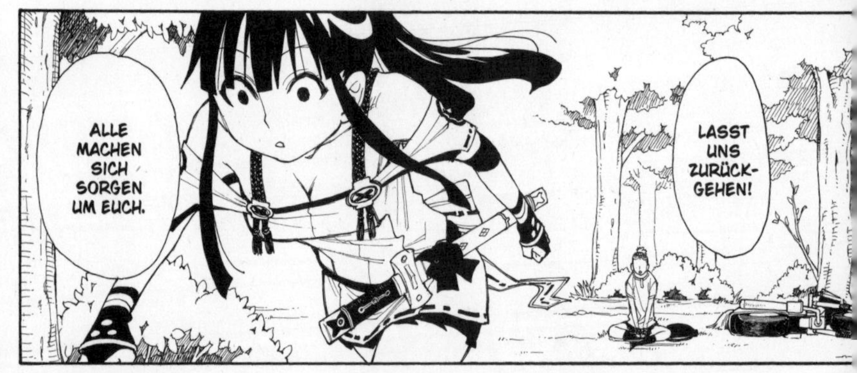
LASST UNS ZURÜCK-GEHEN!
ALLE MACHEN SICH SORGEN UM EUCH.

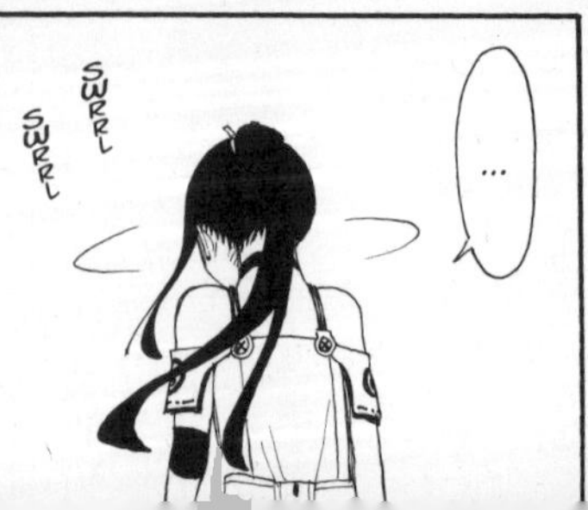
...
SWRRL
SWRRL

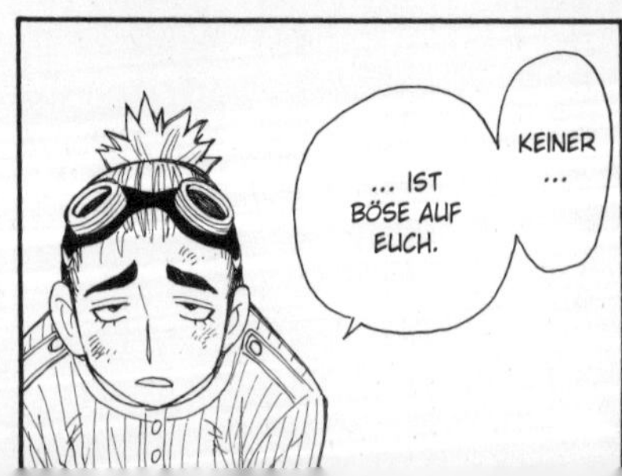
KEINER ...
... IST BÖSE AUF EUCH.

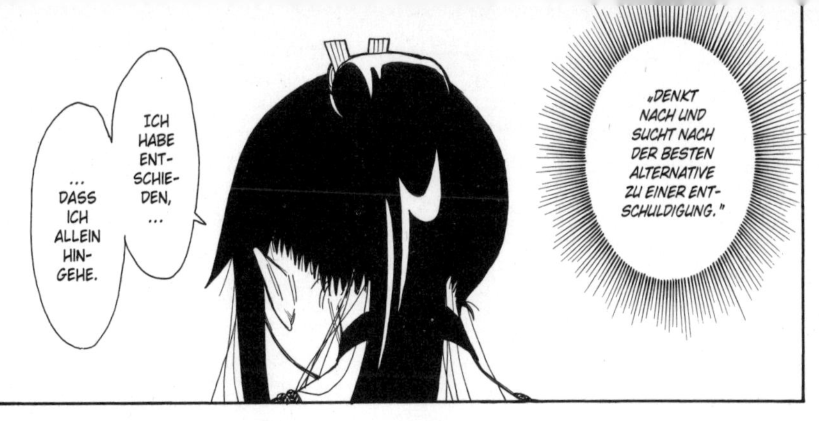
„DENKT NACH UND SUCHT NACH DER BESTEN ALTERNATIVE ZU EINER ENTSCHULDIGUNG."
ICH HABE ENTSCHIEDEN, …
… DASS ICH ALLEIN HINGEHE.

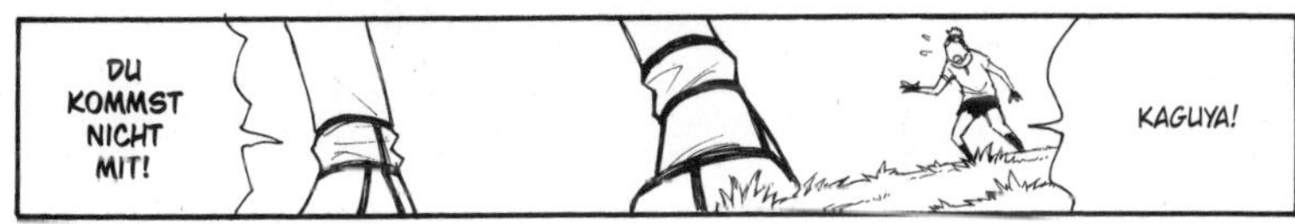
KAGUYA!
DU KOMMST NICHT MIT!

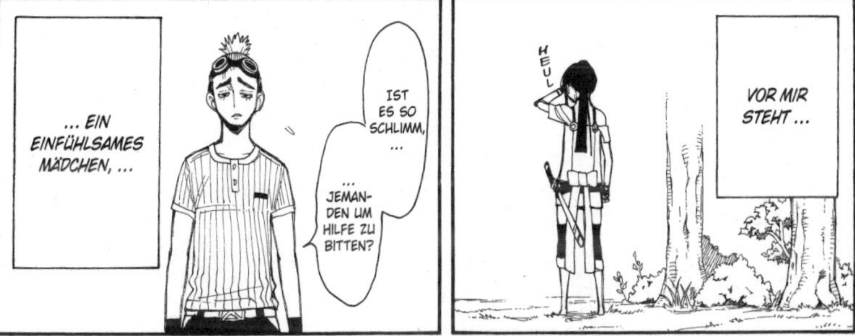
VOR MIR STEHT …
HEUL
IST ES SO SCHLIMM, …
… JEMANDEN UM HILFE ZU BITTEN?
… EIN EINFÜHLSAMES MÄDCHEN, …

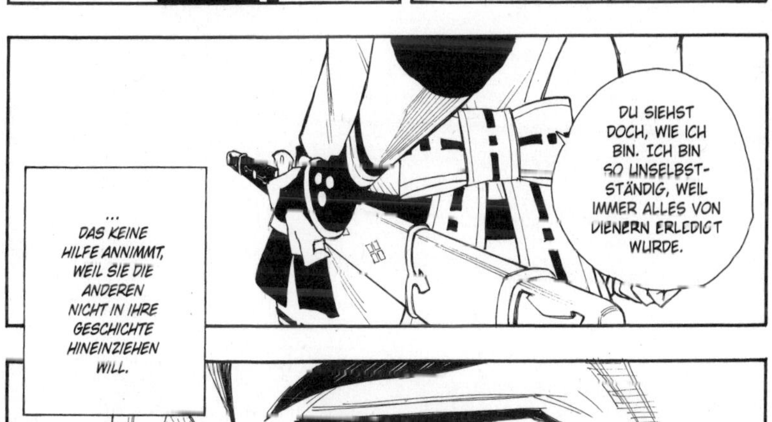
DU SIEHST DOCH, WIE ICH BIN. ICH BIN SO UNSELBSTSTÄNDIG, WEIL IMMER ALLES VON DIENERN ERLEDIGT WURDE.
… DAS KEINE HILFE ANNIMMT, WEIL SIE DIE ANDEREN NICHT IN IHRE GESCHICHTE HINEINZIEHEN WILL.

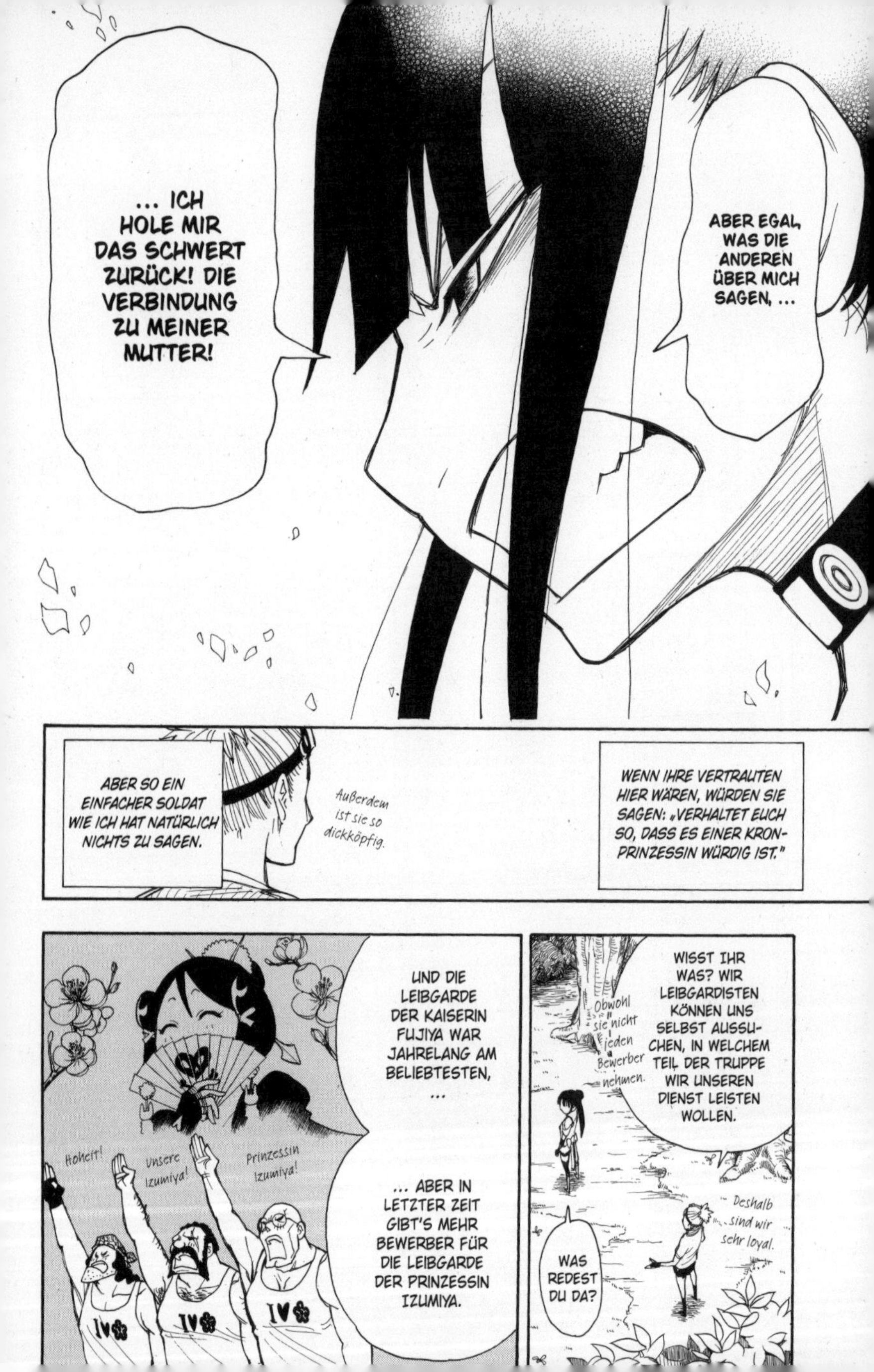

ABER EGAL, WAS DIE ANDEREN ÜBER MICH SAGEN, ...

... ICH HOLE MIR DAS SCHWERT ZURÜCK! DIE VERBINDUNG ZU MEINER MUTTER!

WENN IHRE VERTRAUTEN HIER WÄREN, WÜRDEN SIE SAGEN: „VERHALTET EUCH SO, DASS ES EINER KRONPRINZESSIN WÜRDIG IST."

Außerdem ist sie so dickköpfig.

ABER SO EIN EINFACHER SOLDAT WIE ICH HAT NATÜRLICH NICHTS ZU SAGEN.

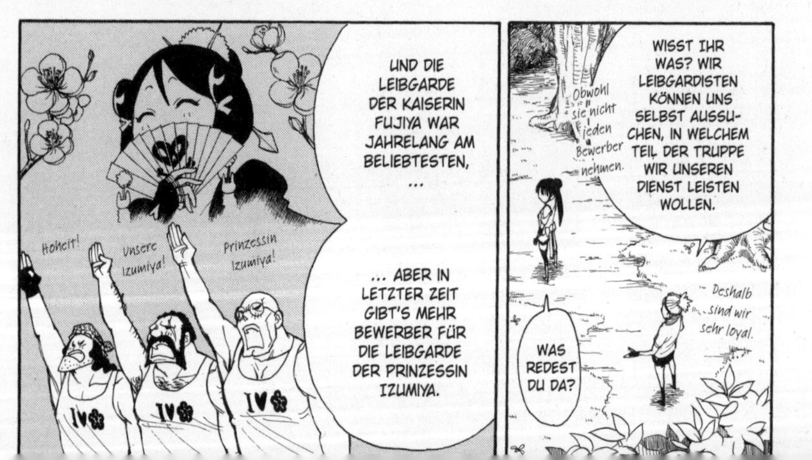

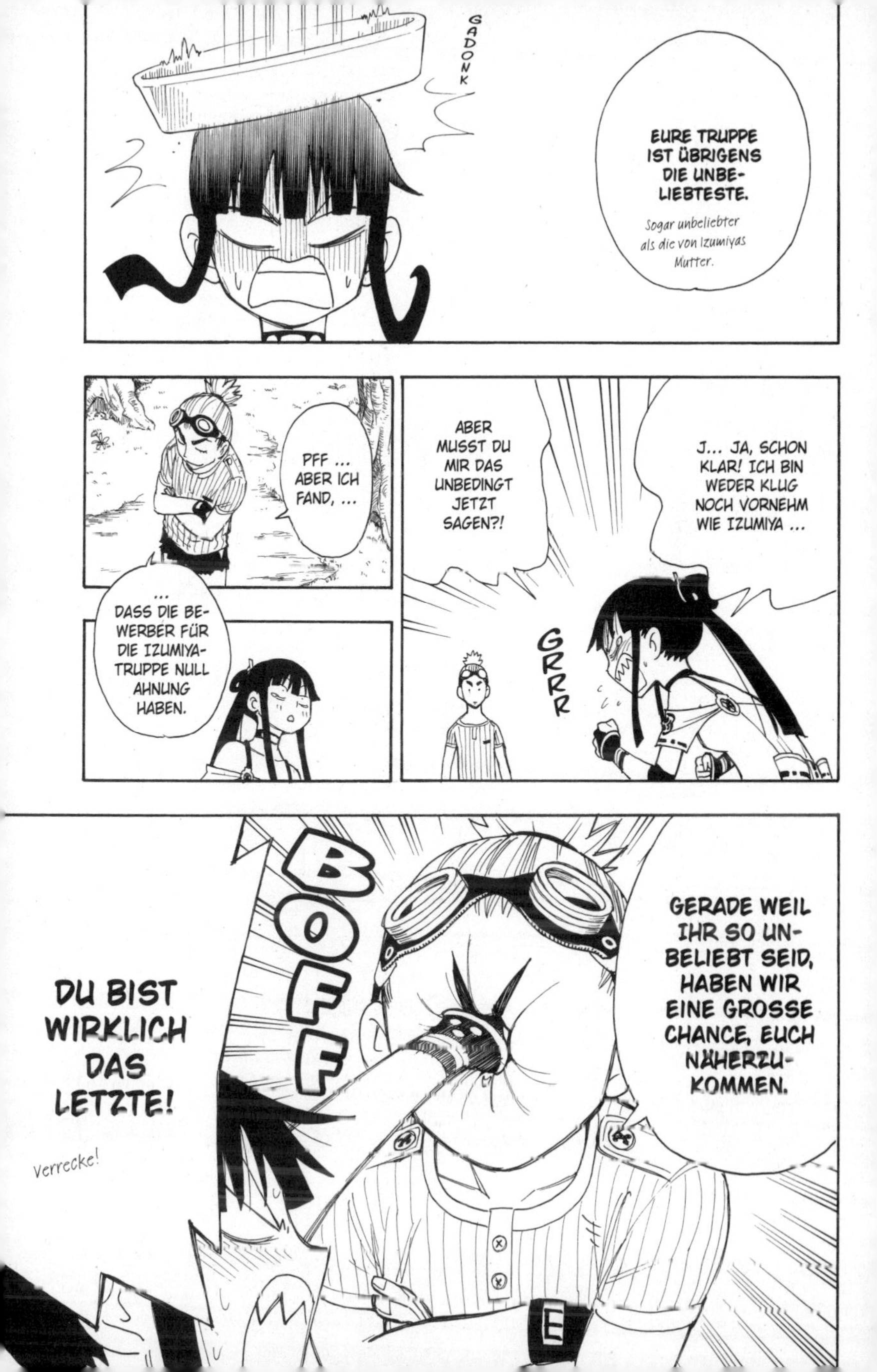

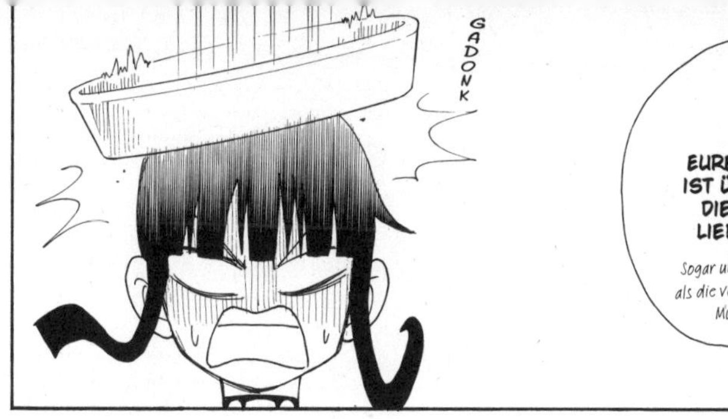


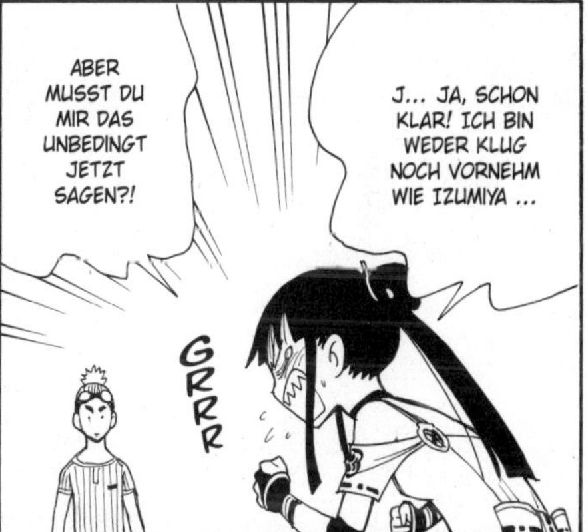


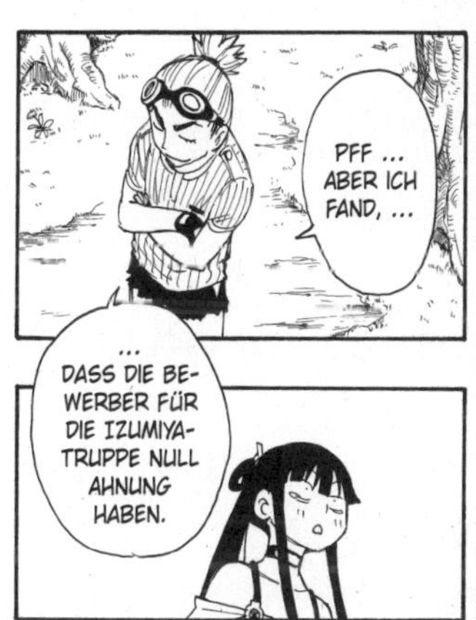


GERADE WEIL IHR SO UN-BELIEBT SEID, HABEN WIR EINE GROSSE CHANCE, EUCH NÄHERZU-KOMMEN.

BOFF

DU BIST WIRKLICH DAS LETZTE!

Verrecke!

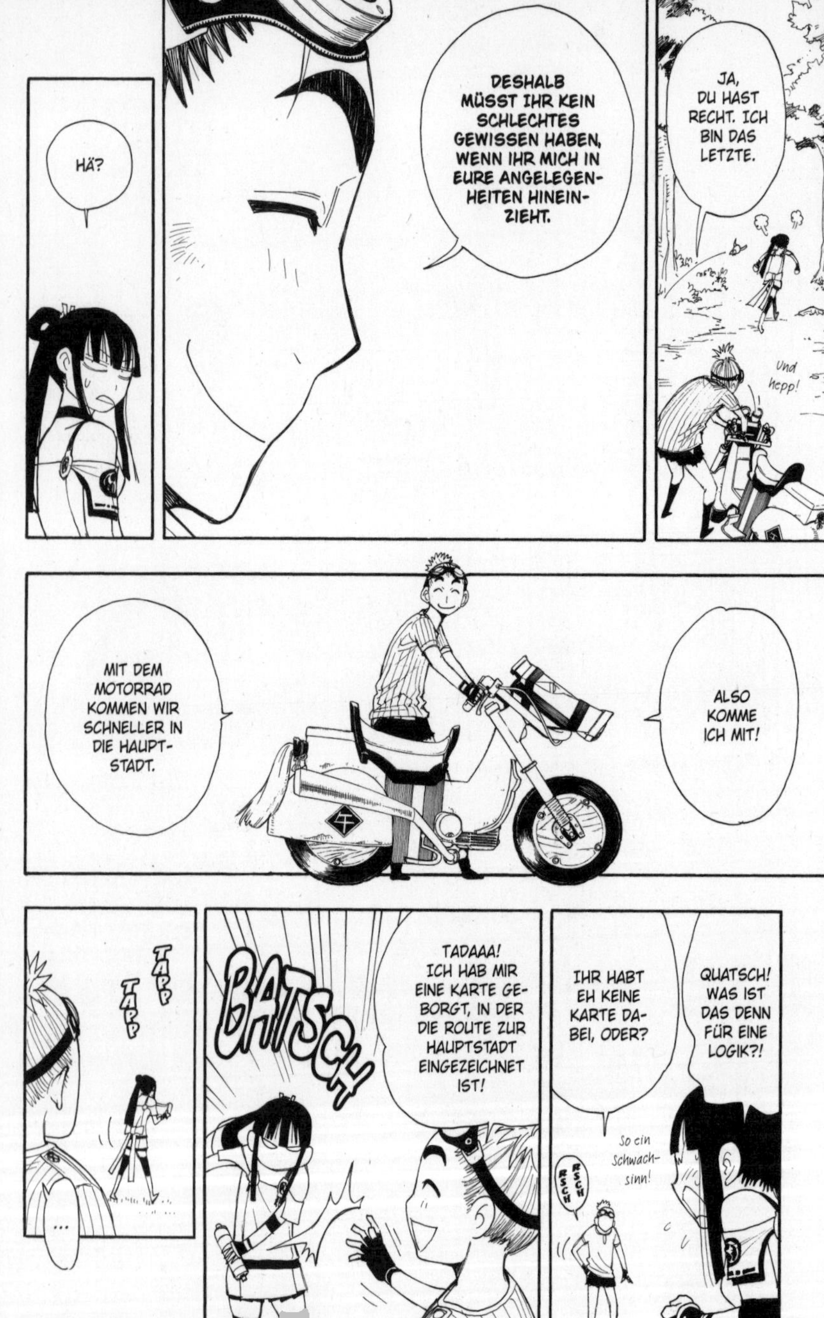
JA, DU HAST RECHT. ICH BIN DAS LETZTE.
Und hepp!
DESHALB MÜSST IHR KEIN SCHLECHTES GEWISSEN HABEN, WENN IHR MICH IN EURE ANGELEGENHEITEN HINEINZIEHT.
HÄ?
ALSO KOMME ICH MIT!
MIT DEM MOTORRAD KOMMEN WIR SCHNELLER IN DIE HAUPTSTADT.
QUATSCH! WAS IST DAS DENN FÜR EINE LOGIK?!
IHR HABT EH KEINE KARTE DABEI, ODER?
So ein Schwachsinn!
RSCH RSCH
TADAAA! ICH HAB MIR EINE KARTE GEBORGT, IN DER DIE ROUTE ZUR HAUPTSTADT EINGEZEICHNET IST!
BATSCH
TAPP TAPP
...

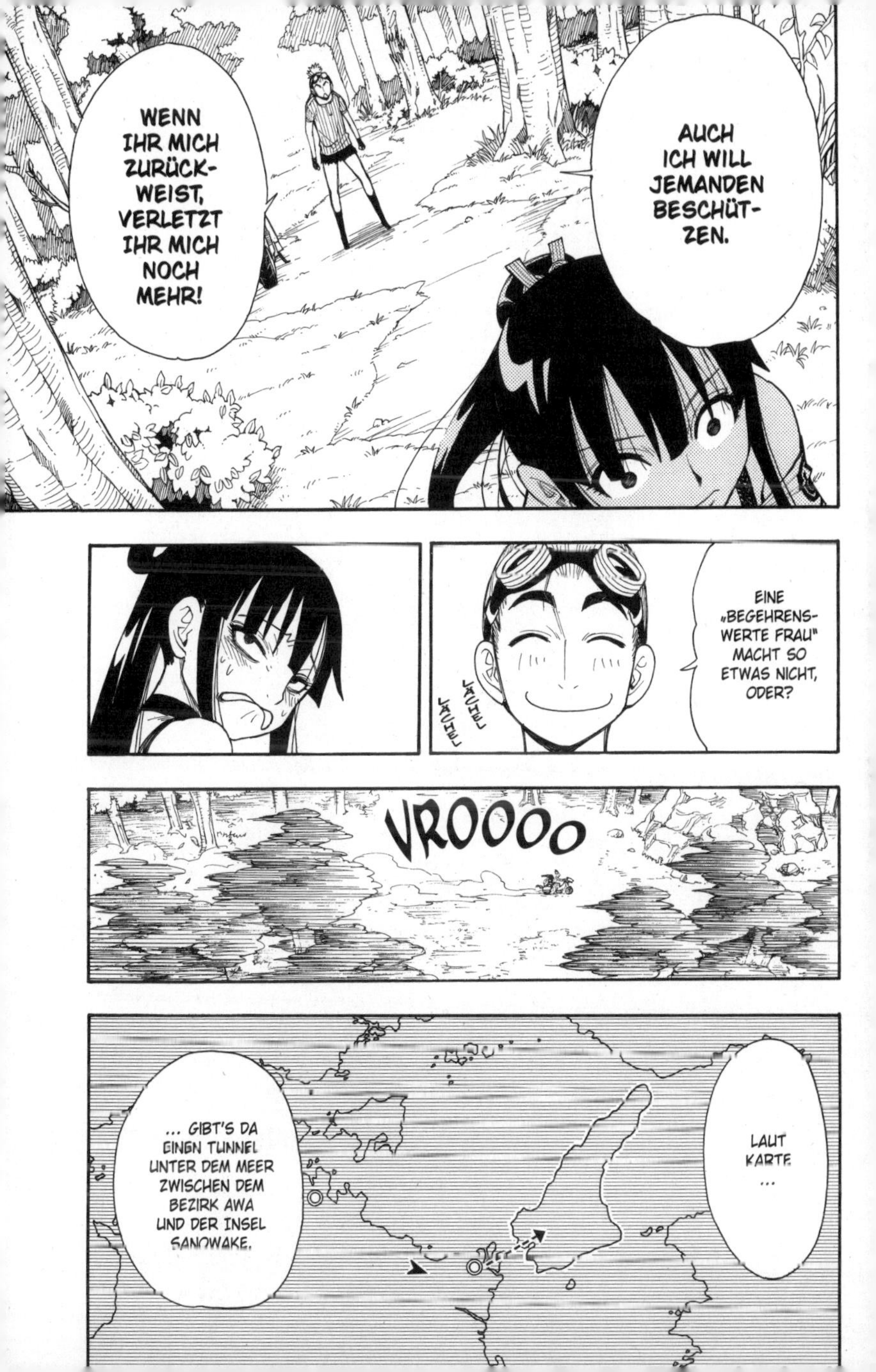

AUCH ICH WILL JEMANDEN BESCHÜTZEN.

WENN IHR MICH ZURÜCK-WEIST, VERLETZT IHR MICH NOCH MEHR!

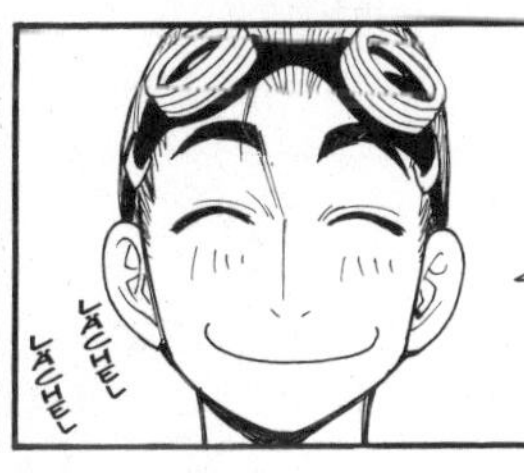


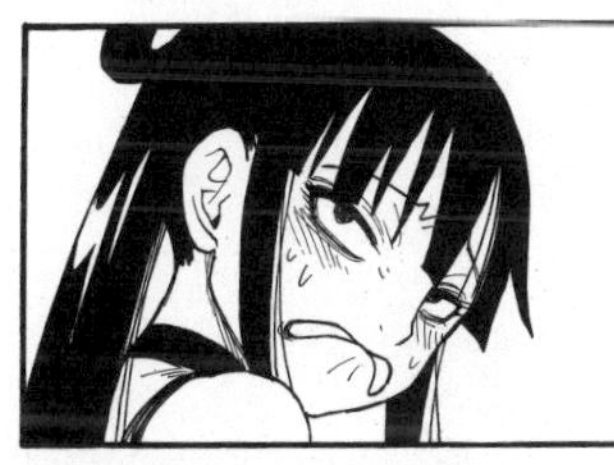

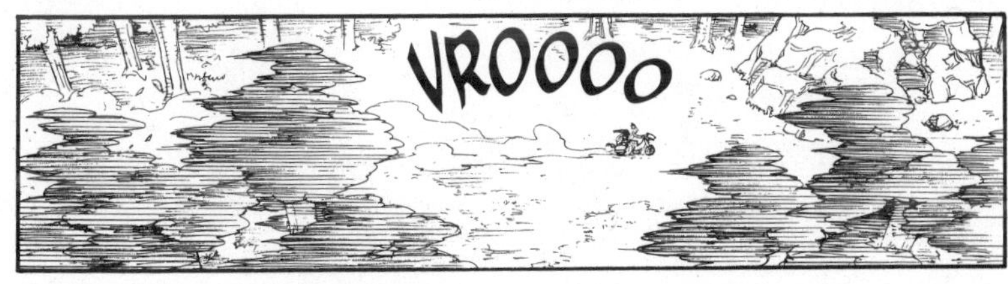


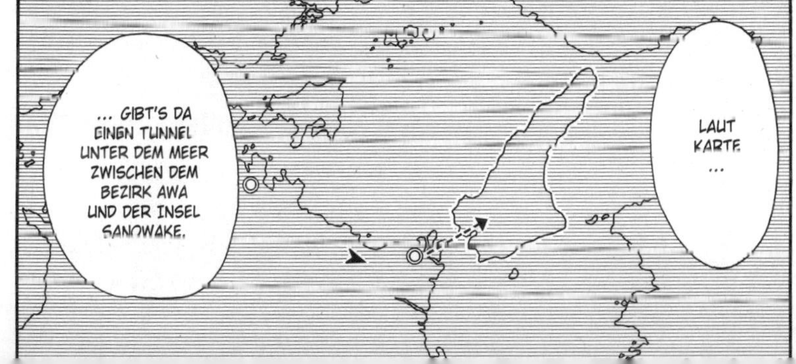

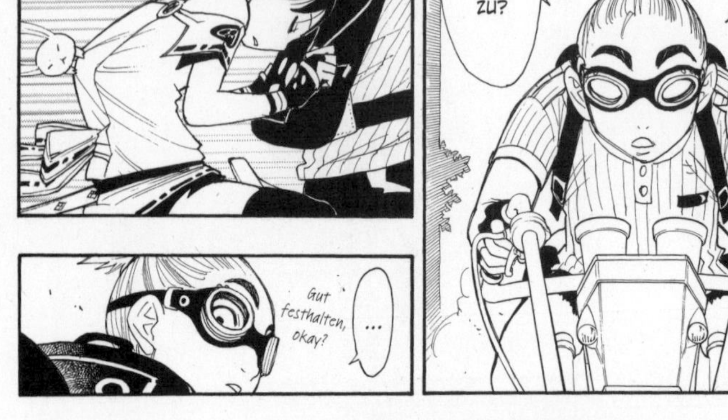
Wenn wir auf der Insel Sanowake ankommen, ist es bestimmt nicht mehr schwierig, auf die Hauptinsel zu …
Ähm, hört ihr noch zu?
Piep piep
Gut festhalten, okay?
…

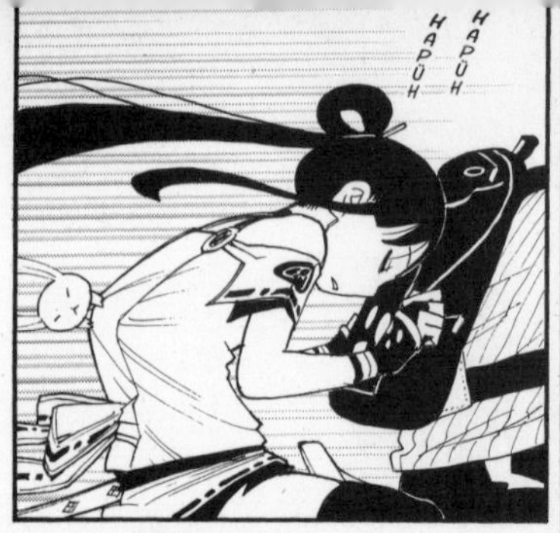
Hapüh
Hapüh

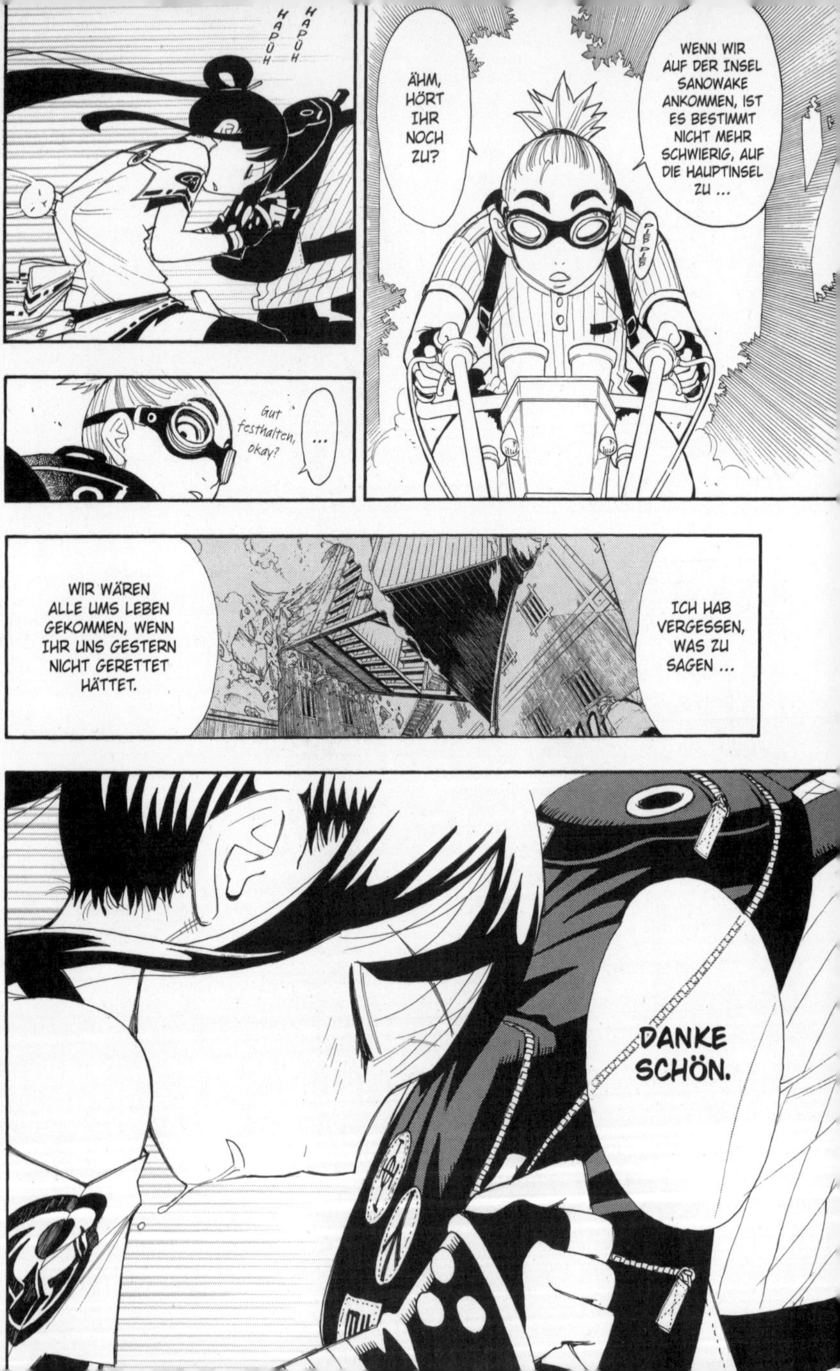

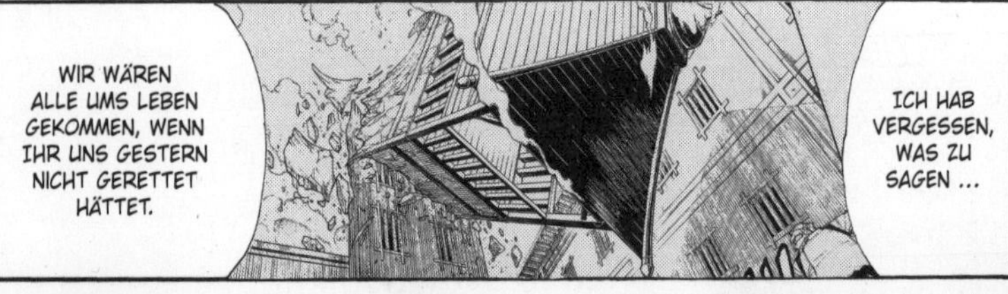
Ich hab vergessen, was zu sagen …
Wir wären alle ums Leben gekommen, wenn ihr uns gestern nicht gerettet hättet.

Danke schön.

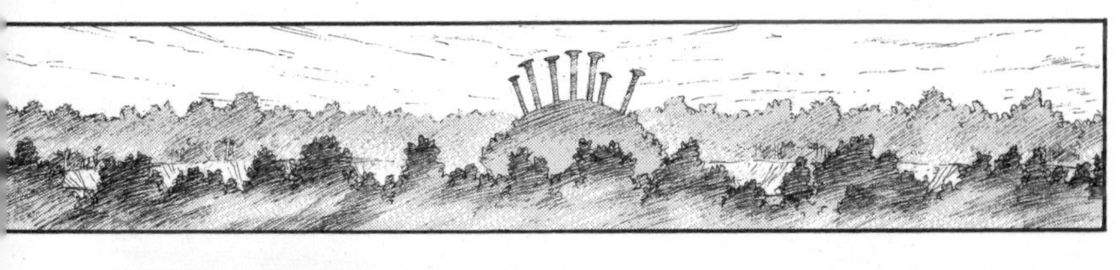

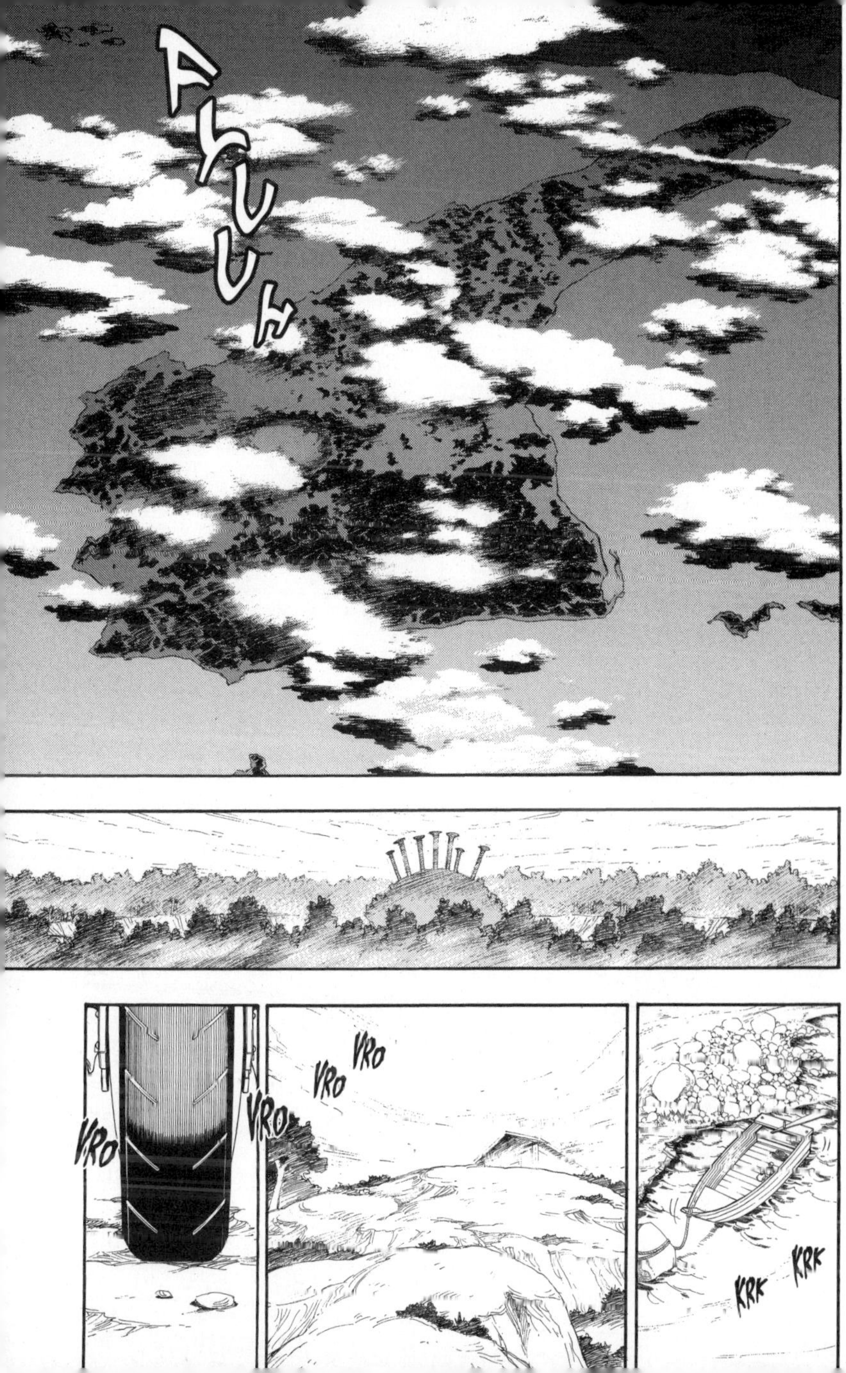

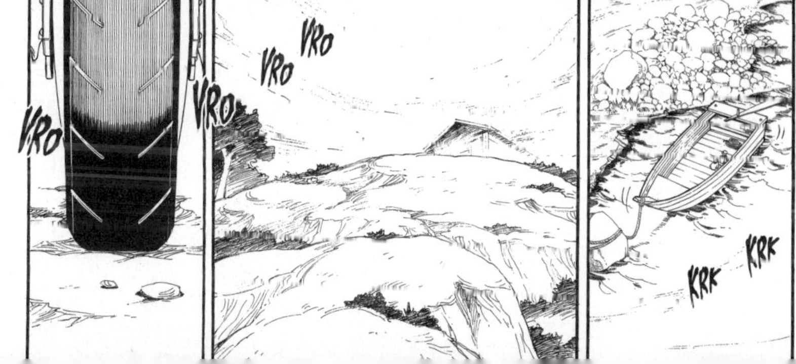
VRO
VRO
VRO
VRO
KRK
KRK

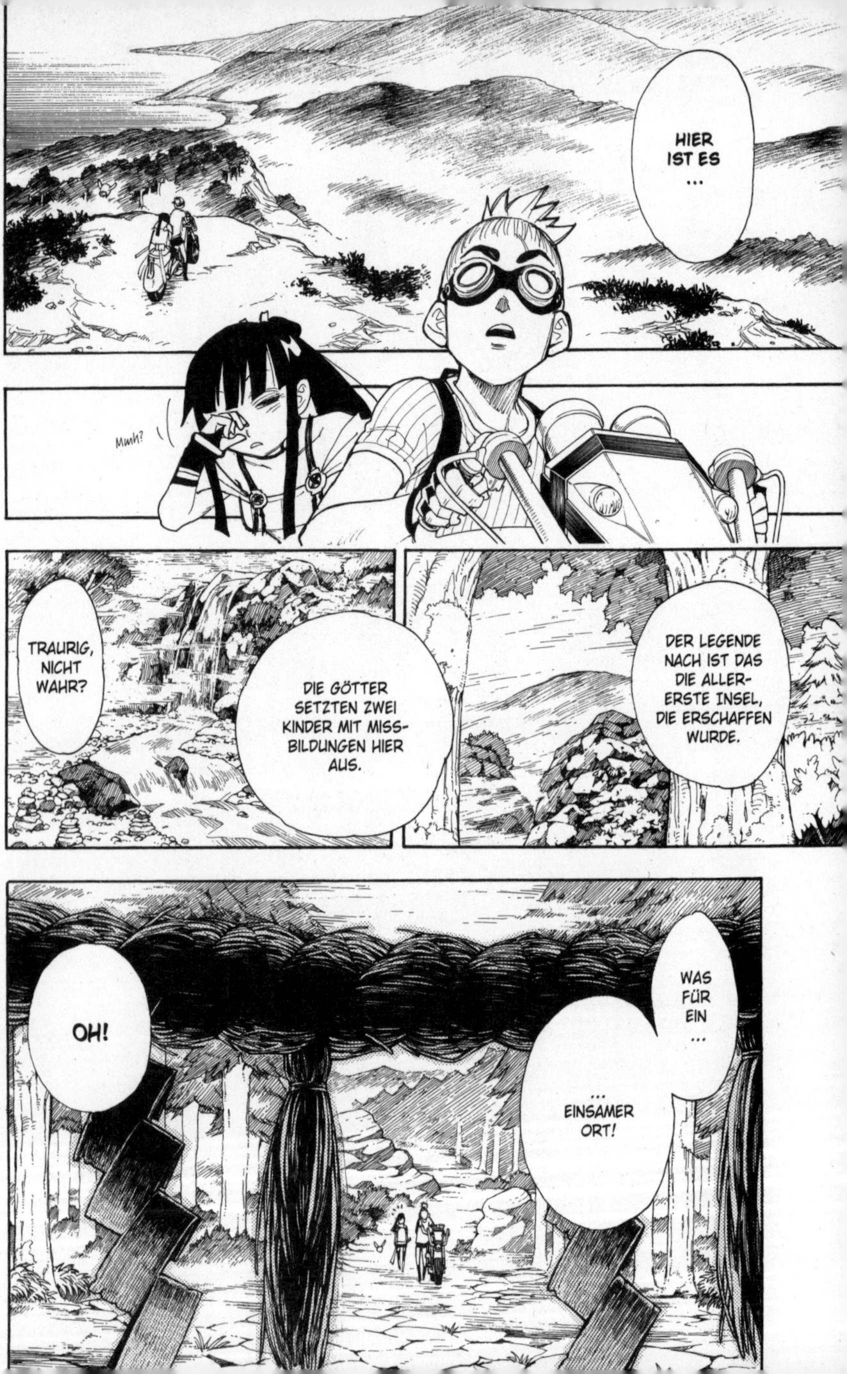

HIER IST ES ...

Muh?

DER LEGENDE NACH IST DAS DIE ALLERERSTE INSEL, DIE ERSCHAFFEN WURDE.

DIE GÖTTER SETZTEN ZWEI KINDER MIT MISSBILDUNGEN HIER AUS.

TRAURIG, NICHT WAHR?

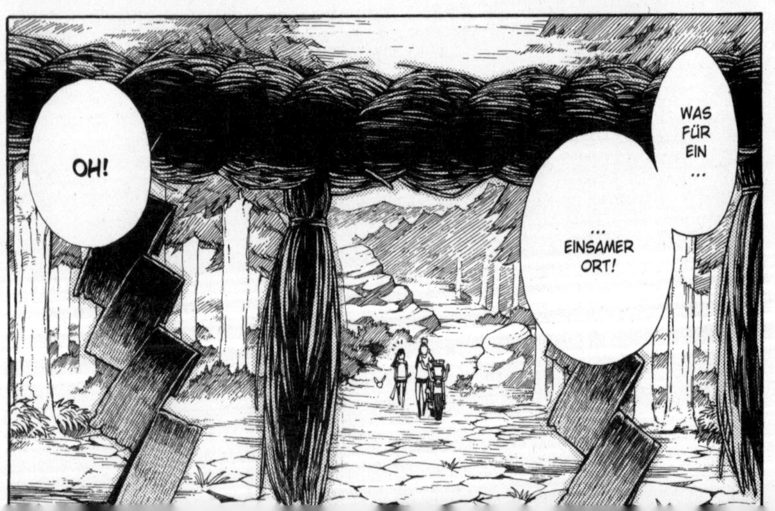

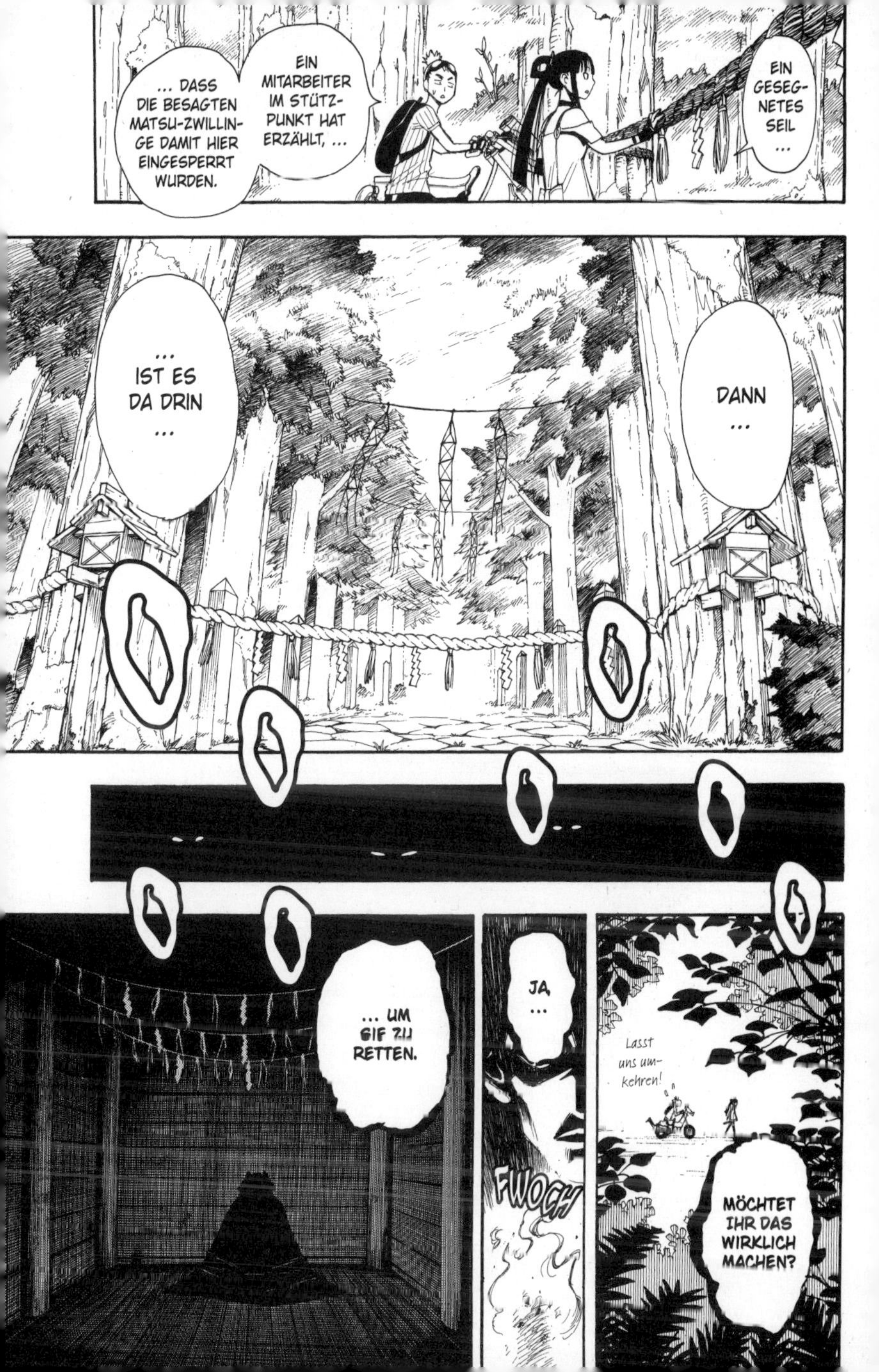

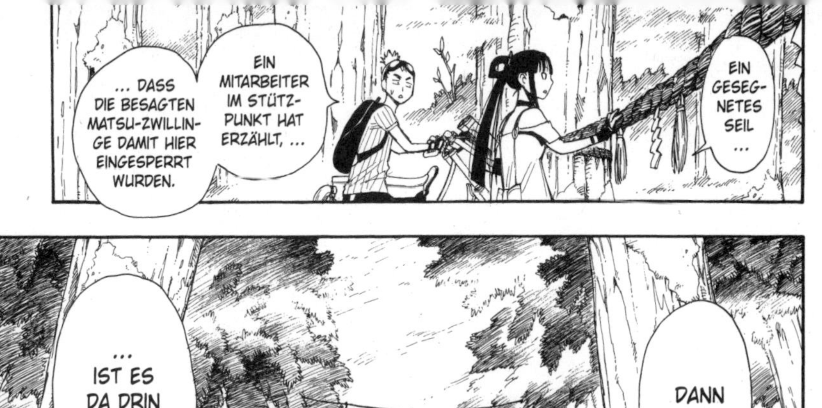


DANN ...

... IST ES DA DRIN ...

MÖCHTET IHR DAS WIRKLICH MACHEN?

Lasst uns um-kehren!

JA, ...

FWOCH

... UM SIE ZU RETTEN.

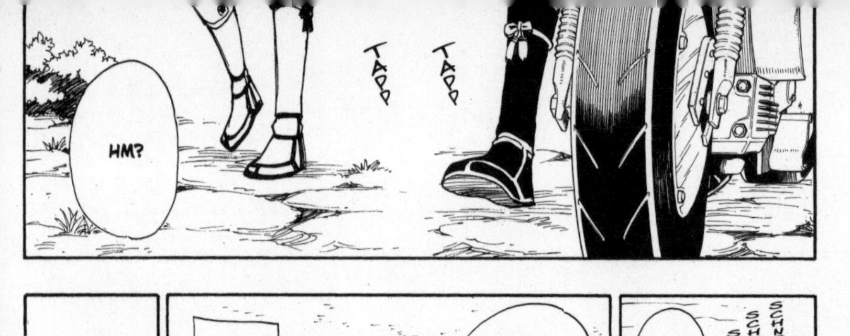


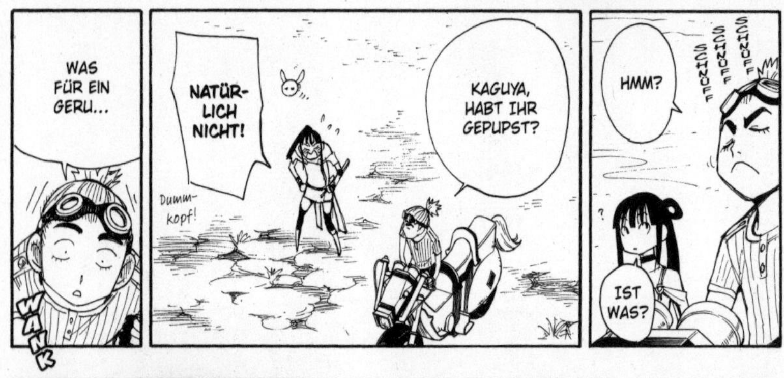

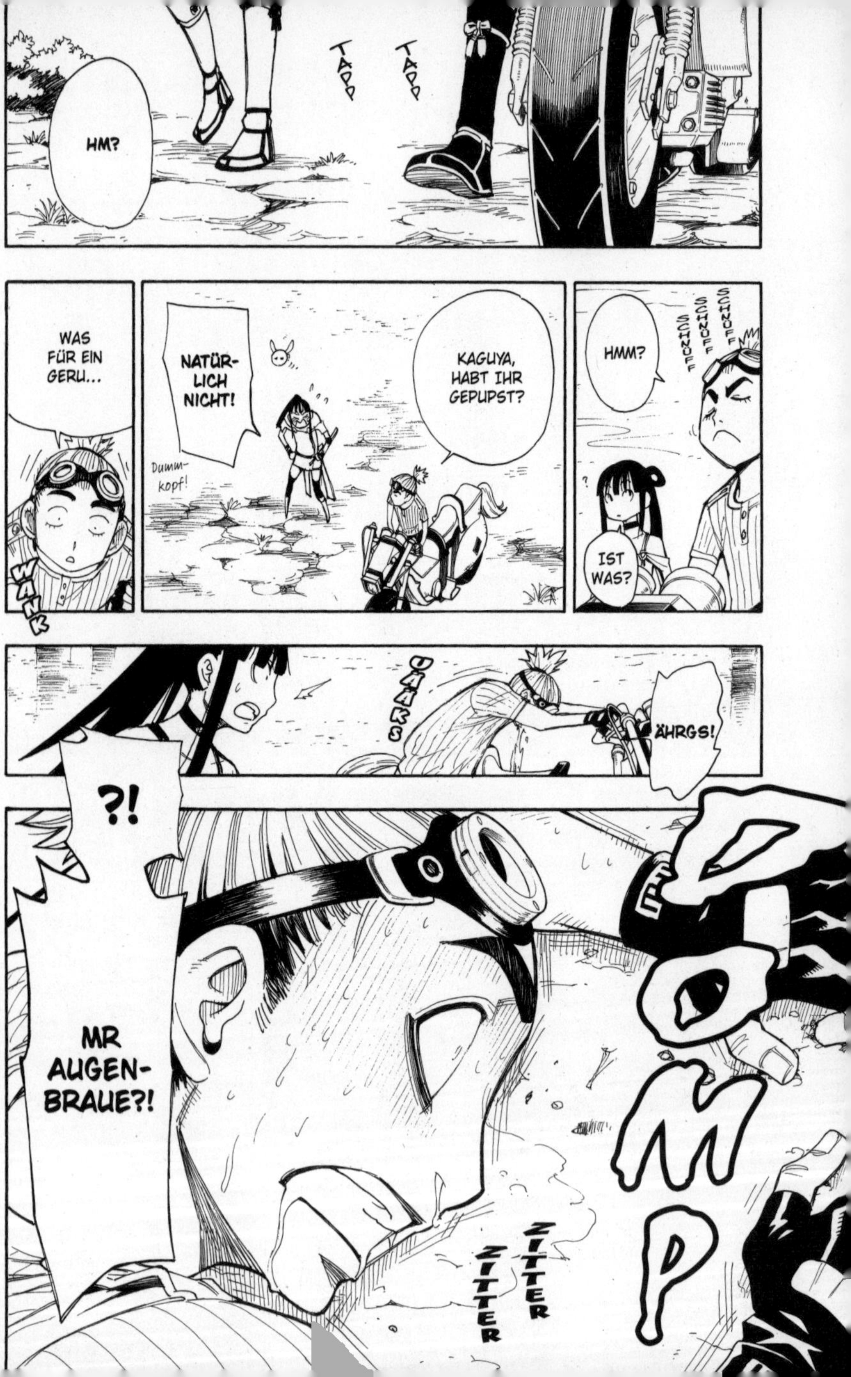

ÄHRGS!
UÄÄKS

ZITTER
ZITTER
MR AUGENBRAUE?!
?!

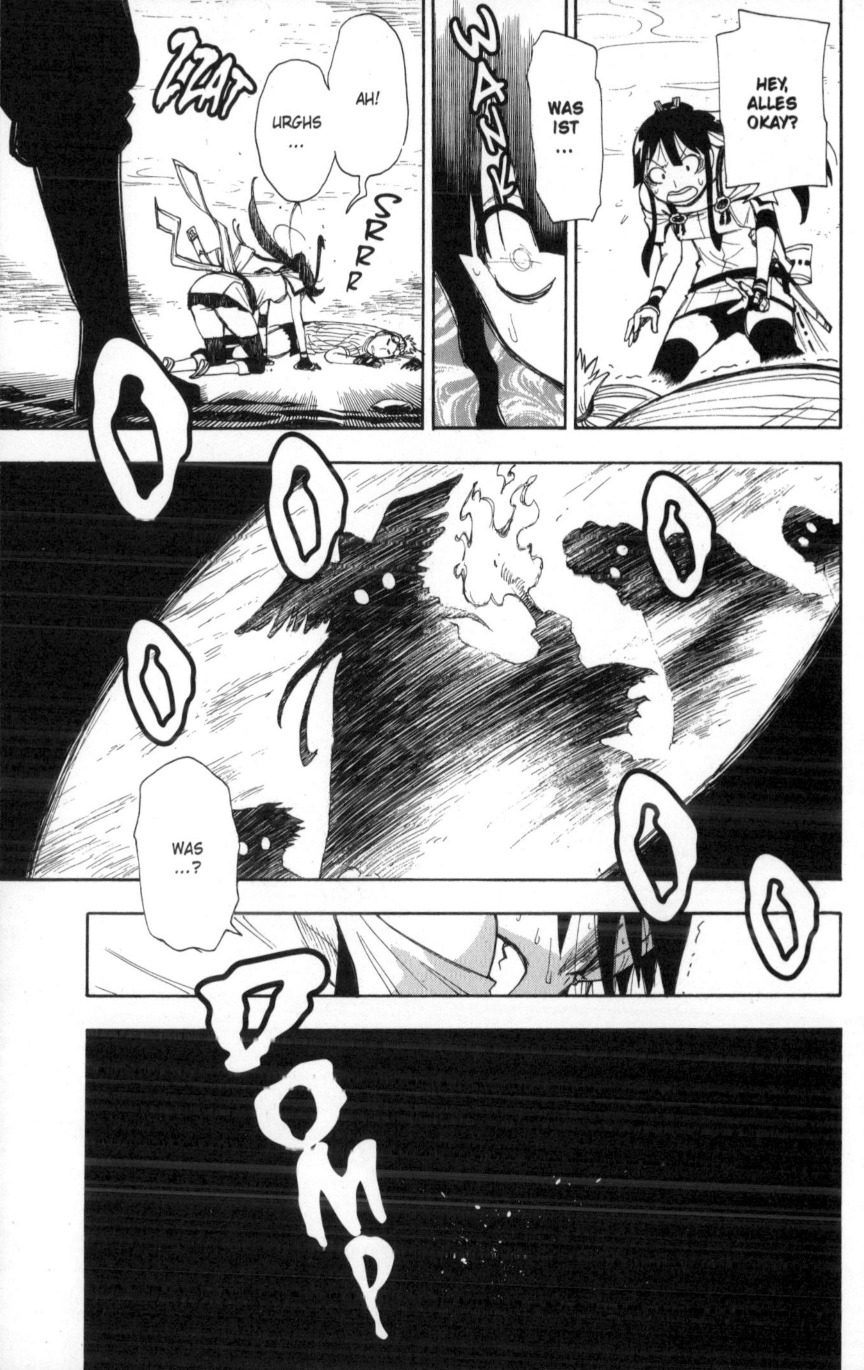
HEY, ALLES OKAY?
WAS IST ...
AH!
URGHS ...
SRRR
WAS ...?
DOMP

DIE SILBERPRINZESSIN

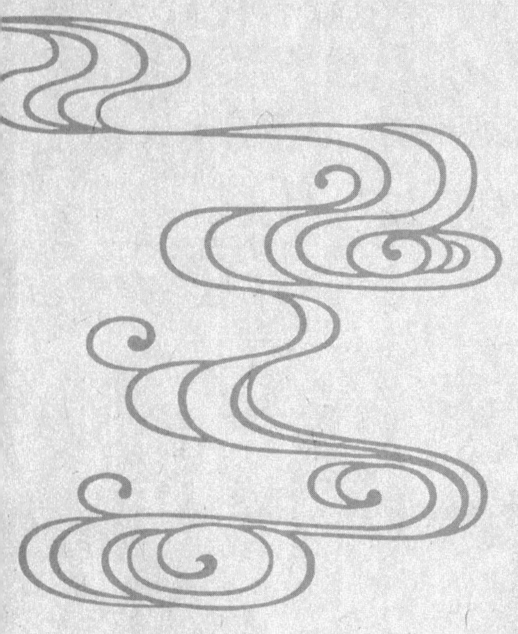

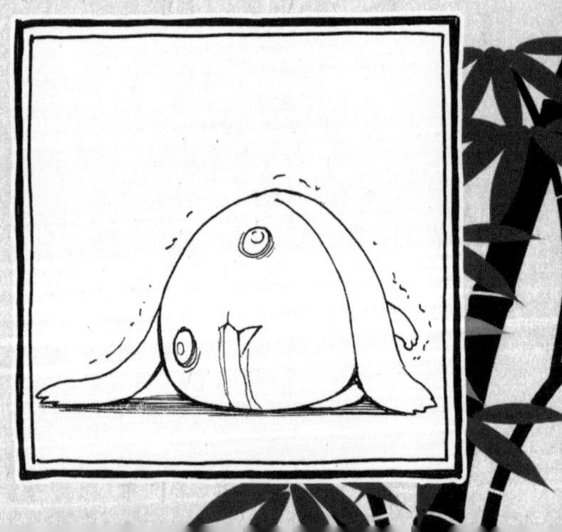

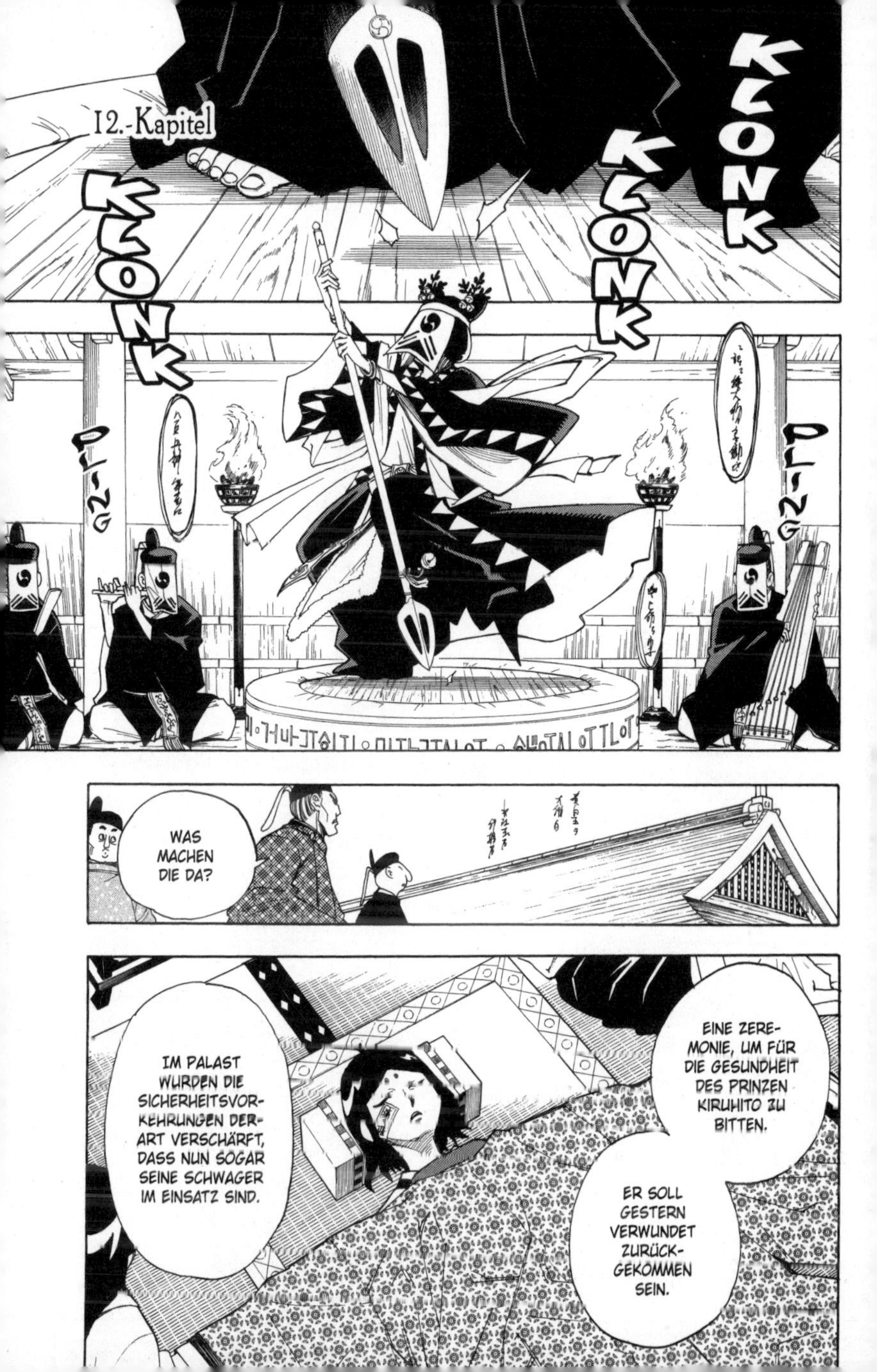

## 12.-Kapitel

KLONK
KLONK
KLONK
PLING
PLING

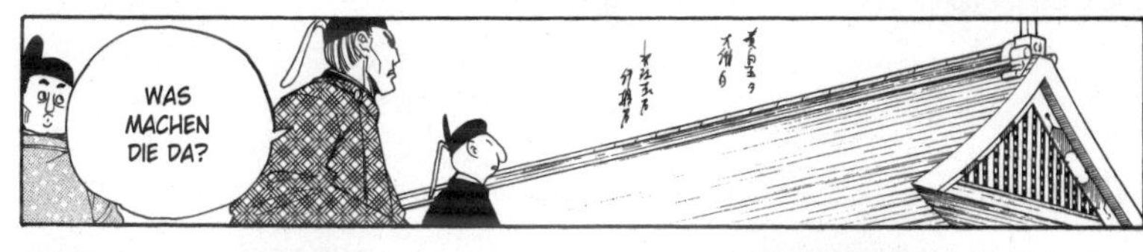


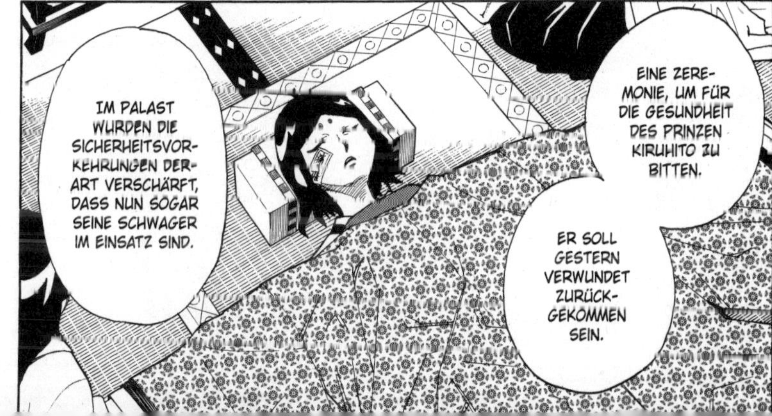

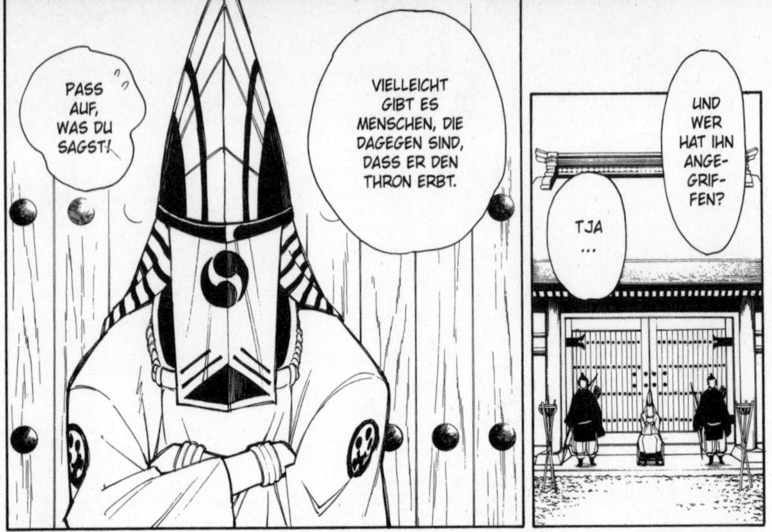
UND WER HAT IHN ANGE-GRIF-FEN?
TJA ...
VIELLEICHT GIBT ES MENSCHEN, DIE DAGEGEN SIND, DASS ER DEN THRON ERBT.
PASS AUF, WAS DU SAGST!

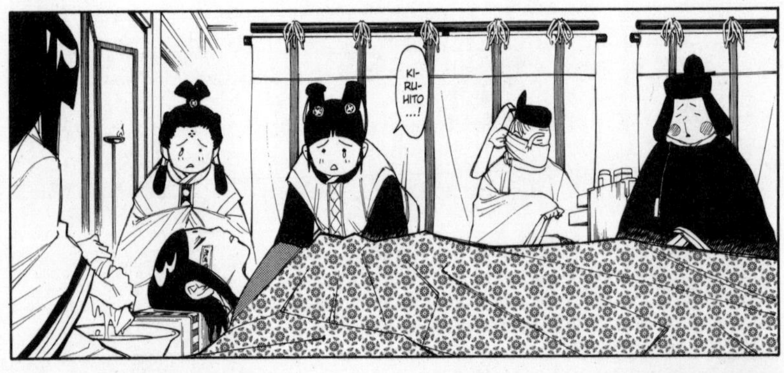
KI-RU-HITO ...!

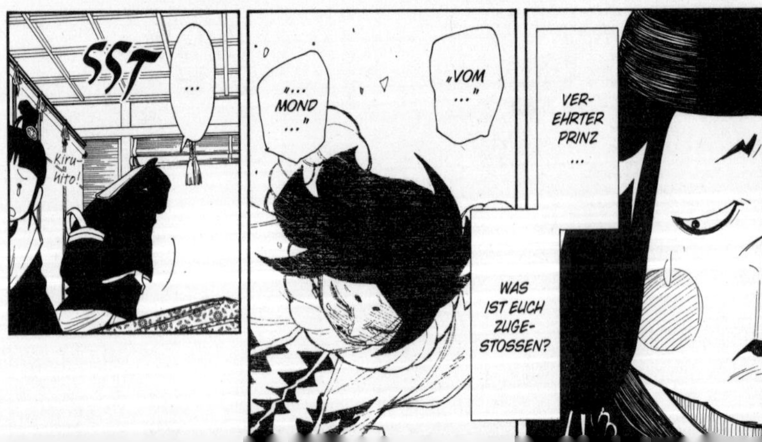
VER-EHRTER PRINZ ...
WAS IST EUCH ZUGE-STOSSEN?
„VOM ..."
„... MOND ..."
...
SST
Kiru-hito!

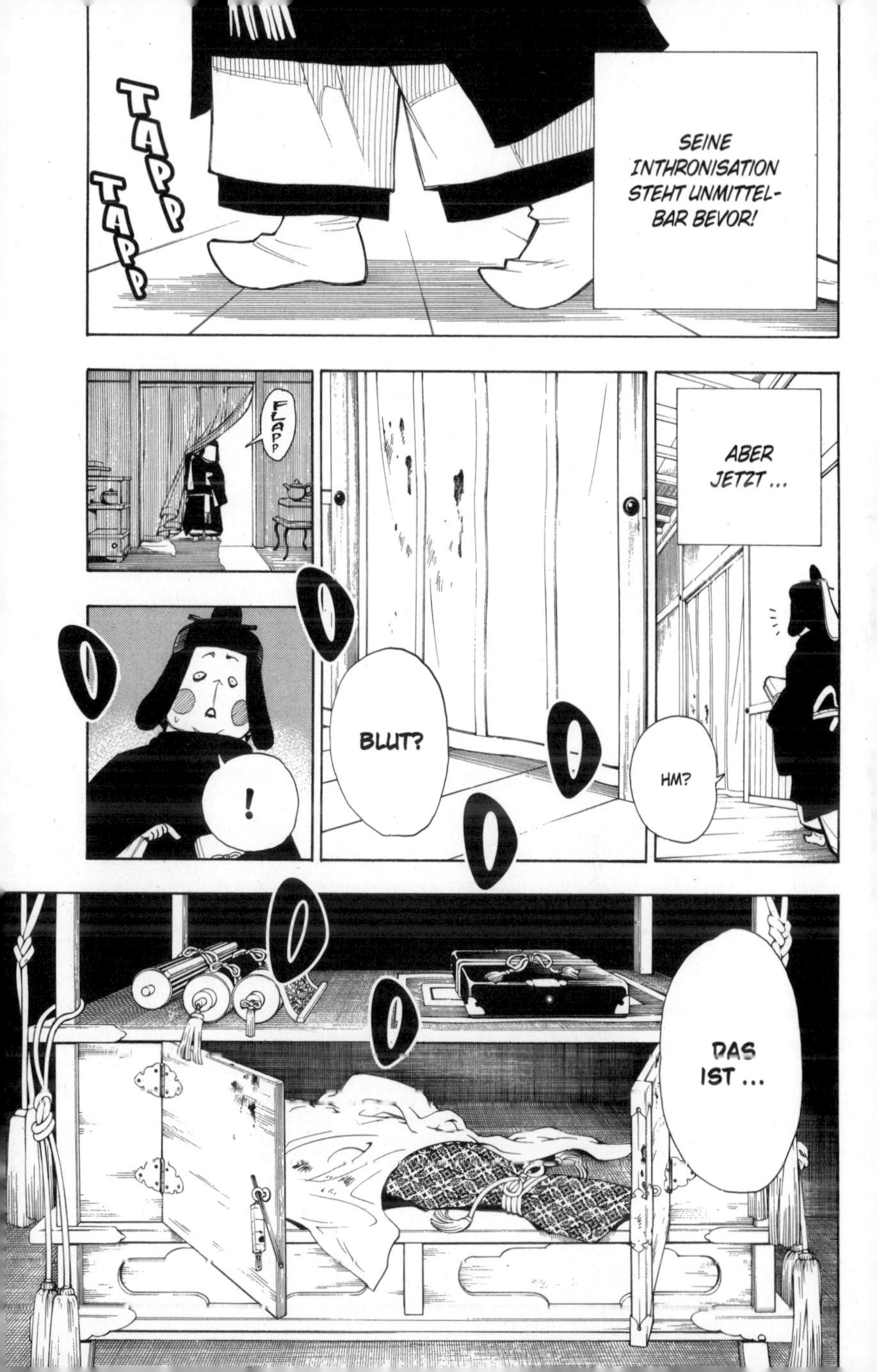

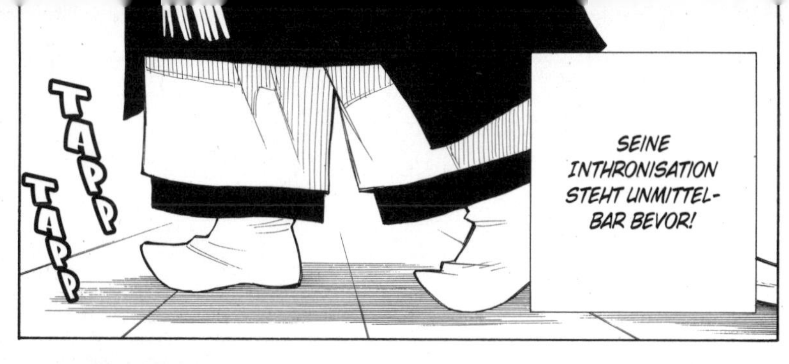
SEINE INTHRONISATION STEHT UNMITTEL-BAR BEVOR!
TAPP
TAPP

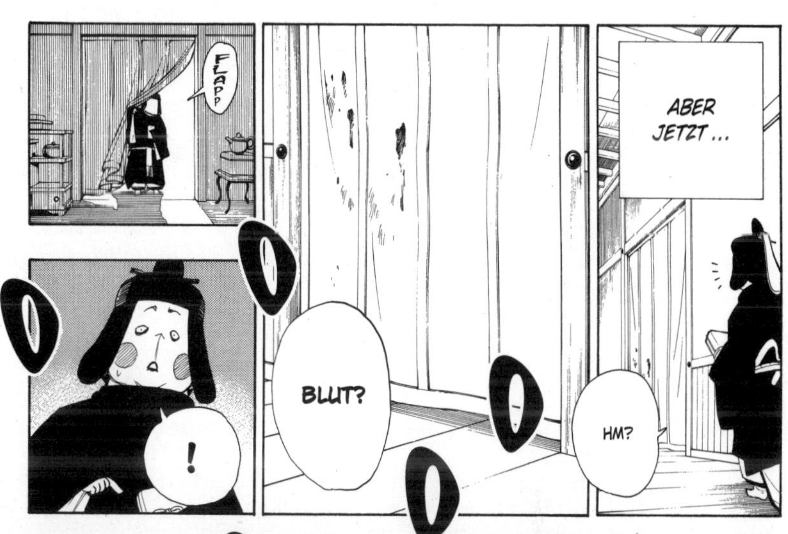
ABER JETZT …
HM?
BLUT?
FLAPP
!

DAS IST …

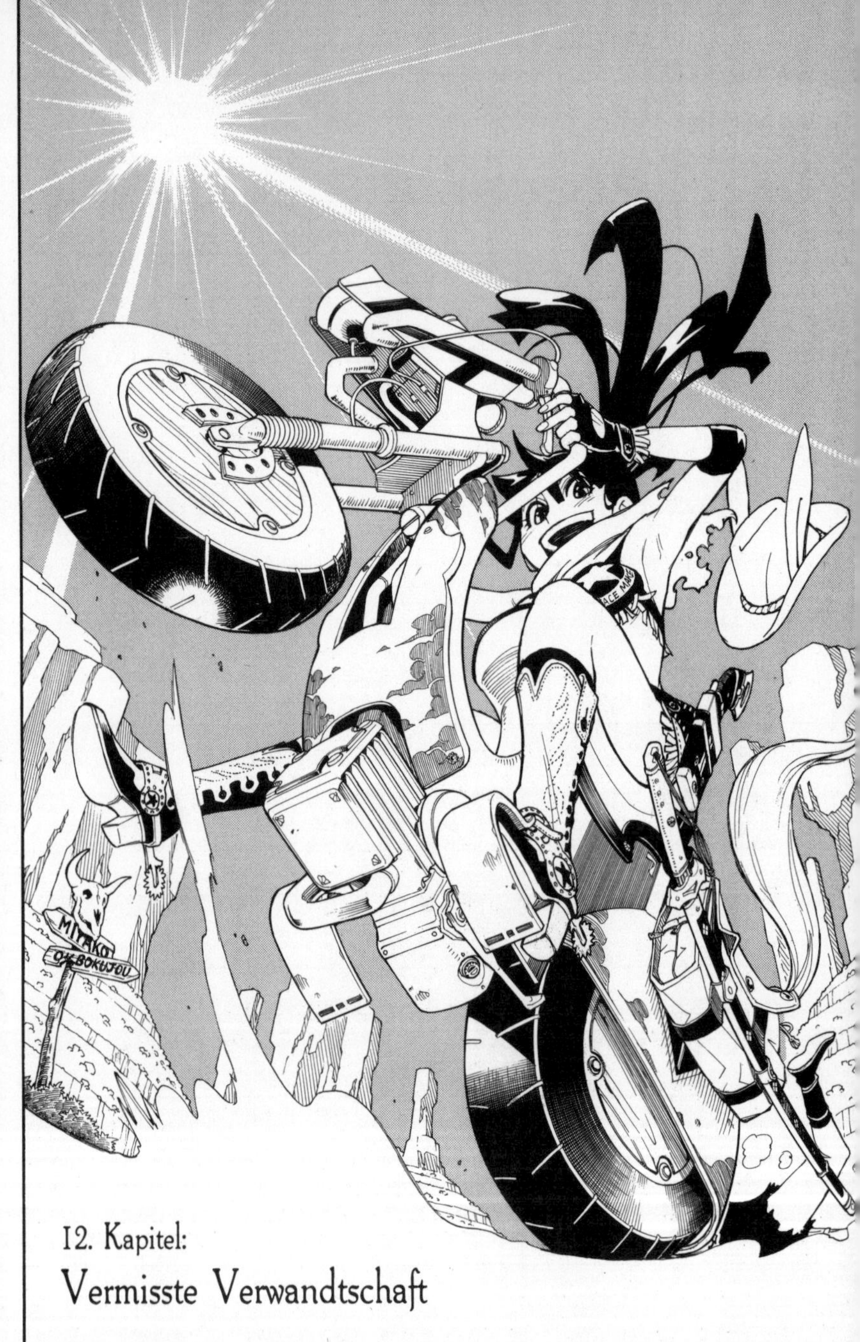


# 12. Kapitel:
# Vermisste Verwandtschaft

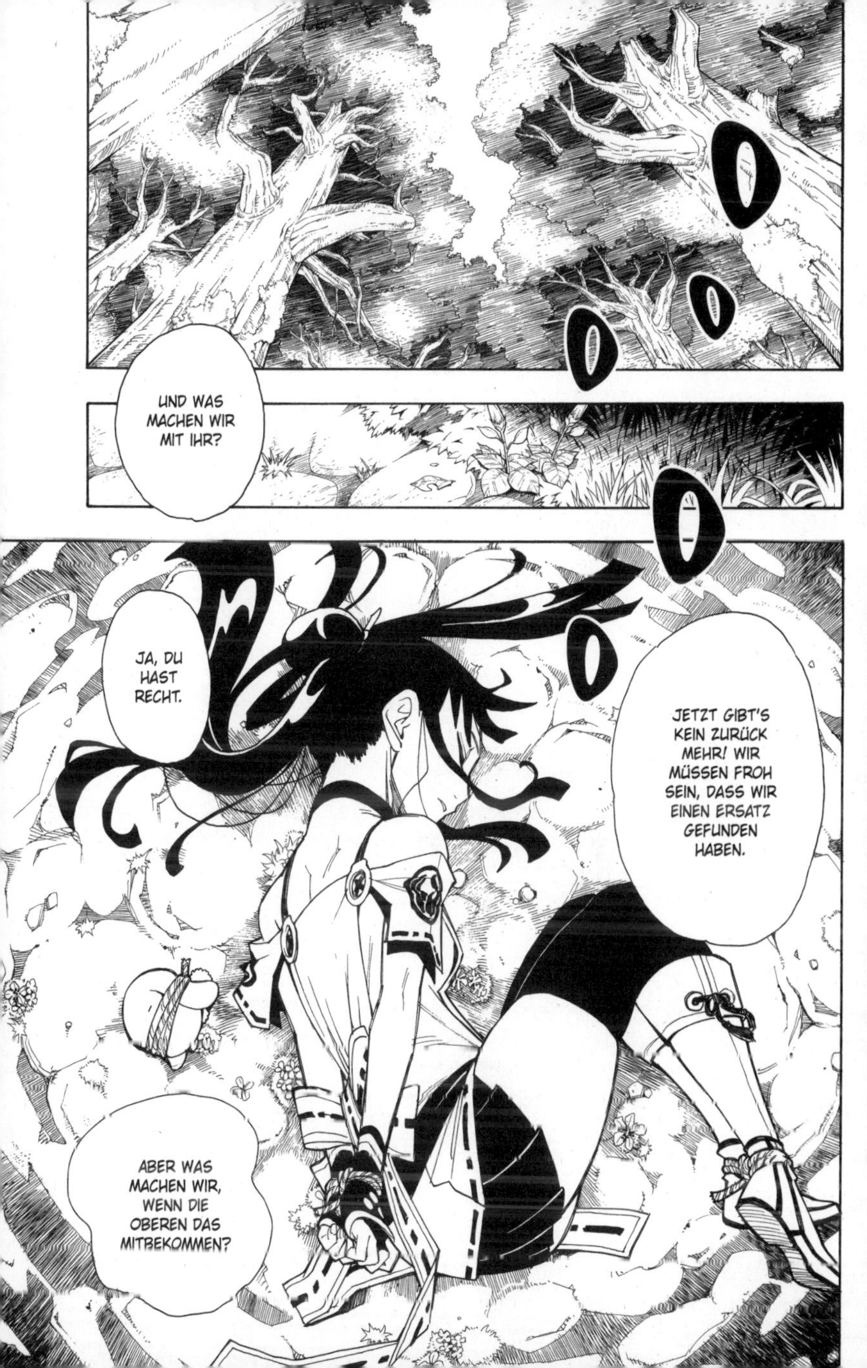
UND WAS MACHEN WIR MIT IHR?
JETZT GIBT'S KEIN ZURÜCK MEHR! WIR MÜSSEN FROH SEIN, DASS WIR EINEN ERSATZ GEFUNDEN HABEN.
JA, DU HAST RECHT.
ABER WAS MACHEN WIR, WENN DIE OBEREN DAS MITBEKOMMEN?

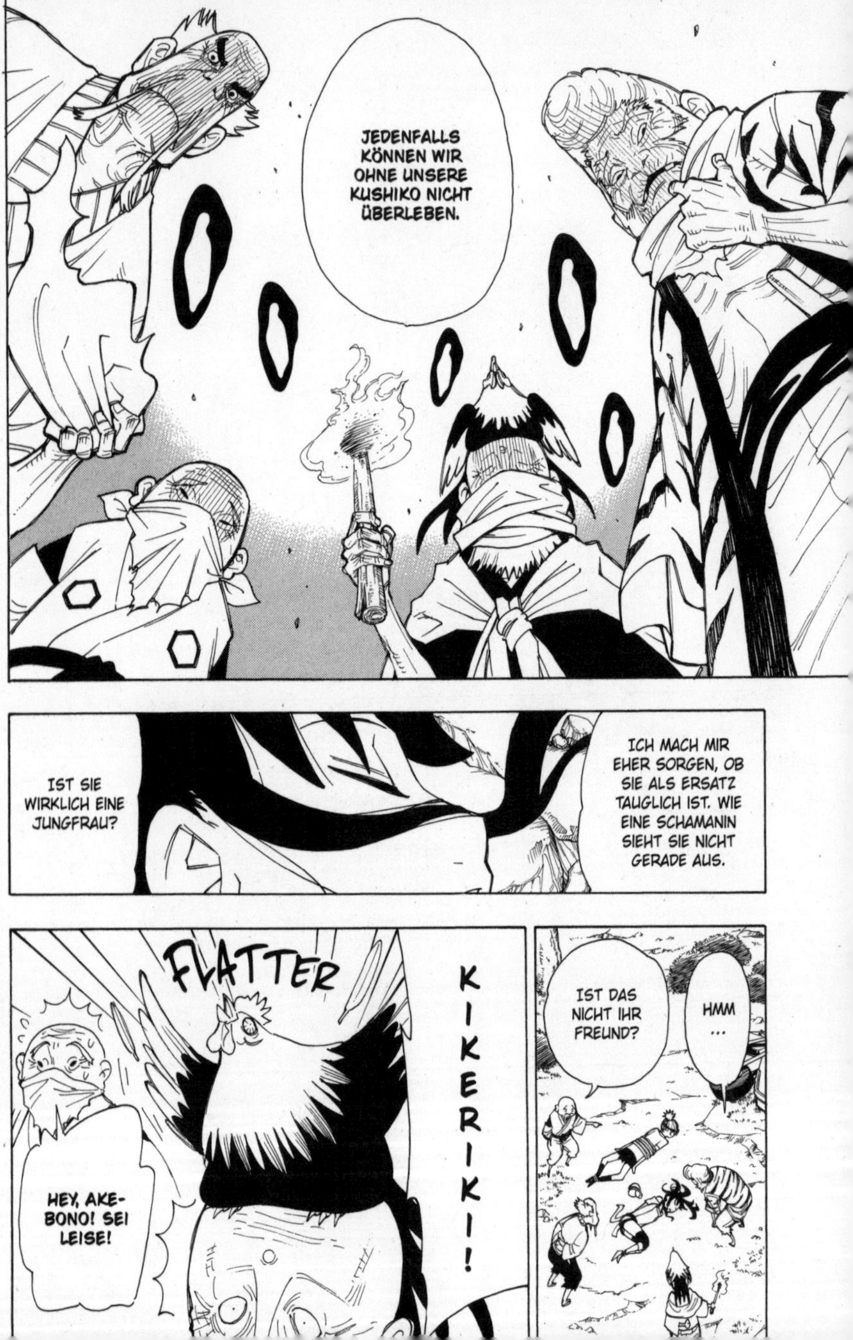

JEDENFALLS KÖNNEN WIR OHNE UNSERE KUSHIKO NICHT ÜBERLEBEN.

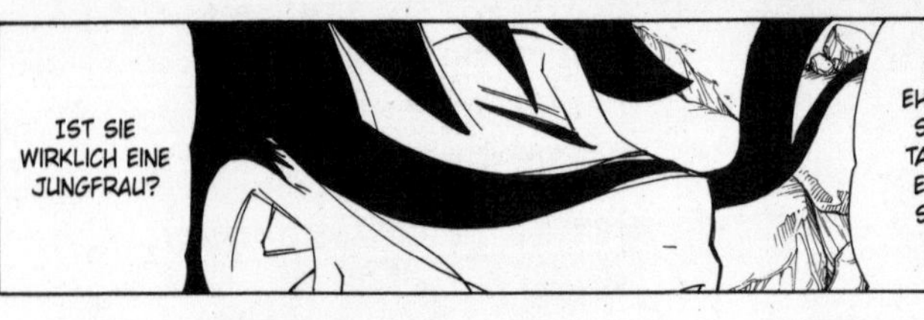


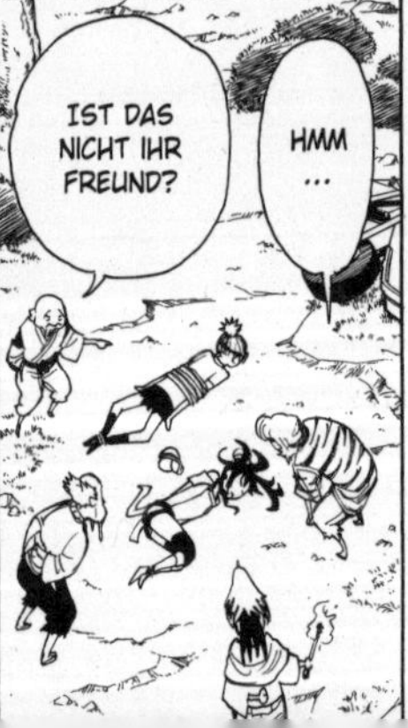


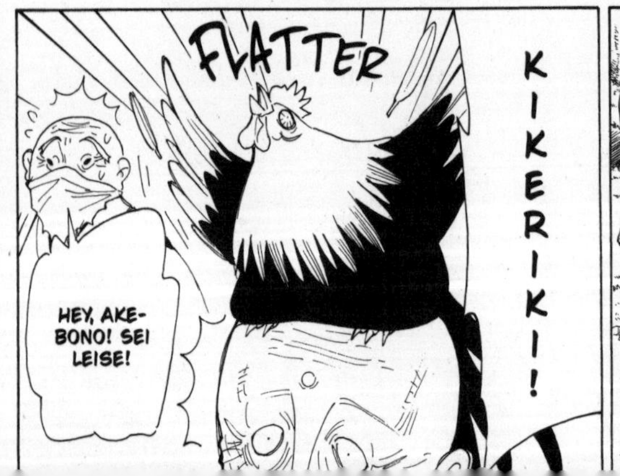

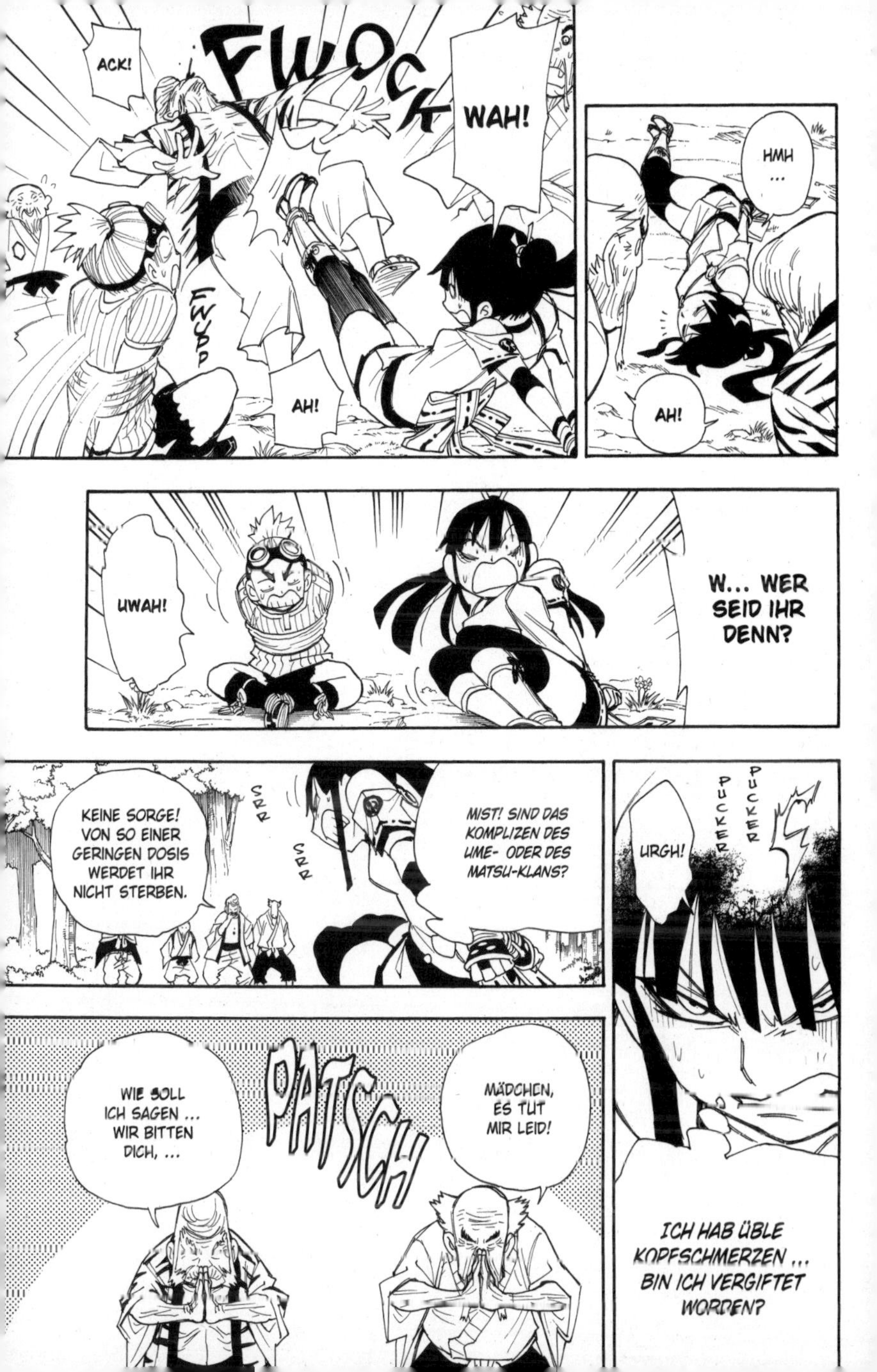

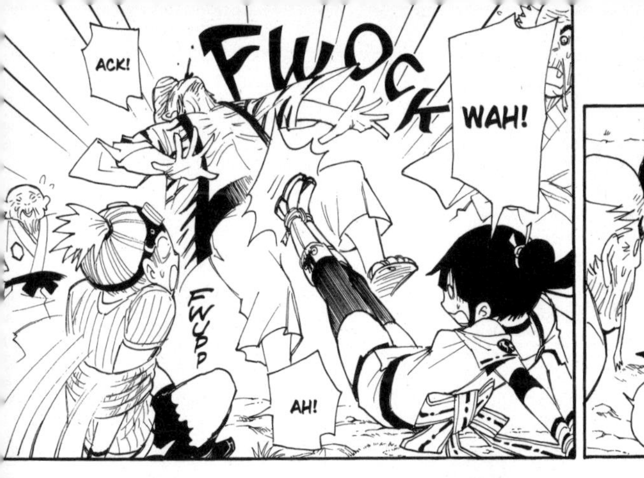


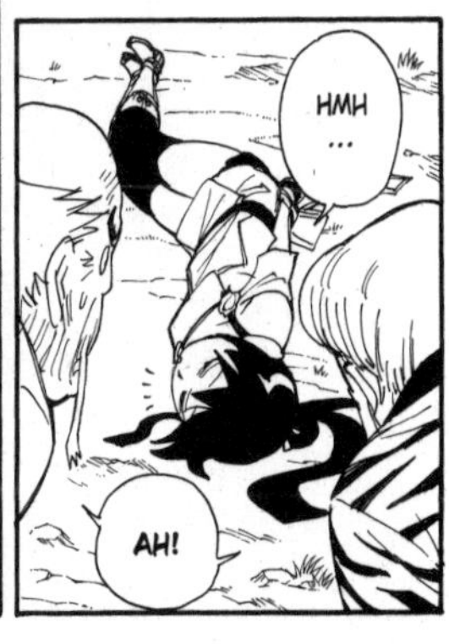


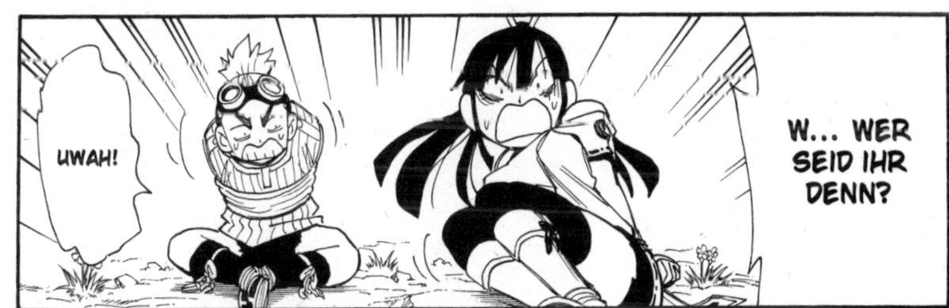


URGH!

PUCKER

PUCKER

ICH HAB ÜBLE KOPFSCHMERZEN … BIN ICH VERGIFTET WORDEN?

MIST! SIND DAS KOMPLIZEN DES UME- ODER DES MATSU-KLANS?

SRR

SRR

KEINE SORGE! VON SO EINER GERINGEN DOSIS WERDET IHR NICHT STERBEN.

MÄDCHEN, ES TUT MIR LEID!

PATSCH

WIE SOLL ICH SAGEN … WIR BITTEN DICH, …

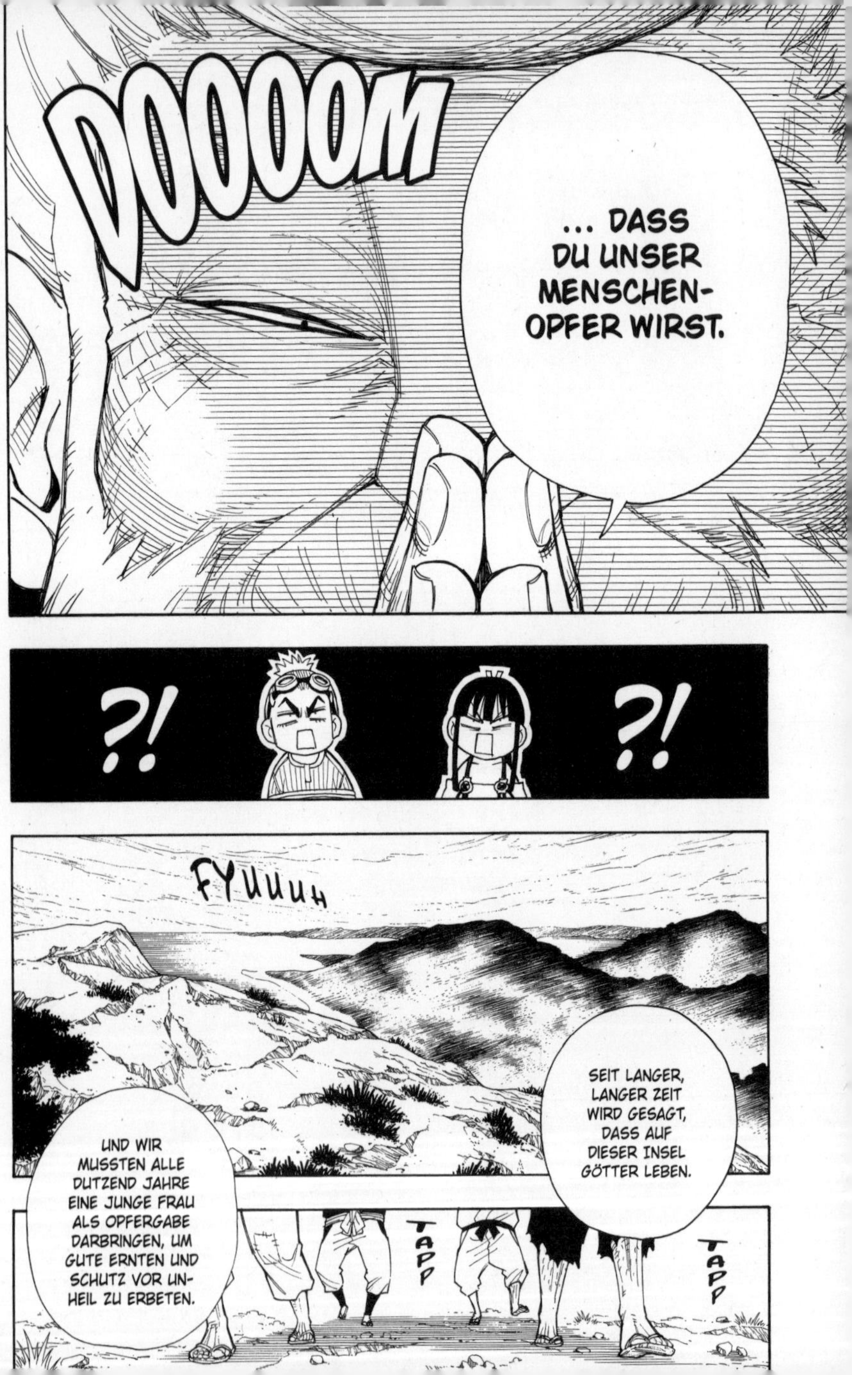

DOOOOM
... DASS DU UNSER MENSCHEN-OPFER WIRST.
?!
?!
FYUUUH
SEIT LANGER, LANGER ZEIT WIRD GESAGT, DASS AUF DIESER INSEL GÖTTER LEBEN.
UND WIR MUSSTEN ALLE DUTZEND JAHRE EINE JUNGE FRAU ALS OPFERGABE DARBRINGEN, UM GUTE ERNTEN UND SCHUTZ VOR UN-HEIL ZU ERBETEN.
TAPP
TAPP

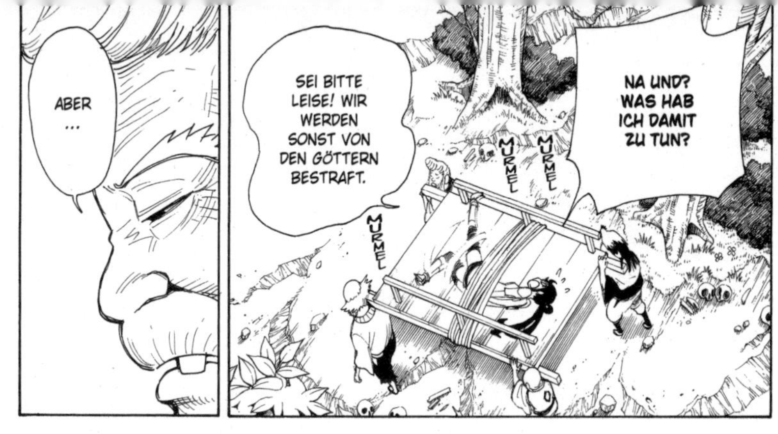
NA UND? WAS HAB ICH DAMIT ZU TUN?
MURMEL
MURMEL
SEI BITTE LEISE! WIR WERDEN SONST VON DEN GÖTTERN BESTRAFT.
MURMEL
ABER ...

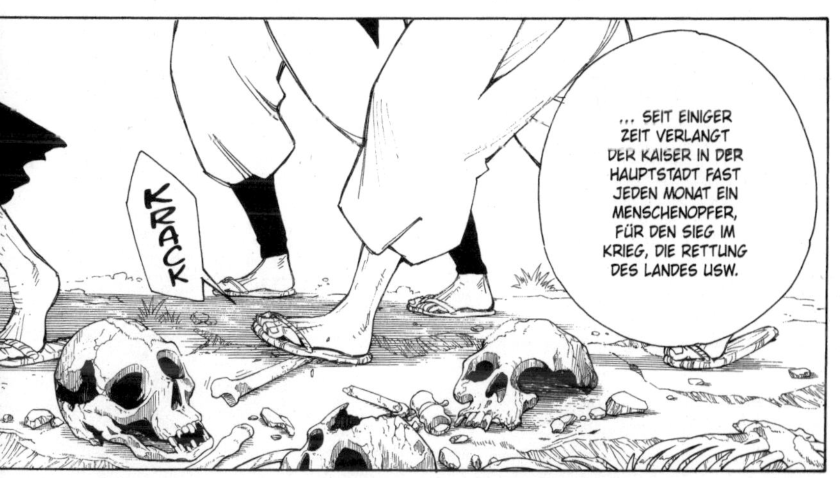
... SEIT EINIGER ZEIT VERLANGT DER KAISER IN DER HAUPTSTADT FAST JEDEN MONAT EIN MENSCHENOPFER, FÜR DEN SIEG IM KRIEG, DIE RETTUNG DES LANDES USW.
KRACK

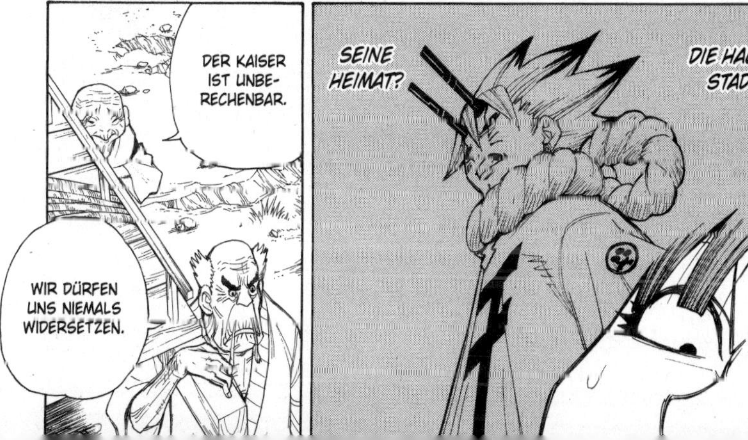
DIE HAUPT-STADT?
SEINE HEIMAT?
DER KAISER IST UNBE-RECHENBAR.
WIR DÜRFEN UNS NIEMALS WIDERSETZEN.

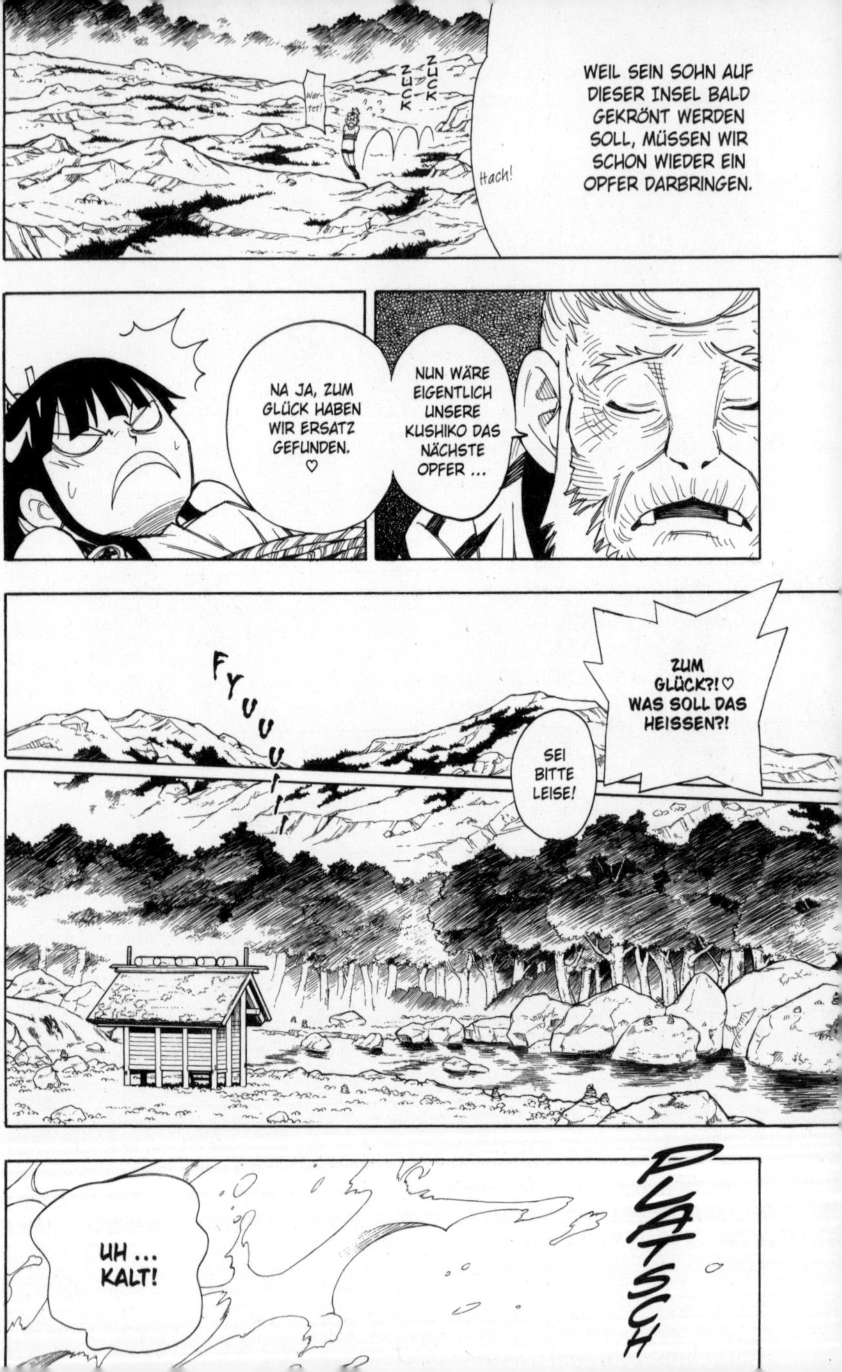

WEIL SEIN SOHN AUF DIESER INSEL BALD GEKRÖNT WERDEN SOLL, MÜSSEN WIR SCHON WIEDER EIN OPFER DARBRINGEN.

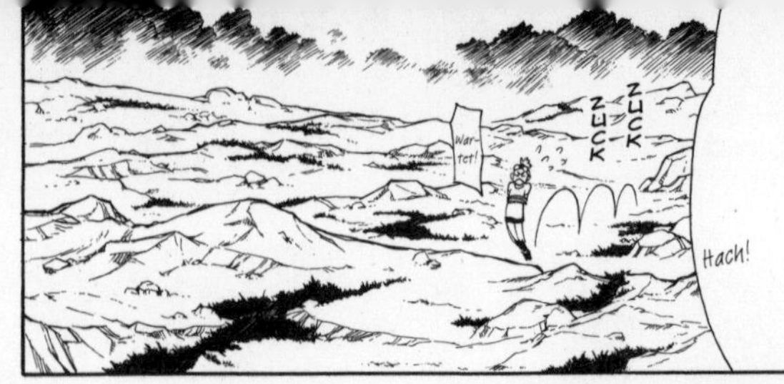


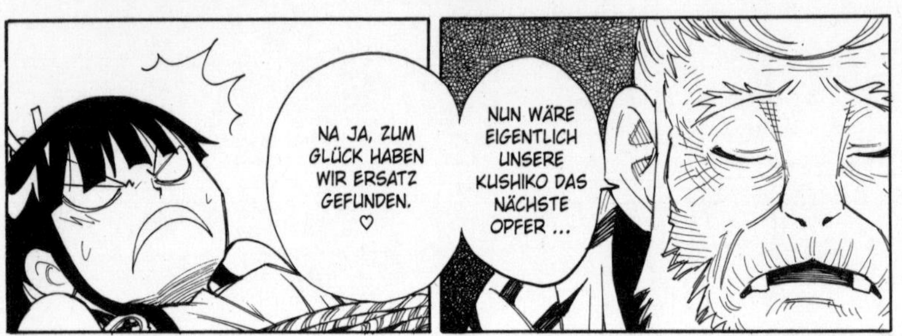


ZUM GLÜCK?! ♡ WAS SOLL DAS HEISSEN?!

SEI BITTE LEISE!

FYUUUI

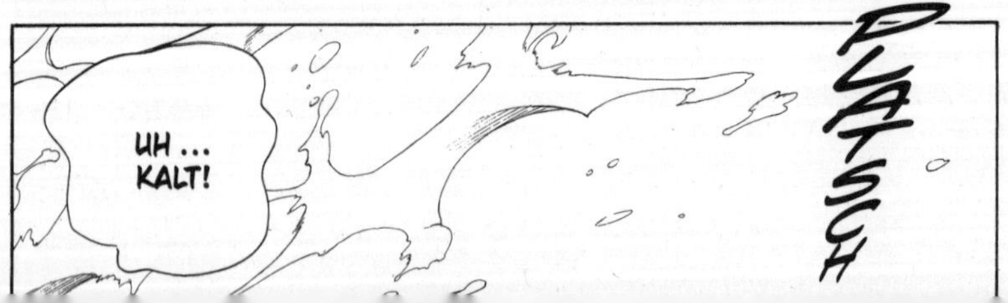

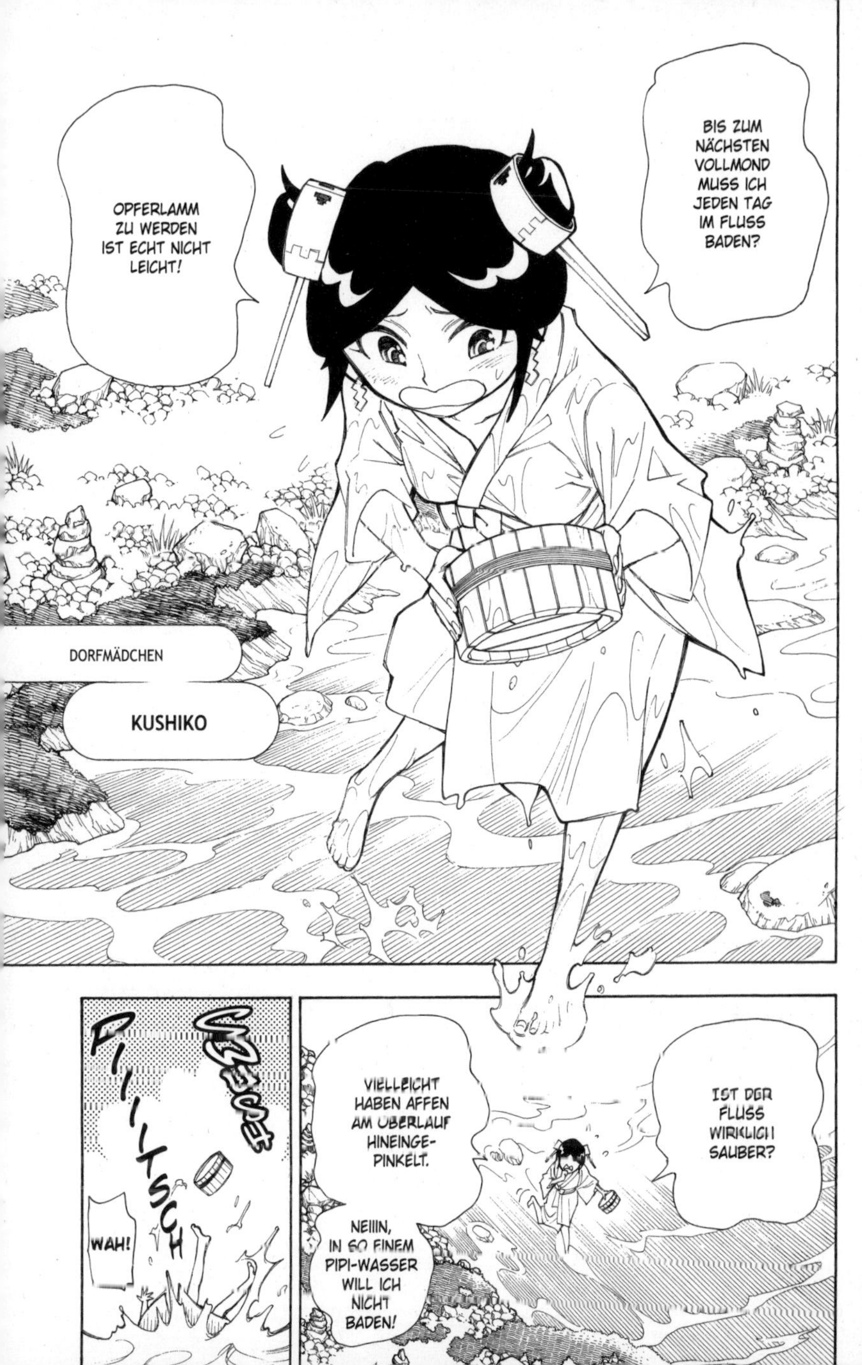
BIS ZUM NÄCHSTEN VOLLMOND MUSS ICH JEDEN TAG IM FLUSS BADEN?
OPFERLAMM ZU WERDEN IST ECHT NICHT LEICHT!
DORFMÄDCHEN
KUSHIKO
IST DER FLUSS WIRKLICH SAUBER?
VIELLEICHT HABEN AFFEN AM ÜBERLAUF HINEINGE-PINKELT.
NEIIIN, IN SO EINEM PIPI-WASSER WILL ICH NICHT BADEN!
PIIITSCH
WAH!

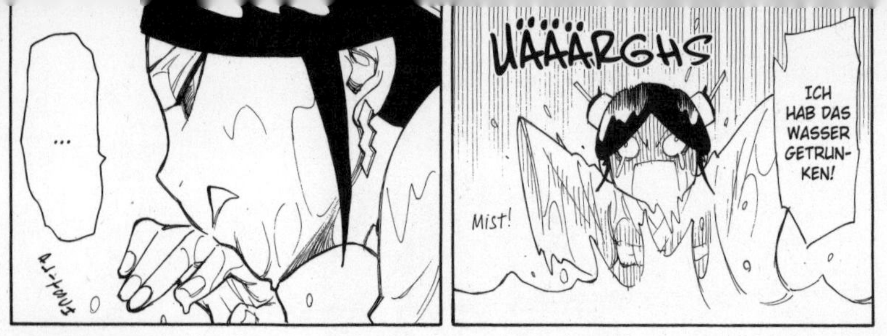
ÜÄÄÄRGHS
ICH HAB DAS WASSER GETRUN-KEN!
Mist!
...

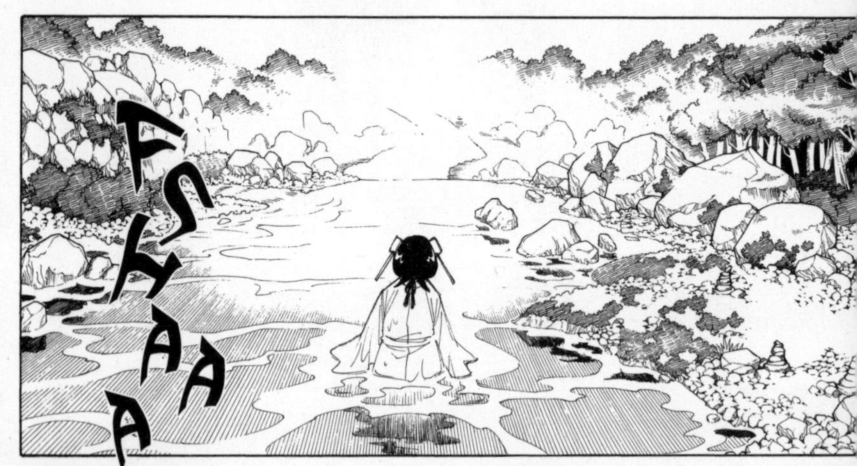
FSHAAAA

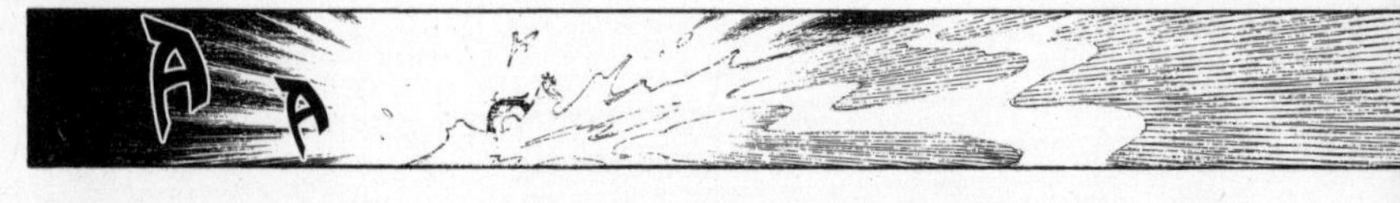
A A

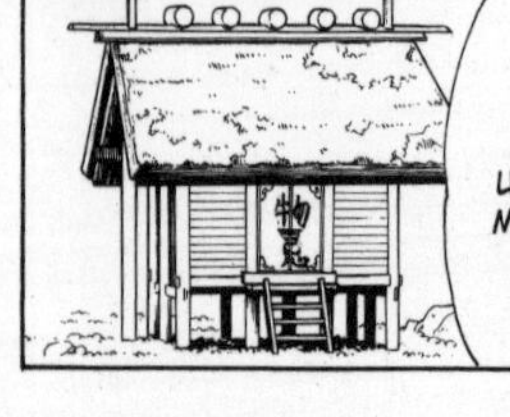
ICH BADE SCHNELL UND GEHE IN MEINE HÜTTE ZURÜCK!

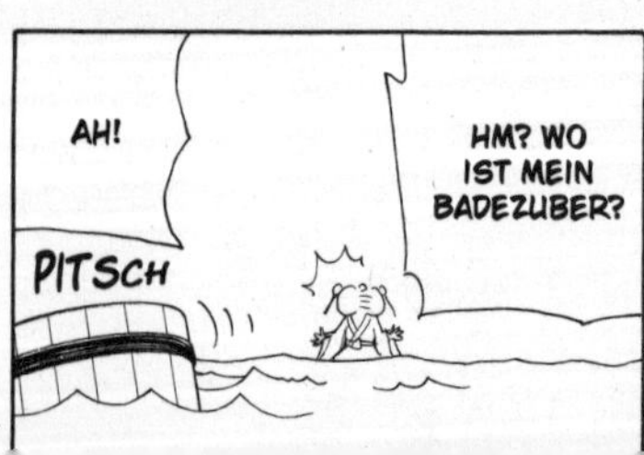
HM? WO IST MEIN BADEZUBER?
AH!
PITSCH

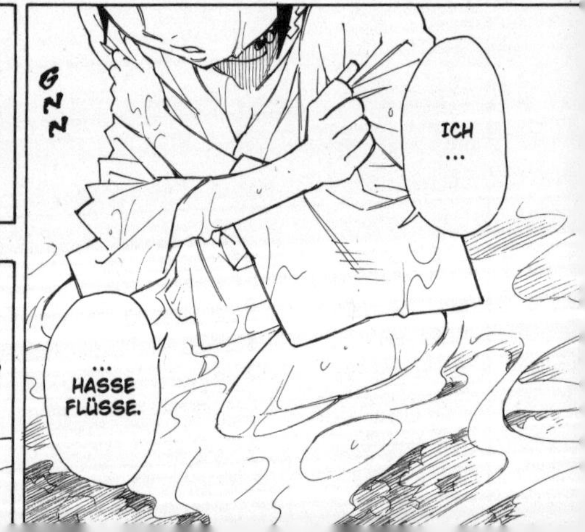
GNN
ICH ...
... HASSE FLÜSSE.

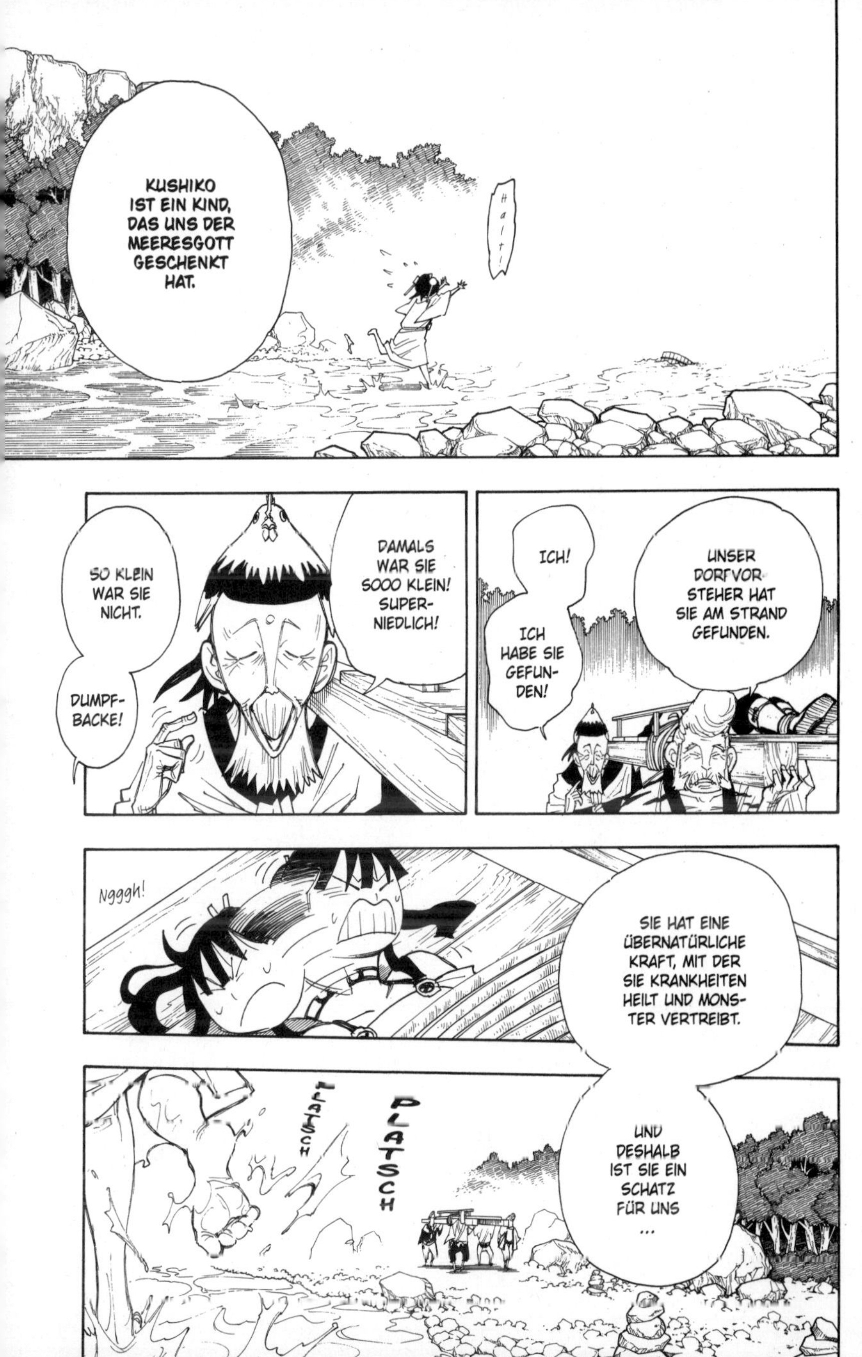
KUSHIKO IST EIN KIND, DAS UNS DER MEERESGOTT GESCHENKT HAT.
Halt!
UNSER DORFVORSTEHER HAT SIE AM STRAND GEFUNDEN.
ICH!
ICH HABE SIE GEFUNDEN!
DAMALS WAR SIE SOOO KLEIN! SUPERNIEDLICH!
SO KLEIN WAR SIE NICHT.
DUMPFBACKE!
Ngggh!
SIE HAT EINE ÜBERNATÜRLICHE KRAFT, MIT DER SIE KRANKHEITEN HEILT UND MONSTER VERTREIBT.
UND DESHALB IST SIE EIN SCHATZ FÜR UNS ...
PLATSCH
PLATSCH

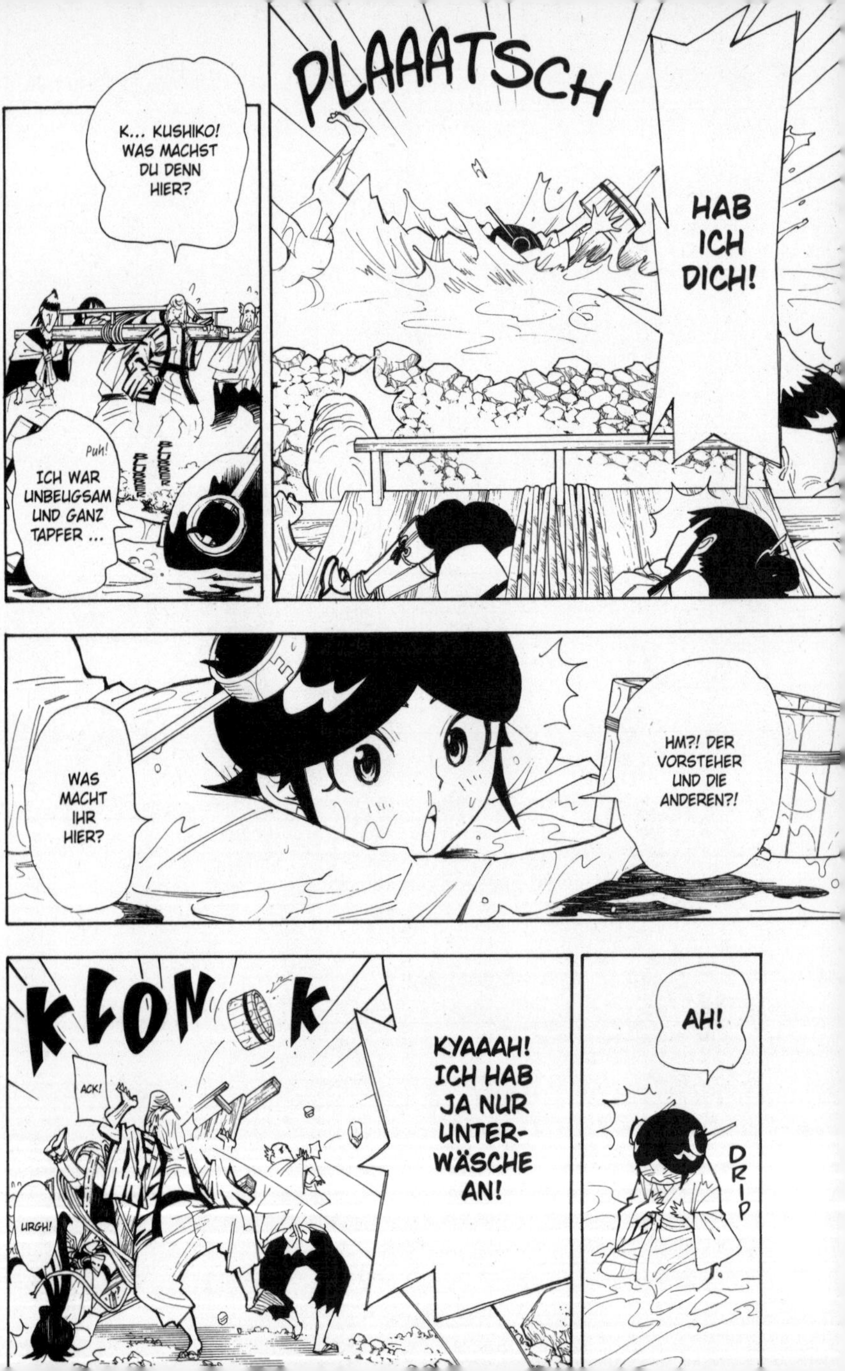

PLAAATSCH

HAB ICH DICH!

K... KUSHIKO! WAS MACHST DU DENN HIER?

Puh! ICH WAR UNBEUGSAM UND GANZ TAPFER ...

BLUBBER BLUBBER

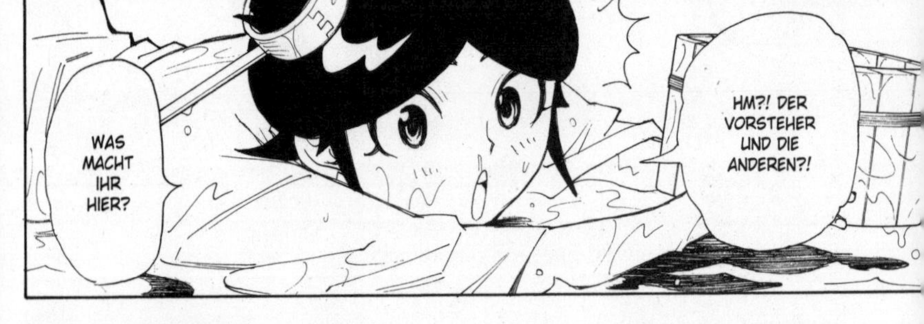


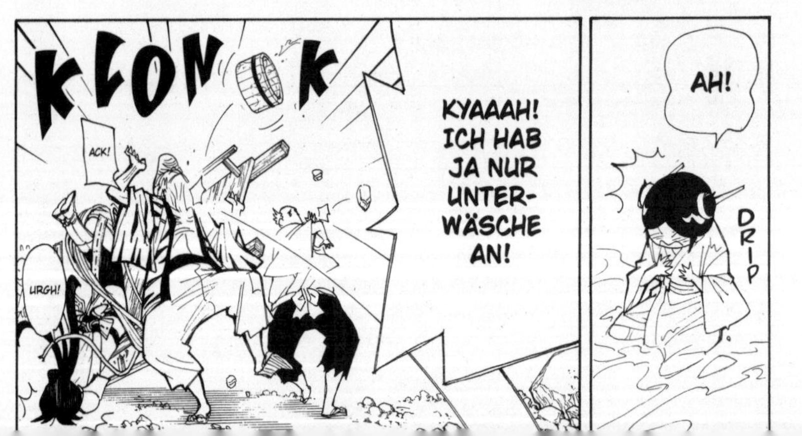

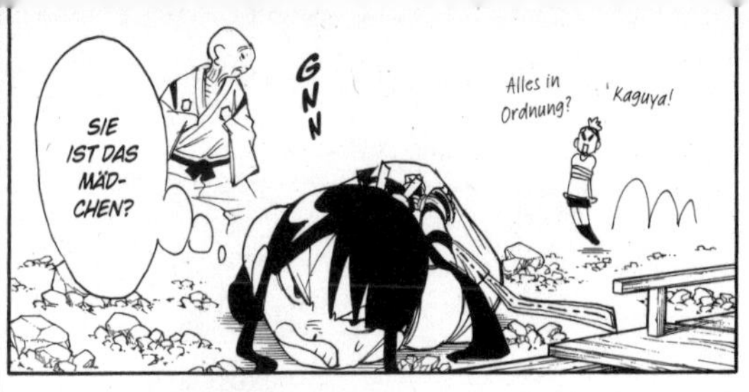
Kaguya!
Alles in Ordnung?
GNN
SIE IST DAS MÄD-CHEN?

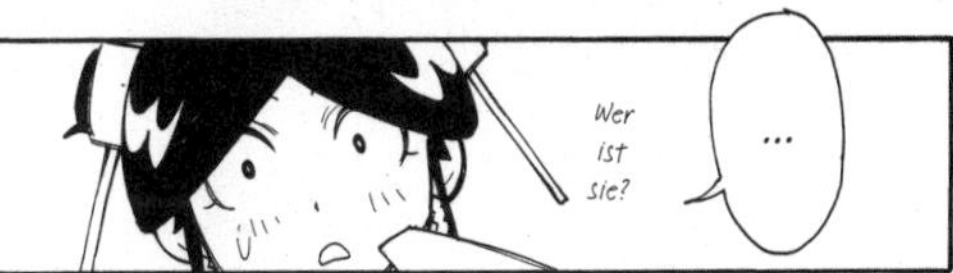
...
Wer ist sie?

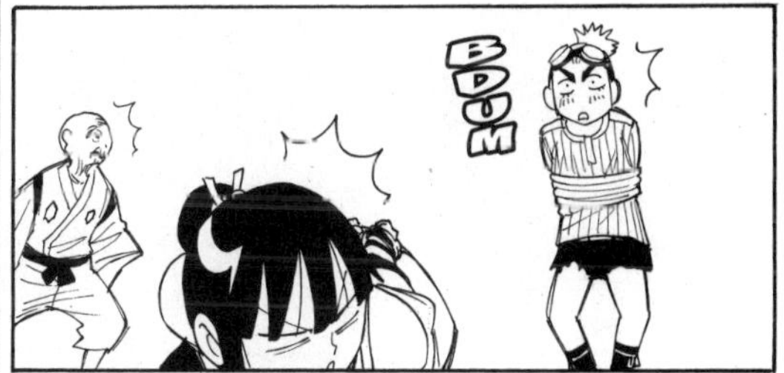
BDUM

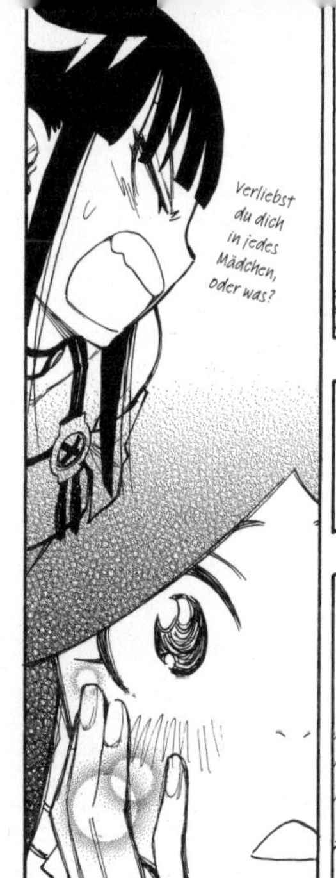
Verliebst du dich in jedes Mädchen, oder was?

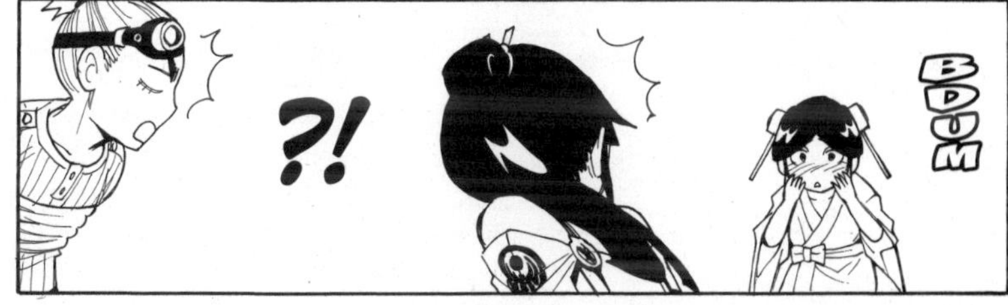
BDUM
?!

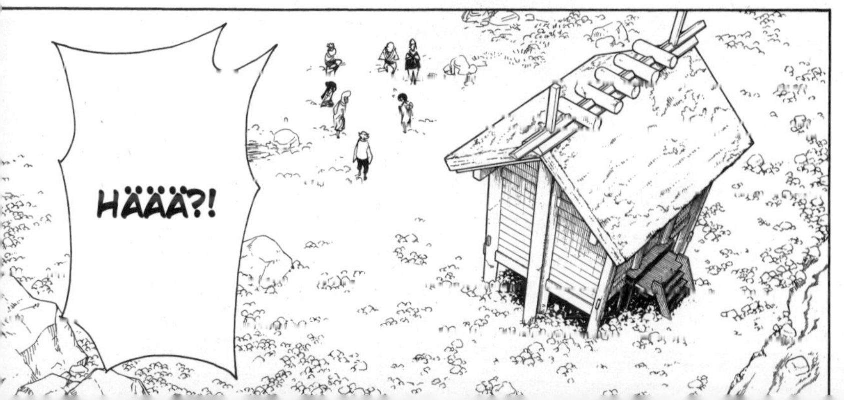
HÄÄÄ?!

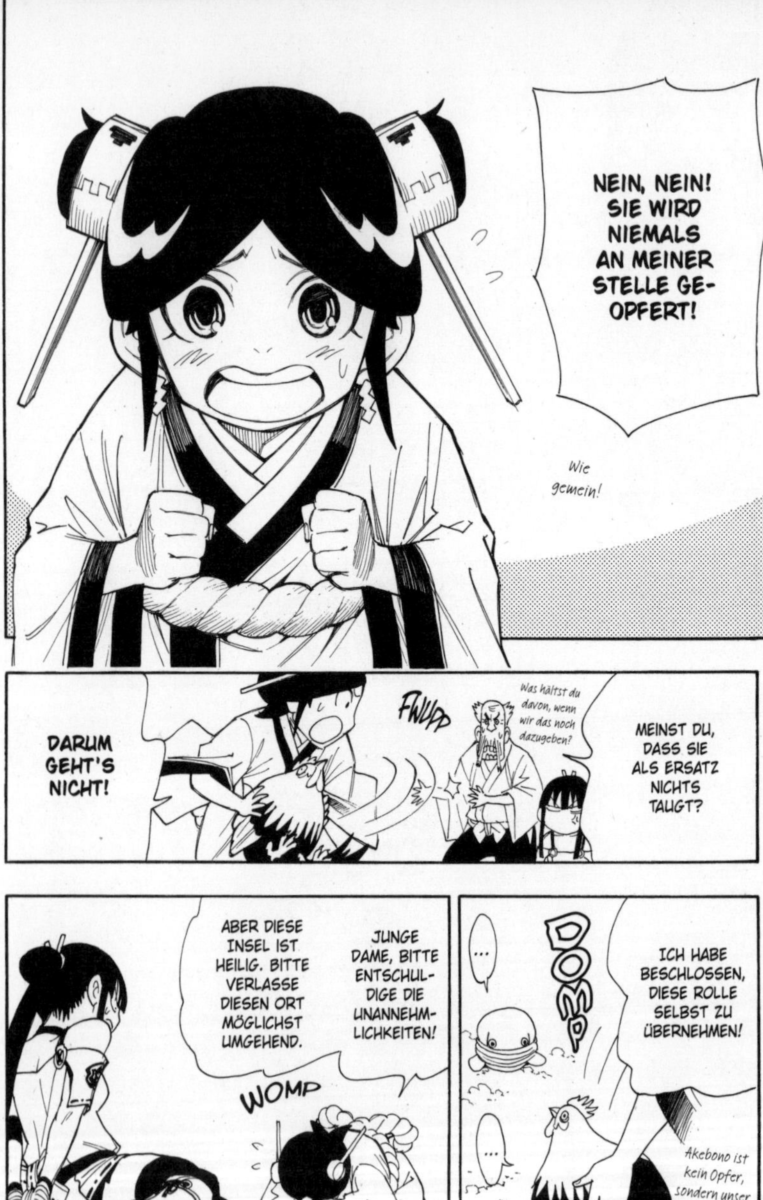

NEIN, NEIN! SIE WIRD NIEMALS AN MEINER STELLE GEOPFERT!

Wie gemein!

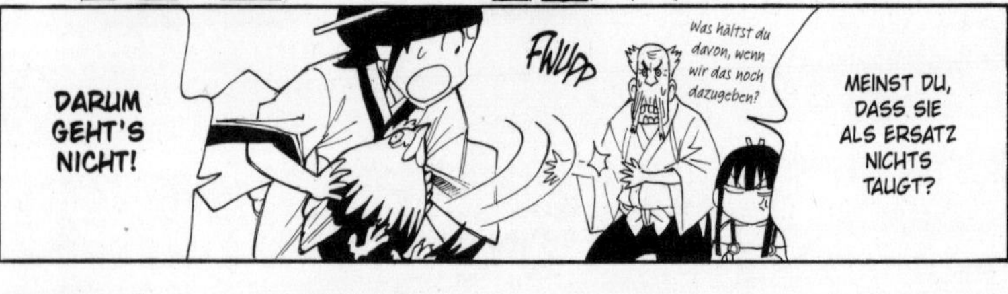


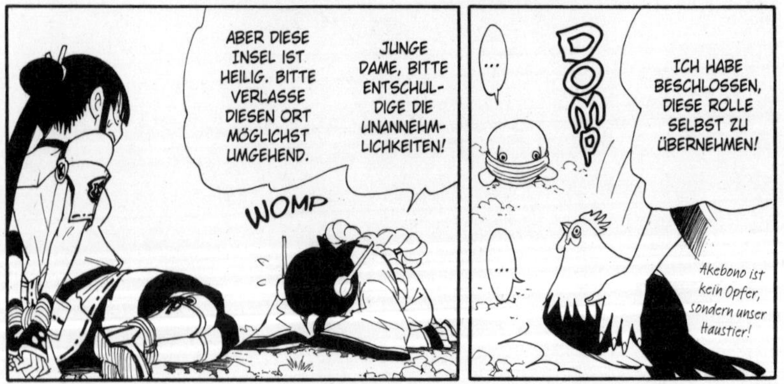

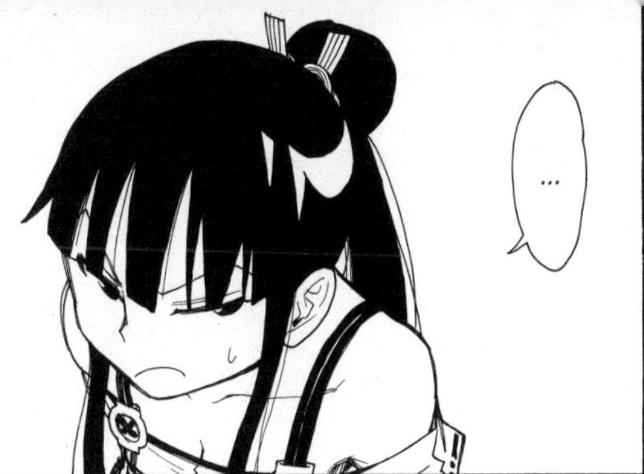
...
DIESE INSEL-BEWOHNER SCHEINEN MICH NICHT ZU ERKENNEN.

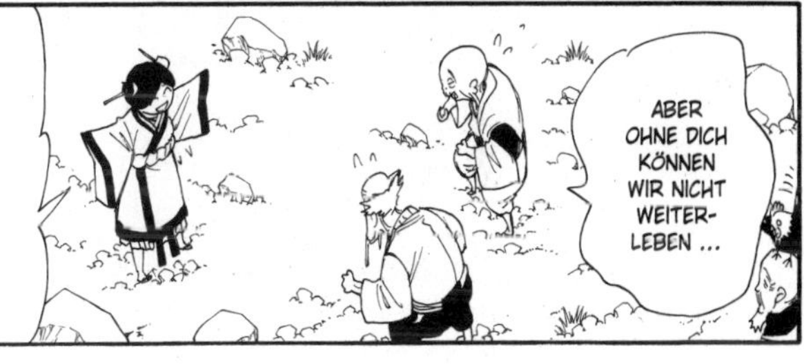
ABER OHNE DICH KÖNNEN WIR NICHT WEITER-LEBEN ...
ACH, MACHT EUCH KEINE SORGEN! DÖRFER, DIE EIN MÄDCHEN GEOPFERT HABEN, WERDEN GROSSZÜGIG BELOHNT, HABE ICH GEHÖRT.

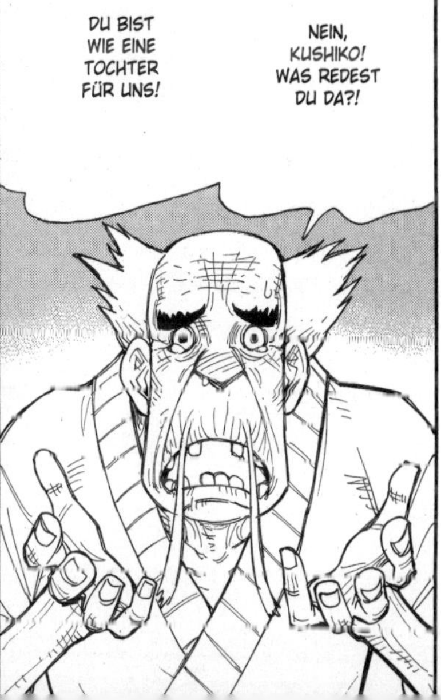
NEIN, KUSHIKO! WAS REDEST DU DA?!
DU BIST WIE EINE TOCHTER FÜR UNS!

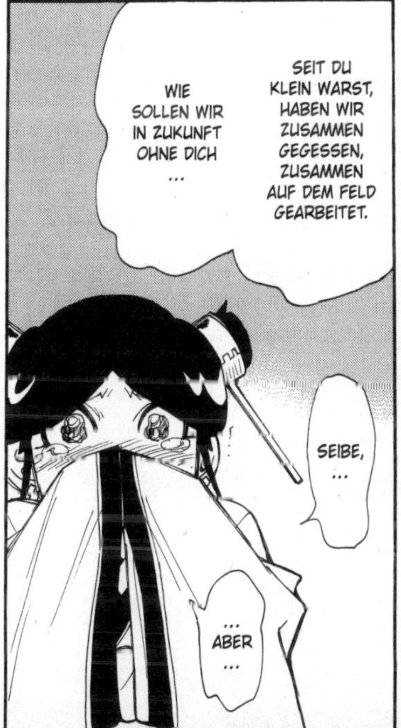
SEIT DU KLEIN WARST, HABEN WIR ZUSAMMEN GEGESSEN, ZUSAMMEN AUF DEM FELD GEARBEITET.
WIE SOLLEN WIR IN ZUKUNFT OHNE DICH ...
SEIBE, ...
... ABER ...

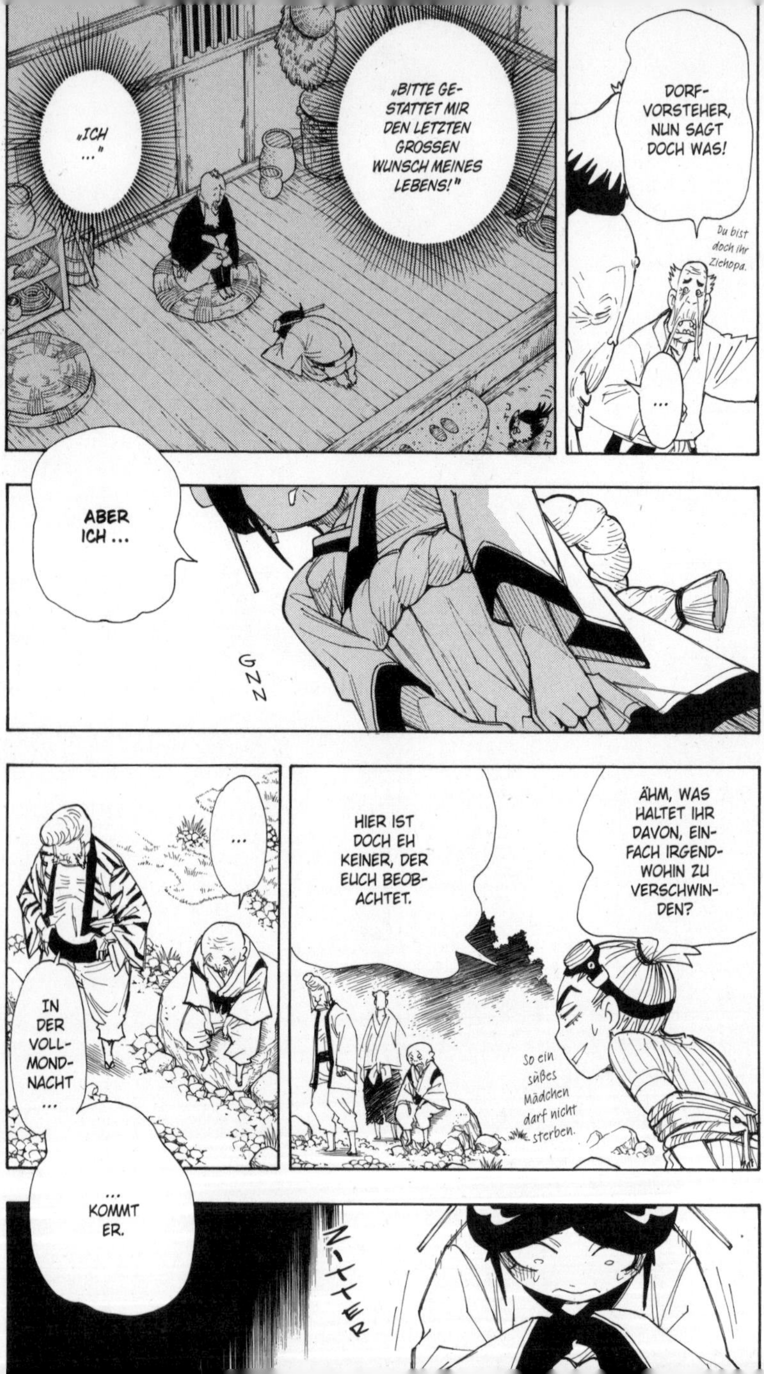

DORF-VORSTEHER, NUN SAGT DOCH WAS!
Du bist doch ihr Ziehopa.
...
„BITTE GE-STATTET MIR DEN LETZTEN GROSSEN WUNSCH MEINES LEBENS!"
„ICH ..."
ABER ICH ...
GNN
ÄHM, WAS HALTET IHR DAVON, EIN-FACH IRGEND-WOHIN ZU VERSCHWIN-DEN?
HIER IST DOCH EH KEINER, DER EUCH BEOB-ACHTET.
So ein süßes Mädchen darf nicht sterben.
...
IN DER VOLL-MOND-NACHT ...
... KOMMT ER.
ZITTER

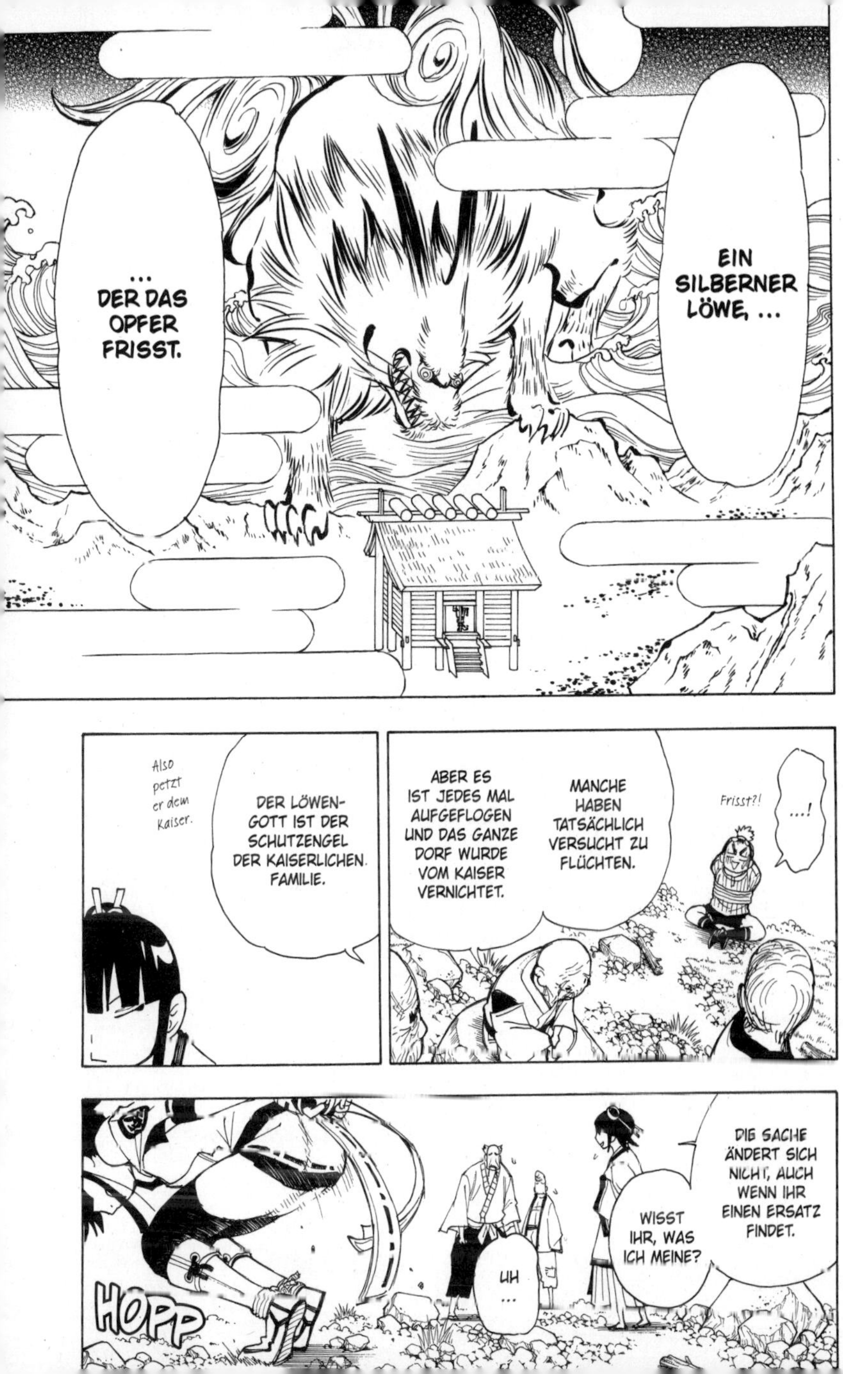

EIN SILBERNER LÖWE, ...

... DER DAS OPFER FRISST.

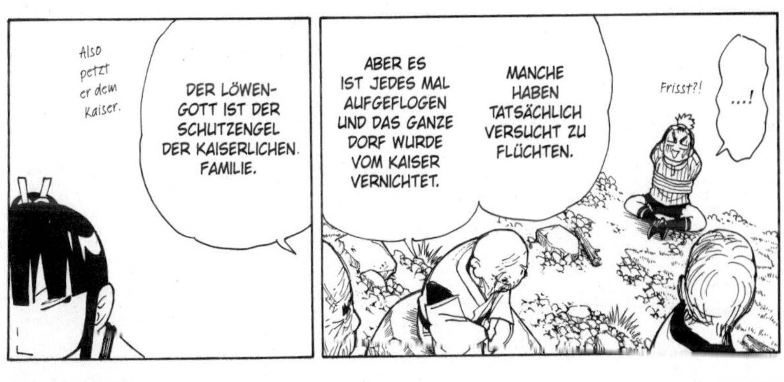


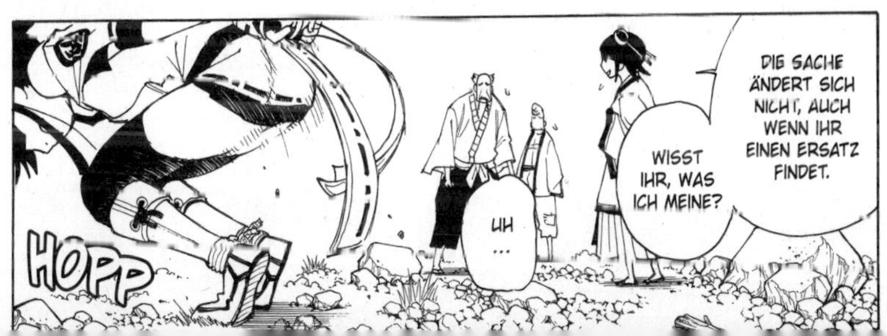

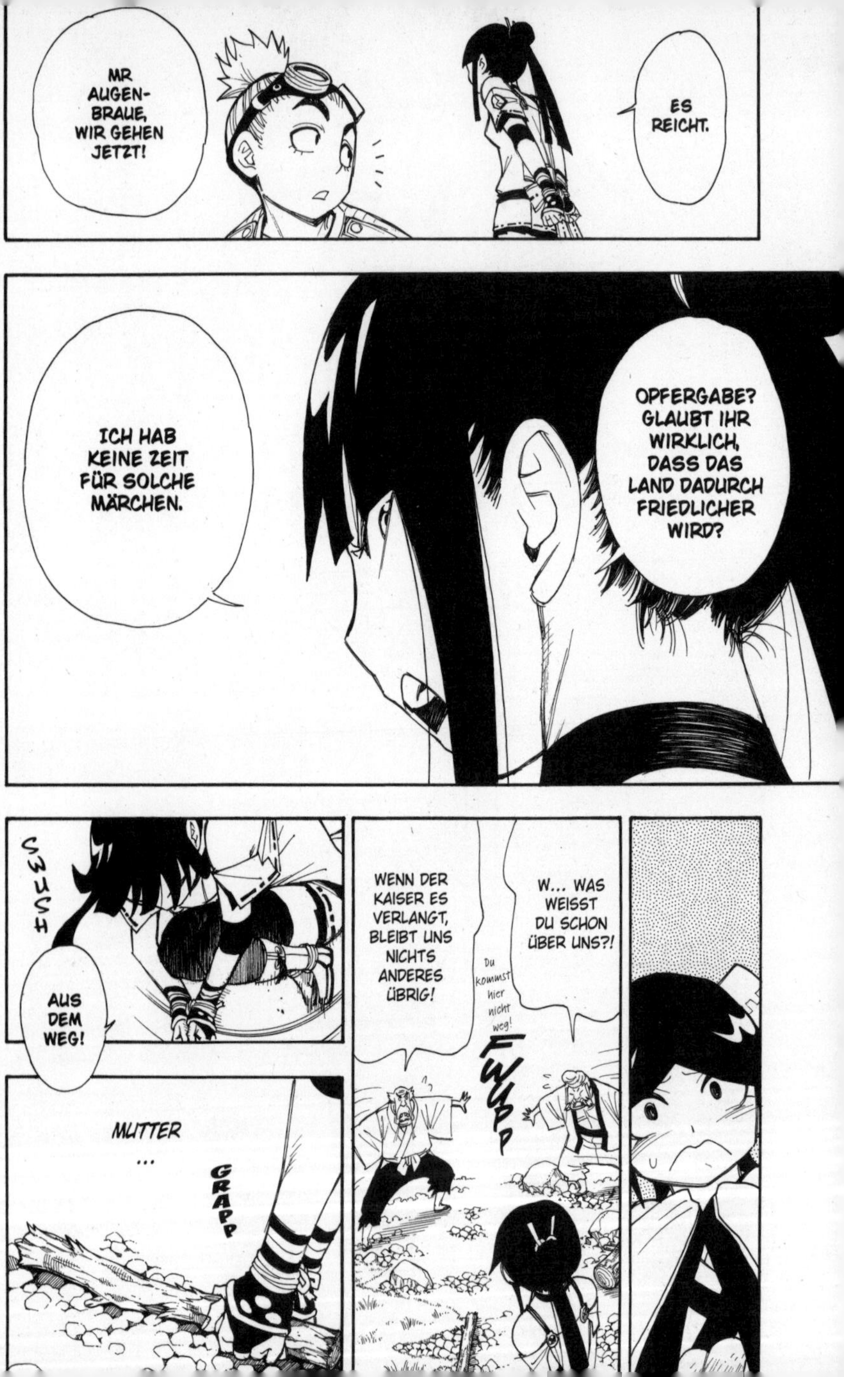

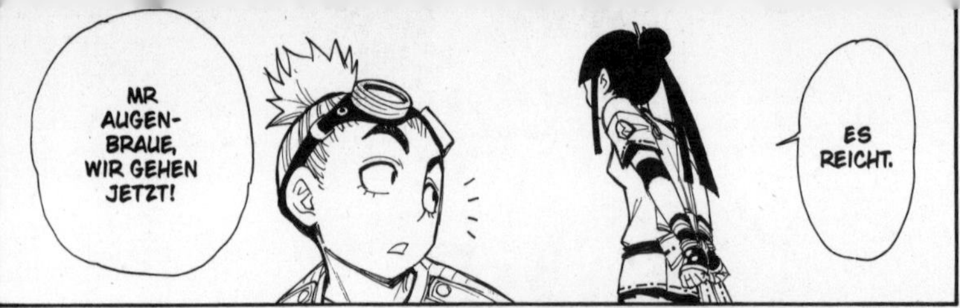
MR AUGEN-BRAUE, WIR GEHEN JETZT!
ES REICHT.

OPFERGABE? GLAUBT IHR WIRKLICH, DASS DAS LAND DADURCH FRIEDLICHER WIRD?
ICH HAB KEINE ZEIT FÜR SOLCHE MÄRCHEN.
SWUSH
AUS DEM WEG!
MUTTER ...
GRAPP
W... WAS WEISST DU SCHON ÜBER UNS?!
WENN DER KAISER ES VERLANGT, BLEIBT UNS NICHTS ANDERES ÜBRIG!
Du kommst hier nicht weg!
FWUPP

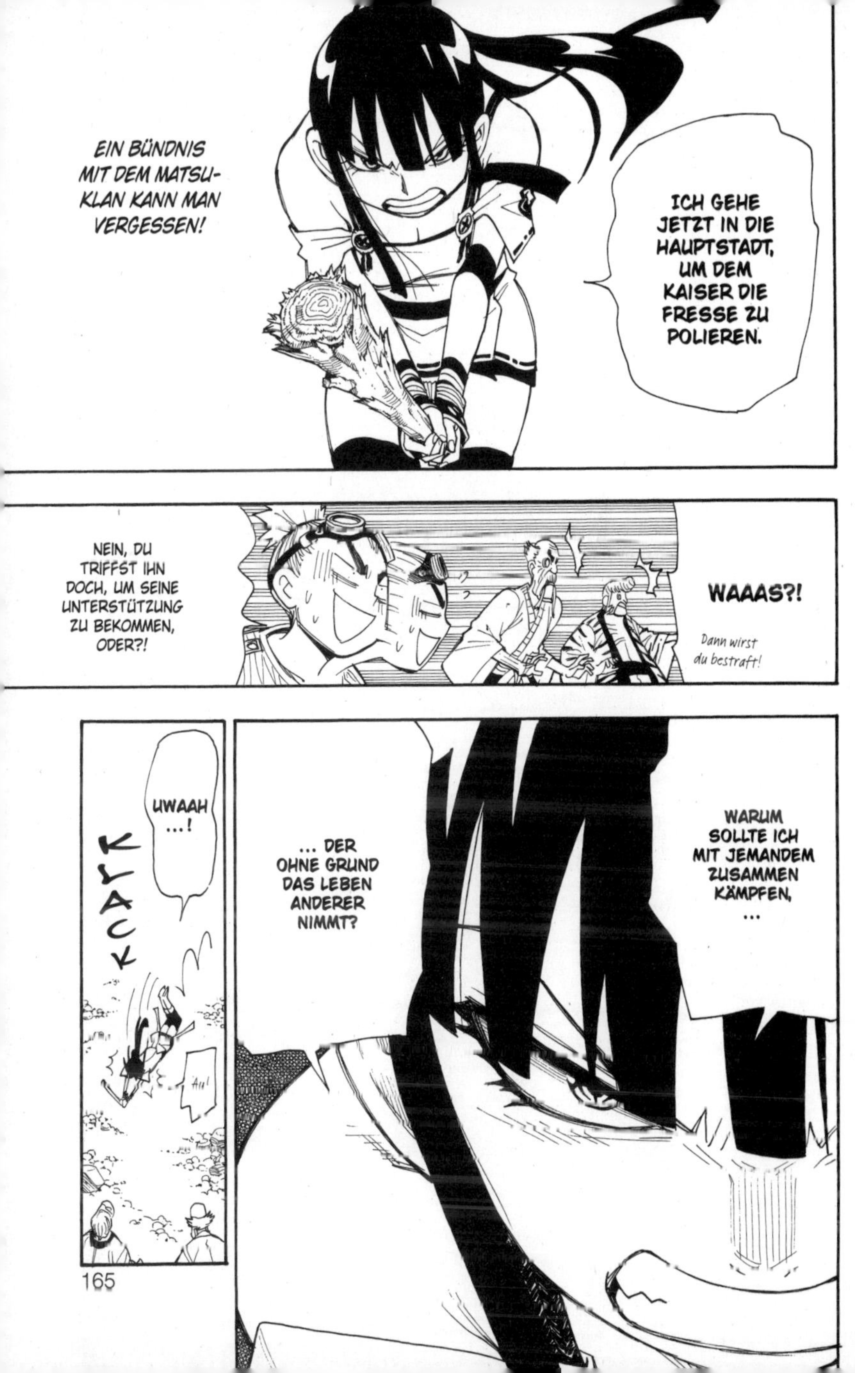

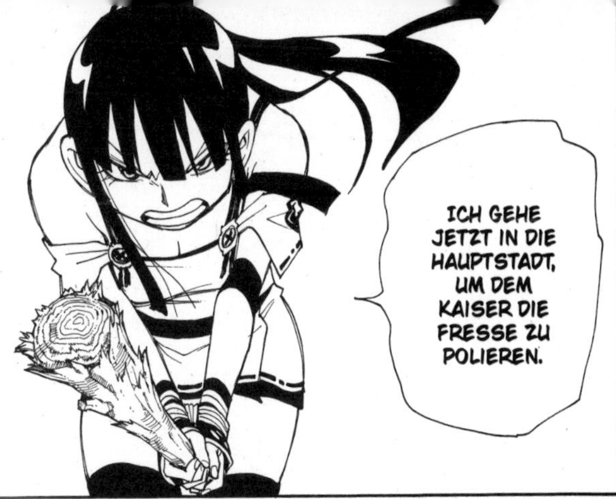


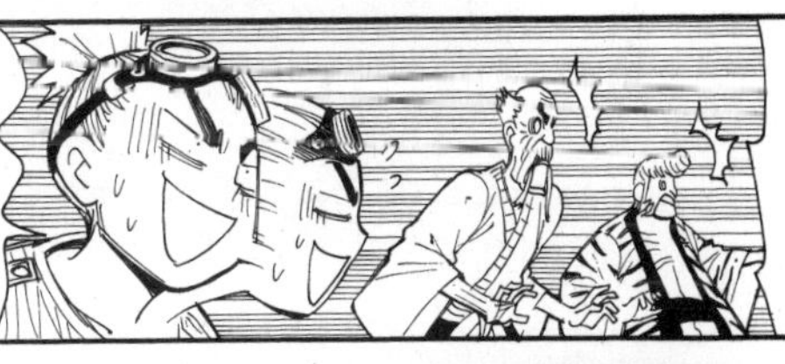


WARUM SOLLTE ICH MIT JEMANDEM ZUSAMMEN KÄMPFEN, ...

... DER OHNE GRUND DAS LEBEN ANDERER NIMMT?

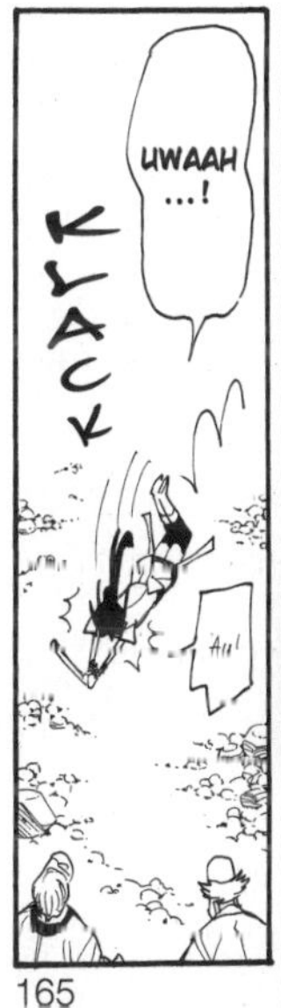

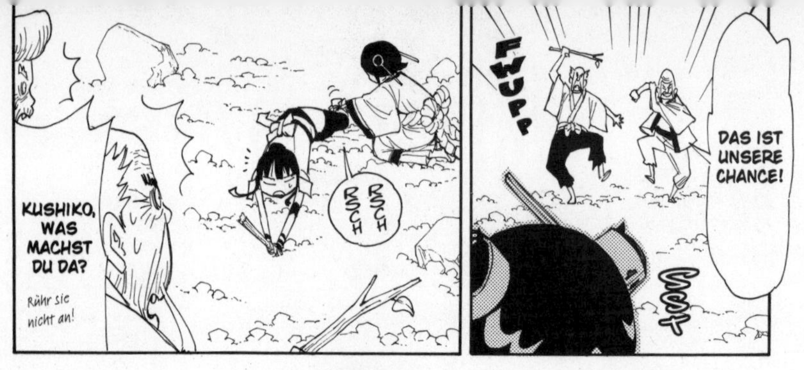


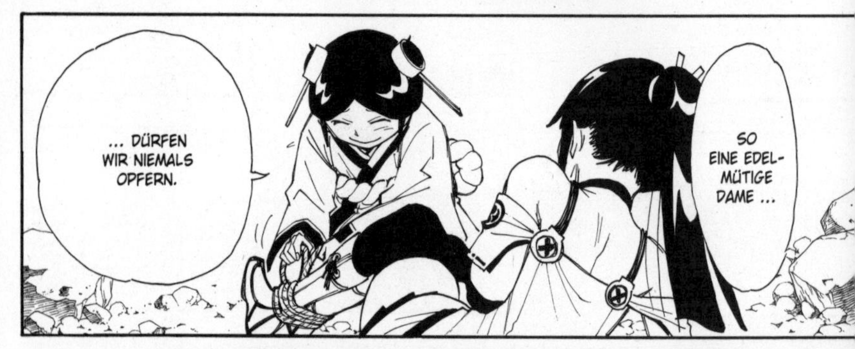

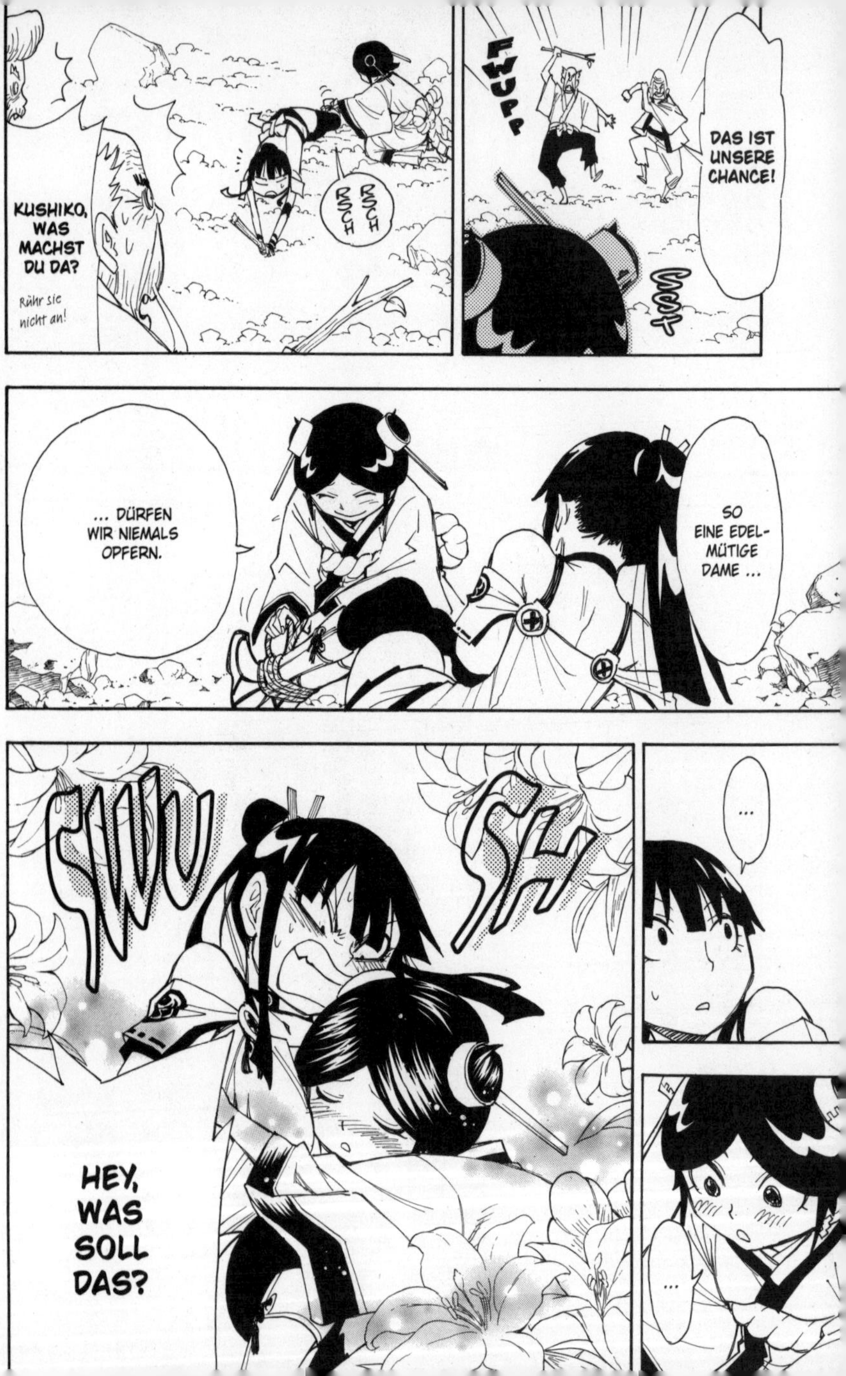

...

...

SWU SH

HEY, WAS SOLL DAS?

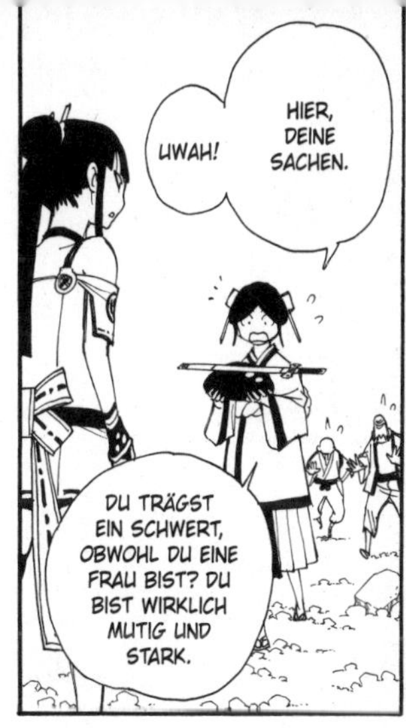
HIER, DEINE SACHEN.
UWAH!
DU TRÄGST EIN SCHWERT, OBWOHL DU EINE FRAU BIST? DU BIST WIRKLICH MUTIG UND STARK.

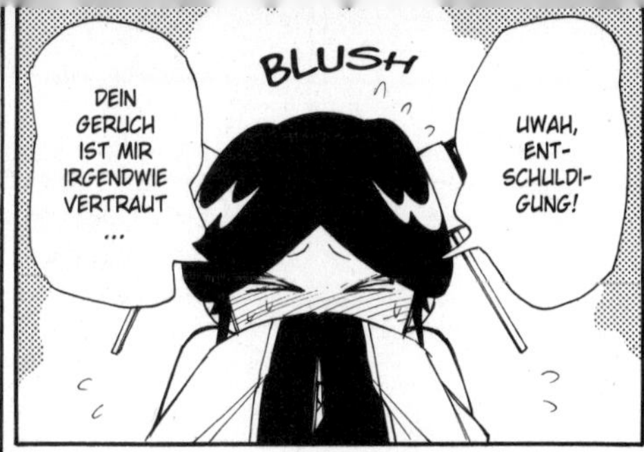
BLUSH
UWAH, ENT-SCHULDI-GUNG!
DEIN GERUCH IST MIR IRGENDWIE VERTRAUT …

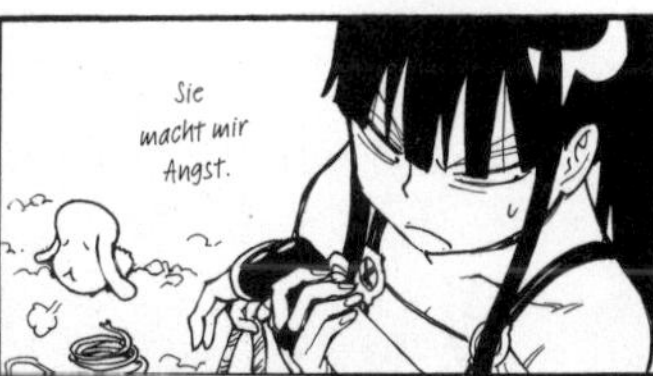
NICHTS WIE WEG HIER …
Sie macht mir Angst.

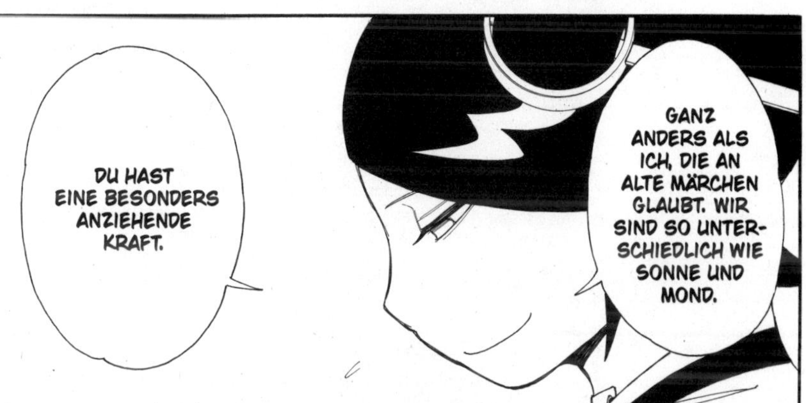
GANZ ANDERS ALS ICH, DIE AN ALTE MÄRCHEN GLAUBT. WIR SIND SO UNTER-SCHIEDLICH WIE SONNE UND MOND.
DU HAST EINE BESONDERS ANZIEHENDE KRAFT.

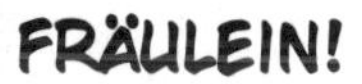
FRÄULEIN!

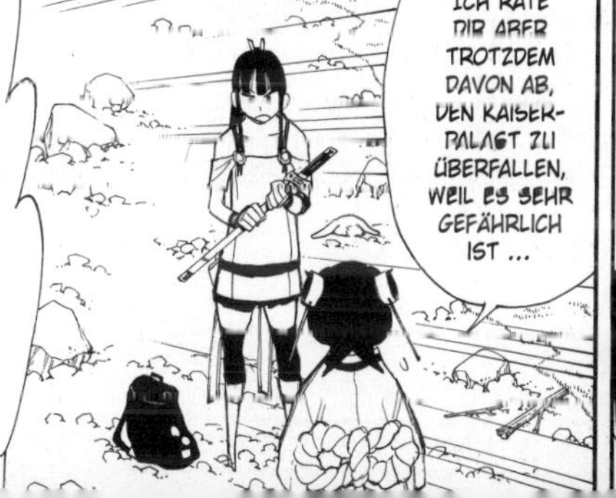
ICH RATE DIR ABER TROTZDEM DAVON AB, DEN KAISER-PALAST ZU ÜBERFALLEN, WEIL ES SEHR GEFÄHRLICH IST …

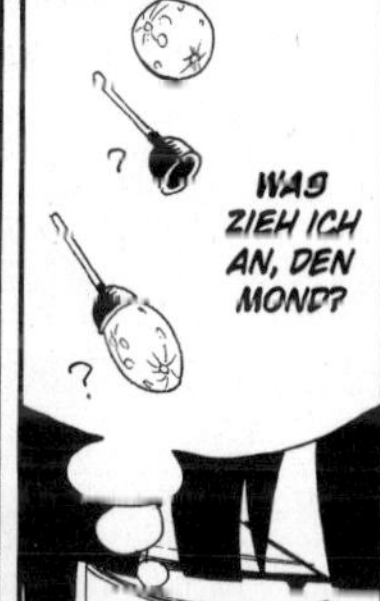
WAS ZIEH ICH AN, DEN MOND?

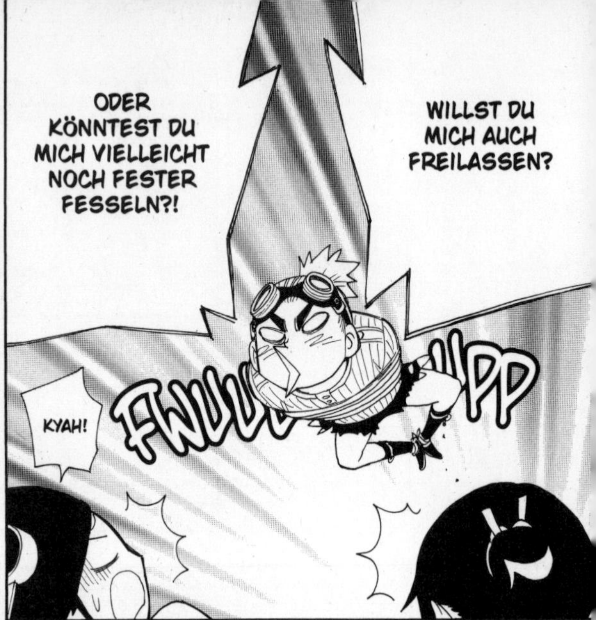
WILLST DU MICH AUCH FREILASSEN?
ODER KÖNNTEST DU MICH VIELLEICHT NOCH FESTER FESSELN?!
KYAH!

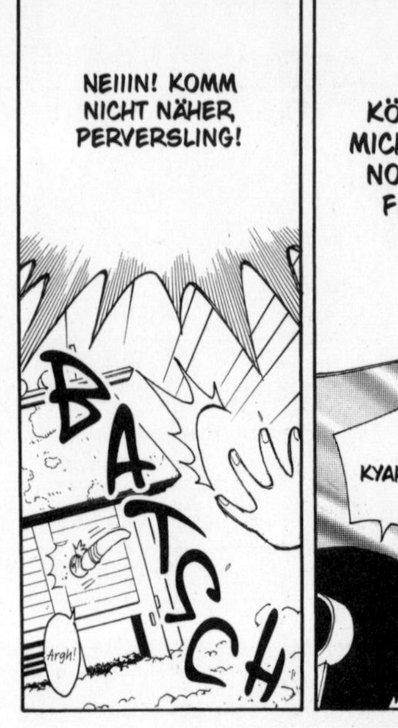
NEIIIN! KOMM NICHT NÄHER, PERVERSLING!
BATSCH
Argh!

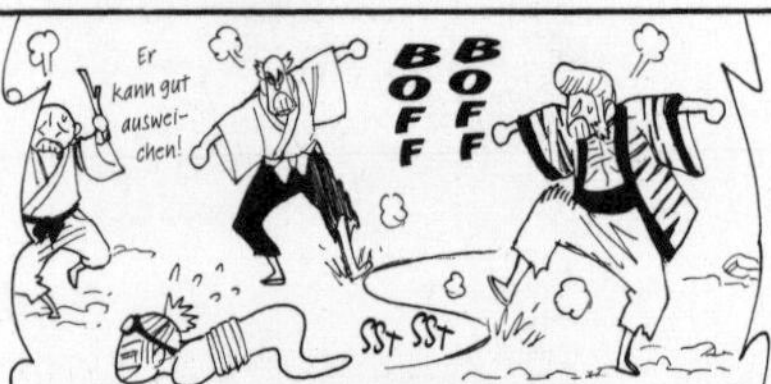
REISS DICH ZUSAMMEN, DU LUSTMOLCH! KUSHIKO KANN KEINE SCHMUTZIGEN DINGE LEIDEN!
BOFF
BOFF
Er kann gut ausweichen!
SST SST

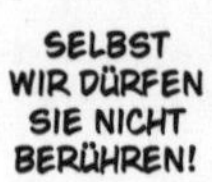
SELBST WIR DÜRFEN SIE NICHT BERÜHREN!

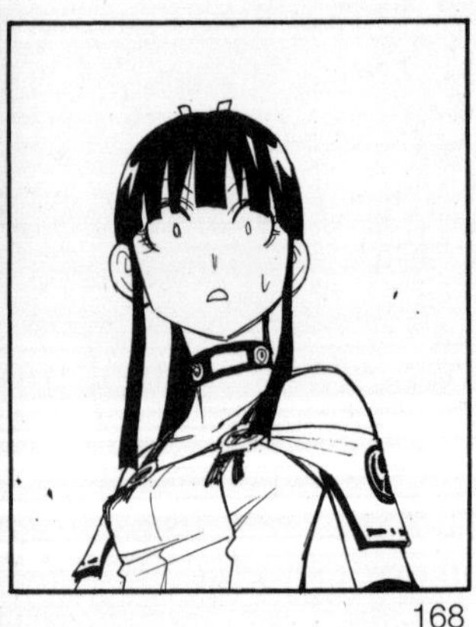

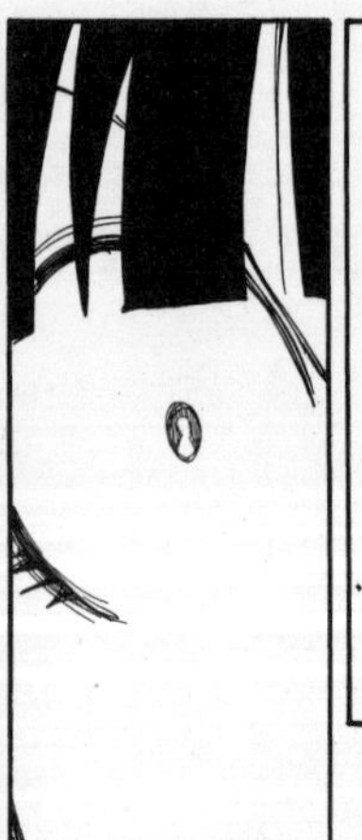

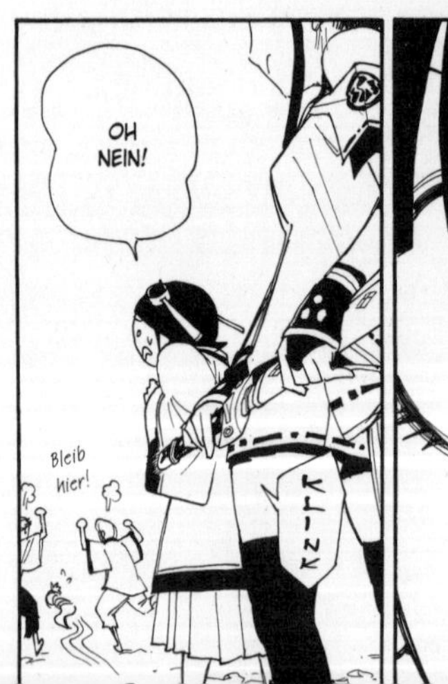
OH NEIN!
KLINK
Bleib hier!

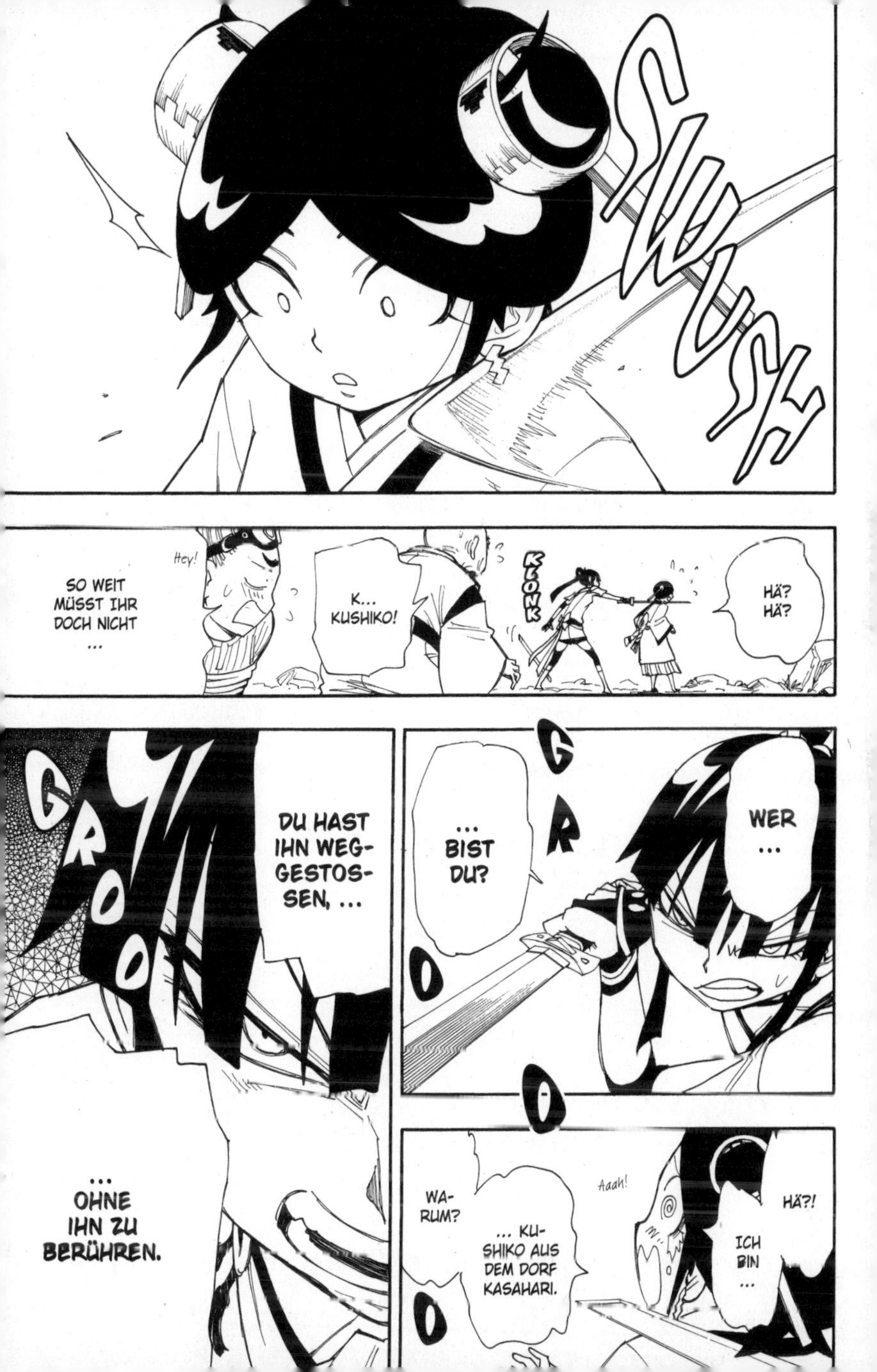

SWUSH

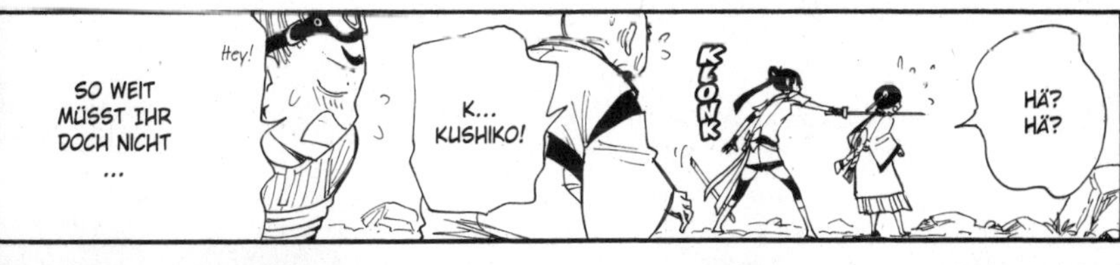
HÄ?
HÄ?
KLONK
K...
KUSHIKO!
Hey!
SO WEIT
MÜSST IHR
DOCH NICHT
...

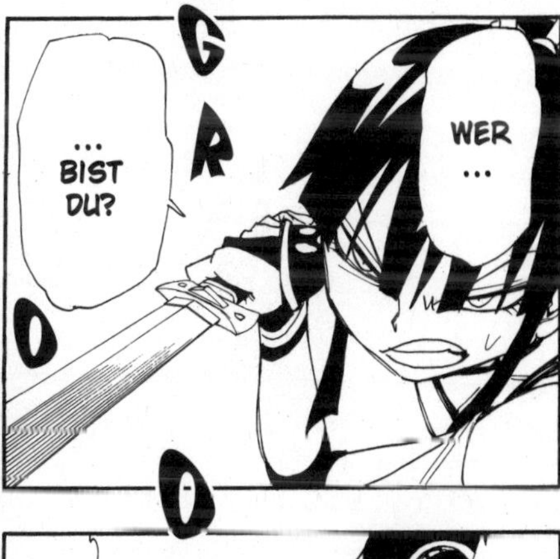
WER
...
...
BIST
DU?
GROOO

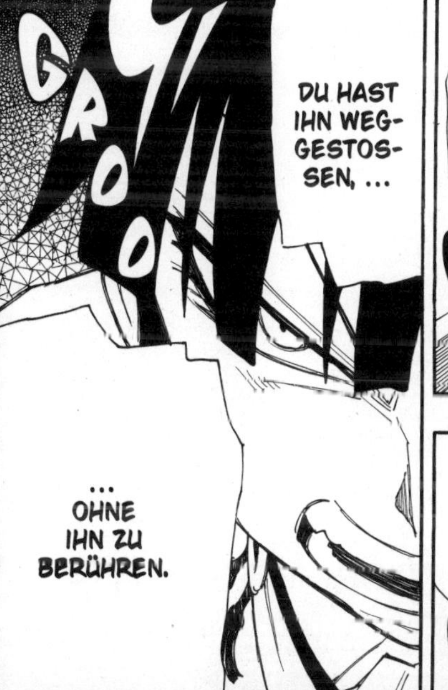
DU HAST
IHN WEG-
GESTOS-
SEN, ...
GROOO
...
OHNE
IHN ZU
BERÜHREN.

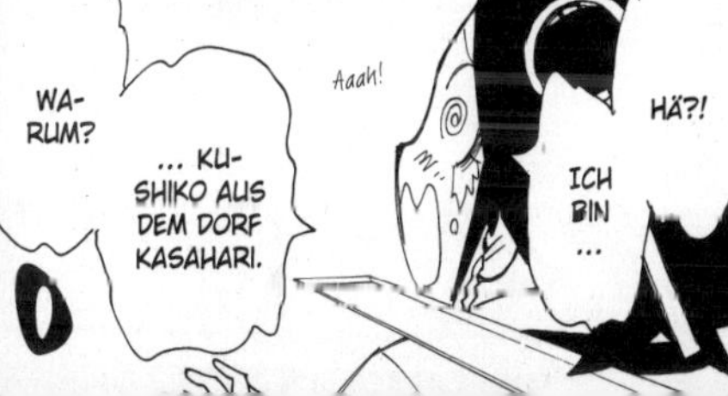
HÄ?!
ICH
BIN
...
Aaah!
... KU-
SHIKO AUS
DEM DORF
KASAHARI.
WA-
RUM?

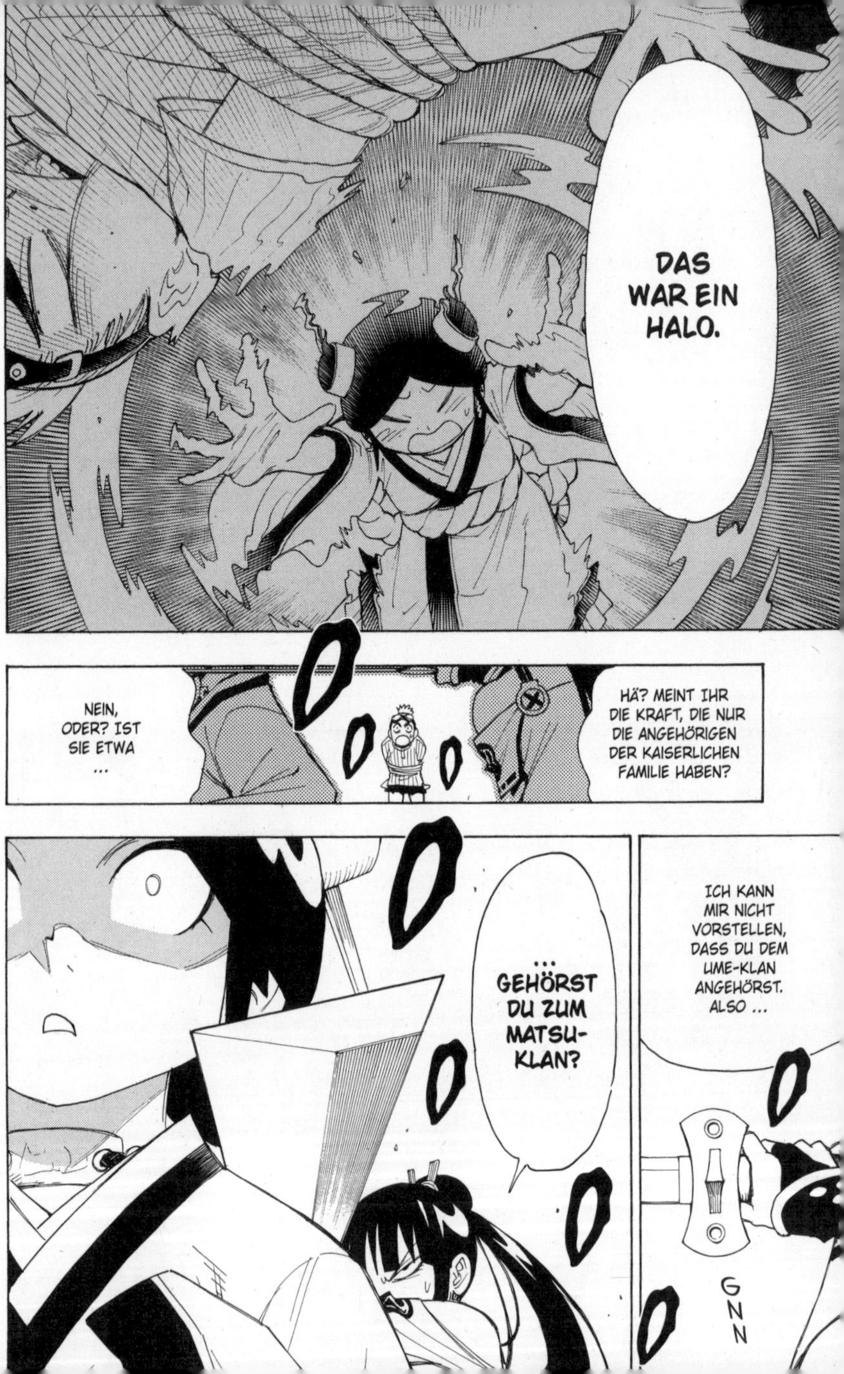

DAS WAR EIN HALO.

HÄ? MEINT IHR DIE KRAFT, DIE NUR DIE ANGEHÖRIGEN DER KAISERLICHEN FAMILIE HABEN?

NEIN, ODER? IST SIE ETWA …

ICH KANN MIR NICHT VORSTELLEN, DASS DU DEM UME-KLAN ANGEHÖRST. ALSO …

… GEHÖRST DU ZUM MATSU-KLAN?

GNN

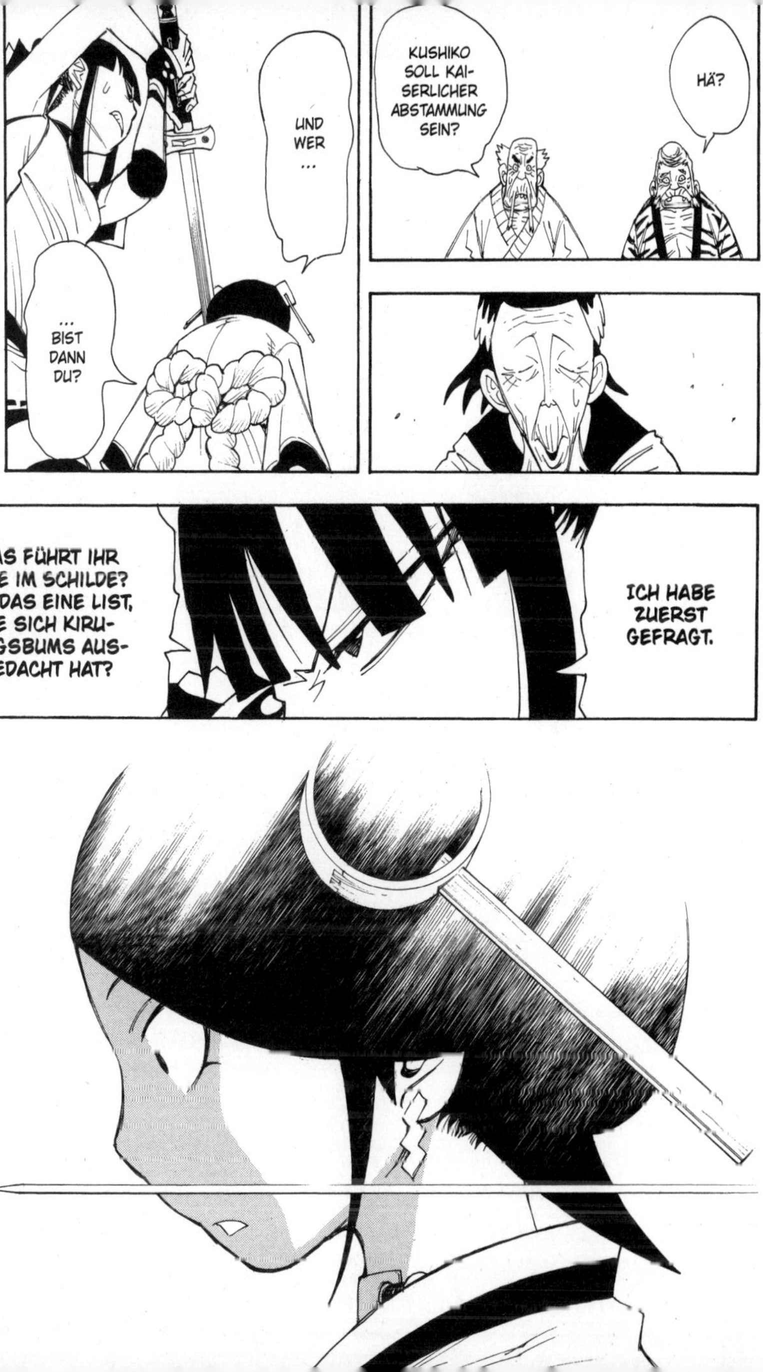

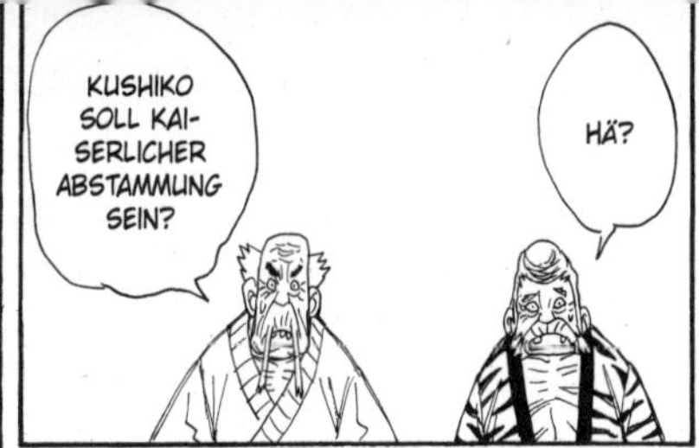
HÄ?
KUSHIKO SOLL KAISERLICHER ABSTAMMUNG SEIN?

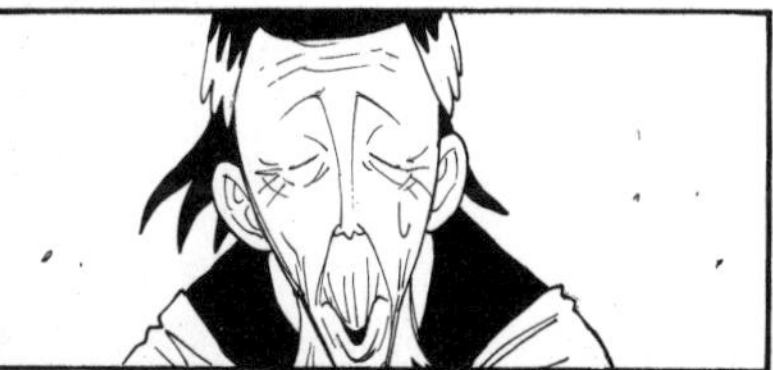

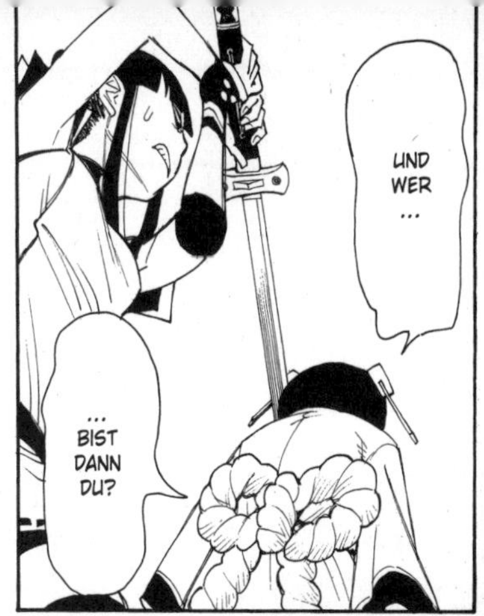
UND WER ...
... BIST DANN DU?

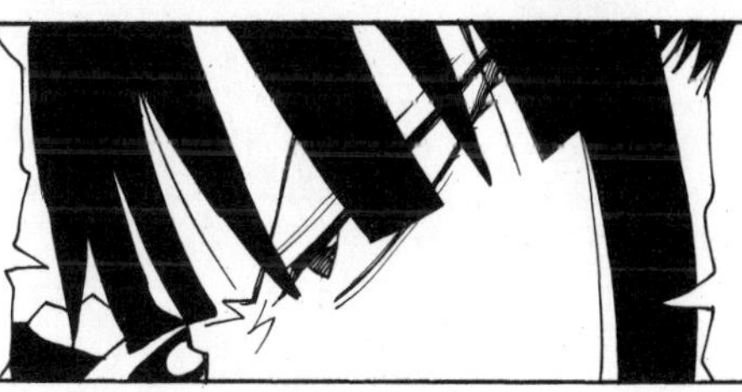
ICH HABE ZUERST GEFRAGT.
WAS FÜHRT IHR ALLE IM SCHILDE? IST DAS EINE LIST, DIE SICH KIRUDINGSBUMS AUSGEDACHT HAT?

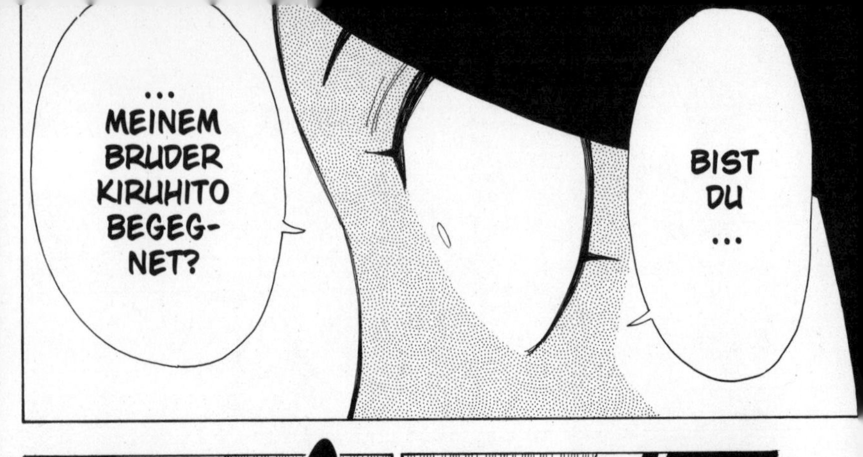
BIST
DU
...
...
MEINEM
BRUDER
KIRUHITO
BEGEG-
NET?
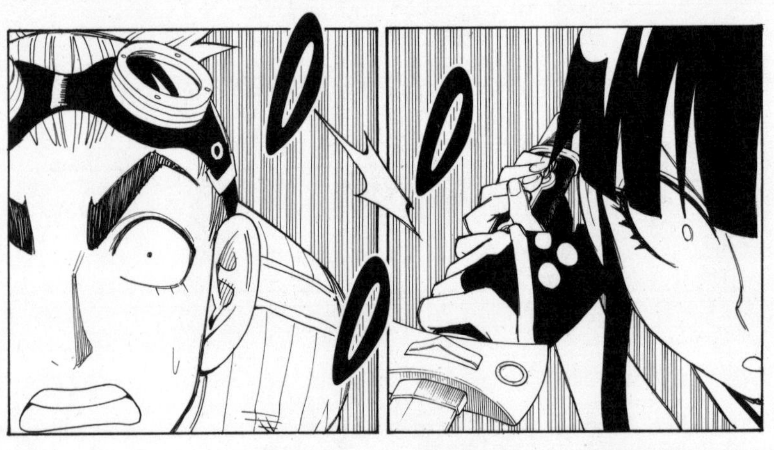
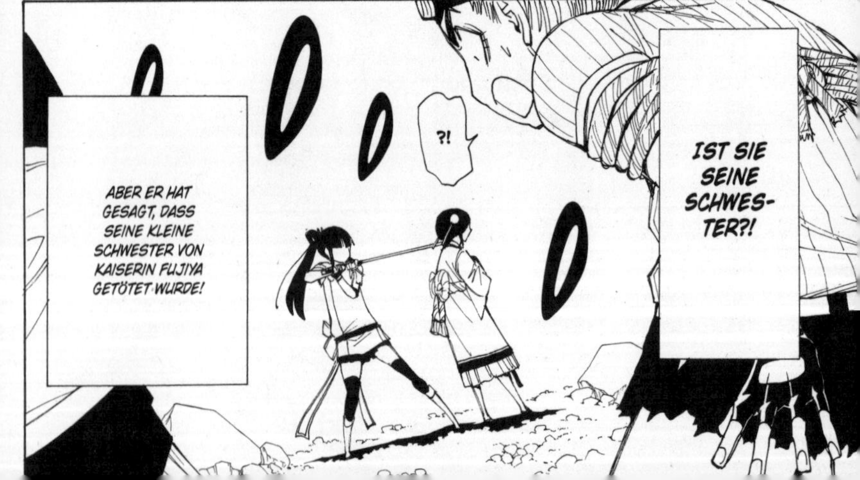
IST SIE
SEINE
SCHWES-
TER?!
?!
ABER ER HAT
GESAGT, DASS
SEINE KLEINE
SCHWESTER VON
KAISERIN FUJIYA
GETÖTET WURDE!

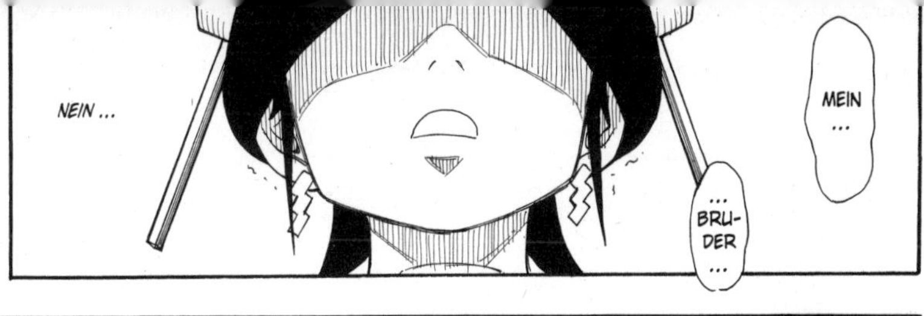


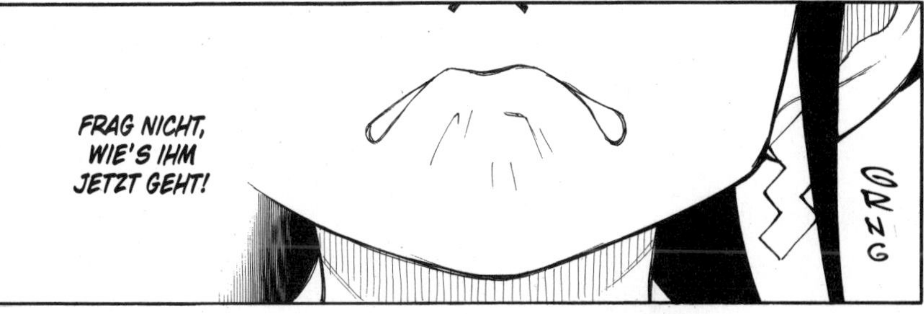


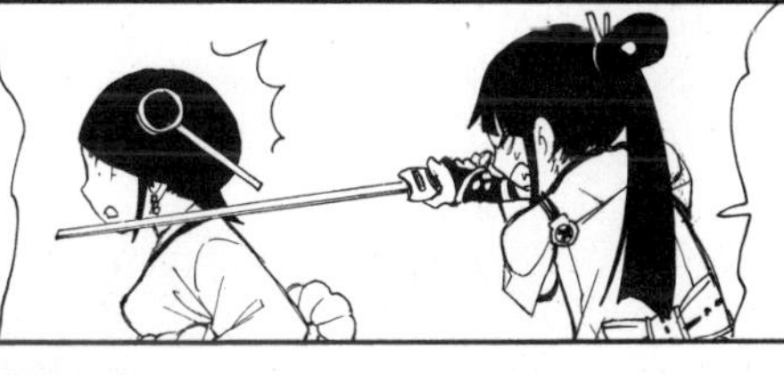


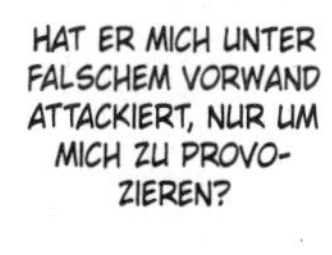


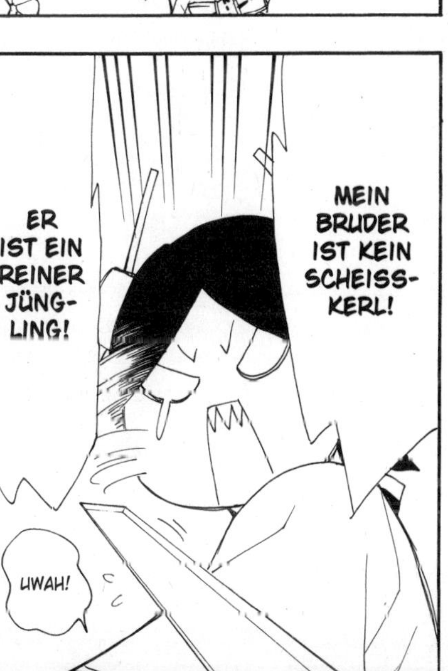


KEINE BEWE-
GUNG!

WANK

ER HAT MEINE MUTTER ALS MÖRDERIN BEZEICHNET!

?!

DOMP

GRNG ...!

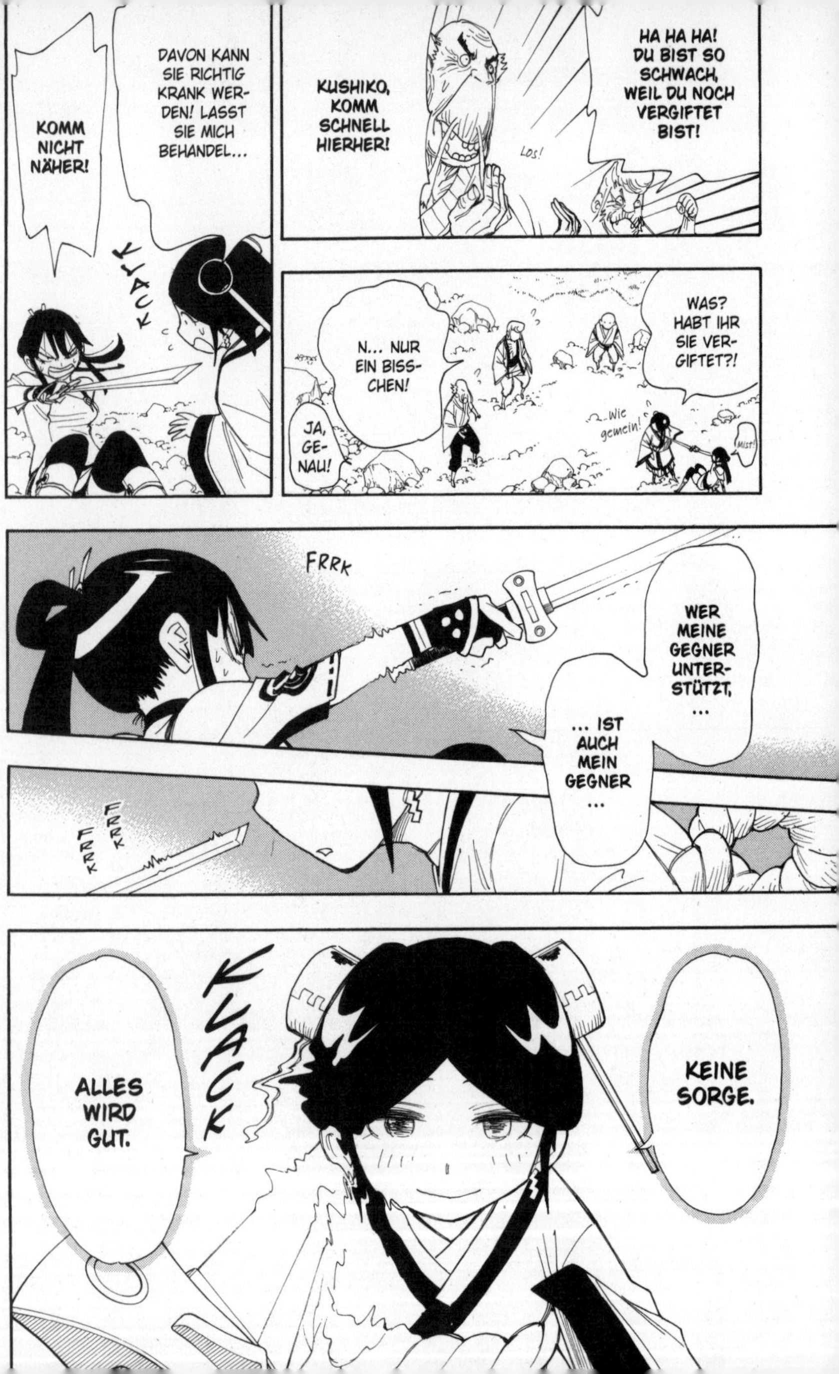

HA HA HA! DU BIST SO SCHWACH, WEIL DU NOCH VERGIFTET BIST!

Los!

KUSHIKO, KOMM SCHNELL HIERHER!

DAVON KANN SIE RICHTIG KRANK WERDEN! LASST SIE MICH BEHANDEL…

KOMM NICHT NÄHER!

KLACK

WAS? HABT IHR SIE VERGIFTET?!

MIST!

Wie gemein!

N… NUR EIN BISSCHEN!

JA, GENAU!

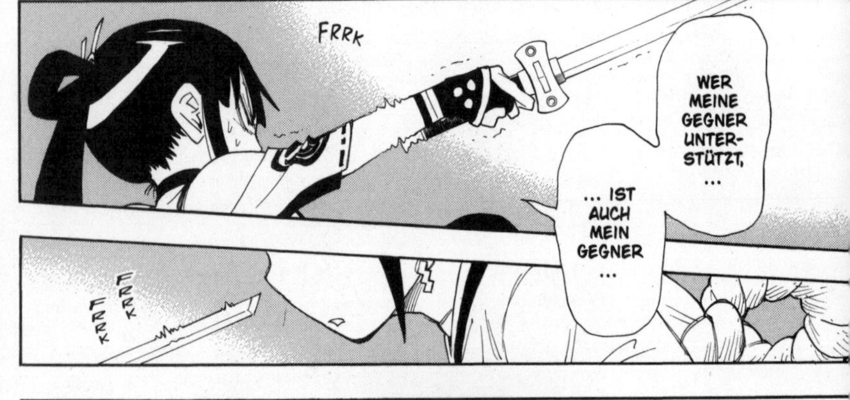


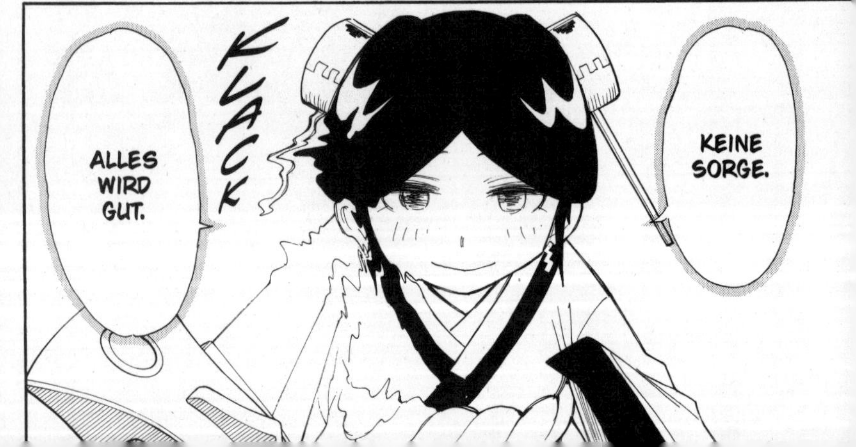

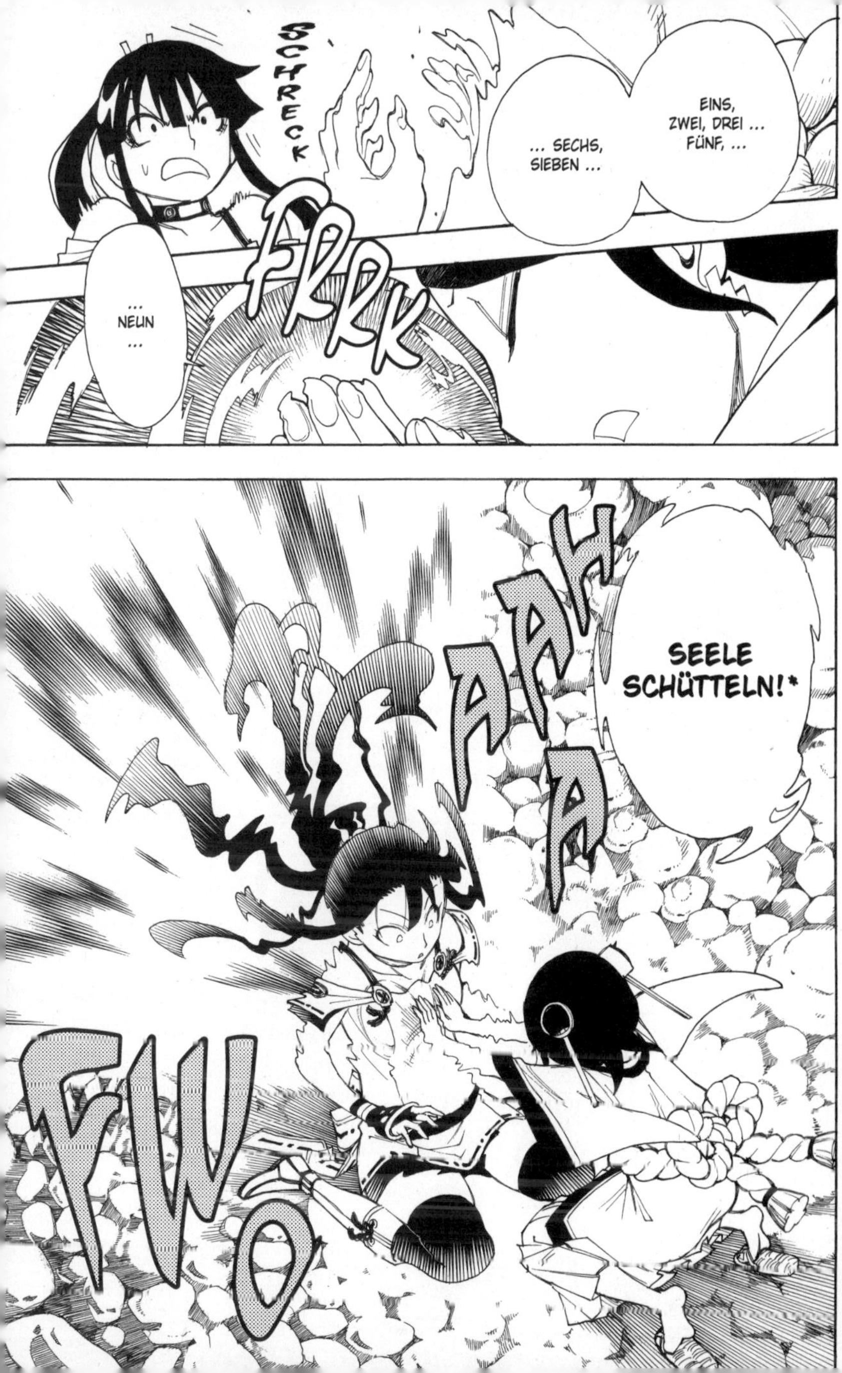

EINS, ZWEI, DREI … FÜNF, …

… SECHS, SIEBEN …

SCHRECK

FRRK

… NEUN …

SEELE SCHÜTTELN!*

AAAAH

FWO

*EIN ALTER SHINTO-ZAUBERSPRUCH, DER DIE GESCHWÄCHTE SEELE SCHÜTTELN UND AUFMUNTERN SOLL.

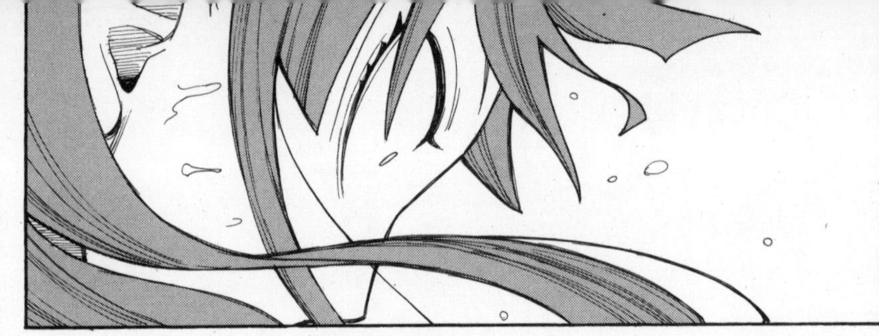

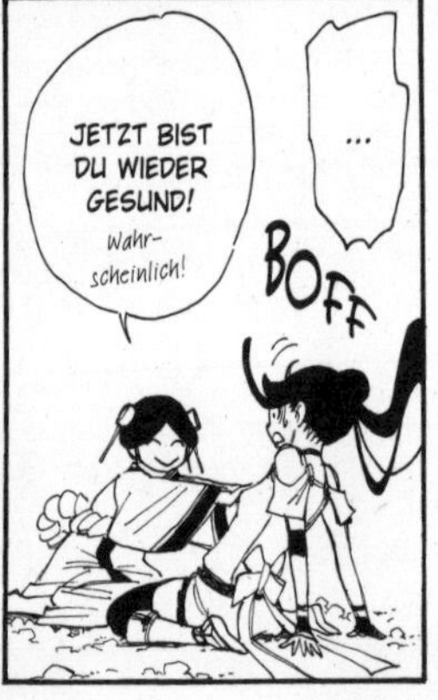
...
JETZT BIST DU WIEDER GESUND!
Wahr-scheinlich!
BOFF

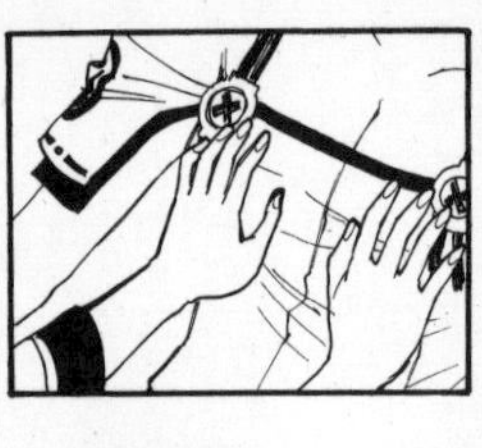

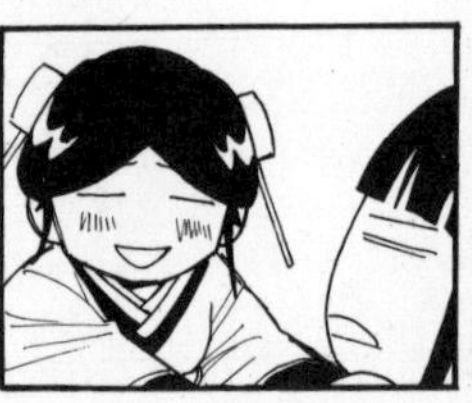

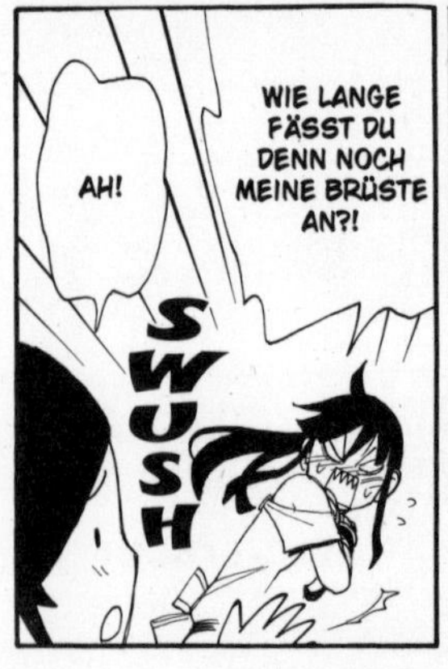
WIE LANGE FÄSST DU DENN NOCH MEINE BRÜSTE AN?!
AH!
SWUSH

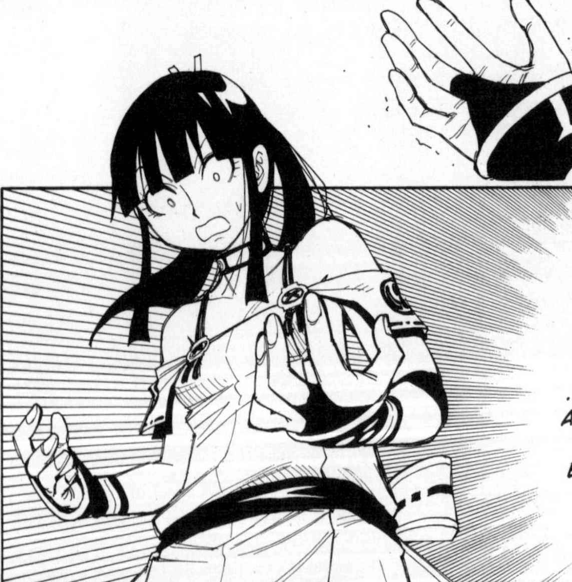
BDUM
HAT SIE MIT DEM HALO ...
... DAS GIFT AUS MEINEM KÖRPER ENTFERNT?

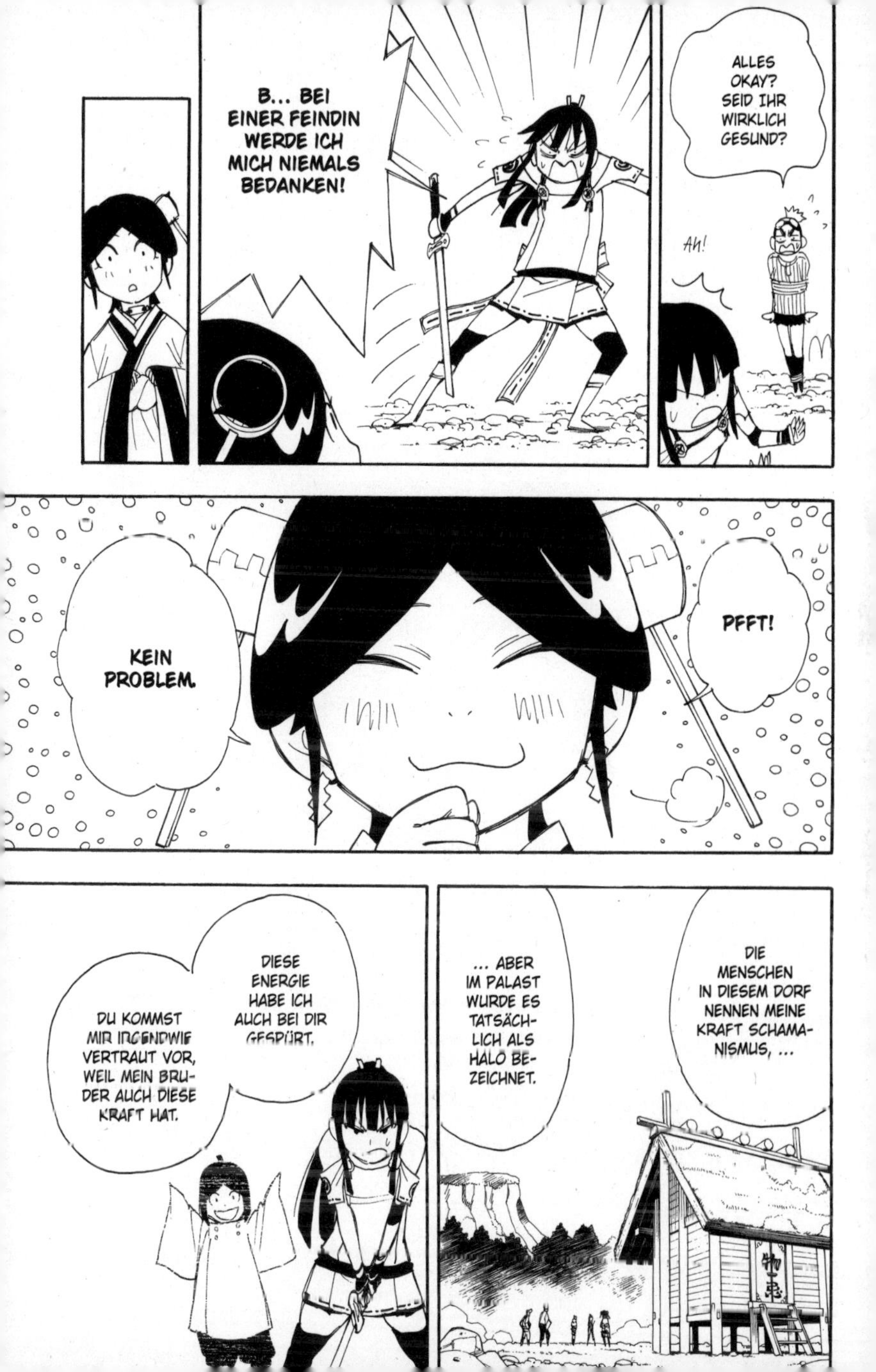

ALLES OKAY? SEID IHR WIRKLICH GESUND?

AH!

B... BEI EINER FEINDIN WERDE ICH MICH NIEMALS BEDANKEN!

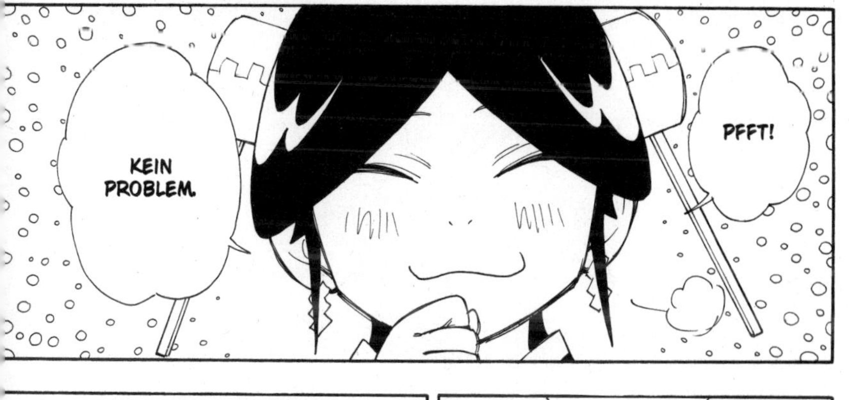


DIE MENSCHEN IN DIESEM DORF NENNEN MEINE KRAFT SCHAMA-NISMUS, ...

... ABER IM PALAST WURDE ES TATSÄCH-LICH ALS HALO BE-ZEICHNET.

DIESE ENERGIE HABE ICH AUCH BEI DIR GESPÜRT.

DU KOMMST MIR IRGENDWIE VERTRAUT VOR, WEIL MEIN BRU-DER AUCH DIESE KRAFT HAT.

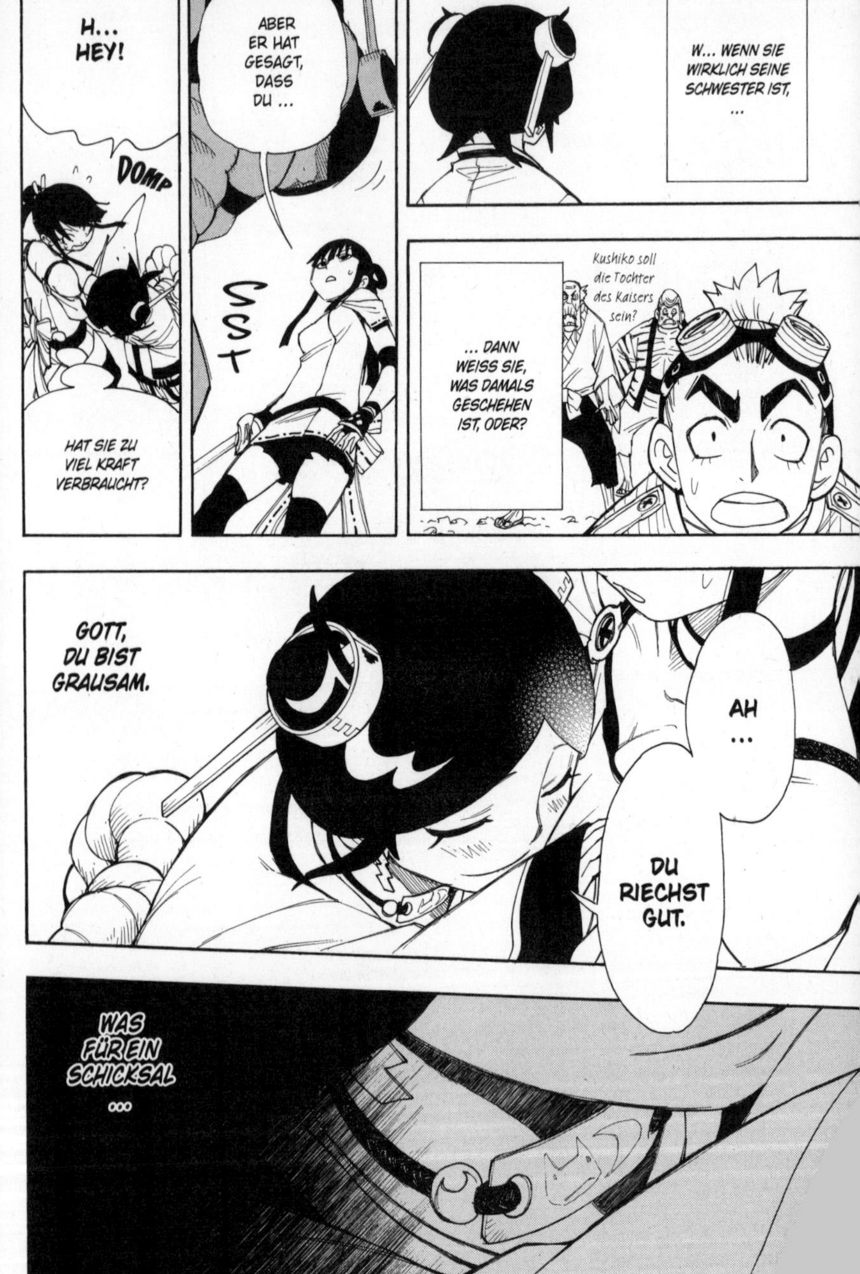
W... WENN SIE WIRKLICH SEINE SCHWESTER IST, ...
... DANN WEISS SIE, WAS DAMALS GESCHEHEN IST, ODER?
Kushiko soll die Tochter des Kaisers sein?
ABER ER HAT GESAGT, DASS DU ...
SST
H... HEY!
DOMP
HAT SIE ZU VIEL KRAFT VERBRAUCHT?
AH ...
DU RIECHST GUT.
GOTT, DU BIST GRAUSAM.
WAS FÜR EIN SCHICKSAL ...

ICH WERDE IHN WIEDER VERMISSEN ...

MOMENT MAL! WAS IST MIT MIR?

ICH BIN AUCH VERGIFTET!

HEY ...

HEY, BRUDERHERZ!

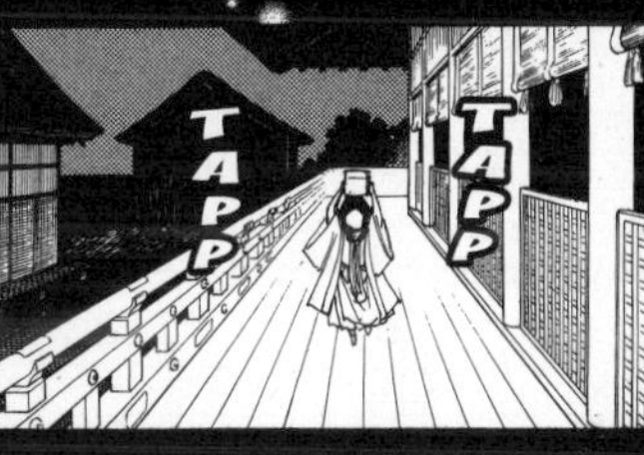


LASS UNS GO SPIELEN! KIRUHITO!

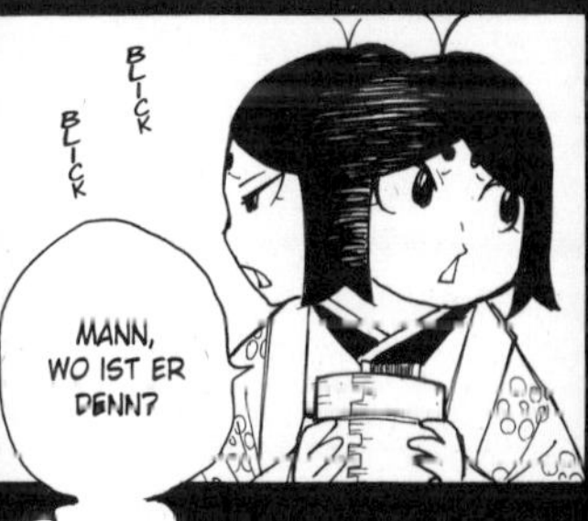


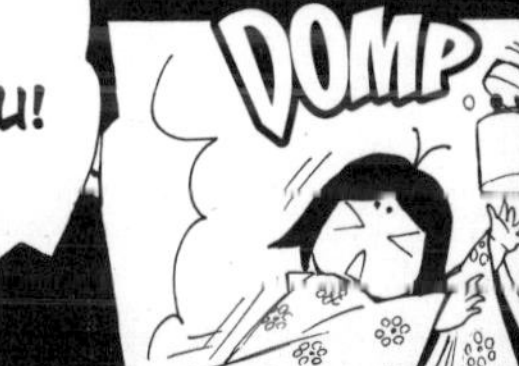


AU!

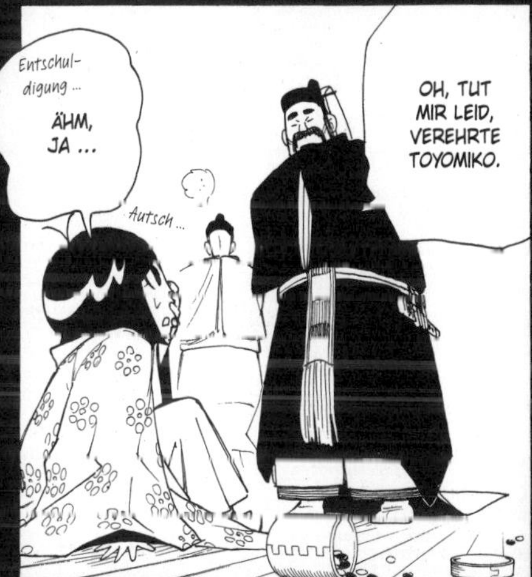

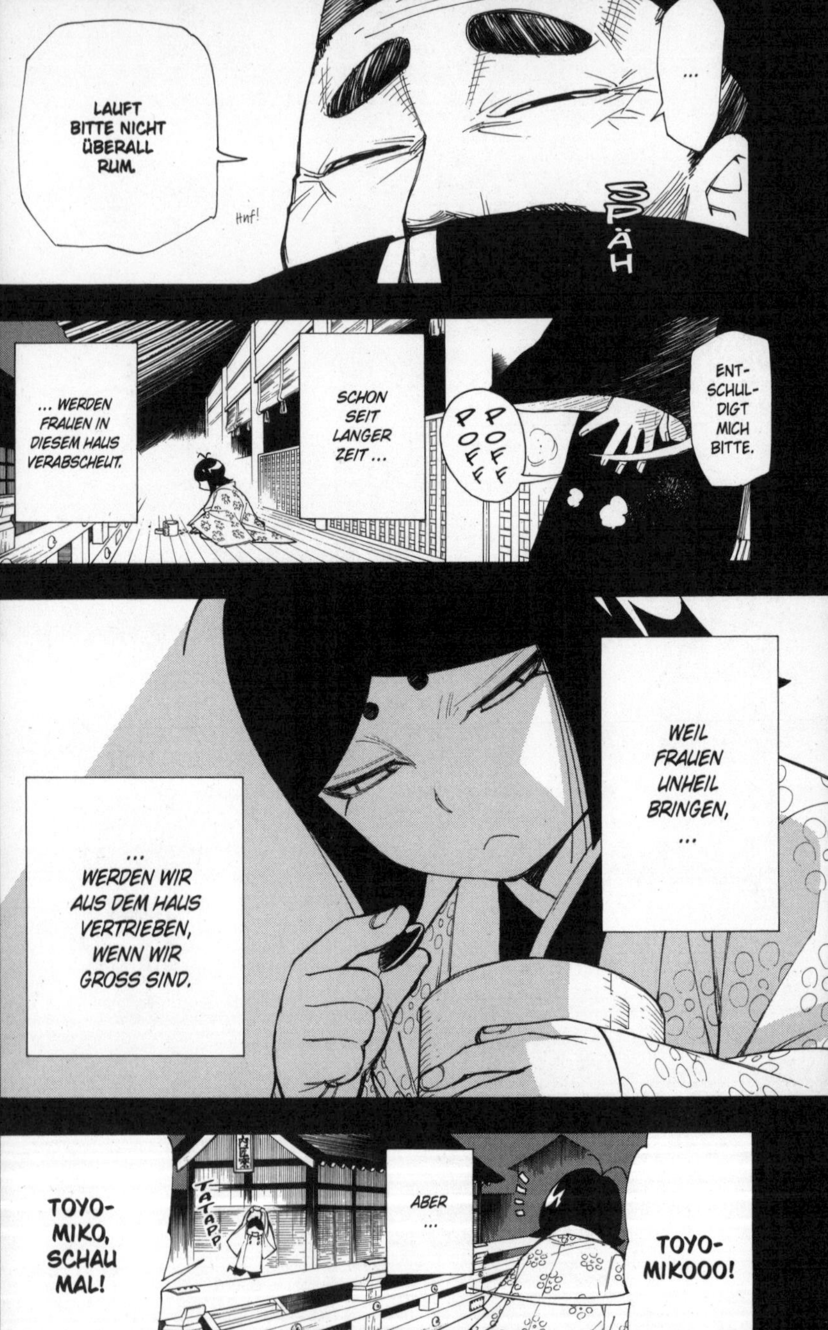
...
SPÄH
Hnf!
LAUFT BITTE NICHT ÜBERALL RUM.
ENT-SCHUL-DIGT MICH BITTE.
POFF POFF
SCHON SEIT LANGER ZEIT ...
... WERDEN FRAUEN IN DIESEM HAUS VERABSCHEUT.
WEIL FRAUEN UNHEIL BRINGEN, ...
... WERDEN WIR AUS DEM HAUS VERTRIEBEN, WENN WIR GROSS SIND.
TOYO-MIKOOO!
ABER ...
TATAPP
TOYO-MIKO, SCHAU MAL!

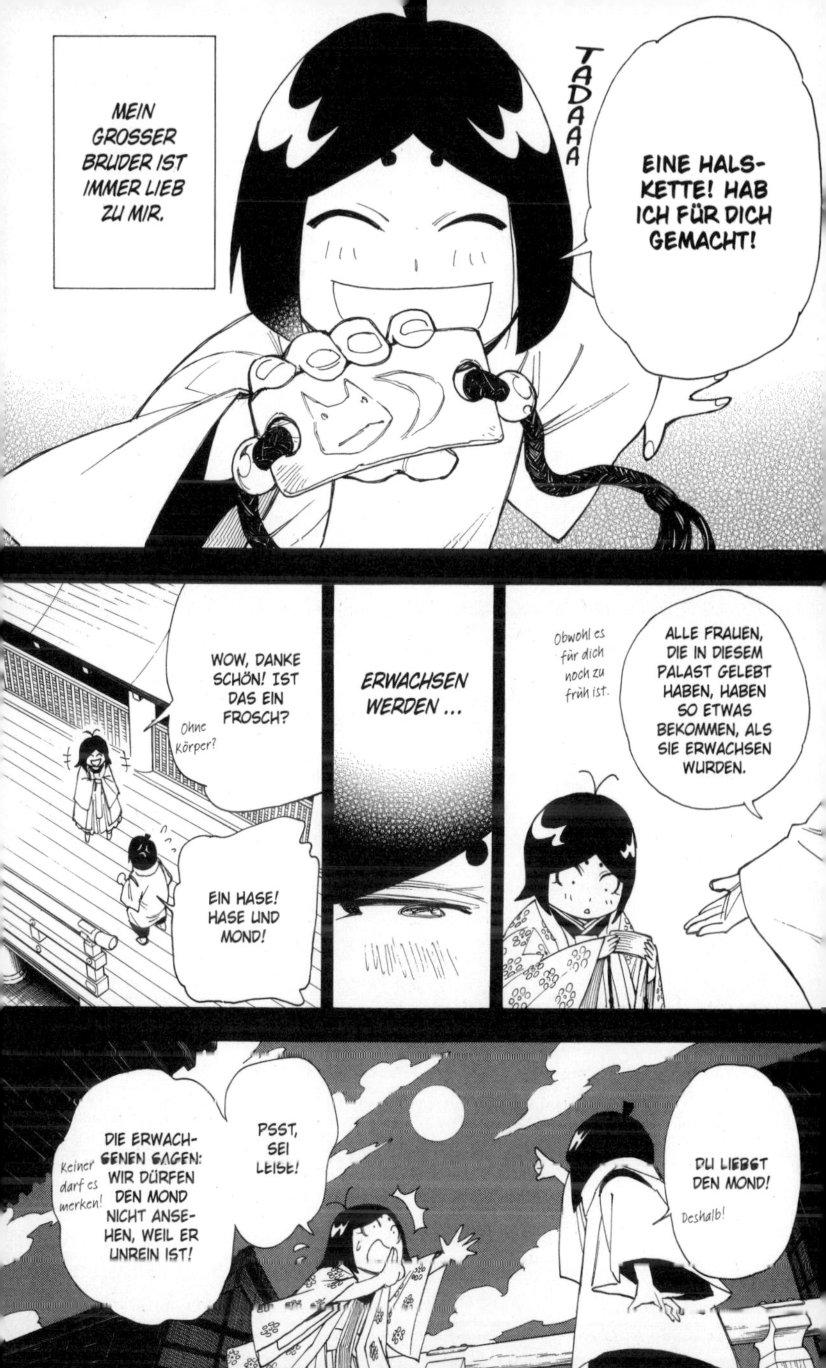

TADAAAA
EINE HALS-KETTE! HAB ICH FÜR DICH GEMACHT!
MEIN GROSSER BRUDER IST IMMER LIEB ZU MIR.
ALLE FRAUEN, DIE IN DIESEM PALAST GELEBT HABEN, HABEN SO ETWAS BEKOMMEN, ALS SIE ERWACHSEN WURDEN.
Obwohl es für dich noch zu früh ist.
ERWACHSEN WERDEN ...
WOW, DANKE SCHÖN! IST DAS EIN FROSCH?
Ohne Körper?
EIN HASE! HASE UND MOND!
DU LIEBST DEN MOND!
Deshalb!
PSST, SEI LEISE!
DIE ERWACHSENEN SAGEN: WIR DÜRFEN DEN MOND NICHT ANSEHEN, WEIL ER UNREIN IST!
Keiner darf es merken!

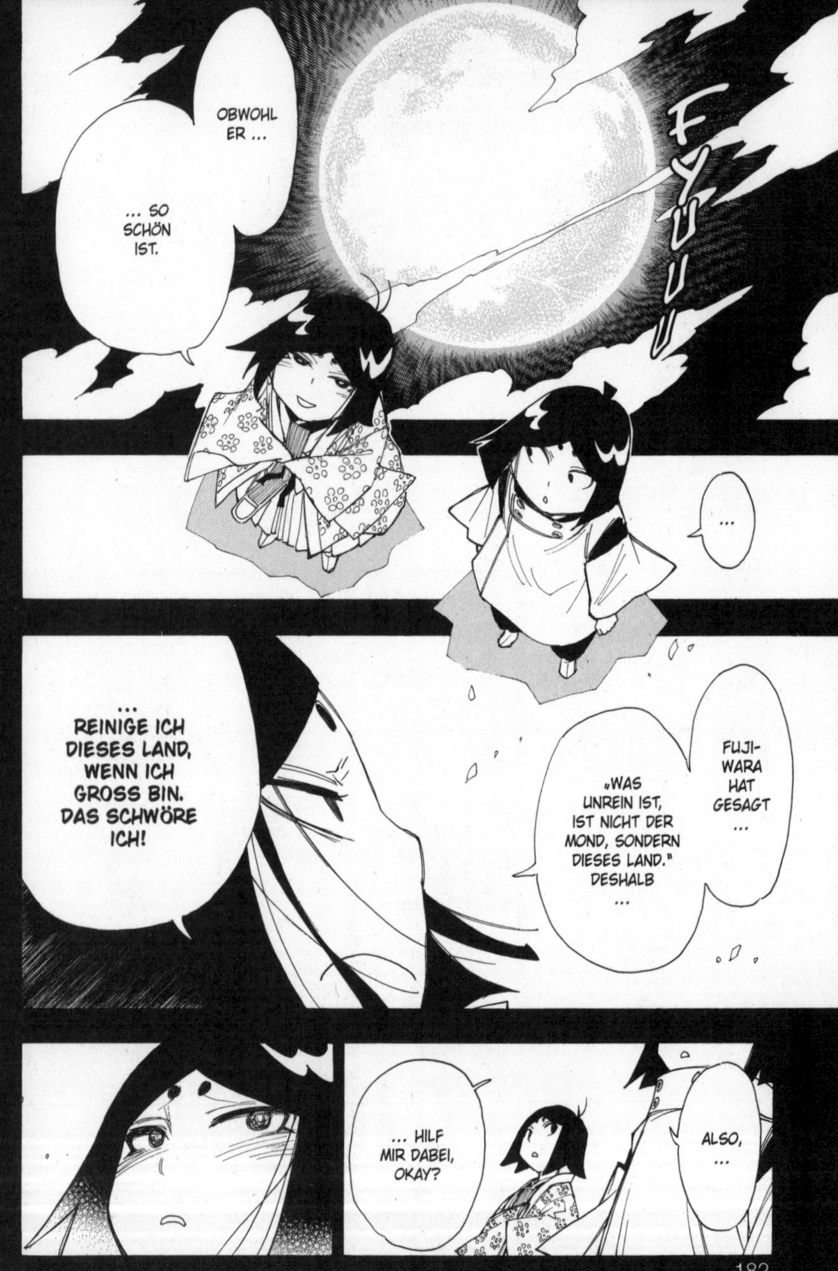
FYUUU
OBWOHL ER …
… SO SCHÖN IST.
…
FUJI-WARA HAT GESAGT …
„WAS UNREIN IST, IST NICHT DER MOND, SONDERN DIESES LAND." DESHALB …
… REINIGE ICH DIESES LAND, WENN ICH GROSS BIN. DAS SCHWÖRE ICH!
ALSO, …
… HILF MIR DABEI, OKAY?

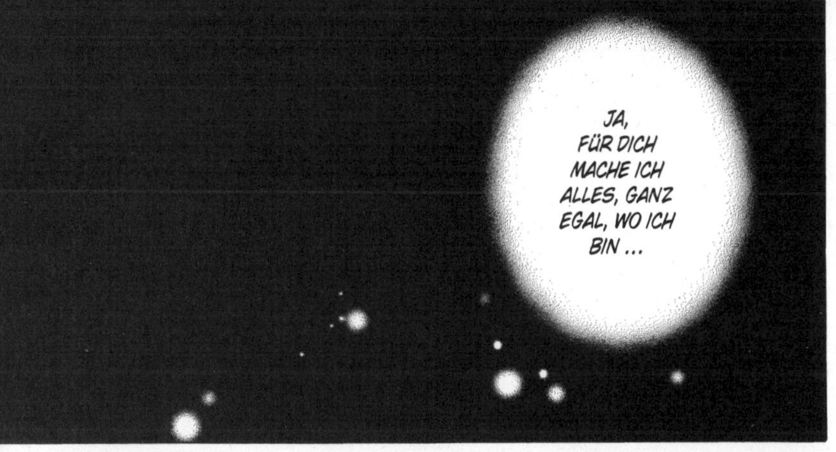
JA,
FÜR DICH
MACHE ICH
ALLES, GANZ
EGAL, WO ICH
BIN ...

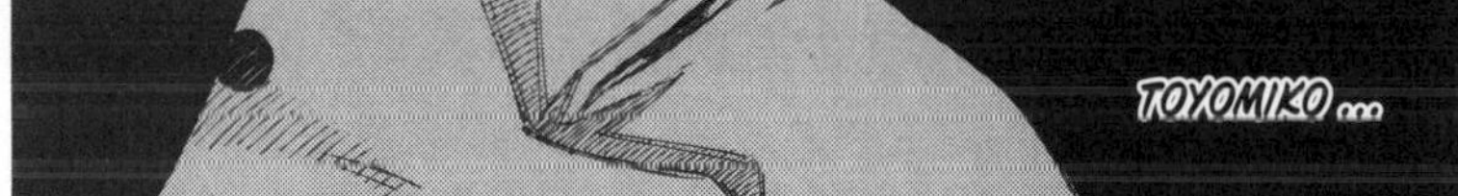
TOYOMIKO ...

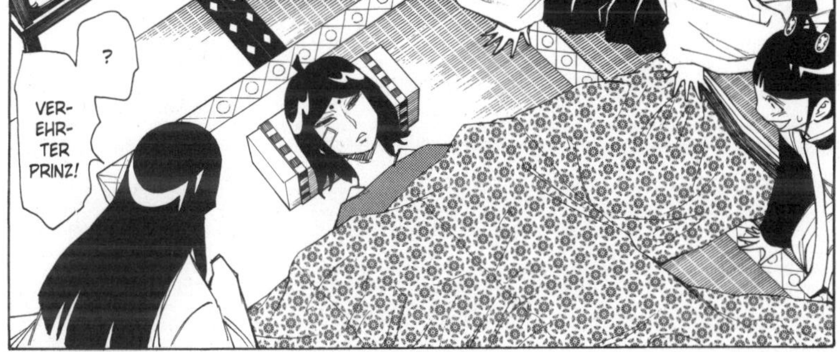
?
VEREHRTER PRINZ!

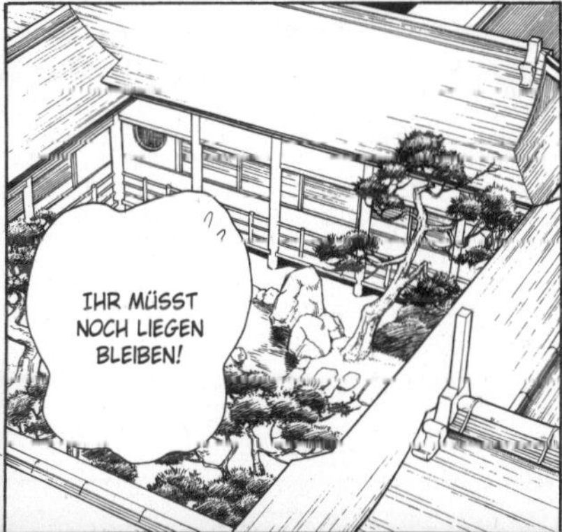
IHR MÜSST NOCH LIEGEN BLEIBEN!

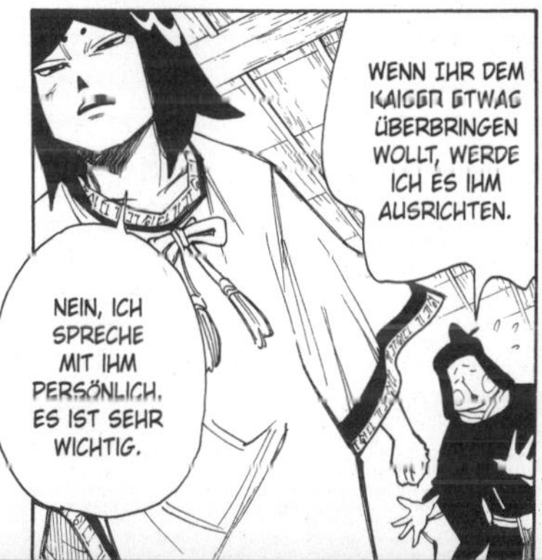
WENN IHR DEM KAISER ETWAS ÜBERBRINGEN WOLLT, WERDE ICH ES IHM AUSRICHTEN.
NEIN, ICH SPRECHE MIT IHM PERSÖNLICH. ES IST SEHR WICHTIG.

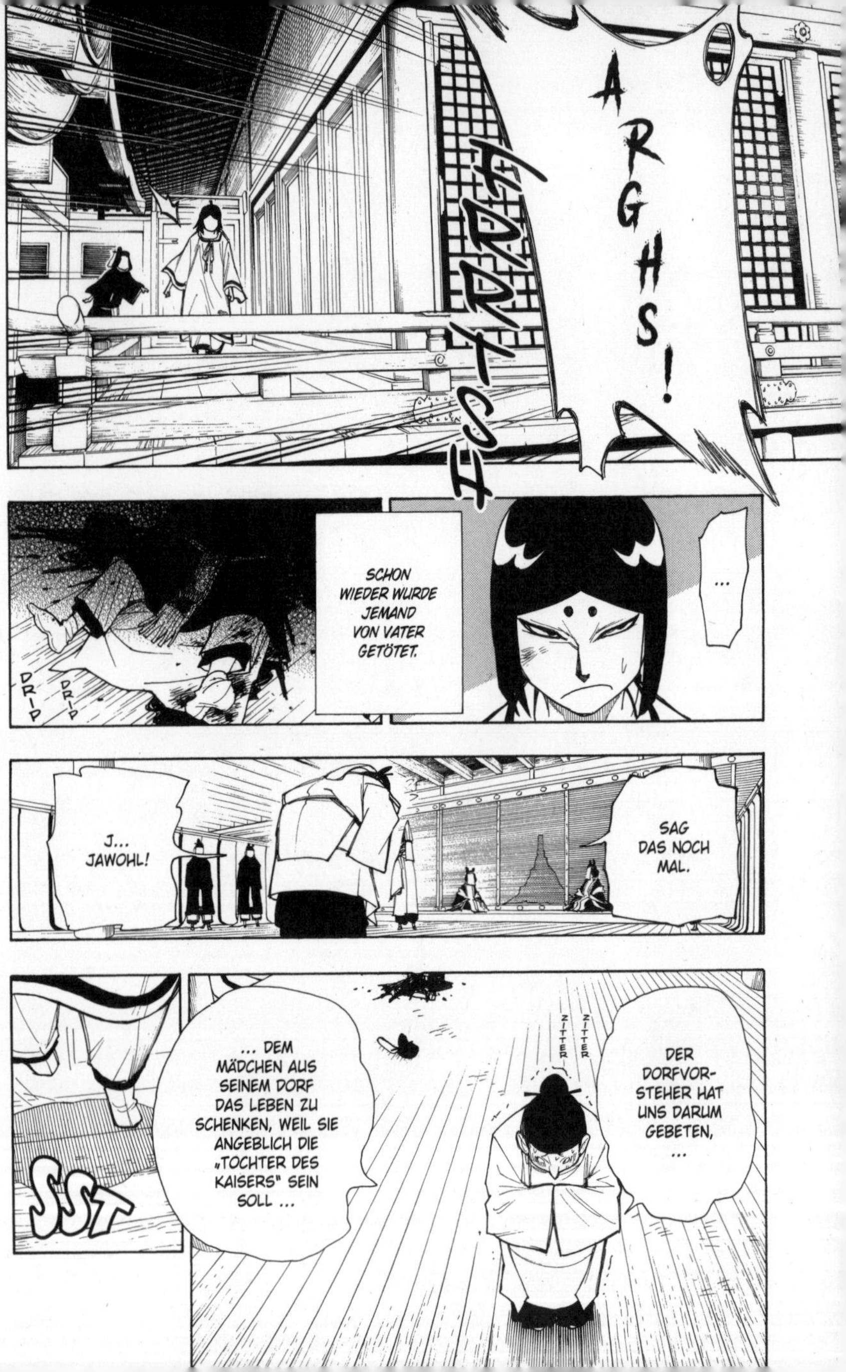

ARGHS!

…

SCHON WIEDER WURDE JEMAND VON VATER GETÖTET.

DRIP DRIP

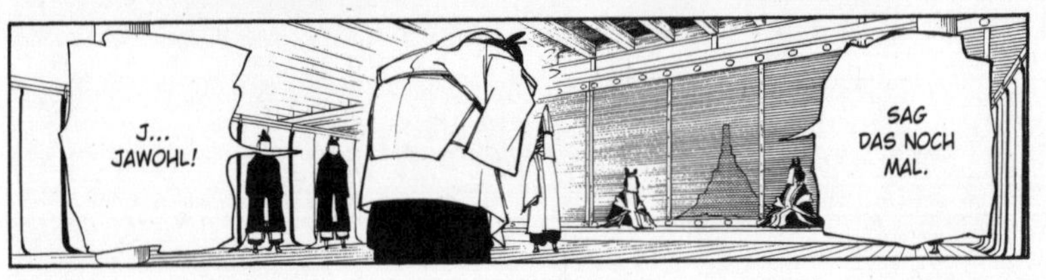


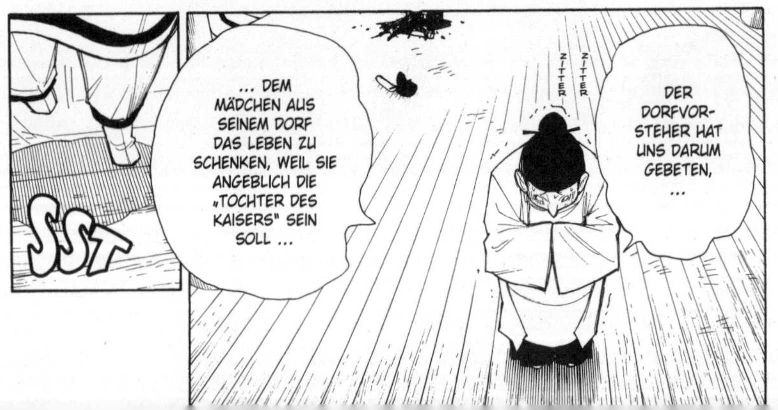

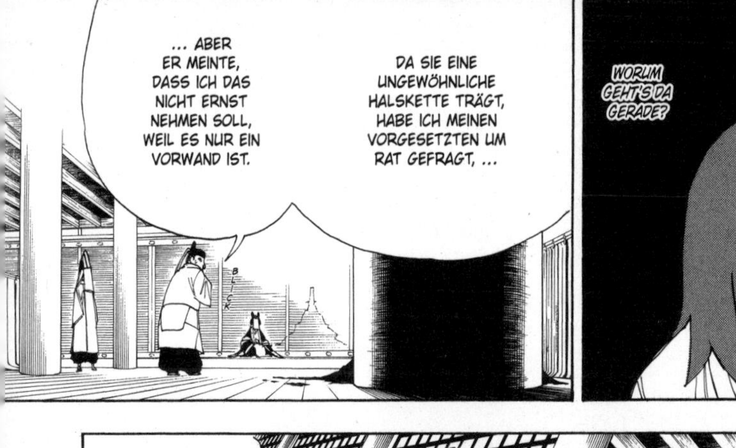
WORUM GEHT'S DA GERADE?
DA SIE EINE UNGEWÖHNLICHE HALSKETTE TRÄGT, HABE ICH MEINEN VORGESETZTEN UM RAT GEFRAGT, …
… ABER ER MEINTE, DASS ICH DAS NICHT ERNST NEHMEN SOLL, WEIL ES NUR EIN VORWAND IST.
BLICK

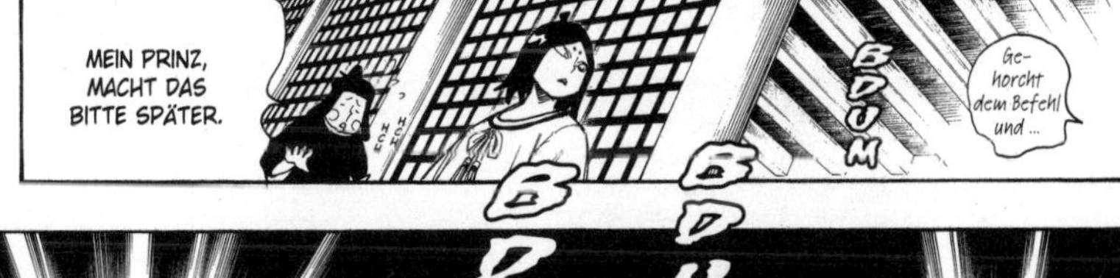
Gehorcht dem Befehl und …
BDUM
MEIN PRINZ, MACHT DAS BITTE SPÄTER.

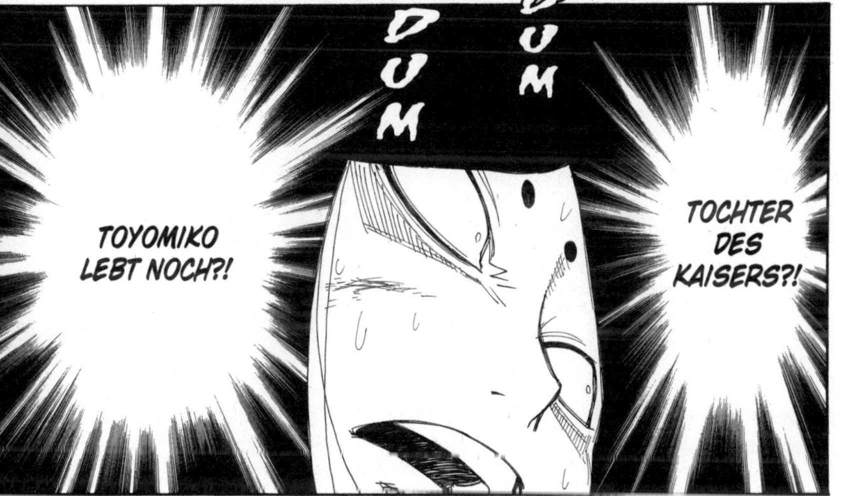
BDUM
BDUM
TOCHTER DES KAISERS?!
TOYOMIKO LEBT NOCH?!

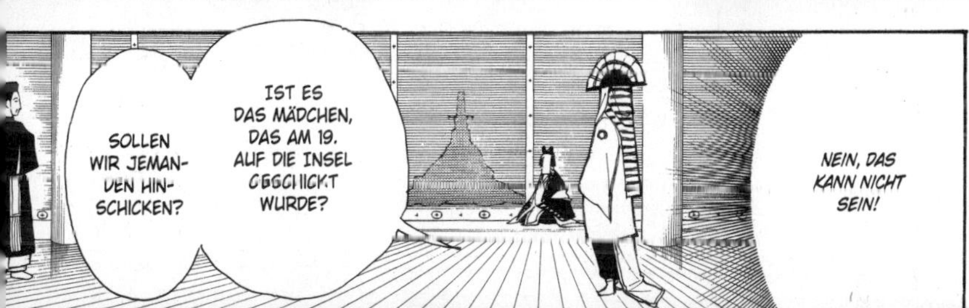
NEIN, DAS KANN NICHT SEIN!
IST ES DAS MÄDCHEN, DAS AM 19. AUF DIE INSEL GESCHICKT WURDE?
SOLLEN WIR JEMANDEN HINSCHICKEN?

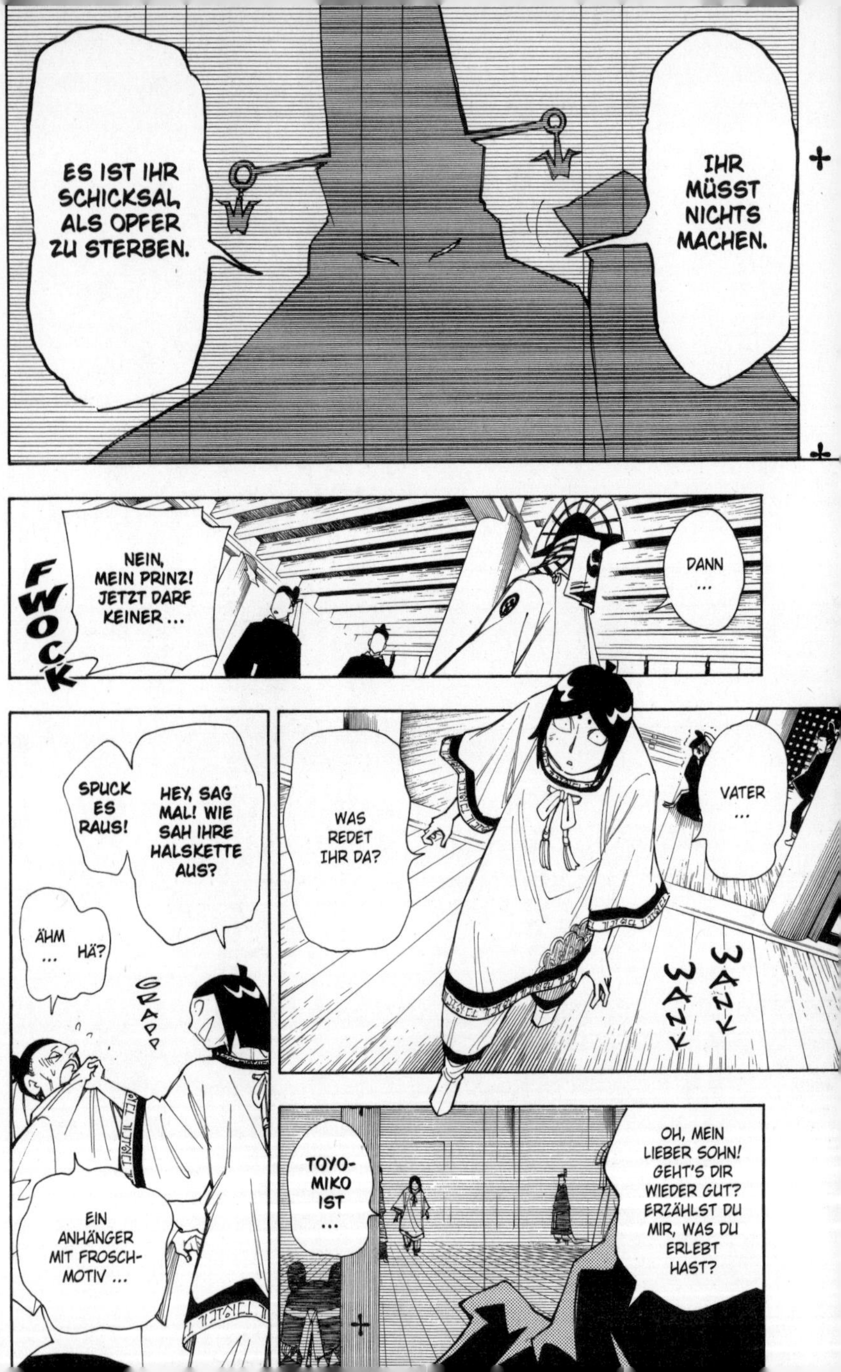

IHR MÜSST NICHTS MACHEN.

ES IST IHR SCHICKSAL, ALS OPFER ZU STERBEN.

DANN ...

NEIN, MEIN PRINZ! JETZT DARF KEINER ...

FWOCK

VATER ...

WAS REDET IHR DA?

WANK WANK

HEY, SAG MAL! WIE SAH IHRE HALSKETTE AUS?

SPUCK ES RAUS!

ÄHM ... HÄ?

GRAPP

EIN ANHÄNGER MIT FROSCH-MOTIV ...

OH, MEIN LIEBER SOHN! GEHT'S DIR WIEDER GUT? ERZÄHLST DU MIR, WAS DU ERLEBT HAST?

TOYO-MIKO IST ...

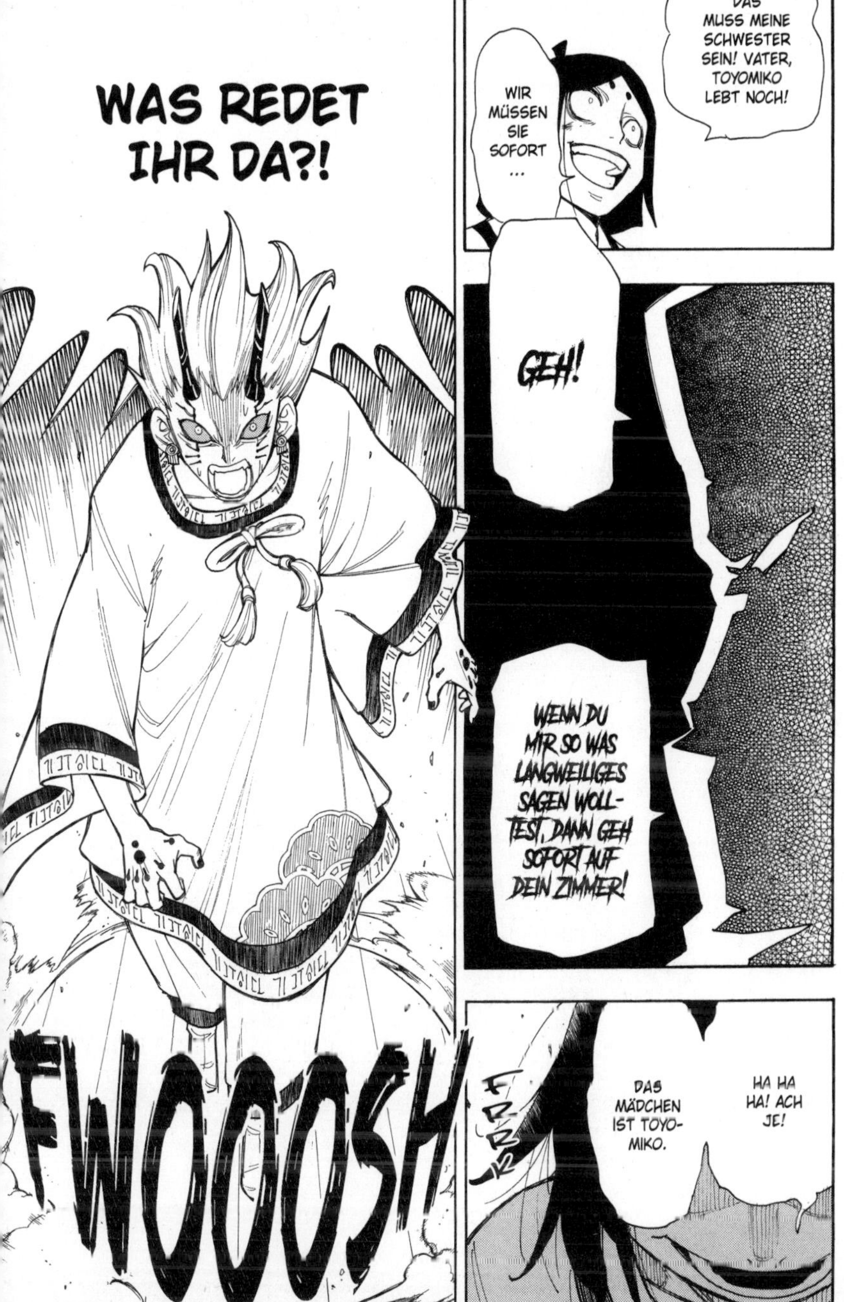
DAS MUSS MEINE SCHWESTER SEIN! VATER, TOYOMIKO LEBT NOCH!
WIR MÜSSEN SIE SOFORT ...
GEH!
WENN DU MIR SO WAS LANGWEILIGES SAGEN WOLL-TEST, DANN GEH SOFORT AUF DEIN ZIMMER!
HA HA HA! ACH JE!
DAS MÄDCHEN IST TOYO-MIKO.
WAS REDET IHR DA?!
FWOOOSH!

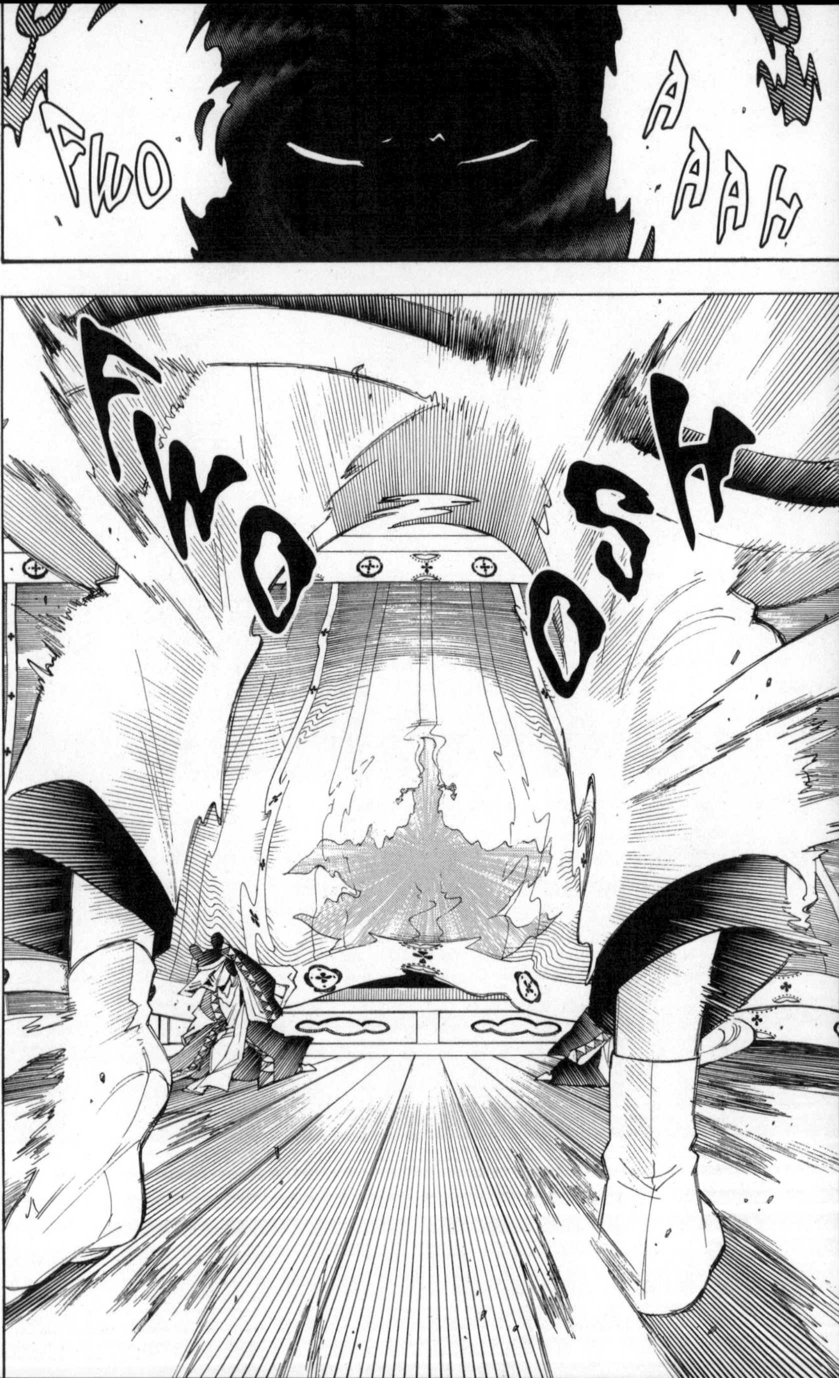

FWO
AAAH
FWOOSH

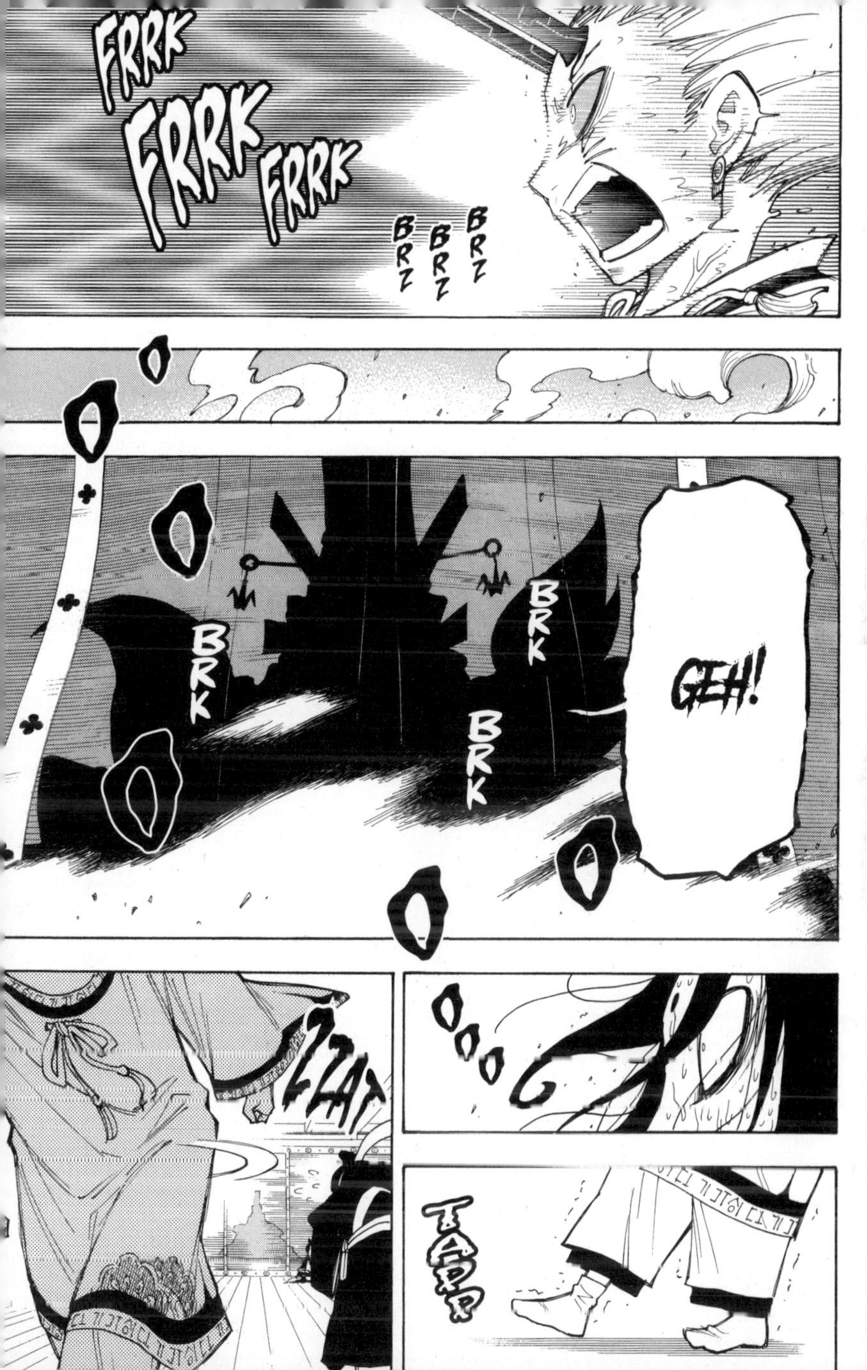
FRRK
FRRK
FRRK
BRZ
BRZ
BRZ
BRK
BRK
GEH!
BRK
ZZAT
TAPP

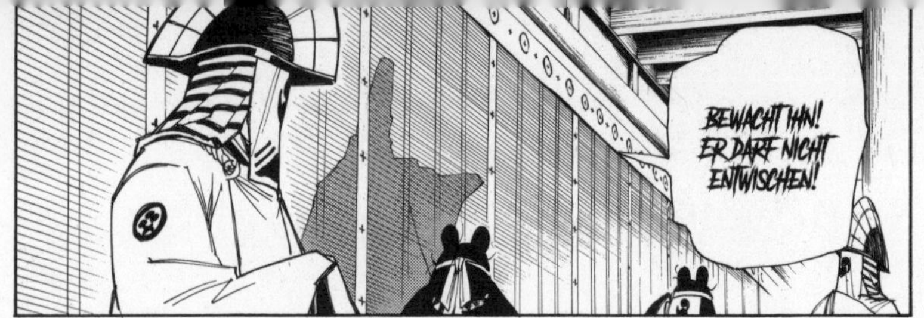

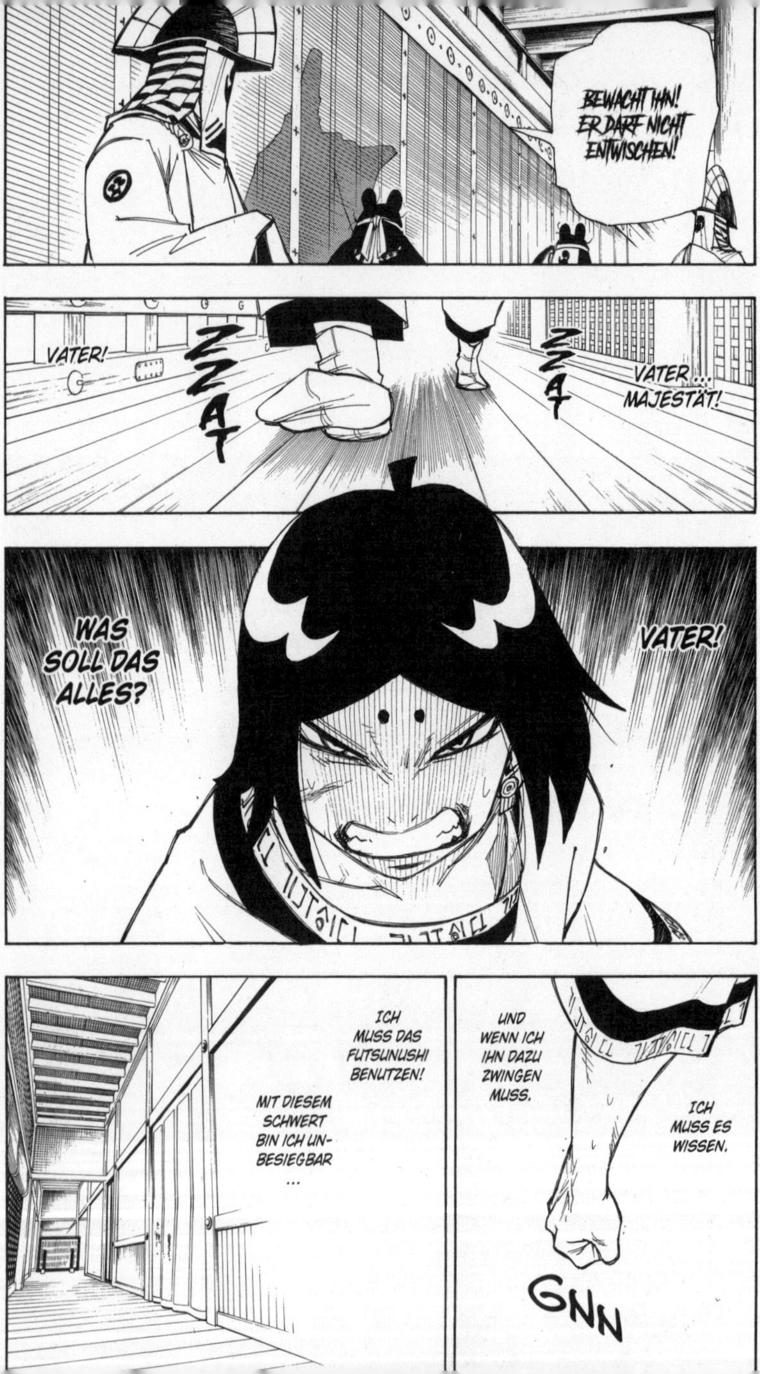

VATER!
ZZAT
ZZAT
VATER … MAJESTÄT!

WAS SOLL DAS ALLES?
VATER!

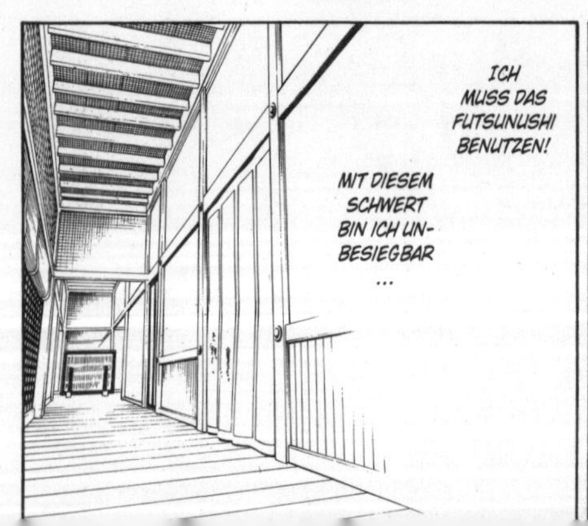


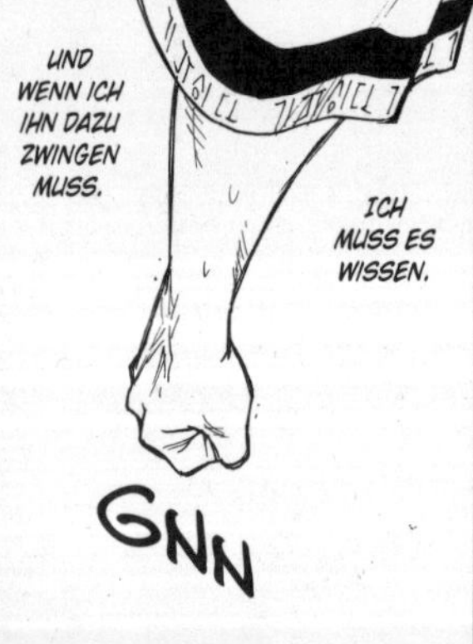

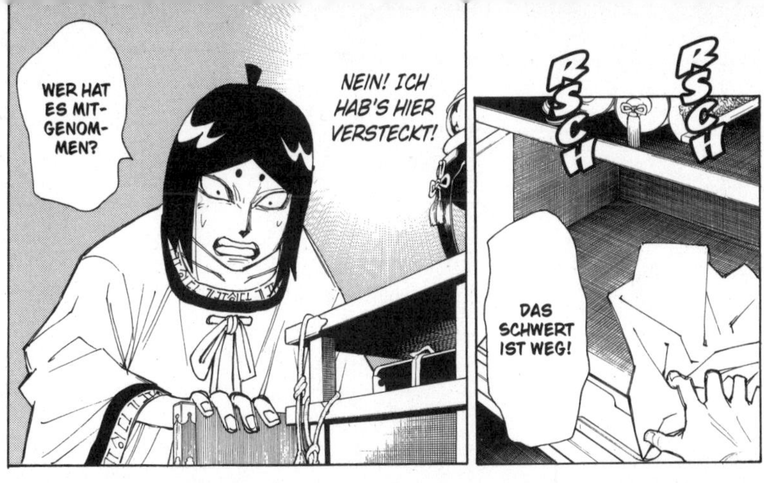

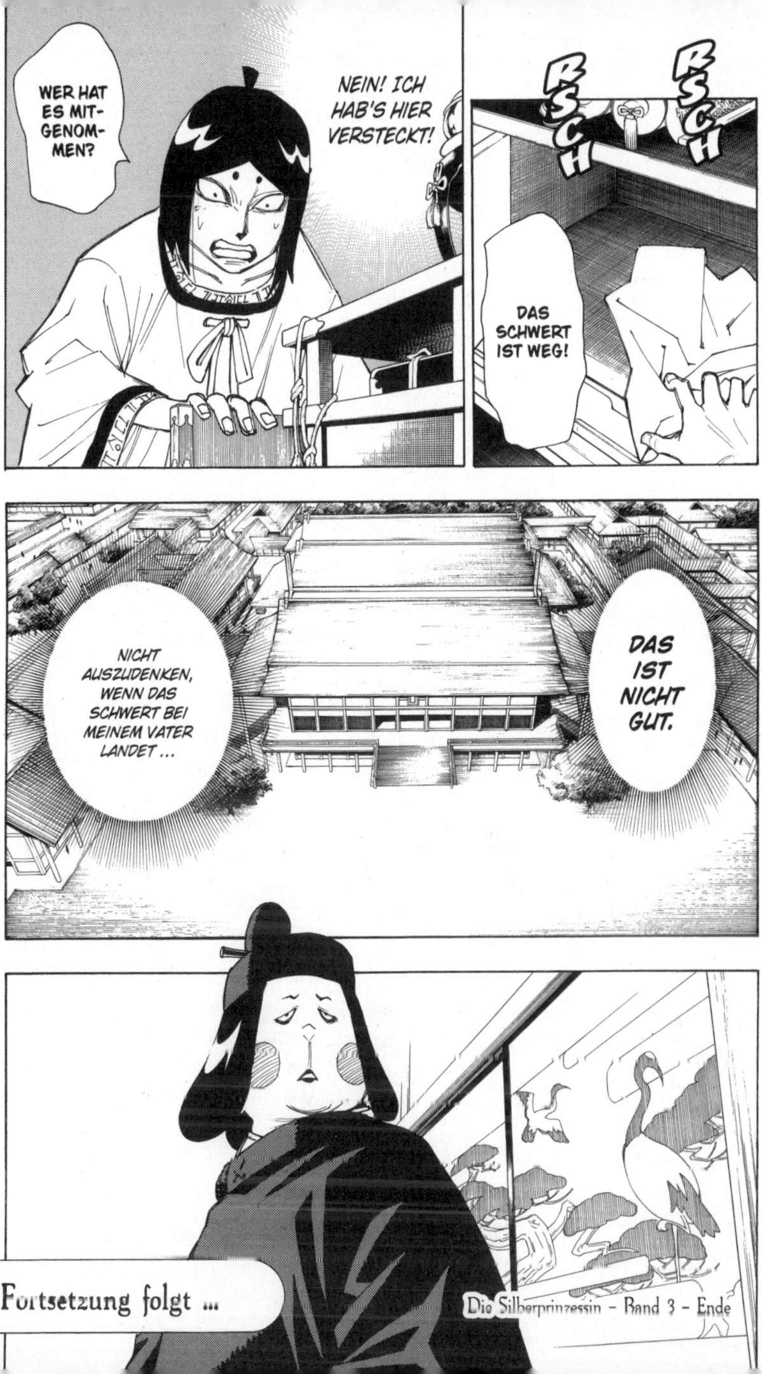

DAS IST NICHT GUT.

NICHT AUSZUDENKEN, WENN DAS SCHWERT BEI MEINEM VATER LANDET …

Fortsetzung folgt …

Die Silberprinzessin – Band 3 – Ende

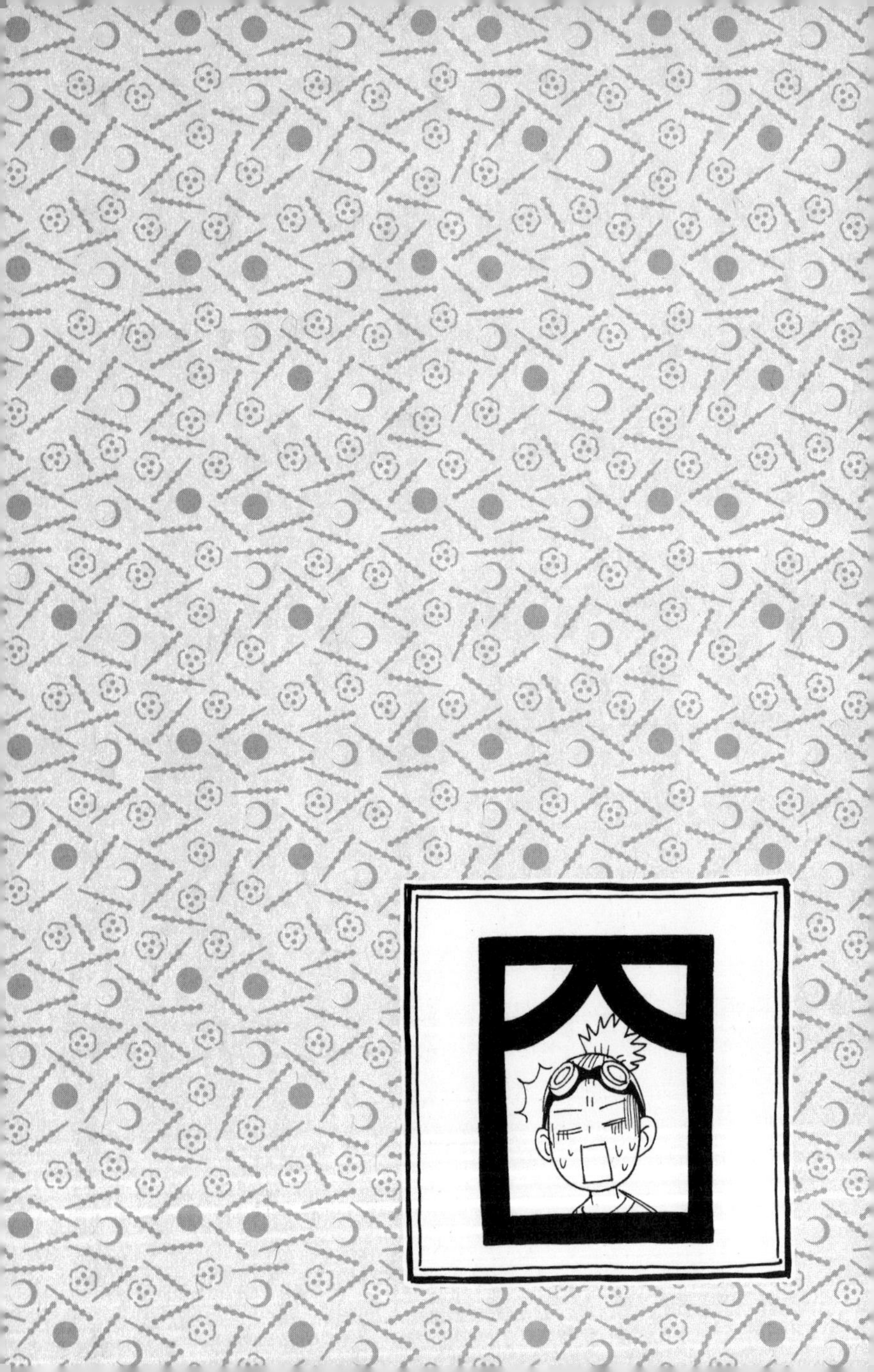

Vielen Dank an:

Shigematsu
Taicho
Mizoi
Nakamura
Fujinishi
Fukuda
Amyu
Tachibanayama
Yamagishi
SATOSHI
Yamada

Shihci Hayashi

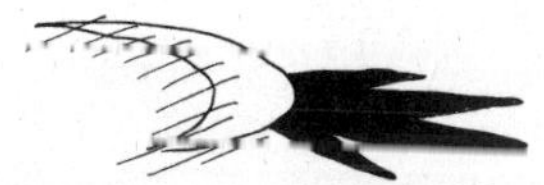

# Ich lege mein Amt nieder!

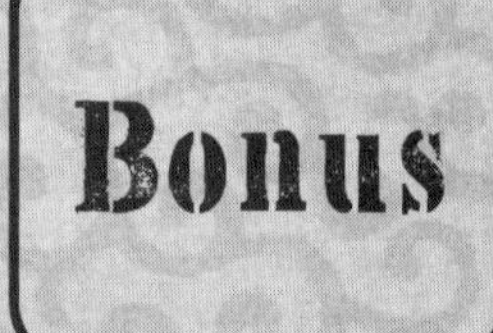


Versetzung

Kündigung

Seppuku?
Nein, so was mache ich nicht!
Dafür habe ich beschlossen, mein Amt niederzulegen. Ich lasse mich auf einen ruhigen Posten versetzen und werde den Rest meines Lebens genießen. Meine Rolle als Leiter der kaiserlichen Leibgarde kann Mikuni gerne übernehmen. Hä? Kaguya? Wer soll das sein? Nie gehört! Sorry, ich muss jetzt gehen. Heute Abend bin ich zu einem Gruppendate mit einigen Hofdamen verabredet!

Motto

Selbstvertrauen

Stolz

Mut

Verantwortung

Kaguya

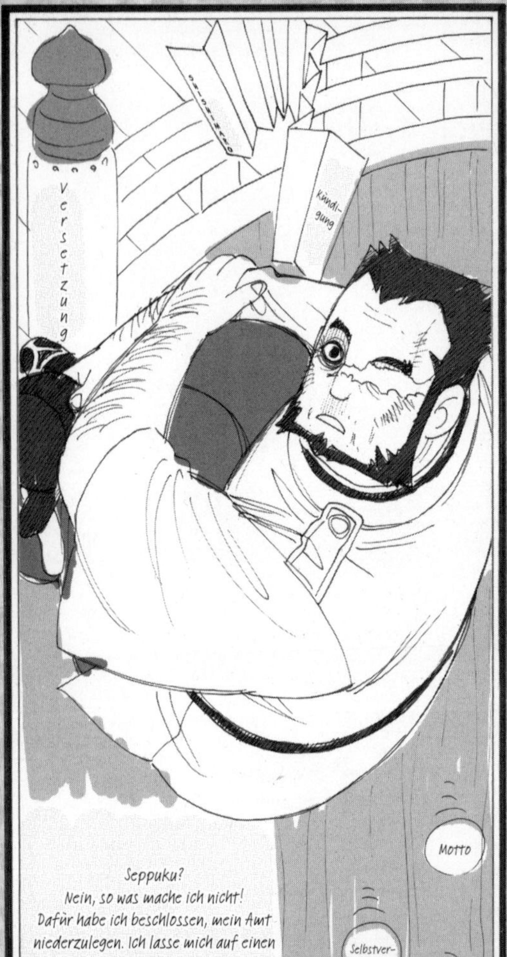

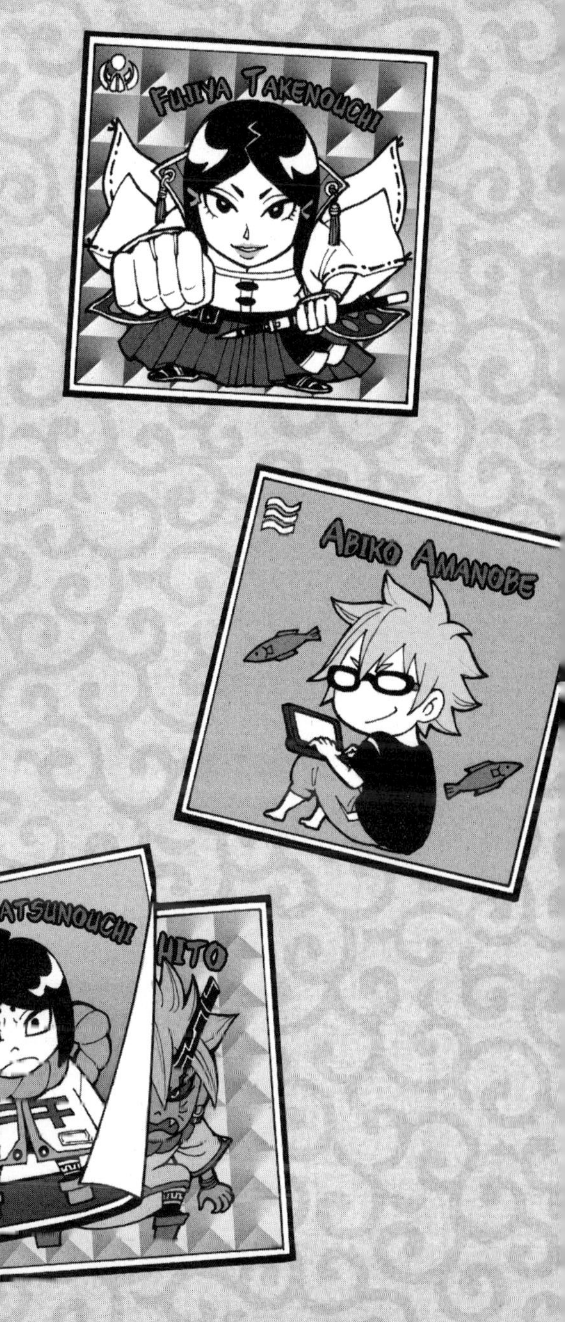
Fujiya Takenouchi
Abiko Amanobe
Kiruhito Matsunouchi
hito

# DIE SILBERPRINZESSIN



First published in Japan
in 2011 by SHUEISHA Inc., Tokyo.
German translation rights in Germany,
Austria, German-speaking Switzerland
and Luxembourg arranged by SHUEISHA Inc.



Verlegt unter dem Label KAZÉ MANGA
durch Crunchyroll SA

Aus dem Japanischen
von Yuko Keller

Redaktion: Beatrice Tavares
Herstellung: Sonja Lesch
Lettering: STUDIO CHARON
Druck und Bindung: GGP Media GmbH, Pößneck



ISBN 978-2-88951-471-7

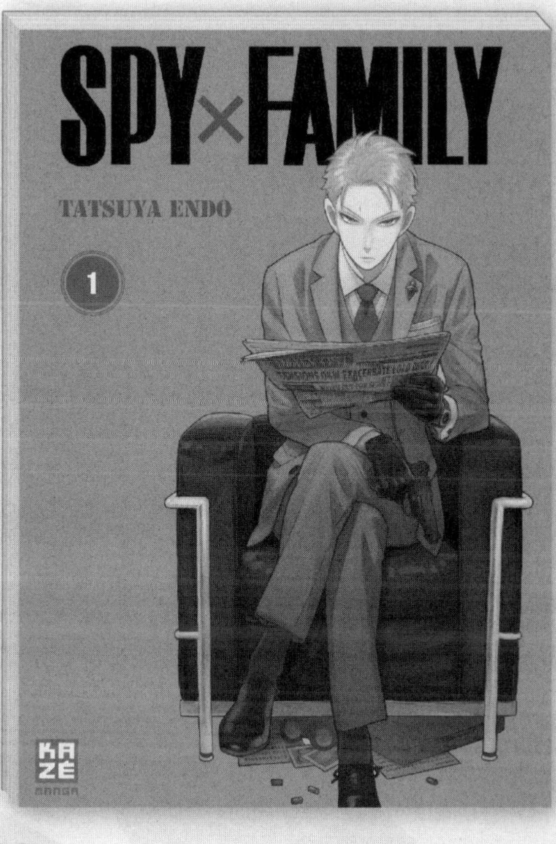

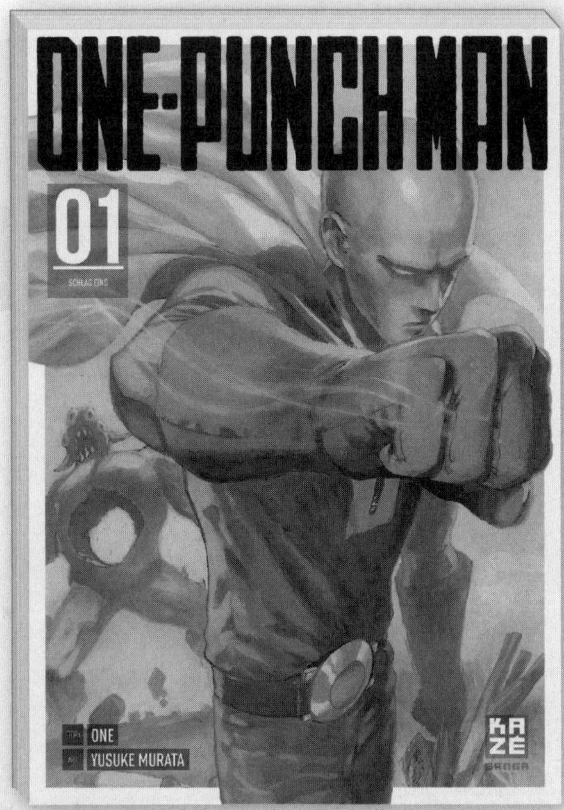

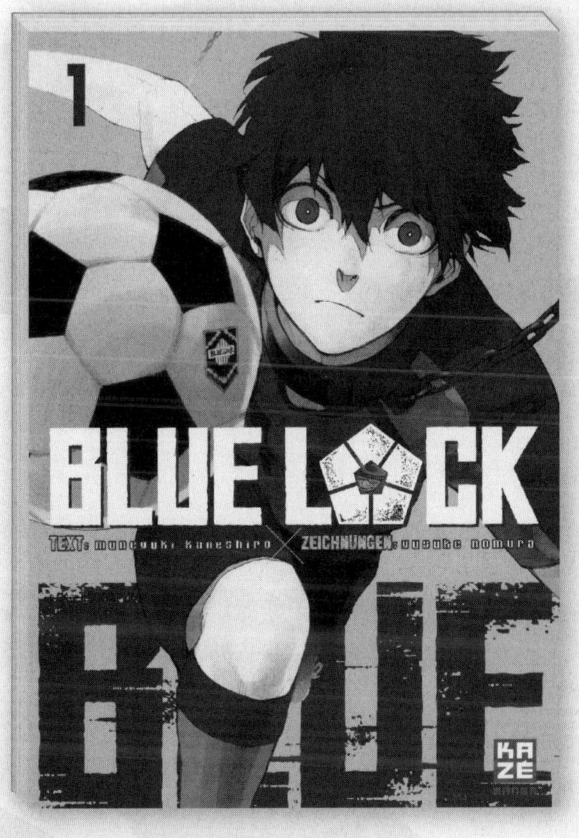

ACTION

# Ragna Crimson

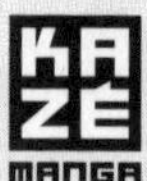

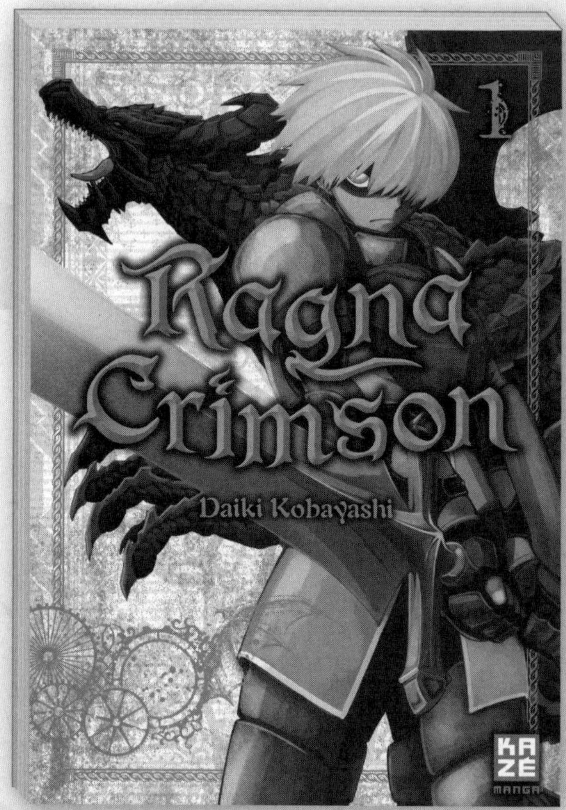

## Side by side, we fight the beast

*Daiki Kobayashi*

In einer Welt, in der Drachen die Menschen terrorisieren, ist es ausgerechnet die kleine Drachenjägerin Leo, die den gequälten Seelen mit ihrer überragenden Kampfkraft ein Licht der Hoffnung spendet. Im Schatten dieses Wunderkindes lebt ihr treuer Helfer Ragna. Von der Angst getrieben, dass seinem Idol etwas zustoßen könnte, trainiert er wie ein Besessener – aber ohne jeden Erfolg. Bis ihm im Traum sein zukünftiges Ich erscheint und ihm seine Kräfte überträgt. Doch mit dieser Macht geht eine schier unlösbare Mission einher …

 www.kaze-online.de   Kaze.Deutschland  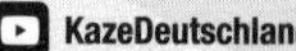 KazeDeutschland

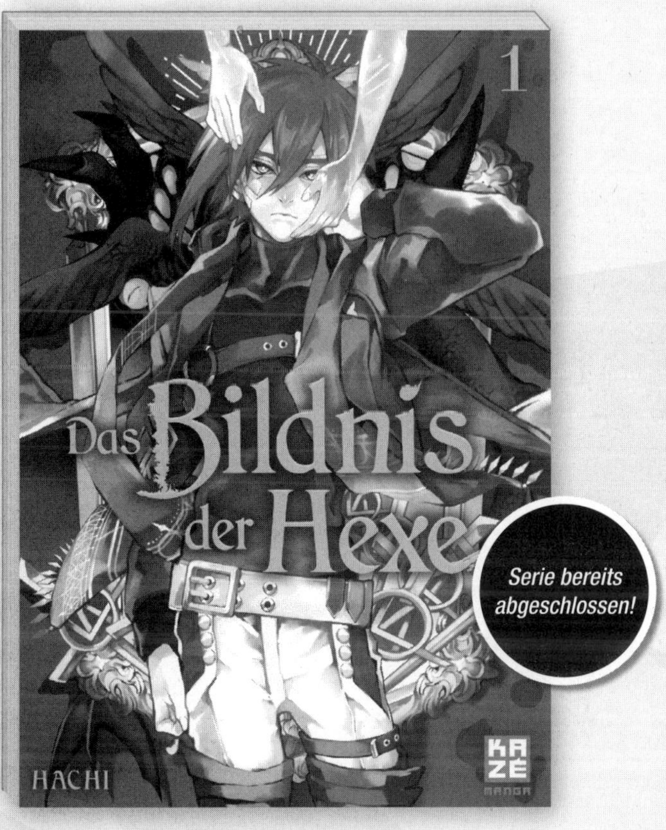

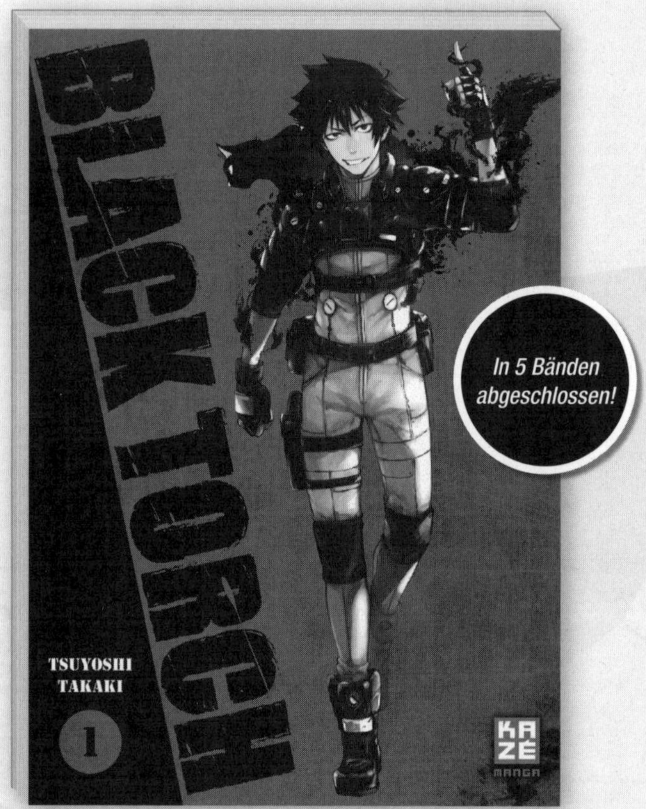